U0547563

三秦印记
SANQIN YINJI

乡土·陕西考古人说

政协陕西省委员会 编

陕西新华出版
陕西人民出版社

图书在版编目(CIP)数据

三秦印记·乡土：陕西考古人说／政协陕西省委员会编． -- 西安：陕西人民出版社，2024． -- ISBN 978-7-224-15694-2

Ⅰ．K872.41

中国国家版本馆 CIP 数据核字第 2024H69G58 号

出 品 人：赵小峰
总 策 划：关　宁
出版统筹：韩　琳
策划编辑：王　凌
责任编辑：王　倩　张　现
整体设计：侣哲峰

三秦印记·乡土：陕西考古人说
SANQIN YINJI·XIANGTU：SHANXI KAOGURENSHUO

编　　者	政协陕西省委员会
出版发行	陕西人民出版社
	（西安市北大街 147 号　邮编：710003）
印　　刷	陕西金和印务有限公司
开　　本	787 毫米×1092 毫米　16 开
印　　张	32.75
字　　数	345 千字
版　　次	2024 年 12 月第 1 版
印　　次	2024 年 12 月第 1 次印刷
书　　号	ISBN 978-7-224-15694-2
定　　价	89.00 元

如有印装质量问题，请与本社联系调换。电话：029—87205094

"三秦印记"系列丛书编纂委员会

主 任

徐新荣

副主任

李兴旺　杨冠军　刘宽忍　张晓光　孙　科
范九伦　李忠民　高　岭　王　刚

策　划

刘宽忍　王　刚　高中印

委　员

郑永刚　黄　赞　雷明川　郭占华　唐宝云　王宝成
王晓驰　张普庆　薛占海　薛建兴　刘勤社　王永明
郭社荣　闫超英　高中印　钟顺虎　吴丰宽　陈俊哲
郭建树　鲁　镇　郭线庐　张　涛　鲍崇高　张红春
张晓晖　高小青　苗　强　田东锋　张　岩　王立文
　　　　周仲勋　李　娟　张　丰

《三秦印记·乡土：陕西考古人说》编委会

主 编

王 刚　郑永刚　高中印　贾 强

副主编

钟顺虎　吴丰宽　陈俊哲　张 丰　孙周勇

执行主编

汶维维　张 进　种建荣

编 辑

刘 璐　张俊莲　王博琳　白 磊　刘玉洁　孙战伟

前言

文史资料工作，关乎民族记忆的延续，关乎历史文化的传承，也是人民政协的优良传统和特色优势，是一项涉及全局的经常性、基础性工作。党的十八大以来，以习近平同志为核心的党中央对文化建设和历史传承的高度重视，为政协文史工作提供了新的发展机遇；全面建成社会主义现代化强国的战略安排，为政协文史工作赋予了新的时代责任；宣传思想领域艰巨而繁重的工作任务，给政协文史工作提出了新的实践课题。这些显著而深刻的变化，为新时代政协文史工作提供了全新的"背景板"。正是在这样的背景下，反映新时代陕西政协文史工作成就的"三秦印记"系列丛书策划出版。

本书为"三秦印记"系列丛书中的一本，主题为"陕西考古人说"。

考古人说：陕西地处中华腹地，山川壮美，物产丰饶。周礼秦制，不绝于典；汉风唐韵，历久弥新。文化积淀深厚，考古成果丰硕，是中国考古学研究之重地，也是展示中华民族五千年不断裂文明发展史的重要环节。

考古人说：新中国成立后，依赖丰厚的地下遗存，几代陕西考古工作者筚路蓝缕，躬耕田野，从潼关到陇原，从塞北到汉水，用陕西考古的丰硕成果为厘清中华文明上下五千年的历史脉络提供助力，实证中华文明起源和发展的伟大进程。

考古人说：党的十八大以来，陕西全面贯彻新时代文物工作方针，结合陕西实际，聚焦学科重大问题，合理布局考古工作，持续推动"中华文明探源工程"，协同推进考古中国重大项目。众多考古成果入选"全国十大考古新发现""中国考古新发现六大项目""田野考古奖""世界十大考古发现"。陕西考古事业一路走来，乘风破浪，成就斐然。

考古人说：如今的陕西考古人，按照"强化科研，规范管理，服务社会"的要求，加强多学科深度融合，推动考古学科发展、学术繁荣，增强在世界考古领域的话语权。陕西考古事业，正向着理论多元化、方法多样化、技术现代化的世界一流方向大踏步迈进。

考古人说："让文物活起来"，使考古工作在见证和记录历史的同时，启迪后人，服务当下，这是时代赋予考古工作新的使命。陕西考古人致力将文物保护和文明传承一体推进，创建新时代的博物馆体系，使遗迹重获新生，让历史焕发光彩。

习近平总书记强调，"考古工作是展示和构建中华民族历史、中华文明瑰宝的重要工作"。本书力求向读者全面展示新时代陕西考古事业取得的累累硕果，全景式展现考古实证中华五千年文明的生动实践，充分彰显具有中国特色、中国风格与中国气派的考古学成就。在新的征程上，陕西考古人将不断增强对中国特色社会主义的信念，增强对实现中华民族伟大复兴的信心，踔厉奋发，勇毅前行，为坚持和发展中国特色社会主义、全面建设社会主义现代化国家、全面推进中华民族伟大复兴而不懈奋斗！

目录

犹如故人归
　　——石峁遗址考古亲历记 / 孙周勇　　001
秦始皇帝陵兵马俑发现发掘记 / 袁仲一　　027
五十年流光溢彩
　　——写在秦始皇帝陵兵马俑考古发现50周年之际 / 吴永琪　042
秦兵马俑一号坑第三次发掘记（一）/ 许卫红　　059
秦兵马俑一号坑第三次发掘记（二）/ 申茂盛　　075
我亲历的秦兵马俑二号坑考古发掘工作 / 朱思红　　084
记在法门寺发掘的日子 / 任周方　　096
重识大秦
　　——咸阳城考古亲历记 / 张杨力铮　　123
陕西文物考古援藏的发端
　　——1984—1986年援藏文物普查纪实 / 张建林　　140
我所参与的"第三次全国文物普查" / 张　程　　165

穿越太白山

　　——第三次全国文物普查太白山文物普查记 / 辛怡华　　181

长城—清平堡遗址

　　——民族融合发展的历史见证 / 于春雷　　191

我在西安考古 / 张翔宇　　202

秦汉畤祭遗址发现记 / 杨武站　游富祥　　208

祭天之秩　如月之恒

　　——陕西凤翔雍山血池秦汉祭祀遗址考古工作记 / 田亚岐　　222

秦汉皇家祭祀遗址调查发现记 / 孙宗贤　　228

密畤初现

　　——下站遗址发现记 / 董卫剑　雷　岩　李丽轩　　235

寄语周原风日道　于彼朝阳听凤鸣

　　——我的周原考古记忆 / 张　程　　241

沟渠映像：周原水网系统发掘亲历 / 李彦峰　　252

周原车马坑实验室考古纪实

　　——从发掘现场到博物馆展陈 / 黄晓娟　　265

泾渭之汇的五千年文明曙光

　　——杨官寨遗址考古记 / 杨利平　　272

4000 年前的古部落探索

　　——2011—2014 年神木考古记 / 郭小宁　　294

千阳考古发掘记 / 胡望林　　302

隋唐长安城天街五桥之谜 / 张全民　　308

祭之有源

　　——2002—2005年西安半坡遗址考古新发现／郝　娟　　326

八云塔地宫探秘／王自力　　335

考古发掘从凌晨开始

　　——姚家沟遗址考古发掘记／胡望林　　358

初窥考古喜欲宣

　　——在魏家崖考古工地的四个月／李　昱　　367

先秦岁月回声

　　——雍城考古记／王　舍　　376

东崖考古记／王　颢　　381

宝地生辉

　　——2013年宝鸡石鼓山商周青铜重器发掘侧记／丁　岩　　387

关中地区前秦纪年墓发掘记／谢高文　　399

寻陵之2014年秦始皇帝陵考古调查／付　建　　407

西汉帝陵考古纪略／曹　龙　　415

西安西汉宜春侯夫妇墓发掘记／朱连华　　439

静陵现世

　　——北周宇文觉墓发掘记／赵占锐　李　明　　446

特殊的葬礼

　　——长安杜回北宋孟氏家族墓的发现／苗轶飞　　458

妙手再现文物神韵／刘江卫　　468

重现历史色彩

　　——揭秘蒲城洞耳村壁画保护与展示的幕后技术／严　静　　473

咸阳窦家村唐墓出土文物修复记／宋俊荣　　482

府谷寨山遗址考古发掘纪事／裴学松　　491

后记　　511

犹如故人归

——石峁遗址考古亲历记

○孙周勇

石峁，一座孤寂的石头城，在内蒙古与陕西近邻处的黄河西岸沉寂了4000多年。经过几代考古工作者的不懈努力，这座沉睡于黄沙厚土之下的庞大都邑在手铲下逐渐拂去了厚厚的黄土，向世人展示着曾经的巅峰地位与辉煌。

石峁遗址科学考古工作启动以来，以其重大的学术价值，先后两度入选"全国十大考古新发现"、中国社会科学院考古论坛"中国考古新发现"，并于2013年获得首届"世界考古·上海论坛"之"世界重大田野考古发现"殊荣，入选美国《考古》杂志评选的"2010—2020年十大考古发现"，在世界范围内产生了强烈的学术共鸣。

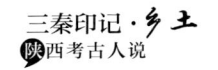

陕北之行　初识石峁

我和石峁遗址的首次相遇是在 1996 年，严格意义上来说这次谋面只能算得上"顺路造访"而已。

20 世纪 90 年代，我国基本建设考古工作尚未形成制度，仅有拟建的国家大型工程按照《中华人民共和国文物保护法》中相关要求履行考古调查、勘探及发掘的工作程序。1996 年 5 月，陕京天然气输气管道工程开始建设，管线全长 853 千米，是当时中国陆上输送距离最长的一条天然气管线，也是我国第一条大口径、全自动的输气管线。管线在陕西境内的长度为 300 余千米，穿越了靖边、横山、神木及府谷等县市。

为了配合输气管道的建设，陕西省考古研究所与榆林市文管会联合组成考古队，结合前期考古调查与勘探成果，确定了靖边红墩界，神木大保当、新华遗址和府谷郑则峁遗址作为发掘对象，其中除大保当为汉代画像石墓地所在地之外，其余三处均为新石器时代遗址[①]。当时，这项配合陕京管线建设的考古工作可谓十年以来省考古所承担的规模最大的一项任务。时任所长韩伟高度重视，派出了一支由六七人组成的考古队，由新石器研究室主任王炜林担任队长，成员

[①] 陕西省考古研究所、榆林地区文管会等：《神木大保当汉代城址与墓葬考古报告》，科学出版社，2011 年；陕西省考古研究所、榆林市文物保护研究所：《神木新华》，科学出版社，2005 年。

包括邢福来、徐雍初、李岗、孙周勇，法门寺博物馆的韩生，以及榆林市文物考古研究所的乔建军、康宁武等。

事实上，20世纪80年代之后，陕西北部的考古调查与发掘工作才刚刚起步，仅有清涧李家崖（商代）、府谷寨山（龙山时代）等几处遗址得以发掘，大部分资料来源于考古调查，研究者对有关早期文化格局和社会形态了解不多。而在相邻的内蒙古中南部、冀西北、晋中等地区，随着大型水利设施等工程的建设和吉林大学等校考古专业学生实习活动的开展，一些重要的史前遗址和三代时期的遗址得以大面积揭露，促使先秦时期的文化面貌及编年框架日趋完善。

对于陕西北部地区而言，规模性发掘的严重缺失影响着这一地区考古学研究的深入。这种局面的形成，也与中华人民共和国成立后，陕西将本就有限的文物考古工作力量大部分投入经济发展较快的关中腹地，开展了周原、丰镐、雍城等都邑的科研性考古，以及大量配合西安城市建设的随工清理和抢救性考古有关。毫无疑问，这次配合陕京管线建设的考古工作，是重新启动陕北考古工作的重要契机。

陕京管线考古工作队人员充实，经费相对宽裕，考古队选点自主权较大，因此，在工程范围及影响区域做一些带有学术目的的考古发掘与研究才成为可能。但事实上，管线真正穿越的仅有大保当汉代画像石墓地，新华遗址和郑则峁遗址与管线之间尚有一段距离，工程建设并未对其构成实质性的威胁。考古队负责人王炜林熟谂新石器时代考古，敏锐地觉察到这次工作应该重点关注早期遗址，以便尽快构建陕西北部地区的考古学文化框架和编年序列，弥补陕北地区考古工作特别是史前考古工作较为薄弱、文化谱系等基本框架尚未建立的尴尬困境。

这次考古工作的重要收获是新华遗址的考古发掘。这处遗址位于一处叫彭素疙瘩的平缓山峁之上，面积约3万平方米。考古成果表明，其先民的日用器皿、生活习俗、丧葬方式等方面与石峁遗址表现出了高度的一致性，二者的整体文化面貌与中原地区龙山时代遗存迥异，是一支根植于北方地区的区域性考古学文化。现在我们将这类遗存区分出来，称之为"石峁文化"①，而新华遗址属于石峁集团的小型聚落。

在新华遗址发掘期间，我跟随考古队踏勘了以玉闻世的石峁遗址。1976年，戴应新先生根据当地群众提供的线索，对位于神木县的石峁遗址进行了调查，征集到了一批玉石器和陶器，引起了学界的高度关注和旷日持久的学术讨论②。从其为世人所知开始，石峁玉器的埋藏背景及出土情况就显得扑朔迷离，但以往认知多为揆情度理、估量揣测。特别是那些形制较大、歧尖保存完好的牙璋，对于其究竟是从怎样的环境中发现的，学界保持了浓厚的兴趣。当我第一次来到石峁遗址时，地表上龙山时期的陶片、细石器、兽骨等随处可见，沟坎断崖之上暴露了大量灰坑、白灰面房子等生活遗迹以及墓葬。特别是那些远近高低、蜿蜒起伏的石块，看起来似乎杂乱无序，但又大致

---

① 孙周勇等：《石峁文化的范围、年代及命名》，《考古》2020年第8期。
② 戴应新：《陕西神木县石峁龙山文化遗址调查》，《考古》1977年第3期。

连缀成形的石碓令人印象深刻。

从石峁遗址采集的陶片来看，其基本器型包括鬲、罐、豆等，与新华遗址的文化面貌高度一致。此外，在石峁遗址还发现了大量石碓，而在新华遗址及其附近并未发现大量石块或成形制的砌石结构。不得不承认，我似乎从未想过这些石碓意味着什么。由于 1976 年在这里曾经征集到大量精美玉器，所以石峁绝非普通遗址这一认识深深地刻在我的脑海中。但是具体特殊在哪里，当时的我竟毫无头绪，只是感觉自己宛如盲人摸象、管中窥豹。虽然山峁沟壑之间密集的龙山文化遗物尤为令人诧异，但遗址全貌始终笼罩在迷雾中，扑朔迷离。

石峁遗址 1976 年征集的玉器

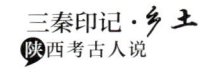

梅开二度　玉出新华

1998年5月,穿越毛乌素沙漠东南缘和黄土高原梁峁沟壑区这两大地貌单元的神延铁路开工修建。由于这条铁路属于国家重点工程,其建设将为沿线资源开发创造基础条件,促进老区人民脱贫致富,因而被誉为陕北人民的"幸福之路"。按照《中华人民共和国文物保护法》的要求,大型基本建设工程开工之前需要对工程建设区域进行系统的考古调查和发掘。经调查发现,这条深入毛乌素东南缘的沙漠脊梁,从西侧穿越了新华遗址。

1999年神木新华遗址考古发掘现场(右一为本文作者)

新华遗址 1999K1 出土玉器

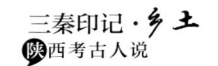

1999年春，新华遗址的考古工作再次启动。这次考古揭露了灰坑155个，墓葬72座，房子33座，窑址5座。尤为令人注目的是，发掘了一座保存完好的玉器坑，出土玉器36件①。这批玉器埋藏于一处鞋底状的浅坑之内，分六排排列，竖直侧立插入土中。有刃部的器物刃部朝下埋入土中，无刃部者体薄面朝下，每排插置器物数量不等，多者10件，少者2件。经过拼对发现，共有钺、铲、刀、斧、环、璜、璋等玉器32件。新华遗址这批极具石峁风格的玉器集中面世，为从考古学角度解决石峁玉器的年代提供了重要证据。

发掘结束之后，我即赴西北大学攻读新石器时代考古方向的硕士研究生。由于承担了1996年新华遗址发掘资料的整理工作，我便与导师张宏彦教授商议，我的硕士论文能否以陕北地区龙山文化遗存研究为核心，兼及内蒙古中南部与晋西北一带的考古发现。我的"搂柴打兔子""一举二得"的偷懒想法很快得到了导师同意，于是便以新华遗址考古发现为中心，将研究方向放在了整个河套地区的龙山文化上。

河套地区的龙山文化遗存有着鲜明的地方特点，其发展沿袭了本地仰韶文化晚期以来形成的"大统一小"差异格局，并使这种局面在后五百年里朝着差异进一步缩小的方向发展。尤其在龙山时代表现得更加突出，乃至在绝对纪年已经跨入夏代的情况下，河套地区的龙山文化遗存仍然保持了相对独立的发展轨迹。

---

① 孙周勇：《神木新华遗址出土玉器的几个问题》，《中原文物》2002年第5期。

在负责整理新华遗址发掘资料期间，我不得不反复摩挲调查及发掘石峁遗址时所获的陶器，将其与早年揭露的房址、灰坑等少量遗迹相比较①。我意识到，新华与石峁遗址都属于迥异于中原龙山文化的一支特殊考古学遗存，代表了北方地区一个势力庞大的社会族群②。在河套地区面积广达二三十万平方公里的范围内，石峁极为可能就是北方龙山时代的区域政体中心。尽管那时还没有确认石砌的内外城垣和固若金汤的皇城台，也没有阅读到1958年第一次全国文物普查时先辈调查队员确认的新石器时代"三套城"的宏大布局③，但那些散落田间、俯仰可拾的陶片、细石器，横空出世的大量精美玉器，以及断断续续、似连非连的石碓，无不暗示着这处规模宏大的中心遗址的特殊位置与曾经的喧嚣辉煌。

榆林地区还没有确切的诸如内蒙古中南部常见的石城聚落。我一度认为，这类石城聚落的出现并非普遍现象，它的存在与河套地区处于内流与外流区域的分界线，其自然因素包括气候对人类活动的制约作用、石料资源的便利性以及对外界存在较强的依赖性有关④。我甚至认为，河套地区石筑围墙的大量出现恰恰适应了当时战争加

---

① 西安半坡博物馆：《神木石峁遗址调查试掘简报》，《史前研究》1983年第2期。
② 张宏彦、孙周勇：《石峁遗存试析》，《考古与文物》，2002年第1期；王炜林、孙周勇：《石峁玉器的年代及相关问题》，《考古与文物》2011年第4期。
③ 1958年，陕西省一普普查队员孙江、黄发中、李建中调查发现了石峁遗址"三套城"结构，并确认其为新石器时代遗址。这一调查成果是有关石峁遗址最早的一次科学记录。可惜的是，石峁调查工作之时，我们并未查阅到这一重要记录。
④ 孙周勇：《大青山南麓石城聚落初步研究》，《文博》2000年第5期。

剧、资源竞争激烈的趋势，石砌防御设施的集中出现并没有改变聚落性质，其社会组织、物质因素都未预示着文明因素的出现。

现在看来，这种认识是错误的，我们完全低估了北方地区文明发展的高度以及其在中国早期国家形成阶段的特殊地位。2001年，我再赴榆林，主持发掘了属于仰韶文化晚期（距今约5000年）的靖边县五庄果墚遗址①。五庄果墚遗址分布于山峁之上，未见壕沟或者城垣等防御性设施，不见大型公共设施，其文化面貌展示了与石峁文化极深的渊源。这一发现表明，以石峁、新华遗址为代表的考古学遗存，其根脉来源于本地仰韶文化传统②。

榆林地区考古资料揭示，距今5000年左右，河套地区在经历了二三百年的繁荣兴盛之后，或许是受到瘟疫等因素的影响，在此后近500年内，区域人口日益减少，遗址数量及规模急剧衰退。直至公元前第三千纪后半段（距今4500年左右，龙山时代），才又出现了聚落数量剧增、人口膨胀的显著态势。

鉴于河套地区出现的大量异于中原的文化因素，一个疑问始终萦绕在我的心头：在公元前2000年后华夏边缘的广义北方地区，是否存在着像陶寺、二里头这样的区域性特大中心遗址？它有可能是谁，成为解码广义北方地区距今4000年左右社会形态的重要突破口。

石峁遗址发现的大量玉器，特别是牙璋类特殊礼器，及其风格上

---

① 陕西省考古研究院等：《陕西靖边五庄果墚遗址发掘简报》，《考古与文物》2011年第6期。

② 孙周勇：《新华文化述论》，《考古与文物》2005年第3期。

典型的西北齐家文化、山东龙山文化和后石家河文化等混搭因素，强烈暗示着石峁当仁不让的文化地位。它极为可能就是这支根植于本地仰韶文化晚期（海生不浪文化）并逐渐走向独立发展道路，最终成为蹲踞在黄土高原北端的最为强势、力量独大的核心都邑。

石峁遗址呼之欲出，但遗憾的是，由于工作条件较为艰苦，尽管诸多中、省、市考古机构的学者纷纷踏足石峁，但真正的考古工作迟迟没有开展。

区域调查　真容初现

2011年4月初，时任神木县文体广电局局长的项世荣和文管办主任屈凤鸣风尘仆仆地来到西安，将神木县人民政府《关于对石峁遗址进行抢救性发掘保护的请示》文件呈送给陕西省文物局，陈述了石峁遗址面临的现状：

由于（石峁）遗址面积大，地形复杂，加之防控手段落后，还是不能够系统彻底遏制盗掘行为，保护效果不很理想。近年来，由于盗掘和水土流失、修路、农耕等因素，遗址遭受的破坏严重。对此，神木县多次向上级主管部门进行汇报，并请求进行抢救性发掘保护。去年，神木县曾和省考古研究院签订前期调查合同，但是今年未开展实质性工作。

这封函件提出了三项请求：

第一，省市有关部门尽快到遗址实地进行详勘，确定具体的保护范围。

第二，根据现状修订神木县拟定的具体保护方案并开展保护工作。

第三，省、市文物保护部门尽快向国家文物局等有关部门汇报遗址状况，争取早日对遗址进行抢救性发掘保护。

随后，他们来到了陕西省考古研究院，忧心忡忡地讲述了石峁文物在社会上流散的情况和遗址保存现状，表达了石峁遗址安全形势堪忧、考古工作刻不容缓的强烈诉求。2011年4月14日，省文物局将这个文件批转给了时任文物处副处长的贾强阅示：

为了更好地保护文物，了解范围，必要的考古调查和针对性考古勘探是可行的。全面进行勘探和发掘不现实，对面临破坏的遗址进行局部发掘应该可行。请李明征求考古院对该遗址的保护性意见后再回复。

是年4月22日，我（时任科研办副主任）代拟向省文物局报送的《关于神木县人民政府关于对石峁遗址进行抢救性发掘保护的请示》，强调了石峁遗址是我国北方地区新石器时代晚期最为重要的遗址之一，开展大规模考古调查、考古勘探及必要的考古发掘工作势在必行，迫在眉睫。

考虑到遗址所处区域地形地貌复杂、范围较大，因此我们从工作筹划阶段就提出了较为翔实的工作计划，充分考虑了调查记录手段（搭建ArcGIS系统）、技术线路、中长期工作规划及总体保护方案等多个方面内容。同时，也提出了通过重点勘探确定重要遗迹分布区域，对进一步受到破坏威胁的墓葬区进行抢救性发掘的思路。这一工作意见，特别是关于建立 ArcGIS 系统的想法及全覆盖区域系统的调查记录方法，为分析古代遗存分布密度、遗址规模及判断聚落结构与性质提供了重要技术支撑。

5 月 18 日，陕西省文物局给神木县人民政府发去《关于对石峁遗址保护工作的意见》（陕文物函〔2011〕112 号）的复函，同时抄送给了陕西省考古研究院。次日，陕西省考古研究院主管业务工作的副院长张建林向科研办做了批示：

此件是给神木县政府的。等县政府委托到后，立即组队对石峁遗址开展考古调查，调查后做出考古工作计划，交科研办组织实施。

陕西省文物局在给神木县政府的复函中，肯定了当地政府计划先期投入启动资金、筹划建立专门机构的做法，同意神木县委托陕西省考古研究院组队进行全面调查，搞清石峁遗址分布范围、遗存结构和遗迹分布状况等基本信息；并提出根据考古调查成果，制订工作计划，开展考古勘探，择机申请考古发掘。同时要求神木从长远保护的角度，着手编制遗址保护规划，进一步强化机构建设。

十余年之后，我们再来回顾这段紧锣密鼓的操作，唏嘘之余，要特别感激考古专业背景出身的时任省文物局局长赵荣和副局长刘云辉。分管考古工作的刘云辉副局长，专于古代玉器研究，多次目验了流散在神府一带的大量石峁玉器，在收到神木县的报文后，立即指示我们克服经费、人员等相关困难，尽快启动石峁系统调查。在没有立项、缺乏经费的情况下，这一建议得到了赵荣局长的鼎力支持，石峁遗址在重返学术视野的路上迈开了最为重要的一步。

7月18日至9月21日，陕西省考古研究院联合榆林市文物考古研究所组队，由我担任调查队长，史前研究室杨利平、胡珂带领技工马平志、王阳阳等开展了全面系统的调查，神木县文管会的刘小明参加了调查并负责协调地方关系。本次调查的目的是全面摸清古代遗存的分布范围，确定遗址规模，判断遗址年代及性质，并重点了解石峁玉器出土背景。

2011年石峁遗址考古调查(系统取样)现场

为了便于记录，准确了解石峁遗址空间分布状态，我们获得了神木县无人机航测资料，在此基础上采集了地表三维信息、高分辨率影像信息，并生成了遗址DOM正射影像、DEM数字地面模型、DLG线划图等，建立了地理信息系统。调查工作严格按照国家文物局颁布的

《田野考古新操作规程》区域系统考古调查法展开，队员们按照南北方向踏查，由持GPS的队员严格控制前进方向，左右队员间隔10米，保证调查跑到率。根据不同的地形，调查队灵活选择踏查方法，如在坡地、山峁时以10米为间距，作为一个独立地理单元进行调查记录。

调查采样方法包括系统抽样和判断抽样两类。系统抽样方法是在调查范围内设定同向等距（调查队选择了以40米为距离），以3米为直径划定圆圈，圈内遗物全部采集，每个圆圈即为一个采集点。这样做的目的，一是比较好地控制遗存的分布密度，便于判断遗址的范围；二是圆圈可作为一个基本单位，对采集的遗存进行量化统计分析，其结果对判断遗存特征与文化面貌具有指示性。抽样采集方法是在调查区域内有目的地采集具有典型特征、能说明年代及文化属性的典型器物，比如器物口沿、底部、纹饰特征明显的标本，辨识遗物的年代，为判断遗址年代提供证据。此外，调查队还对遗址暴露出来的剖面进行了铲刮和清理，发现了一些重要的文化遗迹，了解了其形制、结构及文化内涵。

对于上述关于古代遗存分布情况的调查成果，工作人员在已建立的ArcGIS系统中将坐标进行了转化，标识在了航测的地形图上。测绘采用实时动态差分法，精度可达到厘米级，并且引入了国家标准坐标网格。测绘获取了残存城墙的长度、宽度和走向等基础信息，并制作了城墙分布的矢量图，与前期制作的石峁遗址DLG线划图等图件叠加，形成了完整的石峁石墙和古代遗存分布状况的第一手资料。

从整合后的调查成果图上，我们惊讶地看到了龙山时代遗存与

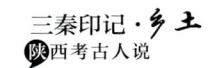

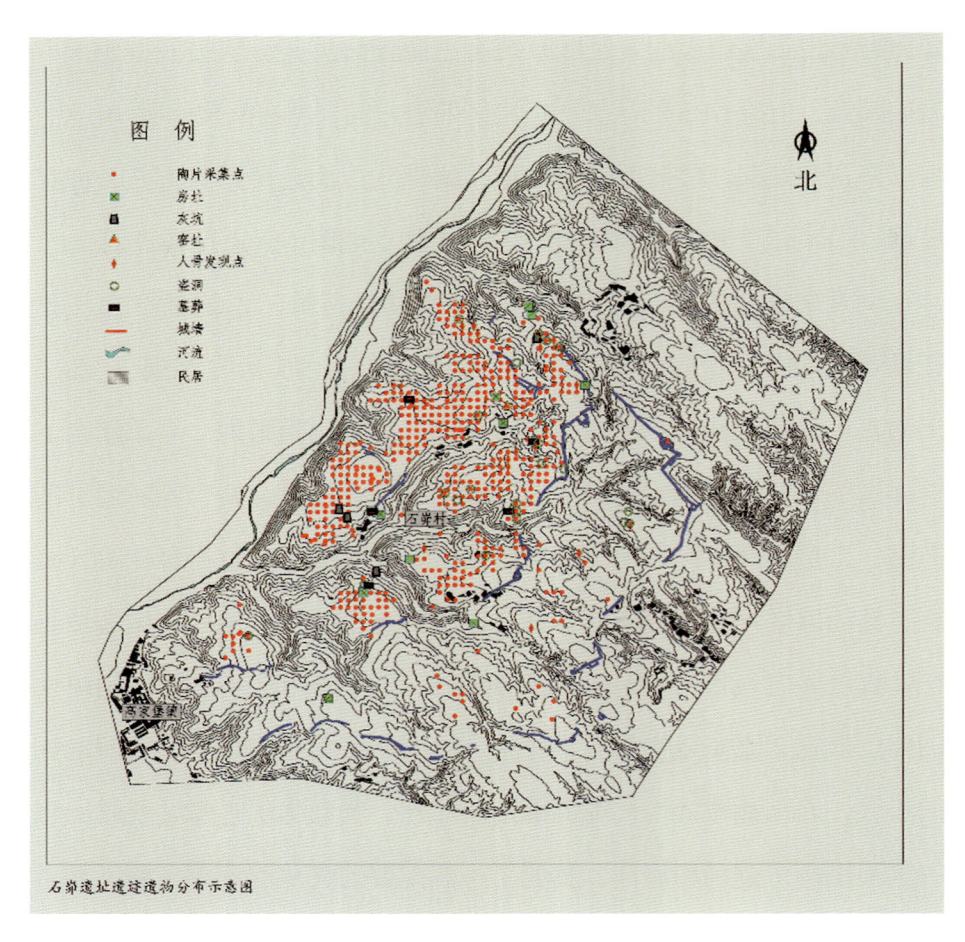

石峁遗址遗迹遗物分布示意图

石墙走向和范围完全重合。龙山时期遗存尤以皇城台区域最为密集，在从中心向外的第一道石墙、第二道石墙之内的分布依次逐渐减少，第二道石墙之外则基本不见新石器时代晚期遗存分布。也就是说，除了在遗址的西南角发现少量宋代瓷片外，遗址范围内几乎全部为龙山晚期至夏代早期文化遗存。外城外几乎没有龙山文化遗存；内城与外城之间，大多数采集点的陶片在12片以下；内城内采集点的陶片数量多在 13—31 片，部分采集点为 32—70 片，少量采集点可达 70 片以上。

但困扰调查人员的是，对于调查过程中与龙山文化遗存形影相随的石砌城墙，究竟如何认识。这些蜿蜒曲折、起起伏伏的塌落石块，多数沿着山脊散落分布，若隐若现，似乎又呈现出时断时续的样子。调查之前，我们就听说了 2007 年开始的长城资源调查将其辨识为与秦长城有关的附属设施。所以，在这次调查工作中，我们需要特别慎重地对待这些石构遗迹。是否记录，如何记录，其年代与性质是否与新石器时代遗存有关，如何较为全面地获取其整体结构，着实考验着调查队员的知识储备和判断力。

事实上，20 世纪 80 年代以来，内蒙古中南部和大青山一带相继发现了一批石砌聚落，多数规模不大，文化性质及年代明确，许多属于阿善文化（庙底沟二期）或者龙山文化。内蒙古考古学者田广金就认识到，在内蒙古中南部和东南部发现的数百处史前遗址中，外围建筑石筑围墙的遗址占有相当大的比例。① 与此同时，同样处于河套地区的陕北榆林地区，史前石城的发现却凤毛麟角。仅在 1988 年的"三普"工作中，调查者记载了佳县石摞摞山遗址也发现了"石砌之城垣"，"城垣内外有巨型石碓呈一定规律分布"。但可惜调查者欲言又止，仅仅初步推断，该遗址是一处新石器晚期的城堡遗址②。后来

---

① 田广金：《内蒙古长城地带石城聚落址及相关诸问题》，《纪念城子崖遗址发掘 60 周年国际学术讨论会论文集》，齐鲁书社，1993 年。

② 《文博·陕西省文物普查专号》1997 年第 3 期。

的考古发掘证明，这是一处中型的龙山时代石城①，属于石峁文化次级聚落。

从其分布地域及文化特征来说，河套地区带有石墙的史前聚落在内蒙古中南部代表着一段极具特色的社会时期。有学者认为，内蒙古中南部发现的新石器时代晚期的石城址，虽然已内含诸多初期城市的特征，如宗教设施、青铜铸造业，以及一些阶层划分的因素，但究其性质仍然属军事城堡的范畴。②果真如此的话，就其规模而言，石峁则显然超出了普通军事城堡的范畴。

2004年以来，陕北地区也发掘了一批重要的史前石城，如横山金山寨③、吴起后寨子峁④、佳县石摞摞山⑤等石城址，系统性的大规模考古工作证实了陕北地区也普遍存在着史前石城。因此，我们大胆推测，石峁这些断续的石墙，是石峁遗址的城墙，是具有规划的与防御诉求有关的一类重要城防设施，但年代上是否能够上溯至新石器时代，那个时候我们还是非常忐忑、缺乏把握的。根据这一学术背

---

① 陕西省考古研究院：《陕西佳县石摞摞山遗址龙山遗存发掘简报》，《考古与文物》2016年第4期。
② 魏坚、曹建恩：《内蒙古中南部新石器时代石城址初步研究》，《文物》1999年第2期。
③ 王炜林、马明志：《榆林吴堡后寨子峁史前城址》，《留住文明I——陕西省十二五期间基本建设考古重要发现》，三秦出版社，2011年。
④ 王炜林、马明志：《陕北新石器时代石城聚落的发现与初步研究》，《中国社会科学院古代文明研究通讯》第11期。
⑤ 陕西省考古研究院：《陕西佳县石摞摞山遗址龙山遗存发掘简报》，《考古与文物》2016年第4期。

景，我与杨利平沟通后，决定无论如何首先对石墙进行系统记录，并对城墙走向及长度进行测绘，然后依据考古调查的成果再进行确认。

调查过程中，我们常常听石峁地区的乡民们说起，当年是如何、在哪里发现玉器的。一位雷家峁村民讲述了他在 20 世纪 90 年代初取石建房时在墙体内发现玉器 20 多件的情况。根据他的描述，这些玉器多数发现于石头堆内，我们判断有牙璋、玉刀、玉铲等多种。综合规模庞大的石墙及数量惊人的玉器，石峁遗址极有可能是一座石头城，而且是一个巨无霸的石砌城址。石峁玉器与围合而成的石墙空间有着密切的共时性，只有这样的大城才能配得上数量庞大的玉器。倘若如此，在这片荒凉的黄沙土丘之下，很可能掩埋了一个惊天秘密。石峁城址一旦确认，将轰动学界，成为中国北方地区中国早期文明星空中最为闪耀的"新星"。

在两个多月的时间中，队员们跑遍了以石峁村为核心、半径 5 公里的范围，记录调查过程、发现及认识过程。记录内容包括每个采集点的 GPS 数据、陶片及其他遗物的数量，填写区域系统调查记录表、遗址调查记录表、考古调查断面观察记录表、发掘记录表、采样记录表、绘图登记表、照相登记表等。调查队对这次调查工作的收获进行了总结：

外城呈不规则形，墙内面积约 425 万平方米，外墙残周长 2.84 公里。内城呈不规则形，墙内面积约 235 万平方米，内墙残周长 2 公里。护坡墙体，主要围绕皇城台修筑，面积 18 万平方米。城墙及附属设施包括城门（内、外城墙各 1）、角楼（外城发现角楼两个，位于墙体的转折处，同时在临沟处）、马面（多呈方形，类似"马面"。共6个，其中内城2个、外城4个）。此外，还甄别出了一些龙山晚期的文化遗迹，包括白灰面房址14处、灰坑8处、陶窑1处等。

墓葬有大量盗洞。多处调查点地表发现有散落的人骨碎片。石棺墓葬5座（M1—M5），多为石板铺底，两侧铺贴石板，上面石板盖顶。规格较小，应为小孩墓。

调查人员还对石墙构筑方式进行了辨识：

依据地形的不同而选择了不同的墙体砌筑方法，包括堑山砌石、夯基垒砌、利用断崖等三类。其中，在临沟处采用了堑山砌石，即先将断崖处的黄土切割为直角状，然后在切下的生土台上用石块垒砌而成，外侧石块打磨平整。

关于石峁城墙年代以及是否与石峁龙山晚期遗址有关，调查队判断：

1. 城墙范围及石峁遗存分布范围高度吻合；

2. 石墙内出土物的指示特征显示其主体年代属于龙山时代晚期；

3. 河套文化区有石头砌筑城墙的传统。

2011年的考古调查首次准确测算了石峁遗址的面积，摸清了石峁遗址的聚落结构。为了进一步确定这类石构的建筑年代，同年9月底，调查队选择了一处被老乡称为"石墙阴洼"的地点（即后来发掘确认的外城东门）进行解剖，这里乱石如堆，不规则的石墙被杂乱的土石覆盖成山包状。这次解剖范围虽小，但从地层上和出土遗物确认了其年代不晚于龙山时期。如果石峁城墙确定为龙山晚期至夏代早期遗迹无误的话，石峁石城应当是目前所见中国史前时期最大的城址，其规模远大于年代相近的良渚遗址（270万平方米）、陶寺遗址（300多万平方米）等已知史前城址。

在2011年工作日志中，我兴奋地写道："规模宏大的石砌城址，与以往发现的数量庞大的石峁玉器，显示出石峁遗址在河套文化圈中的核心地位。石峁遗址的调查成果对进一步理解'古国、方国、帝国'框架下的早期文明格局具有重要意义。"

2011年10月，陕西省文物局局长赵荣一行考察石峁遗址，决定于次年全面启动考古发掘。考虑到石峁遗址规模（调查石墙范围425万平方米）和良好的保存状况，我们压抑着内心激动，期待尽快正式进行考古发掘并获得测年结果，以此来最终确认石峁遗址的年代。2012年，经国家文物局批准，陕西省考古研究院与榆林市文物勘探工作队、神木县文体局联合组队，石峁遗址大规模发掘及复查工作启动。

从1958年那批石峁的调查成果被束之高阁算起，时隔50多年，石峁遗址终于重返学术视野，石破天惊的发现悄然而至。

王国都邑　石破天惊

2012年启动全面考古发掘以来，石峁考古队先后对外城东门址及内城后阳湾、呼家洼、韩家圪旦、樊庄子、皇城台等地点进行了发掘，揭露了规模宏大、建筑精良的门址，成排成列分布的房址，高等级墓葬等遗迹，出土了一批具有断代意义的陶、玉、石、骨等遗物。

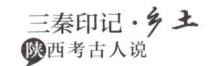

石峁城址结构示意图

石峁城址兴建于公元前2300年前后，废弃于公元前1800年前后，由皇城台、内城和外城构成，城外有哨所等城防设施，城内面积逾400万平方米，结构清晰、形制完备、保存良好，是国内已知规模最大的龙山时期至夏代时期城址。

皇城台是这处早期都邑的中心和贵族居住区，也是宫庙基址、祭祀等礼仪性建筑的所在，其功能相当于后世城址中的"宫城"。台体周边被堑山砌筑的护坡石墙包裹，多达十余阶，层层退台，巍峨壮观。在石峁遗址考古过程中，皇城台地点出土了 20 余件口簧，体小轻薄。石峁口簧的演奏与其结构紧密相关，演奏者一手拇指、食指轻捏鞘尾，将口簧贴近唇部虚含，另一手扯动线绳以振动簧框，簧框带动簧舌在舌窗中前后振动而发声。这种演奏方法就是《诗经》等文献中所说的"鼓"，至今仍流行于羌族等少数民族。出土于皇城台的口簧，多数情况下被赋予了沟通人神、祭祀先祖的职能。这种具有仪式感的神秘旋律营造的具有仪式感的氛围，彰显了皇城台作为石峁城址宫城区的地位和性质。口簧成为石峁王国掌握宗教祭祀权力及沟通人神、维系区域政体稳定的重要神器。

引人注目的是，考古人在皇城台大台基南护墙上发现了仍然镶嵌于石墙上的大量精美石雕。皇城台大台基附近发现的平面形、塑像形、立柱形等不同形态的石雕，暗示着不同的使用方式或位置。石雕

石峁遗址皇城台远眺(2018 年)

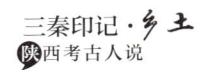

石峁遗址皇城台东护墙北端墙体及纴木(2016年)

石峁遗址皇城台大型宫室建筑南侧双面石柱(2019年)

在大台基护墙墙体上起装饰作用，不仅承担了大台基护墙建筑材料的功能，更为重要的是石峁人希望通过这些石雕图案来表达他们的精神信仰。这些石雕成为营造石峁王国聚落秩序及原始道德的重要载体，绝非一般性质的石块建材。另外，将王者或神祇形象嵌筑于护墙，还具有纪念和传扬祖先的丰功伟绩、彰显大台基"纪念碑"性质的作用。

外城东门址是中国目前所见最早的结构清晰、设计精巧、保存完好、装饰华丽的城门遗迹，被誉为"华夏第一门"。即使在四千年后的今天，经过风雨剥蚀仍然让人感觉到气势恢宏、威严高大、庄严肃穆。外城东门址一带发现了罕见的头骨坑及"墙体藏玉"现象，暗示着其与城墙修建时的奠基或祭祀活动有关，石峁的统治者应当是想通过这一行为寄托对城门和城墙禳神驱鬼、保护安全的期望。坚固雄厚的外城东门既是控制交通、外防内守的实体屏障，也是石峁统治者构建的精神屏障。

种种迹象表明，石峁城址的社会功能不同于一般原始聚落，已经跨入了早期城市滥觞时期作为统治权力象征的王国都邑的行列。石峁城址的出现，促成了公元前第三千纪后半叶"月明星稀"格局中华夏北缘最为重要的一支政治势力的孕育发展，被认为是或与黄帝有关的都城遗址，为"中华文明探源工程"输入了新鲜血液。

石峁石城犹如一部浩瀚的历史大书，沉睡台塬梁峁上，缄默不语却写满沧桑，百折千回仍耐人寻味。如今我们站在皇城台前，四千年前高大宏伟的建筑虽然已经成为残垣断壁，但蕴含的恢宏气势依然

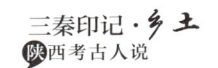

石峁城址外城东门（2013 年）

呼之欲出。举目仰视断崖边拔地而起、层层退台的石墙直上云霄，展现着至高无上的威严与神圣不可侵犯的气度，残垣断壁之间恍若闪现着石峁先民在石城中生生不息的画面。

历史的风烟抹去了一切，金戈铁马融入了岁月长歌。四千多年来，石峁古城承载了太多的神奇，埋藏了太多的秘密。九层垒石，仰之弥高；垂拱平章，探之愈厚。随着越来越多的考古迹象被揭露出来，石峁遗址在中华文明总进程中的重要地位和在中国北方地区的核心引领作用也越来越清晰地突显。

（作者系陕西省政协常委，陕西省文物局副局长）

秦始皇帝陵兵马俑发现发掘记

○袁仲一

秦俑的发现和一号坑的发掘

自 1974 年至 1997 年兵马俑被发现以来的 23 年间，我有幸亲自主持和参与了一、二、三号秦俑坑、铜车马坑及秦始皇陵园的勘探、发掘和研究工作。

秦俑坑位于秦始皇帝陵东侧 1.5 公里处，这里原是一片荒滩、树林，墓壕累累、砂石堆积。在这片荒凉的地下，谁也没有想到竟埋藏着秦始皇的一个庞大的地下军团——兵马俑。1974 年 3 月 24 日，西杨村的村民杨志发、杨天义、杨鹏辉、杨步智等人在此挖井，至 29 日发现了陶俑的残片。当时不知道为何物，有的认为是砖瓦窑，有的认为是神庙里的瓦爷，有些老太太还前来焚香叩拜。当时晏寨公社有个管水利的干事房树民适巧路过此处,对村民说:"大家不要动,这可能是文物。"于是就向临潼县(今为临潼区)政府汇报,县上派文化馆主管文物工作的赵康民同志到现场勘察,并收集了出土的陶俑残片;接着进行陶俑的修复和局部清理工作。这时中国新闻社记者蔺安稳同志回临潼县文化馆探亲,得知情况后于6月25日写了篇《秦始皇陵出土一批秦代武士俑》的情况反映材料,交给《人民日报》编辑部刊于内参上。当时的国务院副总理李先念看到了发现秦俑的反映材料,并批示:"建议请文物局与陕西省委一商,迅速采取措施,妥善保护好这一重点文物。"7月6日,国家文物局文物处的处长陈滋德等,带着李先念副总理的批示来到西安,会同陕西的文物考古工作者察看了秦俑出土现场,并正式委派陕西省组织考古队发掘。考古队由我和屈鸿钧、崔汉林、赵康民等人组成,我任队长。考古队之上成立一个由省、县、乡(当时称公社)、村(当时称生产队)等有关领导组成的发掘领导小组,当时省文管会的杭德洲同志为领导小组成员之一,负责协调有关事宜。

1974年7月15日,我们考古队一行乘坐解放牌卡车,带着行军床等行李和工具进驻考古工地。当晚就在西杨生产队仓库院内的一棵大树下支起行军床,在树下挂起蚊帐住下。第二天我们察看了考古现场,并与生产大队联系安排了发掘工人和我们的吃饭问题。决定在西杨和下河两村轮流吃派饭,一家一天,周而复始,每人每天交3角钱。7月17日开始了对秦俑坑的正式勘察和清理。首先对暴露的遗迹、遗物进行记录、绘图和照相,然后对原来已挖掘的部分继续清理。在西杨村粮食仓的房内发现秦俑坑出土的铺地条砖50余块，在西杨村南的一南北向大路旁的乱石堆中，我捡回陶俑残片两担笼。在一农民家厕所的墙头上找回陶俑的一个胳臂。下河村小学的一个小学生交来陶俑的一只手，有的交来铜镞等。在俑坑东端约80米处的一土壕内我亦捡回一些陶俑及砖瓦残片。每天都有新的收获，心情异常振奋。

在我们进驻考古工地前，领导曾交代，大约一个星期清理工作即可结束，结束后写个简报以便向国家文物局汇报。至7月底，坑内30余件陶俑的残片及一些棚木的炭迹已揭露出来，但是不见坑边。这时我们很纳闷也很着急，怎么找不到边呢？根据一般的规律，俑坑的规模都很小，谁也没有想到它会是个史无前例的巨大的兵马俑坑。

1974年8月1日，我们开始扩方①试掘。扩方后的试掘面积，南北长24米，东西宽14米，计336平方米。这时我感到考古队人力不足，又先后从陕西省文管会要来程学华、王玉清、杜葆仁等同志。一方面清理，一方面进行钻探。至10月底，在试掘方内已清理出60余件陶俑、陶马。这里有一个小插曲，开始出土的都是陶俑，我们几个考古队员工余在一起议论：这太单调了，能挖出陶马就好了。说来也怪，第二天果然清出了陶马。接着在俑坑的东南角又出土了一把青铜剑，剑是这天下午快下班时发现的，因当时工人很多，为确保文物安

---

① 扩方：在考古发掘过程中，为了扩大发掘面积或深入探索遗址的某个特定区域，而在原有发掘区域的基础上进行的扩展性发掘。

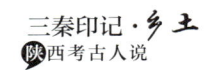

全，我们便提前收工。然后由我和程学华二人继续清理，并绘图、照相，最后我们小心谨慎地把剑取出。这是俑坑发现的第一把剑，没有生锈，光洁如新，刃锋锐利。这一连串的发现令我们兴奋不已，晚上喝酒庆祝。

秦兵马俑一号坑早期发掘现场（左：袁仲一　右：杭德洲）

钻探工作由程学华、杨四娃、杨绪德、杨黑子等人于 1974 年 8 月 20 日开启，我亦参与其中。随着钻探工作的深入，我们发现俑坑的面积越来越大，至 1975 年 6 月，发现它是个长 230 米、宽 62.27 米，距现地深 4.5—6.5 米的大型兵马俑坑。这时我们简直不敢相信自己的工作是正确的。大家在一起议论："是不是由于我们钻探工作的疏忽，把本来不连的几个坑误探成一个坑了？不但中国，就是在世界上也没听说过有这么大的陪葬坑。"这里还有个小插曲，一天中午我和程学华、屈鸿钧在下河村和万春老人家里吃饭，边吃边聊天。我说："你在附近地里见没见过层层土（即夯土）或其他古董（即文物）？"70岁的和万春老人说："我十岁左右的时候，父亲在地里挖井发现井壁上有个怪物（陶俑），没管它继续往下挖，结果井里的水很旺。但是没过几天，井里的水就没有了。我父亲心想，水可能是被怪物喝了。于是就把怪物从井里吊上来，挂到路边的一棵大柳树上。过了几天井里还没有水。父亲很生气，就用木棒把怪物打碎了。"我们问他父亲是在什么地方挖井的，能不能带我们去看看。老人把我和程学华二人带到村南的一棵沙果树下，旁边还有个小粪堆。老人说："就在这里。"我们带了把探铲，探到3.5米深时发现了陶俑。此处在现今秦俑一号坑的西半部。这说明在1974年以前就有人看到过兵马俑，由于不知是何物，失之交臂，它未能见天日。

为了探查俑坑的内涵和形制，1974年11月2日，我们在上述试掘方的北侧又开了两个试掘方，计629平方米。西北大学考古专业的刘士莪先生带着四位学生参与了发掘。到1975年3月清理工作结束，至此，一号俑坑的东端已全部揭示出来，计出土陶俑500余件，战车6乘，陶马24匹。

钻探工作到1975年6月底结束，基本上探清了一号坑的范围和形制，它是个占地面积为14260平方米的大型俑坑，根据已出土的陶俑、陶马的排列密度推算，一号坑内共有兵马俑约6000件。对这一

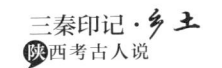

秦兵马俑一号坑早期发掘现场（左：王玉清　右：袁仲一）

巨大的考古发现，1975年8月初，由我执笔写了份陈述发掘勘探情况的材料，向陕西省文化局及国家文物局汇报。据国家文物局局长王冶秋讲，当时聂荣臻元帅和他都在北戴河休养，聂帅得知兵马俑发现的情况后对他说，秦俑坑是个地下军阵，能建个博物馆就好了。王冶秋听后非常高兴地说："我也有这个意思，但考虑国家经济情况还较困难，未敢提出。"第二天，王冶秋赶回北京，向谷牧和余秋里副总理做了汇报。不久，国务院决定建立秦始皇兵马俑博物馆。8月26日王冶秋同志飞抵西安，传达了国务院关于建立博物馆的决定。27日到秦俑工地考察，27日晚在西安人民大厦前楼二层的一间会议室内，召集省文化局、文管会、考古队等有关人员研究建馆方案，陕西省第三建筑设计院的同志亦参加了会议。王冶秋要求在一周内把初步的设计蓝图搞出让他带回北京，并要求考古队进一步落实俑坑的四周边界和内部陶俑的分布情况，为博物馆的基建工程和今后俑坑的全面发掘提供确切的资料。

一号俑坑东端的陶俑、陶马揭露出来后，如何确保文物的安全，使它免遭风雨霜雪的侵害，是摆在我们面前的一个十分严肃的问题。有许多次夜间突然下雨，我带领同志们一起出动守护在坑边、筑堰、排水，唯恐水进入坑内。当时此地夜间有狼出没，环境艰苦。后来我们设想用竹竿、芦席搭个大棚子，把出土文物保护起来。为此，我们搞了个设计方案，并着手筹集建材。当时还没敢想能建个博物馆。

中央做出在此建立博物馆遗址保护大厅的决定，使我们喜出望外。但是心情又十分紧张，因为俑坑尚未全部发掘，万一我们提供的资料不准确，把房子建得过大或过小，或俑坑内的陶俑、陶马的分布情况与我们的推算不同，都会给国家造成巨大损失和不良影响。我跟程学华半开玩笑地说："搞不好，我们恐怕要蹲监狱。"怀着惴惴不安的心情，我们从1975年10月底开始，对一号俑坑的范围、形制和内涵，进行了详细的复探和试掘。参加此项工作的有我和程学华、屈鸿钧、王玉清等人。复探一遍后，我说，不行，再来一遍。如此反复探了三遍。另外，还在俑坑南、北、西三条边线上开探沟26条，在俑坑中部开探方2个。探沟和探方的总面积为450平方米。通过上述工作，把俑坑的四周边线及俑坑的四个角清晰显露出来。复查的结果与原来的探测资料完全相符。

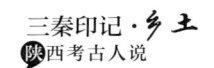

1974年,时任秦始皇兵马俑考古队领队的袁仲一在陕西西安兵马俑一号坑发掘现场进行文物清理工作

1976年2月,修建秦俑遗址展览大厅的人员陆续进驻工地,5月开始平整场地,9月正式破土动工。在动工前把一号俑坑试掘方全部回填,以确保基建过程中文物的安全。

秦俑二、三、四号坑的发掘

当一号兵马俑坑展览大厅的基建工程开始后,我们考古队的工作重点转移到寻找新的兵马俑坑上。我们当时想:在秦始皇帝陵的东边发现了兵马俑坑,那么西边、南边、北边会不会也有兵马俑坑?于是,我和杭德洲、程学华、屈鸿钧、王玉清等人,分成两个钻探小分队，在秦始皇陵园的四周进行勘探。陵南因靠近骊山，地下覆盖着很厚的碎石及大石层，钻不下去。所以我们采用了挖探井的办法，先把石层挖去，再往下钻探，费时费工，一无所获。陵西的地下亦覆着砂石，很难钻探，进展缓慢。正在我们情绪有点低落的时候，1976年4月21日，在兵马俑一号坑东端北侧的一棵大杏树的旁边探出了夯土遗迹。于是，我们把全部人员集中到此地钻探，4月23日探到了陶俑残片。大家心情异常激动，雀跃欢呼：发现了兵马俑二号坑。经过仔细探测，发现二号坑的形状呈曲尺形，东西长124米（加上门道长），南北宽98米（加上门道长），距现地表深约5米，面积约6000平方米。

发现二号坑后，我们又在想附近还有没有兵马俑坑。于是扩大范围进行钻探，参加钻探的有我和程学华、杨绪德、杨四娃等。1976年5月11日，在兵马俑一号坑西端北侧的一片石榴树和沙果树的树林内，又发现了兵马俑三号坑。三号坑的面积较小，开头很不规则，平面近似"凹"字形，东边有一斜坡门道，面积约520平方米。

发现三号坑后，我们还不死心，心想附近还有没有兵马俑坑。一天上午我在与二号坑西边相距约30米的一个已堆满砂石的断崖上，发现有条上下垂直的分界边，我怀疑这是个人为的坑边。于是集中力量在此钻探，于1976年6月又发现了四号坑。坑东西长48米，南北宽约75米，距现地表深5米。但是在坑内未发现陶俑、陶马及其他文物。这是由于秦末农民起义，修建俑坑的工程被迫停工，而未建成即废弃的俑坑。

1976年是硕果累累的一年，一连串的重大考古发现，令我们时时处于兴奋的状态之中。这里我补述一下令我终生难忘的另一件事：1976年春节，我让考古队的同志都回家过年，我在工地留守。年初一我挨家挨户给村民拜年，年初二（2月6日）一早，我即到秦始皇陵周围的田野里调查。转了一天，到太阳快落山的时候，走到陵的西北角，看到村民挖土形成的一断崖上有一点绿色。我用随身带的手铲慢慢清理了一下，便发现了一个错金银①的编钟，上刻有"乐府"二字。过去认为乐府之制始于汉，此钟证明秦代已有乐府。钟的内侧有四个调音带，已经过锉磨以调试音阶，后经音乐家吕骥测试属于宫声②。此钟的发现使我异常高兴，当晚邀集了一些农民朋友喝酒庆祝。由于饮酒过度和白天冒了一天的风寒，第二天即发高烧，卧床不起，当地的乡村医生杨暖德为我挂了两个星期的吊针，农民朋友给我送饭送菜。他们跟我开玩笑说："这是宝贝把你害了得了场大病。"

　　兵马俑二、三号坑的发现，让我们心中既充满了喜悦，又十分担心，怕这几个坑和一号坑相连，那样就会使一号坑遗址展览大厅的基建工程受到影响。于是，在得到上级批准后，从1976年4月底开始对兵马俑二号坑进行试掘。同年6月底，国家文物局派祁英涛和罗哲文两位先生来二号坑试掘现场视察。祁英涛先生问我："二号和一号坑连不连？"我说："根据目前情况看，不连。"他又追问："到底连不连？"我说："根据目前情况看，不连。"他连问三声，我未敢改口。这时，大

---

① 错金银：用金银丝在器物的表面上镶嵌成花纹或文字。
② 宫声：五音中的宫音。

家的心情都很紧张，唯恐二号坑和一号坑连在一起。那样一号坑大厅的设计方案就要推倒重来，基建工程就要停工。到 1977 年 8 月底，对二号坑的试掘工作基本上告一段落。二号坑的边界和形制已基本摸清，它和一号坑的间距为 20 米，两个坑不相连属。另外在试掘方内出土木质战车 11 乘，陶俑、陶马 320 件，各种青铜兵器 1929 件。根据出土情况推断，二号坑内共有陶俑、陶马 1300 余件。有战车、骑兵以及跪射、立射等各式各样的俑群，是整个兵马俑坑中的精华。

1977 年 3 月，开始对三号兵马俑坑进行发掘，同年 12 月底结束。三号坑位于一号坑的西端北侧，两坑相距 25 米，亦互不连属。三号坑内出土战车 1 乘、陶马 4 匹、陶俑 68 件，以及青铜兵器 30 余件。一、二、三号坑虽各自独立，但从整体上观察，却又有机地结合在一起。一号坑中的军阵为右军，二号坑中的军阵为左军，三号坑中为统率一、二号兵马俑军阵的指挥部，古名军幕，未建成的四号坑是拟建的中军。左、中、右三军，加上指挥部形成完整的军阵编列体系，位于秦始皇陵园的东侧，象征着守卫京城的部队，古名宿卫军。

参加兵马俑二、三号坑的勘探、试掘和发掘的主要人员，有我和程学华、屈鸿钧、王玉清以及一批技工。1976 年初我们从农村招了一些高中毕业的知识青年。每天晚上给他们讲考古发掘、绘图、照相等专业课，白天让他们实际操作，我们进行讲解指导，他们进步很快。至今还有一些人留在秦俑、秦陵工地工作，已成为重要的考古技术骨干。

在秦俑遗址上建博物馆

1978年4月，兵马俑一号坑遗址展览大厅的主体工程竣工。同年5月开始对一号坑正式发掘。全坑共划分为27个探方①，首先是揭取俑坑上部的覆盖土。从1979年5月开始，集中力量清理一号坑东端的5个探方，至9月底原已试掘后又回填的3个探方内的陶俑、陶马重又被揭露出来。同年10月1日，一号坑遗址大厅的考古发掘现场对外开放。发掘工作继续进行，至1981年9月一号坑东端5个方的发掘工作基本告一段落。共出土战车8乘、陶马32匹，陶俑1087件，以及大量的青铜兵器。此次参加发掘的人员很多，主要参加者有我和杭德洲、屈鸿钧、王玉清、王学理、张占民、刘占成、柴忠言、吴永琪、罗忠民、张炳元、单炜、姜彩凡等人。

从1981年10月开始集中精力进行文物的修复，以及发掘资料的整理和发掘报告的编写。在发掘和修复陶俑、陶马的过程中，除详细地观察了陶俑、陶马的制作工艺外，我还发现在陶俑身上一些隐蔽处刻有作者的名字，计有85个不同的人名。这些人有的来自中央宫廷，有的来自民间，各人制作的陶俑、陶马的艺术风格各不相同。能留下名字的人都是艺术水平较高的艺术匠师。他们每人下面还有一些助手，如以每人下面有10个助手计，85个人计有助手850人，据

---

① 探方：发掘区划分出的若干相等的正方格，以方格为单位，分工发掘。

此可估计有近千人参加了兵马俑的制作。集中这么多的人从事一项艺术创作,这在古今中外艺术史上都是无与伦比的。这一发现揭开了兵马俑这颗艺术明珠的作者之谜。

一号坑发掘报告的编写工作,由大家分别执笔写出草稿,最后由我综合整理和改写,并配插图、照片和制作表格,曾三易其稿,至1985年正式定稿,1988年出版。

1986年4月,兵马俑一号坑的第二次发掘开始,又重新发掘5个探方。至1987年初因故停工。1988年6月重新成立秦俑考古队,划归秦俑博物馆管理。这时我由陕西省考古研究所调入秦俑馆任馆长,兼任考古所副所长,同时兼任考古队队长。当时兵马俑三号坑的遗址展览大厅的基建工程已基本竣工,基建前三号坑原发掘部分已回填,因此于1988年12月19日又重新开始了对三号俑坑的正式发掘,至1989年9月发掘工作基本结束,同年9月27日,三号坑对国内外观众开放。三号坑小又深,内部湿度大,加上天气炎热,发掘工作十分艰辛。大家长期在潮湿的坑内工作,有时要伏在地上进行细部遗迹的清理,不少同志身上生了湿疹,我亦如此。

1992年,兵马俑二号坑遗址展览大厅的基建工程基本竣工,于是我们又开始了二号坑发掘前的准备工作。1994年3月1日,开始了对二号坑的正式发掘,预计需10余年的时间才可结束。经过三年的辛勤工作,揭开了二号坑上层的覆盖土,俑坑上部的棚木等建筑遗址已揭露出来;出土陶俑、陶马130余件,以及早期盗洞和二号坑被焚的点火口等重要的遗迹,情况喜人。

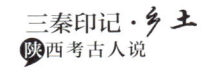

从 1978 年开始，秦俑考古队就分成两个小分队。其中的一个队搞兵马俑坑的发掘，另一个队搞秦始皇帝陵的勘探。在陵园内不断有新的重要发现，先后发现了铜车马坑、珍禽异兽坑、马厩坑和各种府藏坑，以及陪葬墓、修陵人员的墓等，总计 400 余座，还有数十万平方米的建筑基址，出土文物 5 万余件。整个秦始皇帝陵像座丰富的地下文物宝库。

秦俑自发现以来，引起世人瞩目，被誉为世界第八大奇迹、20 世纪考古史上的伟大发现之一。兵马俑博物馆自 1979 年 10 月 1 日开放至 1997 年，接待国内外参观者 3000 多万人，其中外宾近 400 万人，外国元首 97 位。另外，兵马俑还到 30 多个国家和地区展出 60

袁仲一在兵马俑考古现场

余次，累计参观者近1000万人次，秦始皇帝陵（包括兵马俑）已被联合国教科文组织列入世界文化遗产名录。1989年7月，当我领取联合国颁发的世界文化遗产证书时（在北京颁发），心里充满了喜悦和激动。过去考古工作者有句戏言，"考古、考古，一天到晚挖土"，表明了考古工作的艰辛。但通过辛勤的劳动有所发现时的快乐，又非一般人所能享有。"农民爱土地，工人爱机器，考古人员爱工地"，我和秦俑考古工地结下了不解之缘，多年来工作、守护着这个地方，保护好它，是个艰巨而光荣的任务。今后的工作仍然任重而道远。

［作者系秦始皇帝陵博物院（秦始皇兵马俑博物馆）原院长（馆长）、研究员］

知识链接

秦始皇帝陵博物院位于陕西省西安市临潼区。是以秦始皇兵马俑博物馆为基础，以秦始皇帝陵遗址公园（丽山园）为依托的一座大型遗址博物院；也是以秦始皇帝陵及其众多陪葬坑为主体，基于考古遗址本体及其环境的保护与展示，融合了教育、科研、游览、休闲等多项功能的公共文化空间。

秦始皇帝陵区指秦始皇帝陵园之外，包括已探明的属于陵园制度内容的遗存和与陵园建设有关的文物遗存区域以及可能埋藏有文物的区域，后者包括陶窑、秦井、修陵人墓地、五岭遗址、建筑遗址、作坊遗址等，面积约56平方千米。在秦始皇陵陵区已发现各类陪葬坑、陪葬墓等600余处。

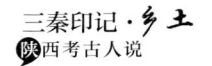

五十年流光溢彩

——写在秦始皇帝陵兵马俑考古发现50周年之际

○吴永琪

秦始皇帝陵兵马俑（以下简称秦俑）考古发现迄今已经整整50年；为了保护和展示这座空前绝后的遗址而建立的秦始皇兵马俑博物馆（以下简称秦俑博物馆），业已对公众开放了45五年；在我任内，经过近10年的努力建成的秦始皇帝陵博物院、丽山园，也对公众开放了十余年。50年来，在陕西两代考古人、博物馆人的努力奉献下，秦兵马俑早已闻名遐迩，成为中华文明源远流长的一个标志，成为炎黄子孙文化自信的一个源泉。

1974年秦兵马俑被发现时，我就职于陕西省革委会文化局（今陕西省文化厅），分管全省的文物、考古、博物馆工作，也经常来到秦俑发掘工地。1978年底，我被调到即将开馆的秦俑博物馆，40多年间，眼见着秦始皇帝陵（以下简称秦陵）周边翻天覆地的变化，感受着半个世纪以来秦陵、秦兵马俑流光溢彩的点点滴滴。

秦兵马俑初出潼关大展风采

1974年3月,秦兵马俑的发现如春雷炸裂。当年年底,国家文物局发出指令:为迎接四届全国人大会议,各省、市、自治区精选新出土文物,在北京做一个大型展览,向四届人大汇报。由此,也抽调了包括秦兵马俑在内的部分陕西文物参展。我是陕西三人筹展工作组成员之一,参与筹展工作。

在调展名单里,陕西的主要展品是四尊秦俑和两匹陶马。为此我到了秦俑发掘现场,挑选适合展出的文物。因时间紧张,只能把残破的陶片装箱,运到中国革命历史博物馆(今国家博物馆),由那里的修复师负责修复,我在现场协助。待修复完成,也就到了预展时刻。

预展是秦兵马俑的首次公开亮相。人们从未见过如此之大的陶俑陶马,现场观众即便都是常年从事文物考古工作的各省专家,仍然被这几件出现在博物馆展线上的秦代文物所震撼;到正式展出时,来自各省的全国人大代表更是在展柜前难以挪动脚步。

在预展现场,时任国家文物局局长王冶秋同志提出"陕西文物还要再加重分量",当场点名要求将咸阳出土的玉"羽人乘马"、玉"皇后之玺",以及秦俑坑出土的铜剑等三件文物尽快送到北京参展。

陕西工作组当即安排我连夜返回西安,拿到文物后马上送往北京。

我把两件玉器简单包装好，分别放在上衣的两个口袋里，将秦俑坑出土的那柄长剑装进一个木盒，就这样登上了开往北京的火车。路上，同车厢里的人聊天说"临潼出土了秦始皇的宝剑，吹毛断发削铁如泥"云云，我听着心里发笑，谁能知道那宝剑就在我身后的铺位上呢？

吴永琪指导文物保护工作

那时年轻，不知道害怕，胆大包天。要是放在今天，以这样的方式运送三件一级文物，我想没有一个人敢做此事。

全国汇报展览结束后，按照国家文物局安排，送展的四尊陶俑两匹陶马，由国家博物馆和故宫博物院分别保管，留在北京。其余参展文物可送回陕西。

秦兵马俑的发现使秦陵成为世界文化遗产

我于1987年11月被任命为秦俑博物馆副馆长,分管业务工作。我到任后的第一个重要任务,就是按照上级要求,配合"秦始皇帝陵及秦兵马俑"申报世界遗产工作。

由于秦俑的发掘引起世界瞩目,国家有关部门决定以"秦始皇帝陵及秦兵马俑"为项目名称,向联合国教科文组织申报世界遗产,这也是我国首次申报世界遗产。在国家文物局和陕西省文化厅文物局(今陕西省文物局)的安排下,由我负责组织秦俑博物馆力量,汇集必要的文字和照片等繁杂的材料,严格按照国家文物局和联合国教科文组织的要求,反复修改、呈报。最终,"秦始皇帝陵及秦兵马俑"以其独特的历史地位、珍贵的艺术价值获得批准,成为我国首批世界文化遗产。

秦俑一号坑土遗址加固

秦俑一号坑发掘展出以来,人们的关注点都在那些比真人真马还要高大威猛的陶俑陶马身上;而我们这些文博圈内的人,也关注着这些俑、马坑的土遗址的保护。

秦俑土遗址与秦兵马俑是一个整体,两者之间不可分割,正因为这两者同时存在于一个空间,才产生了人类文明史上独树一帜的世界遗产。土遗址是历史遗存中的独特表征，也是中国古代遗址的特色。通过发掘土遗址，可以大致反映出或者是先民生活的村落、城市概况，或者是某一时代、某一建筑的基本结构布局。

秦俑坑就是一个庞大的、距今 2200 多年的建筑土遗址。由于它的年代久远，历史上又遭受过自然和人为的破坏；又因考古发掘后，土遗址内部水分蒸发，导致出现许多裂缝，土遗址已经非常脆弱，有着坍塌的危险。

经过反复讨论测试，在 1989 年 5 月初，秦俑一号坑土遗址加固工程开始施工。工程使用的是德国巴伐利亚州文保局赠送的风冷无振动钻机。

针对坑中土隔墙的开裂现象，我们在土隔墙承重位置，用钻机打出透孔，埋入螺杆，并在隔墙两侧贴上钢板，让埋入墙中的螺杆出，以适当力度旋紧螺帽，使两侧钢板能够固定住开裂多年的土隔墙，然后用现场的土填入裂缝，以减少暴露面防止水分蒸发。

秦俑一号坑东壁是加固工作的重点。秦人修建俑坑，坑内地面距坑口垂直高度 4 米，在坑壁内又夯筑了一圈 3.5 米高的二层台。加上修建一号坑保护大厅时压在坑口的建筑废土，东壁的高度 5 米有余。如此高的垂直土立面，一旦垮塌，对近在咫尺的秦兵马俑会形成毁灭性的破坏。

与加固土隔墙一样，我们采取的方法仍是机械加固。先清除掉压在俑坑东壁上南北长 62 米、东西宽 3 米、厚 1.5 米、总计 270 余立方米的建筑废土，然后在俑坑东壁土立面上按一定距离间隔开槽，埋入在地下加固后的钢立柱，在每根立柱顶端连接向东平伸的钢架，其终端与保护大厅的基础墙连接；各个立柱之间再横向连接，形成一个网状的保护框架，确保东壁土立面不会坍塌。保护框架完成后，在第三门道的立面外表，用木材复原了俑坑封门立柱和棚木结构，帮助游客具象理解俑坑的建筑结构。

俑坑加固工作完成后，在俑坑东壁平面上开辟了一条贵宾参观通道，使贵宾可以站在坑口的位置观看俑坑；坑口建筑废土的清理，还可以使一般游客的观赏视野变宽，能够在同一位置上看到过去看不到的前排兵马俑。

为记录这项工作，我们写了一篇文字，连同几枚硬币，一起封入容器，埋在加固东台的钢架旁边，以待后人再次加固秦俑坑土遗址时参考。

原文如下：

加固一号俑坑东壁记

本坑自发掘十余年来，土质遗迹风化干裂，裂缝状如走蛇，长者丈许，宽亦盈拳，其岌岌之处，尤以东壁门道间四座土区为甚，不加固不足以解终日之惶惶。因此，由袁仲一、吴永琪、王关成、方国伟提出方案，于公元一九八九年五月四日由方国伟率领郑宁、刘洪涛、吴志斌、邢天堂、刘军发、毛炳均、刘占成、张志军、周铁及数十位经济民警、十数位民工，将钢材加工形成栅栏使之周围土台，辅以砖砌

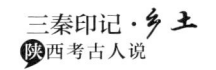

垫脚、木架复原，终达加固之初衷。此工程共移动二百七十四方填土，使用二千三百公斤钢材，三方木料，费资人民币二万余元，历时百余日，同年八月二十六日竣工，为保存珍贵遗产，弘扬中华文化竭尽薄力，以少后人贻嗔也。至此，忧心稍释，喜而成文以记之。时值农历己巳年孟秋。吴永琪谨识，袁仲一书。

秦始皇兵马俑博物馆保管部

一九八九年八月廿日

秦兵马俑抚慰了失去亲人的观众

20世纪90年代初，秦兵马俑博物馆来了一位傅姓观众，他来自江苏。傅先生的夫人去世前一直想看秦兵马俑，因病不能成行，直至去世。他为了满足亡妻的心愿，带着她的骨灰来到秦俑博物馆。我知道这件事后，特别交代专人陪着傅先生，带着骨灰，通过贵宾通道，以便让他近距离参观秦兵马俑，满足了他的心愿，也告慰了亡灵。傅先生离开时，含泪向接待人员表示了谢意。

秦兵马俑是爱国主义教育的生动题材

21世纪初,北京保利集团购回清朝末年流失海外的三个圆明园铜兽首,我安排送三尊秦兵马俑到保利集团总部展厅做交换展览,一则在北京扩大秦兵马俑的宣传效果,二则在始皇帝的主题博物馆里展出末代王朝遭受屈辱的物证,免费供大中小学生参观,以比较文化的角度展现一个首代皇朝与末代皇朝鲜明的兴衰,从而激发青少年学生的爱国情怀。展期结束后,秦俑博物馆把部分学生的观后感加以整理,出版了一本专集,书名为《三秦学子爱国情》。

秦兵马俑感召了台湾同胞

秦兵马俑曾多次到我国台湾地区展出,台湾方面筹展的台中自然科学博物馆的何传坤博士和一家文创公司的董敏先生也就与我成为好朋友。董敏先生是我国近代著名考古学者董作宾先生的二公子。2000年我再次去台湾时,董敏先生向我表示,他和哥哥董玉京先生经过反复商议,希望把他家收藏的其先父董作宾先生的遗著遗物捐献给秦俑博物馆。

董作宾先生是我国著名甲骨学家、古史学家、"甲骨四堂"之一。20世纪30年代,随着甲骨学的迅速崛起,中国出现了一批饮誉海内外的大学者,其中郭沫若、董作宾、罗振玉、王国维四人更卓然

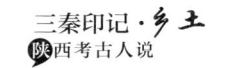

而为大家，他们的字分别为"鼎堂""彦堂""雪堂""观堂"，"甲骨四堂"由此而来。

念及董作宾先生长期发掘殷墟，平生研究甲骨，我提议将先生的遗著遗物捐到安阳殷墟博物馆更为妥切。董敏先生说："我与家兄玉京商议多时，皆认为先父的遗物还是放到秦俑博物馆更为妥当、安全。豫陕两地我们都看过多次，以贵馆的管理水准和文保技术，放到你们这里，董家是放心的。"并表示，除过董作宾先生的遗著《殷历谱》孤本，先生亲笔书写编纂的手书本《平庐影谱》，还有先生在发掘殷墟时期的笔记、用过的文具和部分遗墨都要捐献。

《殷历谱》是董作宾先生根据甲骨卜辞资料编纂的一部巨著，借殷墟出土的甲骨卜辞中有关天文历法的记录，来解决殷商的年代问题。《殷历谱》精算殷商年代，被学者陈寅恪推为"抗战八年，学术著作第一"，感叹"唯有合掌赞叹而已"；是研究甲骨文和殷商史的绝好参考资料。该书是董作宾先生随"中央研究院"于1945年4月南迁李庄时完成并出版的，受当时条件的限制，只是石印了200部。蒋介石曾亲自签发嘉奖令表彰。如今原版《殷历谱》留存于世的数目不详，董家兄弟推测不超过十部。

《平庐影谱》是董作宾先生亲笔书写编纂的编年体自传，图文并茂，时间截至董作宾五十岁因眼疾绝笔，堪称珍贵。曾阅书无数的著名历史学、古文字学家李学勤先生看过此书以后对我说，他是首次见到《平庐影谱》，还说"这是研究董作宾以及甲骨文的第一手资料，实在是太宝贵了"。

董敏先生说，他还可以再花钱买几件董作宾先生的书法作品，一并捐给秦俑博物馆。我知道，董作宾先生的甲骨文书法作品一字难求、价值连城，特别是他很少书写的篆书作品更是难得。在此情况下，我不可以再推辞董家的盛情了。我还应诺，以这批捐献物为主体，选择适当时机在秦俑博物馆做一次专题展览。

经过双方协商准备，2002年初春伊始，董敏先生携带全部捐献品来到秦俑博物馆，点交后存入文物库房专柜。同时开始筹备"董作宾先生手稿墨迹暨董作宾商文化学术研究展"，展览的整体设计由董玉京先生的妻侄曾慕德先生义务承担。此展览于2002年4月30日正式开幕，并在剪彩现场举办了捐献仪式，秦俑博物馆向董玉京、董敏二位先生颁发了捐献证书。

2009年秦俑博物馆开馆三十周年之际，我又安排重新影印出版了《殷历谱》和《平庐影谱》，以使这两部重要的学术著作重新登入图书庋藏系列，不至于断代失传。

董作宾先生遗物捐献后的二十多年时间悠乎而逝，何传坤、董玉京、董敏三位台湾贤德先生，还有大陆学界泰斗李学勤先生，均已先后辞世往生。然而他们的举止言行仍历历在目，想起来时，我的脑海里依旧会浮现出他们的音容笑貌。

秦兵马俑感动了吴仪副总理

2004年10月，俄罗斯总统普京要来馆参观。为此，陪同普京的

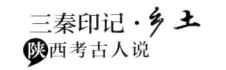

吴仪副总理按惯例提前半小时来馆等候。不料普京因故迟到。趁此机会，我向主管旅游的吴仪副总理详细汇报了建设秦陵博物院遇到的资金短缺困难。吴仪副总理听取了我的汇报，转身向在场的时任陕西省省长陈德铭说，你们省政府写个报告，我来协调。

次年，我来到时任中办主任王刚家里，递上一封我写给吴仪副总理的信件，请求尽快拨款；王刚主任表示文物保护是好事，这个忙他一定帮。

时间不长，省政府办公厅的同志向我传达了吴仪副总理在我信上的批示，大意是秦陵保护很重要，王刚同志也很关心，请国家发改委给予补助拨款。办公厅的同志说有规定，不能给我看原件，所以原话我记不住了。

于是我再次赴京，到国家发改委落实拨款。最终国家发改委给秦陵博物院建设工程拨付了5000万元。

在秦陵项目务虚阶段，省政府设想建设"秦始皇帝陵博物院"但中央却有不同意见，认为项目名称应叫"秦皇陵遗址公园"。在建设过程中，我反复思考，如何把这两方面意见统在一起。最终，我提出了"建设一个以秦俑博物馆为基础，以秦陵遗址公园为依托的秦始皇帝陵博物院"的提法；在秦陵建设工程即将收官之际，我又依照文献记载，用"丽山园"取代了"秦陵遗址公园"这一名称，与秦俑博物馆合体，形成"一院多馆"结构，从而名正言顺地形成秦始皇帝陵博物院，使其符合博物馆体系。这些提法，已为社会接受并沿用。

2010年9月27日，在丽山园开园仪式上，我邀请了因工程需要被征地搬迁的农民兄弟，代替到场的省委书记、省长剪彩，使他们感受到，他们也参与到了文物保护大业之中。

随着剪彩的完成，秦始皇帝陵博物院正式驶入历史轨道，我也荣膺首任院长。这里，引用我在丽山园开园前夕写的一篇祭文片段，略述一下工程概况：

> 据史载，始皇初继位，穿治骊山，及并天下，徒送诣七十万人，经四十年骊山陵始具规模。其后，历经各朝，虽有维护，亦遭兵燹。至新中国成立，仅存一抔黄土。又十年，国务院公布保护，然牧童农夫游人竖子仍以平常心待之。
>
> 公元 1974 年，秦陵兵马俑石破天惊，渐引各级政府重视，遂有博物馆、院之建立。其后，秦始皇帝陵列入世界遗产名册，进而由陕西省政府组织对帝陵陵区的探查、规划、保护、研究，并有部分陪葬的发掘展示，以彰显帝陵之宏大。
>
> 进入 21 世纪后，秦陵遗址保护工程由陕西省文物局指挥启动，临潼区政府全力配合，乡镇居民、单位积极响应。本工程历时十年，征地四千亩，移民八千人，动用民夫机械无数，投资八亿元人民币，将帝陵外城以内悉数收入园区，一期工程告成，并于近日对社会开放，供民众学习、休息、瞻礼，同时，将继续对帝陵的保护，对陪葬的探查，对陵区的开发，以利于社会发展，以利于帝陵永续。

> 赫赫始皇，奠我国疆，肇造制度，首立政纲。我辈子孙，承祖余荫，守陵责重，惟谨惟勤。

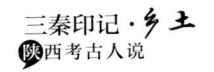

秦兵马俑让朱镕基总理破了惯例

1999年8月季夏之时，朱镕基总理一行人来到秦俑博物馆。他饶有兴致地看遍所有开放的展厅，仔细听取讲解。在休息室，我向他汇报了已经提上日程的秦陵博物院的建设情况，并告诉他，6月份，江泽民总书记来馆时，针对我汇报的建设秦陵博物院的工作，表示"我投一票"。朱镕基总理说，江总书记的票是"黄金票"，你们要抓紧落实。

趁他高兴，我请他写几句话。他说"中央有规定，我只签名"。随之在事先备好的宣纸上写下"朱镕基 一九九九年八月八日"。朱总理才要搁笔，我说"总理您这样的签名会引起争议"，他板着脸问"有什么问题"，我说"过些年大家会为您是在哪里签的名发生争议"。他马上明白了我的意思，问我"你要我写什么"，我说"我们刚刚给您汇报了秦陵博物院的建设工作，您就给写个院名吧"。于是他提笔写下"秦始皇帝陵博物院"八个大字。按照题名习惯，应该是先写题字内容，后签名写日期。而这次题字，是先签名写日期，后补题了院名。

在2010年10月秦始皇帝陵博物院开放前夕，我们把朱镕基总理的题名刻在一块巨大的秦岭石上，摆放在秦陵封土所在的丽山园内。每每看到这块巨石，我就想起朱镕基总理"破例"题字的事，感念江泽民总书记等诸位中央领导对文物、博物馆工作的支持。

秦兵马俑具有无法抗拒的艺术感染力

1998年6月，我刚刚被任命为秦俑博物馆馆长不久，就遇上时任美国总统克林顿访问中国。而且，他第一站就要来西安，参观秦俑博物馆。他在观看秦兵马俑的最初时刻，神色矜持，不苟言笑；随着介绍的深入，他逐渐表现出好奇探索的表情，不断地向我提出问题，与我交流。他告诉我，几年前蒙代尔（时任美国副总统）来看兵马俑，他很遗憾没有一起来，今天终于满足了夙愿。总统夫人希拉里接着说："希拉克（法国前总理）多次对我们说，一定要去看看兵马俑那个博物馆。今天终于看到了。"随着参观的深入，在秦俑一号坑这个排列整齐的军阵面前，克林顿夫妇完全恢复了一个普通参观者的心态，并接受我的邀请，把一个事先准备好的俑头亲手装到一尊兵马俑的身上。参观接近尾声，克林顿竟然脱口而出："我真想在这里做馆长。"听到这句话，我简直无言以对，只好回应道："您可以做馆长，我可当不了总统。"言罢双方会意地一笑。

除了克林顿，新加坡总理李光耀，是第一位来到考古工地观赏秦兵马俑的国家元首。美国总统里根、老布什，英国首相希思、布莱尔，德国总理默克尔，俄罗斯总统普京，日本首相大平正芳、村山富

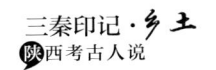

市，自民党党首菅直人，都毫无例外地沉浸在秦兵马俑的艺术魅力之中，法国总统萨科齐和前总理希拉克竟然两顾俑坑。朝鲜委员长金日成，韩国总统全斗焕、卢泰愚、金大中，古巴主席菲德尔和劳尔两位卡斯特罗，越南总书记农德孟，柬埔寨首相洪森，泰国诗吉丽王后、诗琳通公主……都慕名而来，仅在我担任馆领导的 20 多年里，就先后接待过 100 多位外国的国家元首。

秦兵马俑以外出土文物的故事

同为秦始皇帝陵陪葬坑的出土文物，1980 年 12 月在秦陵封土西侧出土的两乘铜车马，其实与秦兵马俑也是密切相关的。

秦陵铜车马出土伊始，有些人想把它调到北京，理由就是以陕西的技术力量无法修复这两乘损坏严重的铜车马，只有北京的专家有绝招儿，能够担此重任。陕西省政府婉拒了他们的要求，在 1981 年初开始组织力量，由陕西的文物修复技师和西安黄河机器厂的多工种工人师傅组成修复组，我也是修复组成员之一。我和修复界前辈柴忠言先生一起，做前期调研准备工作。本着"先易后难"的原则，1982 年开始动手修复二号铜车马，历时一年，完成了对二号车的修复。在 1987 年七八月份，省文物局又委任我组织团队，主持一号铜车马的修复工作。不到一年时间，修复组就在二号车修复经验的基础上，完成了对一号铜车马的修复，并于 1988 年 5 月 1 日把两乘铜车马组合展出，与观众见面。

十年后，我们开始组织"一号铜车马修复工程"的国家级鉴定工作，通过签定后还申报获得了1997年度的"国家文物局科技进步二等奖"和国家科委颁发的"国家科技进步二等奖"。陕西的文物修复保护专家用精湛技艺，科学准确地复原了这两乘铜车马，也使得这一组珍贵文物永久性留在了陕西。

修复过程中，我们曾遇到了很多难以解决的非技术方面的困难。最典型的是银子问题。铜车马部分构件因承重需要，必须使用中温银钎焊，这就需要用银子做焊条。在20世纪80年代，作为贵重金属的银子在市场上是买不到的，修复工作一时陷入困境。偶然一次机会下，时任省长于明涛陪客人来到铜车马修复室，我便向于省长报告了此事。于省长当即决定，由他负责让人民银行解决问题。很快，修复

吴永琪在修复铜车马

组就拿到了制作焊条的银子。

在秦兵马俑身边的 50 年中，我经历了太多的事情；这 50 年时间很漫长，也很短暂。唐朝诗人陈子昂在《登幽州台歌》中"念天地之悠悠，独怆然而涕下"，凭今吊古，无限感慨。50 年里，我从未及而立，到年逾古稀，时时被秦兵马俑的威武雄壮所震撼。没有秦兵马俑这个平台背景，就不会有我的那些故事；有了秦兵马俑的独立于世，这个世界就展现出了另一番流光溢彩的景象。

守护秦陵、秦兵马俑的人会老，而这处世界文化遗产不会老，秦陵、秦兵马俑将永葆青春。

[作者系十届陕西省政协常委、秦始皇帝陵博物院（秦始皇兵马俑博物馆）名誉院长（馆长）]

秦兵马俑一号坑第三次发掘记（一）

○许卫红

说起秦始皇帝陵兵马俑，就不得不说它的主人——秦始皇。秦始皇姓嬴名政，出生于公元前259年，死于公元前210年，13岁继位，22岁亲政。一生干了很多大事，他建立了中国历史上第一个中央集权国家，在中央设置三公九卿，管理国家大事。废除分封制，代以郡县制，同时又推行"书同文，车同轨"政策，统一度量衡。对外北击匈奴，修筑长城。南征北战，修筑灵渠，连通水系，最终把中国推向了大一统时代。明代思想家李贽誉其为"千古一帝"。

秦始皇死后，归葬丽山园。丽山园，在今陕西省西安市临潼区骊山脚下。骊山是秦岭的余脉，又称"郦山"，远望山势如同一匹黑色的骏马，故得此名。丽山园范围很大，经探测，陵园范围有56.25平方千米，其中包括秦始皇的封土堆、地宫、祭祀建筑、日常维护机构、大小各种陪葬坑等。

1961年，秦始皇帝陵由国务院公布为全国重点文物保护单位。1987年秦始皇帝陵及兵马俑坑被联合国教科文组织列入世界文化遗产名录。

到目前为止，在秦始皇帝陵周围，发现各种各样的陪葬坑180余座，其中表现军事内容的陪葬坑共有三座，发现于1974—1976年，分别编号为一、二、三号坑。三座俑坑位于秦始皇帝陵园东面，距离陵园约1500米，总面积达2万余平方米，埋藏陶马、陶俑8000余件，是秦始皇帝陵园外的一组大型陪葬坑。

其中一号坑面积最大，东西长230米，南北宽62米，深5米，总面积14260平方米。按照排列密度估计，全部发掘后可出土陶俑、陶马6000余件。一号坑于1978年5月至1981年9月进行了第一次正式发掘，清理了东端的五个探方（T1、T2、T10、T19、T20），面积为2000平方米。出土战车8乘，拉车的陶马32匹，各类武士俑1087件，以及大量青铜武器、车马器。1984年，我们着手编写《秦始皇帝陵兵马俑坑一号坑发掘报告（1974—1984年）》，并由文物出版社于1988年正式出版。

1986年3月至1987年初，对一号坑进行了第二次正式发掘。新开五个探方（T11、T12、T13、T21、T22）发掘面积2000平方米，后因故暂停，负责以上两次发掘的单位，均为陕西省考古研究所（陕西省考古院的前身）。

兵马俑一号陪葬坑虽历经两次发掘，但实际完成面积只有2000

平方米，仅仅发掘了东段的局部，对于中部和西部陶俑的排列，兵器的配备，战车的数量等情况还需要进一步的发掘工作来探明。从学术研究的角度要弄清一号坑的性质，要明确兵马俑数量，战车的数量和排列，也需要进一步发掘，从文物保护方面讲，第二次发掘时已暴露出来的兵马俑等考古遗存，由于受到光照、灰尘、潮湿度等因素的影响，也需要进行发掘后的修复和保护。"残""乱"的现状也影响了博物馆陈列展出的形象。根据秦俑保存状况和文物研究的需要，本着对历史负责、对文化遗产负责的精神，有必要重新启动秦俑一号坑的发掘工作。同时，兵马俑陪葬坑已经被纳入秦陵大遗址整体文物保护范畴，进行持续、连贯的发掘有着更深层的意义。运用新考古学理念和方法进行再次发掘，又可由点及面，为今后秦陵大遗址的考古工作积累经验，奠定基础。

2009年初，秦始皇帝陵博物院获得了考古团体领队资质，这就如同司机获得了驾驶执照，可以开车上路，但能不能上路，还需要审验。秦俑遗址属于国家重点文物保护区，管理严格，进行考古发掘必须向陕西省文物局、国家文物局逐层申报，需要填写发掘总规划、发掘申请书等格式公文，履行严格的审批手续。2009年2月10日，我在北京高原街的一个网吧，代表单位向上级管理部门正式填报了《秦始皇帝陵一号兵马俑陪葬坑第三次考古发掘申请和工作方案》，唯恐失误，反复登录查看，就像得了强迫症。3月19日，国家文物局批准了发掘计划，审批过程据说是一波三折，这其中，吴永琪院长、曹玮副院长出了很多力，做出了很大的贡献。秦俑博物馆自1979年成立以来，终于取得了第一份独立发掘执照。编号为"考执字（2009）第98号"。

4月9日，我从省文物局取回执照，颇有抱回足球界的大力神杯的感觉。这里需要说明的是，发掘执照上的发掘单位是秦始皇兵马俑博物馆（以下简称秦俑博物馆）。因为秦始皇帝陵博物院和秦始皇兵马俑博物馆是一个单位、两个名称。秦俑博物馆成立在前，1979年成立。2009年陕西省编办发〔2009〕4号文件，决定在保留秦俑博物馆的前提下，成立秦始皇帝陵博物院。

2009年4月26—28日，秦始皇帝陵博物院邀请国家文物局和陕西省文物局的有关领导与国家文物局专家组张忠培、徐苹芳、严文明、徐光冀等20余位专家，进行了"一号坑第三次考古发掘方案"的讨论和论证。专家们对发掘区域的各种遗迹、遗物的保护预案提出了细致的整改意见，陕西省文物局赵荣局长颁发了考古发掘执照，并在会上特别强调了"科学、严谨、示范"的六字方针。

我个人平时看着还算沉稳，但一在正式的场合发言，总是心跳加速，语速也快。我女儿说："你把我当成大人物，这两天先向我汇报，熟练了，心就不慌了。"文保预案由容波陈述，PPT结尾动画是一个卡通形象的运动员在向终点冲刺，引得全场大笑，使紧张的氛围似乎有些缓解。

论证会后，我们反复酝酿，最终将发掘区域确定为一号坑东北侧，原编号T23方，面积200平方米，包括两条过洞（G9、G10）和三条隔梁（Q8、Q9、Q10）。长远计划是有目的、有计划地逐渐地完成对一号坑北侧约 2000 平方米区域的发掘，最终实现贯通东西的目标。

5月，秦始皇帝陵博物院组建了"秦始皇帝陵一号兵马俑陪葬坑考古发掘队"，由曹玮任领队，许卫红任执行领队，容波任文保副队长。2010年后，曹玮不再担任领队，领队由许卫红担任。2012年由于工作调整，由申茂盛研究员接任领队，直至2023年。参加人员有邵文斌、武丽娜、张军、刘群、赵震、刘春华、李卓、扈晓梅、任建库、肖卫国、严苏梅、王东峰、王伟峰、兰德省、王春燕、吴红艳、杨爱荣、和西娥、孙秀侠、李杰、孙双贤、冯丹、杨四娃、靳欣艳、杨小茸、杨丽峰、孙彩霞、李亚红、马雄雄、杨佩等，并特别邀请了张忠培、徐苹芳、袁仲一、焦南峰等多位著名考古学家担任顾问。

20世纪80年代俑坑发掘停止后，对俑坑大部分区域进行了保护性回填，就是将已经发掘的地方再用土覆盖起来，以避免在暴露条件下陶俑被损坏。所以，在开工之初，我们做的就是纯体力活，把回填土清理运走，当时的情况是，用工困难，年轻力壮的工人嫌工资待遇低，工期不固定，不愿意干，工人多是妇女和六十岁左右的老年男子。而且为了不影响游客参观的正常秩序，只能在晚上游人散尽后，才能将回填土清运出坑。眼看发掘工作迫在眉睫，没有办法，只好动员妇女的丈夫或家人加入，给他们办理出门证，让他们一同来加班运土。"姐妹们，今晚开始，晚上加班一律把自己的老公带来。""为啥？""干完活太晚，我担心你们回家路上不安全。"壮劳力增加后，每晚拉土 400 多个编织袋，终于赶在正式发掘之前清理出了工作面。

正式开工后不久，现实就给了我一个下马威。Q8 的东边一大半已经清理到建筑木迹，可以看到一根根棚木基本呈南北向排列。紧接着的一大片地方，土色杂乱，有黑色炭迹，烧土粒，白色腐朽物，涉及范围长 280 厘米，宽 280—290 厘米，其中还有一个高突的土台，上面有一个圆形彩绘木环，还有散乱的铁锸、铁拴板、铜镞。再向西是纯净、坚硬的黄土。按照考古地层划分，东边属于俑坑建筑层，西边属于俑坑填土层，中间夹杂着的这片杂乱堆积层应该是什么层？这个疑问直到 8 月 28 日，才找到准确的答案。我们先是发现了石块堆积，后来继续下挖，在 Q8 和 G8 之间发现了形状规整的洞口，长方形，边圹整齐，东西长 157 厘米，南北宽 57 厘米。接着一直钻进 G8 内，才发现开工当天见到的铁器、木环、铜镞，包括乱土中夹杂的陶俑残片，都与 G8 原来的埋葬物有关。实际上，中间的这部分，属于一处时间晚于俑坑修建的扰坑，它与东西两边的层位关系，在考古学上被称为"打破"，给予编号 H1。箭镞、铁锸、铁凿、铁拴板，这些大家都认识，1988 年出版的一号坑发掘报告中公布过，陶釜也常见，唯独一件摆放在表面的大石件，没人见过，不知石件是不是从坑内的 H1 挖出来的，干什么用的。石件斜边残长 40 厘米，厚 10.5 厘米，内有圆形和半圆形透雕，直径分别为 6.4 厘米和 12.8 厘米，断面有大量的凿痕，显然经过人为加工。有人说，这个不是俑坑里的东西，快快扔了去。但我们知道在考古过程中遇到任何东西，都要打个疑问，搞清楚了才能做下一步处理。9 月 10 日，袁仲一先生一大早从西安赶来，掏出一张发黄的日记纸，纸上写道："T23方由北向南第三隔梁上发现的石雕，附近有红陶残片（绳纹）及木迹。"其下附有草图，并说："这是一个建筑石构件，是1979年在地层中挖出来的。"袁仲一先生多年担任秦俑考古发掘的掌门，此次发掘的顾问，老人家当时已年近八旬，对这次发掘从始至终倾注的心血，令人没齿难忘。石构件，不是俑坑里的东西，而是H1中的东西，这对判断H1填埋时间有着重要的作用。秦陵园内就有石构件，根据各种迹象判断，扰坑内有烧土、炭渣，说明俑坑已经被焚毁，但木环、兵器柲尚未腐朽，说明埋藏时间并不久远，故判断其年代为秦汉之际，这是目前可知一号坑年代最早的人为扰乱遗迹。

浮选本来是指漂浮选矿，根据矿物质颗粒表面物理化学性质的不同，从矿石中分离有用的矿物，淘金就是漂浮选矿。考古研究中为了提取古代植物遗骸，也用浮选，通过浮选，找到遗址中炭化的植物遗骸，研究当时人们种植什么庄稼，荒地上长什么草，山上有什么树。为了寻找秦代植物遗骸，从2009年9月开始，考古队对运出俑坑的回填土，进行浮选。中国社会科学院考古研究所的赵志军是植物考古的专家，他很快邮寄过来一台浮选机并亲自来现场指导浮选，经过赵老师的鉴定，轻浮物包含田紫草等。对于浮选结果，赵老师不甚满意，觉得选出来的植物信息太少。其实，无大发现就是大发现，说明俑坑内的填土不是当时的地表土，而是营造俑坑时挖出的生土。而且，浮选或洗土，可以发现填土中的残陶片或其他东西，避免遗漏。到了2012年后，随着向下发掘的开展，出土的绝大部分都是陶俑、

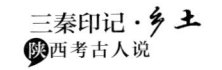

马，且出土量越来越少。少量的回填土不再出坑，而是被我们填在其他探方用来平整场地。洗土或浮选告一段落后，正式的挖掘工作就开始了，但设备奇缺。根据政府财政政策规定，超过千元以上的设备购置必须在前一年10月上报预算，来年三月后经省财政部门审批，才能通过政府采购置办。2008年10月前，秦俑博物馆还没有获得国家文物局批准的团体发掘资质，更没有想到2009年3月，一号坑第三次发掘申请能获得国家文物局批准。所以一号坑第三次发掘前期没有资金，购买钢卷尺、编织袋、手术刀等小物品的问题，我们自己还能解决。但购置价格不菲的设备，如照相机、摄影机、三脚架、电脑等则困难重重。到了2010年，在馆领导的关心下，一号坑发掘所需要的设备才逐渐到位。另外，有些设备需要自己动手改进，赵震在小板凳上钻眼，改制超低度三脚架，大功告成后，特意在凳面上留言："现场需拍摄，及时联系，电话××××××××。"发掘时需要的工具千奇百怪，白建设师傅从工厂退休后，随其爱人加入了部队，他擅长车、钳工，还略懂机械制作，自己动手制作了很多在市面上不好买又比较实用的小工具。随着发掘工作的进行，需拍摄高空全景照片，但大厅内的航拍高度有限，用氢气球怕爆炸，而且大厅内游客很多，也无法来用这个办法。后来，赵震首先提出自己要爬到展厅钢架梁上进行拍摄。"拍是可以，就是钢架梁上全是土，光线也不足。"赵震带着一身泥土，走下钢架说道。其后，2010年冬季张天柱爬上钢架梁，2011年秋季肖卫国爬上钢架梁，拍摄了不同阶段的全景照。他们的敬业精神，特别令人钦佩。

考古资料表明，兵马俑表面通体彩绘，彩绘层由三类材料组成，分别是生漆、矿物质颜料和调和剂。生漆又称中国大漆，是东亚地区特产的一种天然涂料，每年的4月到8月，通过剖开漆树树皮，可以取得一种乳白色的液体，这种液体就是生漆。生漆的主要成分是漆酚。乳白色的液体生漆接触空气后，颜色会逐渐变深，最终固化成褐色的漆膜。在固化期间，生漆中大量的漆酚分子会形成网状的立体结构，使形成的漆膜具有良好的耐久性。生漆的采集、保存、运输过程比较烦琐，所以在古代比较珍贵。兵马俑彩绘中使用了大量的生漆，这在当时是颇为奢侈的。矿物使颜料均为无机物，包括朱砂、铅丹、土红、骨白、铅白、石青、石绿、中国紫等，其中最具有代表性的是中国蓝和中国紫，它们的化学名称叫作"硅酸铜钡"，是将天然的矿物，包括石青、石绿、重晶石、铅白和石英等物质混合，使其在1000摄氏度左右的温度下发生化学反应，再人工制备而成，目前在自然界中尚未发现有中国紫这种化学物质，它们是秦人的发明创造。调和剂，又称胶料，是将颜料黏合在一起的材料，一般为具有黏性的天然有机高分子化合物，由于调和剂流失、老化以及颜料的干扰，只能鉴定出调和剂为蛋白类物质，未见有油光、脂类、多糖类，具体的成分还有待进一步研究。

兵马俑表面的彩绘工艺是髹漆加彩绘，在烧制好的兵马俑陶体上密涂生漆，然后将颜料研磨充分后，加入调和剂调成颜料浆，涂刷在生漆上。依照上述材料和工艺，兵马俑彩绘层的结构一般是生漆底层加表层颜料。不过从出土实物看，兵马俑表面的彩绘层也有两层生

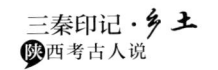

漆加一层颜料或一层生漆加两层颜料的。

由于曾遭多种不利因素的破坏，如焚毁、坍塌、水侵等，加之时间过去了千年，生漆及调和剂已失去了黏性，失去胶质黏附力的彩绘，大部分与陶俑脱离，反贴在填土及淤泥的表面。少量残存的彩绘，因为出土后环境的变化，尤其是温湿度的变化而起翘剥落。怎么才能最大限度地留住陶俑表面的彩绘，使彩绘在清理时不被"沾"下去，成为发掘清理过程中必须面临的问题。

第一，要控制湿度，在距彩绘遗迹表层 10—15 厘米时，对土层表面进行多次间断性喷水，并用湿棉花覆盖，直至湿度达到 83.5 度，含水量达到 18.7%，每次下挖 3 厘米左右，便要再次喷水，一层层掘进，到了距离彩绘遗迹表面 1—2 厘米时，喷出雾化的水汽，使清理面湿度达到 80—85 度，土壤含水量达到 20% 左右，如果喷水量大，间隔时间较短，彩绘层就会被泡膨起翘。如果喷水量过小，间隔时间太长，土层得不到适度浸润，会比较干密，一来手术刀割不动，二来下刀处两边的土可能会因刀刃挤压而分离，彩绘会黏附在土层上"跑"了，与陶俑脱离。

第二，面对暴露的彩绘，夏天要关闭电扇，冬天不能近距离使用取暖器，一号坑虽盖有保护大厅，考古队员在大厅内进行发掘，看起来风吹不着、雨淋不着，但大厅建于 20 世纪 70 年代，受当时条件的限制，大厅比较简陋，就像一个种菜大棚。夏天，室外温度 35℃—36℃，大厅内可达 41℃—42℃，冬天像冰窖，极为阴冷。2010 年冬季，有一天气温为零下十几度，存放在整理箱中的水，冻成厚达 4—

5厘米的冰，人都可以站在上面。同志们就是在这种条件下辛苦工作的。

第三，清理工具为医用器械，有药用棉签、脱脂药棉、酒精，各种型号各种规格的手术刀。刀片有圆刀、弯刀及三角刀等，经过实践，大家发现12号刀片、7号刀柄很适合在土层较厚的区域开展深部割切。20号刀片、4号刀柄比较适合在土层较薄区域的浅层割切。清理时下刀一定要轻，手术刀得保持一定的倾斜度，越接近彩绘层，用刀的角度就要越小。局部土层黏附力较强，用刀尖挑不下来，就得用刀刃轻轻刮。对于彩绘保留面积较大、彩绘保存较好的陶片如俑头，在做好资料记录、拍照、录像、绘图后，采取整理打包的办法，整体提取后，交文保部门转移到实验室内进行处理。

对于脱落在土块上的彩绘，我们也没有完全放弃，除留取样本外，还尝试通过人工干预的办法，将彩绘"回贴"。这方面，除了考古发掘人员细心清理外，文物保护修复组的兰德省、王东峰等人也做了大量的工作。

原以为一号坑停止发掘了20余年，彩绘保留情况比较差，许多都已经不见了，没想到挖下去以后，许多彩绘陶片，尤其是小腿以下的陶片，被淤泥所覆盖，反而被保留了下来，经过考古发掘人员、文物保护人员的辛勤工作，再现了它的风采。2014年秦始皇帝陵博物院以一号坑第三次发掘出土的彩绘陶俑、陶片为主，结合其他地区出土的彩绘陶质文物举办了"真彩秦俑"展，该展览荣获"第十二届（2014）全国博物馆十大陈列精品奖"。同期出版的同名展览图录，

秦俑一号坑彩绘清理现场

荣获第 66 届美国印制大奖"班尼奖"优秀奖。

秦国实行军功爵制度。根据秦法，一人获得军功，全家都可以受益，加官晋爵，是秦国士兵在战场上奋勇杀敌的主要动力。荀子说："齐之技击不可遇魏氏之武卒，魏氏之武卒不可遇秦之锐士。"张仪说："山东之士披甲蒙胄以会战，秦人捐甲徒裼以趋敌，左挈人头，右挟生虏。夫秦卒与山东之卒，犹孟贲之与怯夫，以重力相压，犹乌获之与婴儿。"秦人打仗勇猛，战场上袒胸赤膊，无所谓生死。几乎所有人都认为，秦人在战争中不重视个人防御，秦俑坑中陶俑不戴头盔，进而有学者断言，秦俑坑中没有盾与胄。后来铠甲坑中出土了石胄，才平息了关于头盔的争论，但为什么没有盾，依然是个谜。

2010 年 9 月到 10 月，在第九过洞第二组车的右服马南侧，清理出迄今为止俑坑中所见的唯一一件盾。应系车备防护器具，皮胎，通高66厘米，两半部分保存较好，车半部分残缺。盾正面朝下，背部有一贯通上下的木质纵梁，梁中部鼓起一桥状纽鼻形握手，方柱形，下侧有长方形孔。盾边缘绘彩，绘彩带宽约4.6厘米，纹饰带内外两侧勾勒出宽约1.2厘米的淡绿色彩，再用红的细线勾画出菱形或不规则的边栏，栏内分别用白色或褐色造成间隔，画出不规则的卷云纹、雷纹、三角对顶几何纹等纹饰，其间点缀以浅蓝色使得彩绘整体色彩鲜亮，纹样多变。

《释名·释兵》说："狭而长者曰步盾，步兵所持，与刀相配者也，狭而短者曰子盾，车上所持者也。子，小称也。"此盾与秦陵铜车马坑出土的盾形制一样，两盾规格的各项数值大约相差二分之一。只是铜盾仿照皇帝銮驾配置，级别高，不仅通体上下正反两面都有彩绘，纹样也选择了至高无上的龙纹。俑坑盾，供车兵使用，只在正面局部绘彩，纹样也选择当时最普通的云雷纹，可见，尊卑等级分明。

2011年11—12月，在第九过洞中部两木车的车舆附近，发现三个长方形的箱状物，一号车上有一件，长88—91厘米，宽50厘米，残高25厘米，壁厚不足0.8厘米。二号车上有两件，大约长92厘米，宽50厘米，残高20—25厘米，壁厚0.8—1厘米。袁仲一先生下坑指导工作时，看到迹象提出，这些物品会不会是车茵？车茵，车厢内的垫子，缓解乘坐时车太颠簸而造成的不适，秦陵二号铜车上有。但车茵应该是一个平板。这三处的炭迹是长方形框，再说二号车上有两件，一辆车上放两个车茵也不合适。此物在俑坑中早有发现，有人认为是马槽。2011年11月24日在坑底层清理出摆放整齐的箭镞多件,器底有横向龙骨两根,对称分布于两侧。袁仲一先生看后,给出了最终结论:这三件朽迹是战车上配备的笼箙。《后汉书·舆服志》记载:辐车有"胄甲弩之箙",说明戎车上配置有装纳杂物之器。

根据王树芝老师的检测报告,器物内壁的织物痕迹,每平方厘米约有30根经线和30根纬线,丝线由几十根茧丝合成一股,平均直径约0.38毫米,外观呈细鳞状,织物表面呈皱褶纹状。根据这些特点,估计其内壁织物可能是绉纱,或者是比较重的縠。

纱是一种丝织物,组织稀疏,上有均匀的方孔,俗称"方孔纱",经纬线极纤细,是丝织品中织得最稀疏的品种。《汉书·江充传》记载:"充衣纱、縠、禅衣。"颜师古注:"纱縠、纺丝而织之也。轻者为纱,绉者为縠。"绉纱是经纬都加强了捻而使纱表面形成了均匀的鳞形绉纹。縠是经纬丝均加强了捻,且捻向相反,使丝织物外观呈细鳞状,质地略比纱重。按常理,丝织物原料是蚕吐出的有机质,很容易燃烧殆尽。然而,在一些考古发现中仍然见到关于炭化丝织物的报道。例如早在1958年,钱山漾遗址就发现了距今4000多年的丝织物,大部分已经炭化;秦都咸阳第1号宫殿建筑遗址曾出土一包已经炭化的丝绸衣物;北京大葆台汉墓出土的丝织物也已炭化。现出土的木车笼服箙丝织物之所以炭化,可能是因为丝织物的里面是竹木材,外面是一层或两层漆膜和漆灰,具有很好的封闭功能。这也说明一号坑的战车,除了承担指挥任务外,还有着运输物资的功能。

2010—2011 年，在第九过洞的第一辆车和第二辆车的附近，均出土了一处鼓遗迹，鼓均为扁圆形，外径 70 厘米，鼓面径 53—55 厘米，高 9—12 厘米，鼓壁呈圆弧形，周长 215 厘米左右。壁为木质，已朽，壁外侧髹漆并绘有彩色花纹，并置有三个等距离的带柄铜环，有的环内系有织物条带，以便悬挂。鼓面为皮质并绘彩，也已腐朽，鼓壁周边有三排交错分布的细小钉孔，应是竹质鼓钉，用来把鼓面的皮革固着在鼓腔上。此种鼓悬挂使用，为悬鼓，悬鼓在楚墓中多有发现。一般有悬挂鼓体的鼓架，由双虎或双鸟组成，制造得非常精美。可惜此次没有发现鼓槌。鼓槌古名曰枹，《说文·木部》："枹，击鼓杖也。"《左传·成公二年》载张侯"右援枹而鼓"。20 世纪 80 年代，曾在 T23 方 G9 清理出一件鼓槌，外形和现代鼓槌区别不大，槌头部分包裹织物，像一个椭圆形的鸭蛋。2015 年在第八过洞的中部，发现了一件鼓槌，通长 70 厘米，一端呈椭圆球形，直径 7—8 厘米，一端为木柄，长约 6.2 厘米，宽 3—4.5 厘米。鼓与钟都是军队中的指挥器具。击鼓前进，鸣金收兵。在第一次发掘时曾出土 3 件甬钟，可惜这次发掘中未见甬钟。

2010 年 10 月，秦始皇兵马俑考古项目获得西班牙阿斯图里亚斯王子奖社会科学奖。该奖有"小诺贝尔奖"之称。兵马俑考古项目是中国首个获得该奖项的项目。2010 年 10 月 22 日，由秦始皇帝陵博物院副院长曹玮任团长并带队，我与张卫星随行，参加了在西班牙历史名城奥维耶多举行的颁奖典礼。费利佩王子致辞说："我们知道在考古发掘工作中，中国专家表现出无限的耐心和认真的态度及精益

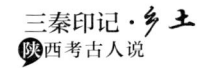

求精的精神，在每次新的发现中都饱含深深的感动，我们对他们的奉献深表敬意。"我身着从网上淘来的旗袍，接过证书，心中感慨万千。与繁华的物质世界相比，考古是一个创造知识、探索历史的长久沉默的过程。它反对急功近利，反对浮躁，它需要专注、执着、勤奋、淡定、坚守……这些词集结在一起，便是考古的精神，也便使考古人成为"最美的人"。

2011 年底，发掘工作已基本结束，本阶段成果包括：共计清理陶俑 102 件、陶马 8 件，另有木车 2 乘、盾 1 处、鼓 2 处、弓弩 10 处、箭箙 12 处、柲 12 处、笼箙 3 处，大量的车马器和建筑遗迹。由我进行资料整理和报告编写，《秦始皇帝陵一号兵马俑陪葬坑 2009—2011 年发掘简报》发表于《文物》2015 年第 9 期。《秦始皇帝陵一号兵马俑陪葬坑发掘报告（2009—2011 年）》2018 年 11 月由文物出版社出版。

（作者系陕西省考古研究院研究员）

秦兵马俑一号坑第三次发掘记（二）

○申茂盛

2009年6月，当秦兵马俑一号坑第三次发掘工作正式启动的时候，我正在湖北的南水北调工地上。听到这个消息，立即打电话向同事们表示了祝贺。到了11月，湖北工地任务结束后，我返回了博物馆。当时我担任考古部副主任，部室领导给我的分工是：协调各方面的关系，主管一号坑的发掘工作，于是我便积极地参与到一号坑的发掘工作中。

2012年后，许卫红不再担任一号坑领队，由我来接任这一职位。当时G9、G10两个过洞的发掘工作已基本结束，我们发掘的区域主要是G8和G11及俑坑的北边壁和北二层台。随着工作的进展，出土的陶片越来越多，修复陶俑成为一件迫在眉睫的工作。要修复陶俑，首先就需要场地，当时只有T23方，还有T14方归考古部管理，可以堆放陶片，其余的区域归其他部门管理，所以我们发掘出的大量陶片无处堆放。于是我找了主管院长曹玮，向他汇报了面临的困难，曹院长当即说："走，下坑到现场去看看！"看过现场，经协商后他决定，除第一次、第二次已发掘的探方和俑坑西北角保管部正在使用的场地外，将其余的区域划归考古部管理。这样我们的区域就扩大了很多，修复陶俑也有了场地。要修复陶俑，需要将残破散乱的陶片找齐，原以为，陶俑残片应该在一个小范围内，是相对集中的，一件一件取出来就行了。实际情况是，陶俑四分五裂，残片散布，互相掺杂，而且在不同的区域受到火焚的情况又不一样，即使是同一个陶俑，陶片的颜色也迥然不同，或为蓝灰色，或为橘黄色、橘红色、深黑色等。有人形容这种情况是：一个饭店的小伙计，手里抱了一摞盘子，不小心摔了一跤，盘子碎了，碎片就混杂在了一起。我们的工作就是把这些碎片一片片挑出来，并把它们拼对好。

当时我们在拼对时，要先在一个长约 2.5 米、宽 1.5 米、高约 0.5 米的大木框里放上沙子，做成大型沙盘，在沙盘内拼对。但用这种方法拼对，陶片有一个面，比如说背部，必须躺在沙盘上，所以这个面有多少片陶片及残损情况就会弄不清楚。后来我们改进了方法，让陶俑立起来，把袍部以下埋在土里，从脚下开始在陶俑体腔内塞上软垫子，外面用宽带子捆绑，逐渐向上拼接。拼对完成后，再将陶俑全部打开，填写"陶俑记录表"，逐一登记陶片数量、特征（有没有制造痕迹，有没有陶文，有没有彩绘等）、重量等，就像医生给病人做体检一样，必须做到详细、准确。然后与修复组进行点交，再由他们按照修复工作的程序，科学地进行修复，有些同行曾戏谑地说："申老师，你是考古专家中修复技术最好的，修复行业中考古技术最好的。"

我知道这话有些开玩笑的成分，但这的确和我的经历有些关系。我1989年从吉林大学考古系毕业后，到秦俑馆从事考古工作，后调到保管部工作，曾两次参加中意合作举办的文物保护修复班的学习，受过比较系统的文物保护修复方面的训练。2008年后，再回到考古部从事考古工作。所以，考古发掘与文物保护修复这两方面的知识我掌握得比较全面。现在的修复还强调最小干预原则，最大限度地保留文物的原真性，尽量不做过多的补全。所以，大家可以看到现在修复的陶俑有些缺损，也正是这种原则的体现。修复工作是一个复杂漫长的工作。另外，许卫红他们还邀请了西北大学可视化研究所的耿国华、周明全、赵宏安师生，尝试对陶俑进行虚拟复原，其原理是：借助手持激光扫描仪，对陶片逐一扫描，建立对应的三角网络模型，利用计算机虚拟拼接和复原技术，计算陶片的二维曲线和三维曲面特征向量，自动寻找匹配对象，实现虚拟修复。但在实际操作过程中，还是遇到了问题。一是陶片从土里挖出来后，茬口上或多或少都有一些泥土和脏东西，扫描出茬口不一定准确。另一个是残片数量巨大，需要一个足够大的场地，对陶片进行编号摆放，以便扫描。当时的做法是，陶俑经过考古队员粗拼，已经基本完型，可以站立，即90%的陶片都已找到后，再进行扫描虚拟复原。但现在做不到并不等于将来做不到，也许将来一旦"虚拟"的设想变成现实，文物修复的技术和水平将会得到大大提升。总之，虚拟复原的尝试还是很有意义的。

发掘工作进行了一段时间后，工作人员发现 G11 铺砖地面较为平整，但 G8、G9、G10 铺砖地面中部有较明显的下陷，G8 下陷长度为 20 米，甚至延伸到 T24 方，G9 下陷长度为 18.7 米，G10 下陷长度为 12 米，下陷 15—20 厘米。为了解释清楚下陷原因，对 G8 分别于过道东部、中部和西部做了 3 处解剖。对 G9 分别于过道东部、中部和西部做了 3 处解剖。对 G10 分别于过道东部、中部做了 2 处解剖。经解剖发现，铺砖地面大面积下陷的原因是地基欠平整，局部存在剖面近"U"形的沟槽。沟口大，底小，弧斜壁，底不平，打破生土层。沟内堆积土色杂乱，质地疏松，含较多沙粒，壁面及底部均有挖掘工具形成的痕迹。

这种沟槽的形成，可能与俑坑的施工组织形式有关，推测在施工时有若干个小组，每个组施工一段，有的组施工速度较快，下挖深度超过了设计深度，又进行了填埋，因填埋层不很结实，后发生了下陷。而沟槽的南北壁上则为生土，未见夯土。

在《秦始皇陵兵马俑坑一号坑发掘报告（1974—1984 年）》及其他研究文章中，皆认为俑坑的边壁为生土圹的内侧包镶夯土二层台，俑坑内的隔墙为夯筑，俑坑过洞所铺地砖下方为夯筑地基。但经过我们仔细解剖，发现铺砖地面下的地层为自然堆积，为生土，没有人为夯筑痕迹。隔墙上大部分区域无明显的夯层，部分残存的隔墙夯土断断续续，并不连贯，且构筑方式多样，并不统一，有些夯土墙还与砖墙修筑在一起。所以，我们推测俑坑的夯土墙并不是在俑坑修建之初就有意识夯筑的，而是在俑坑修建的过程中，由于俑坑的坑壁发生了垮塌，不得已用夯筑的方法或者用砖对坑壁进行了修补。概括而言，俑坑的地基、隔墙为生土，并非夯筑而成。当然，这只是我们这个区域的情况，其他区域情况如何还有待于将来的发掘验证。

随着清理工作的深入，俑坑内的各种武器逐渐暴露，一号坑出土的兵器主要有三大类，短长器、长兵器和运射兵器。

短长器主要是青铜长剑，剑首修长，通长 81—94.8 厘米。可以分为两种类型。Ⅰ型铜剑的剑首、格、璏、珌与秦陵铜车马上两个御手所佩铜剑完全一致，且与满城汉墓所出也完全相同，级别应该较高，属高级军吏俑。Ⅱ型剑，剑身如Ⅰ型剑，唯剑首做菱形帽状，从数量上讲，Ⅱ型剑以前出土 16 件，本次发掘出土 5 件，Ⅰ型剑以前仅出土 1 件，本次发掘时未发现，仅出土有 1 件扁圆梯形剑珌，推测Ⅱ型剑应级别较低，为普通士兵使用。2015 年 12 月，在第 11 过洞清理出一件铜剑正悬挂于陶俑身体的左侧，所有的附件如剑首、格、璏、珌等没有移动，保持在原始位置。这一发现可以帮助我们解释"王负剑"的问题。《史记·刺客列传》中写道："秦王方还柱走，卒惶急不知所为。左右乃曰：'王负剑！王负剑。'逐拔以击荆轲，断其左股。"之前有说法，秦王的剑是背在后背上的，群臣们提醒秦王赶快拔剑，进行防御。而这次的发现证明秦人的剑是悬挂在腰间的，群臣们提醒秦王将剑推到背后，再从背后把剑拔出来。这次考古发掘也正式为这个千古之谜给出了答案。

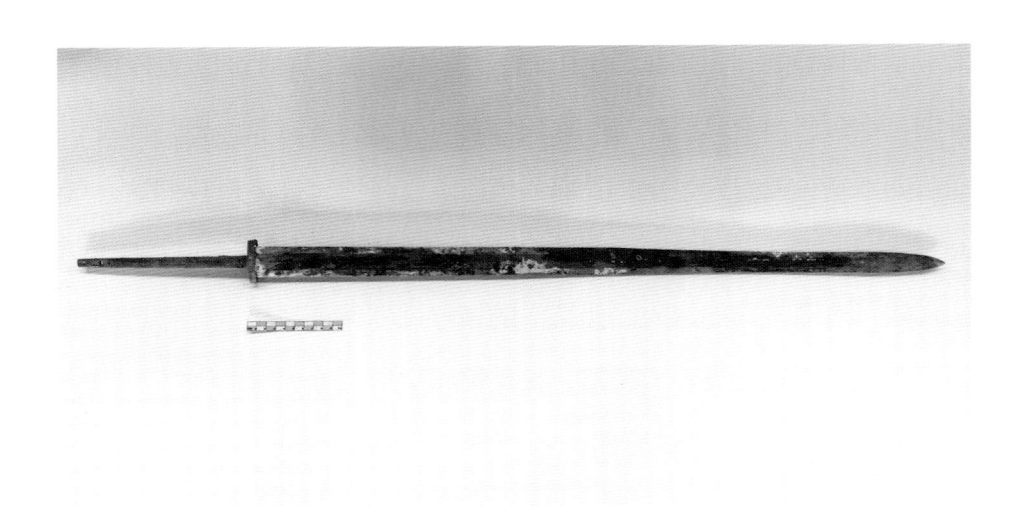

发掘出土的青铜剑

长兵器主要是铍、矛、戈、戟、殳等。殳主要出土于三号坑,为礼仪性的仪卫兵器。铍出土在一号坑的前部,完整的铍由铍首、长柄、铜镦三部分组成。长度可达3.6—3.7米。以往出土的铍多为铍首,因而一些考古报告中多误认为其为短剑。与铍首相对应的铜镦,都比较小,高3.5厘米,口径3.4厘米×2.8厘米。在这次发掘中没有出土。出土较多的长兵器为戟、戈、矛,戟的长度会达到2.8—2.9米,是由矛、戈联装于柲前端的复合兵器,矛与戈的间距为25厘米,柲有木质的,也有积竹柲,积竹柲内芯有1.8—1.5厘米厚,周围包裹着宽0.3—0.5厘米的细竹片,用线纽缠扎后再聚漆,然后再绘制上精美的彩色图案。积竹柲较木柲更坚韧而富有弹性,刚柔兼备。出土也有戈,但戈的前端残缺,怀疑矛头已脱落,当为戟断裂后的分体。矛只见矛头,未见有木柲部分,故推测俑坑内的戈、矛应联合组成戟。

弓弩遗迹在兵马俑一号坑中并不罕见，在第一次发掘中就曾出土了132处。但对于弓弩的认识，却存在着不确定性和错误之处。主要是在对"檠"的认识上。一号坑简报中曾指出"弓背内辅有细木，以增强弓背的张力"。但我们认为如果在弓背上加撑木，弓背将被固定，不能随着弓弦的拉伸而变形，这样，弓弦将无法挂到弩机上，弓弩也就无法使用。其后，一号坑发掘报告将之前的说法修改为"在韬壁内侧附撑木条两根。两根木条呈八字形，其下端分别位于韬的两角，上端位于韬的顶部"。我们认为，弓韬实际上是一个软性的织物袋，其作用类似今天的网球拍袋或羽毛球拍袋，不需要在它内部增加两节短粗的木条作为辅助木。在第三次发掘中，我们清理出来了一个相当完整的弓弩遗迹，使我们对这个问题有了比较清晰的认识。出土的遗迹中，在木条上均匀分布有三个直径为0.6厘米的圆孔。我们认为这个长方体的木条，应该就是古文献中的檠，《仪礼·既夕礼》记载，明器之弓"有柲"，郑注："柲，弓檠，弛则缚之于弓里，备损伤，以竹为之。"其作用是通过三个小孔用绳将檠与弓缚绑在一起，再用一个短的撑木支撑，形成一个三角形，将弓固定。这个弓弩遗迹的发现，厘清了人们以前对檠木不确定的认识，第一次明确了檠木的定名和弓弩的保存方法。弓韬为存放弓弩的袋子，由织物缝合而成，外形似一个狭长的河蚌，一号坑曾出土了多件韬，但少见完整者。2010年5—6月在第10过洞的西端出土了一件完整的韬，复原后长150厘米，中段宽26.5厘米，两端为圆弧形角，手织物痕迹纹理清晰。这是俑坑中少有的完整的弓韬遗迹，意义重大。

俑坑的陶俑可分为袍俑和着甲武士俑两类，袍俑主要分布在俑坑的前部，着甲武士俑分为三种：一种为介帻俑，主要分布在俑坑东端，坑的南北两侧，手持长铍。另一种为圆髻俑，主要分布在坑东部、中部。第三种为扁髻俑，主要分部在坑中部、西部。我们这次发掘的俑全部都是扁髻俑，又分为两类，一类右臂前曲，右手半握拳，为持长兵器俑；另一类右臂自然下垂，右手半握拳，拇指跷起，为持弓弩俑。我们发现其排列很有规律。如G9车迹前面的3行12个俑为长兵器俑，车后的3行12个俑为持弓弩俑；G10的17行68个俑皆为持长兵器俑；G11除了6件戴冠的军吏俑为持长兵器俑外，其余的俑皆为持弓弩俑。不同类型的陶俑在俑坑中所处的位置不同，显示出其在军队中承担的任务不同。

秦俑以其"高""大""真""多"被誉为"世界第八大奇迹"，在其制作方面有一重要的保证就是"物勒工名"制度，即《吕氏春秋·孟冬记》载："物勒工名，以考其诚。工为不当，必行其罪，以究其情。"但是，我们在本次发掘中发现有些俑存在着种种的制造缺陷、错误和修补痕迹，如同一件陶俑，两腿粗细不一。有的陶俑上肢比例严重失调，干脆少了小臂，大臂下直接安插手腕。有的陶俑腿断了，用焊泥（陶片粉末+胶）粘接后，缠上麻布，再施彩绘。实际上，陶俑身上的陶文主要有戳印和划刻两种表现方式，文字的内容除表示工名、地名外，还有数字。都是在未烧成之前形成的，经过焙烧、施彩，陶文被完全遮盖。另外其形式也与兵器上的铭文有明显的差异。如俑坑戈上曾有"七年相邦吕不韦造寺工周丞义工竟"。兵器的督造者是相邦吕不韦，管理者是周丞义，工匠是竟。再者从俑的制作阶段看，俑必须被放到俑坑内。在俑的运输摆放过程中，会遭到无意或有意的碰撞损坏，遇此情况只好在断茬处粘接补救，不会再制造一个新的。我们认为"物勒工名，以考其诚"制度有其具体实施的范围和程度，对于不同性质产品有着不同的标准，而不是僵化地、死板地被执行。对于当时生活中使用的物品就要求严格，而对于死者所用的物品就要求低。

到 2023 年，发掘工作基本结束，两阶段工作，共计清理陶俑 256 件、木车 4 乘、陶马 16 件、建筑木迹 200 余根、兵器近 80 件（组）、车马器约 140 件（处），现进入资料整理报告编写阶段。通过秦俑一号坑第三次发掘获取的一些新的研究材料，将对秦俑坑的性质，秦俑的主体思想，秦代的兵役制度，秦军的编制、装备、战略战术，秦军在中国军事发展史上的地位研究大有裨益。

总之，一号坑的第三次发掘工作为秦俑、秦史的研究提供了许多新的宝贵材料，在某些方面取得了突破性的进展。当然，一号坑的发掘工作仍在进行中，许多问题仍然若明若暗，如俑坑内车迹破坏严重，保存状态较差，且出土数量较少，使秦代车制的研究缺乏新的资料。对俑坑内军阵的发掘工作，虽然在本次发掘中取得了突破性的进展，但发掘面积较小，排列组合关系还不是特别清楚。工作任重而道远，我们将继续不懈努力，以期获得更丰硕的成果。

（作者系秦始皇帝陵博物院研究馆员）

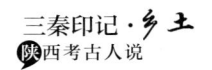

我亲历的秦兵马俑二号坑考古发掘工作

○朱思红

秦兵马俑二号坑（以下称秦俑二号坑）发现于1976年4月，4月底开始试掘。1994年3月第一次全面发掘，2015年开始第二次考古发掘。1990年7月我从西北大学考古学专业毕业，来到秦始皇兵马俑博物馆工作。1994年3月，我作为主要业务干部，参加了兵马俑二号坑的第一次考古发掘；2015年又作为考古发掘项目负责人主持了兵马俑二号坑的第二次考古发掘。兵马俑二号坑的这段考古历程也成为我人生的一段重要经历。

秦俑二号坑的发现与试掘

1974年秦俑一号坑被发现后，国家开始在一号坑的遗址上建设保护展览大厅，当时人们还不知道另外两座俑坑的存在。1976年4月，秦俑考古队在一号兵马俑坑东端北侧一片树林里发现了大面积的夯土和陶俑残片，经进一步全面探测，最终确定它是又一座兵马俑陪葬坑，即秦俑二号坑。为进一步摸清二号坑的形制和内涵，考古队于1976年4月底至1977年8月对二号坑进行了局部试掘。试掘过程中共开探方18个，试掘面积约1036平方米。

通过试掘，考古队基本了解了二号坑的形制、布局、构筑特点和基本内涵以及与一号坑的联系，确认了它的基本性质。试掘结果表明，同一号坑一样，二号坑也是一座地下巷道式的土木结构建筑，平面呈曲尺形，东西长124米，南北宽98米，面积约6000平方米。

试掘发现了大量珍贵的遗迹，出土了陶俑224件、战车11乘、陶马96匹，以及许多重要兵器。与一号坑相比，二号坑出土的兵马俑种类大大增加，并且大多兵马俑能区分出其兵种属性，如弩兵、车兵、骑兵等，大大拓展了人们的认知。

作为主要业务干部参加二号坑的第一次全面发掘

20世纪90年代初，为了进一步全面揭示秦俑二号坑的内涵，同时为参观者提供更丰富的展示内容，发挥珍贵文化遗产的教育作用，国家文物局批准有计划地全面发掘二号坑。

这次考古发掘队伍的领队是老馆长袁仲一先生。主要业务干部有张仲立、刘占成、朱思红、朱君孝、陈春会、许卫红、申茂盛、李秀珍、蒋文孝。一年之后，二号坑考古队伍又添新兵，他们是：王志友、张颖岚、张卫星和朱学文。不久还另外聘请了两位考古专家——陕西省考古研究所已退休的陈国英和魏京武先生担任顾问。

在正式发掘之前，秦俑考古队在1976年考古勘探的基础上有针对性地进行了复探，按照建造保护大厅的要求对原来得到的探测数据逐一分析逐一核实，不仅确定了原有的探测结果，还新发现了5个门道，订正了20多个点位和100多米坑边走线，为确保二号坑保护大厅的建造遗址不被损害奠定了基础。

二号坑第一次发掘时共布20米×20米大小的探方24个。考古发掘工作总体上分两个阶段。1994年至1997年底为第一阶段，主要是对二号坑遗址建筑棚木层以上及原试掘方进行发掘与清理。第二阶段则是对建筑棚木层以下各开间各过洞陶俑、陶马、战车、兵器等考古遗存进行清理（也就是我们现在所说的第二次发掘）。

通过发掘我们认识到，二号坑内共置隔墙18道，6个开间，分隔出20条过洞，可分为四个单元：第一单元位于俑坑北边东端，凸出于军阵前端。该单元面积1010.8平方米，四面环长廊，里面旋转立有射俑，中部有G16、G17、G18、G19四条东西向过洞，里面放置跪射俑，应该是一个弩兵方阵。第二单元位于二号坑右侧，面积2548平方米，其东西两端各有一条南北向长廊，廊内空无一物，中部是8条东西向过洞（G1—G8），每条过洞内有8乘战车呈前后纵向排列，组成有64乘战车的车阵。第三单元位于二号坑中部，东端和第一单元西端的长廊相接，左右两边和二四单元相邻，面积1088平方米。该单元计有三条东西向的过洞（G9、G10、G11），西端有一南北向长廊。过洞内放 19 乘战车，每乘车后跟随若干兵俑，最后以骑兵俑作为殿军。第四单元位于二号坑北侧后部，东与第一单元西端的长廊相邻，面积 1000 平方米。计有东西向过洞三条（G12、G13、G14），里边放置骑兵 100 多组，是典型的骑兵阵。四个单元之间都有通道，或是将门开向同一个开间，或是在相邻间辟小门以通连，共同组成一个曲尺形阵营。

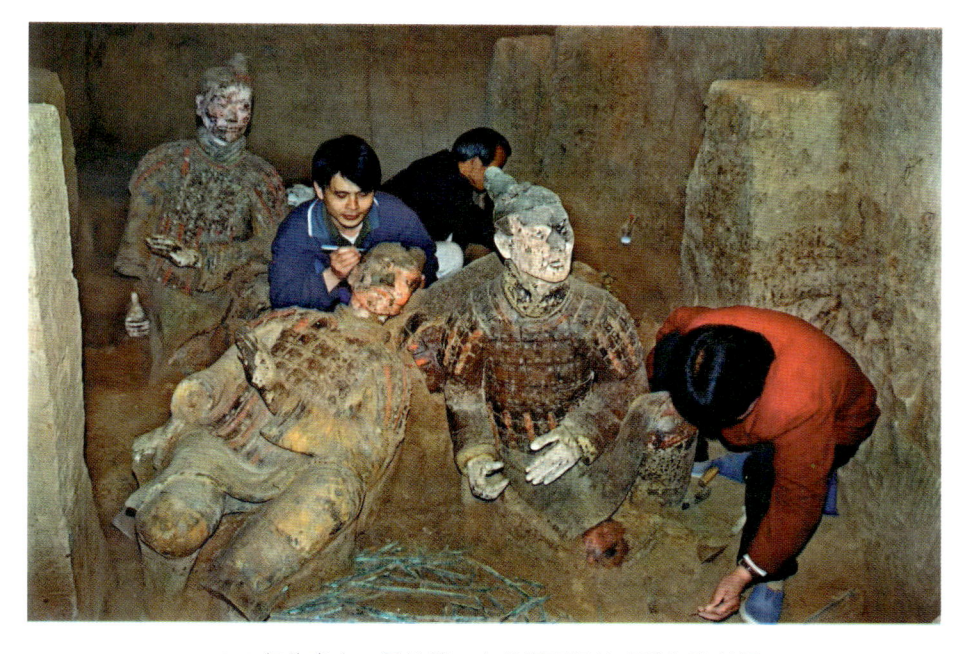

1998 年作者在二号坑第一次发掘现场清理彩色跪射俑

针对二号坑第一阶段的发掘，秦俑考古队事先做了认真充分的准备，整个发掘过程严格按照田野考古规程要求操作，工地宏观调控合理得当，具体清理工作细致入微。从领队到每个业务干部，上下一

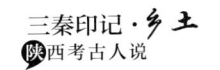

心，付出了艰辛。文物保护人员从一开始便参与其中，开展了在大规模考古发掘过程中的现场文物保护实践，并取得了很好的实际效果。自此以后，在秦陵的考古发掘中，文物保护人员参与其中成为一种常态。这种做法还被作为一种文物保护工作的新经验在行业内推广，影响到全国其他考古工地。可以说，这是近二十年来中国文物保护工作进步的重要标志之一。

这次发掘还有一个重要收获，便是锻炼了一支考古工作和文物保护队伍，造就了一批人才。自此以后，秦俑考古队在全国考古界开始崛起，有同行甚至夸张地说，当时秦俑考古队的实力已不逊于许多省级考古研究所。秦始皇兵马俑博物馆的文物保护工作也随之闻名全国。

在二号坑第一次发掘过程中，秦俑考古队还做了以下几项工作：一是开发了"秦始皇兵马俑二号陪葬坑发掘资料信息管理系统"，为发掘资料的数字化存储管理利用建立了一个较好的平台，积累了经验；二是策划并实施了阶段考古迹象模型制作项目，按十五分之一的比例制作二号坑棚木模型；三是想办法解决了由于室内高度限制无法直接拍摄二号坑全景照片的难题，采用均匀布点、分区拍摄的方式，拍摄 200 多张照片，经过拼接获得了二号坑的全景照片。

功夫不负有心人。1999 年，秦兵马俑二号坑第一阶段的考古发掘获"国家文物局田野考古一等奖"。2009 年《秦始皇陵二号兵马俑坑发掘报告（第一分册）》正式出版，这标志着自 1994 年开始的二号坑第一阶段考古工作结束。

主持二号坑第二次考古发掘项目

大遗址考古工作向来都是阶段性的,秦俑二号坑的考古工作也是如此。考古工作包括田野工作和资料整理两个阶段。二号坑第一次发掘自 1994 年 3 月开始,到 1997 年底,基本上完成了第一阶段的田野工作任务。随后进入资料整理阶段,直至 2009 年发掘报告正式出版,二号坑第一阶段的考古工作才算结束。也就是说,本次考古发掘是 1994 年第一阶段考古工作的延续。

其次,兵马俑坑是秦始皇帝陵诸多从葬坑中的一类,兵马俑坑的发现、发掘是人们认识秦始皇帝陵的一个窗口。在 2009 年以前,秦始皇兵马俑博物馆还没有取得考古发掘资质,进行考古发掘项目时均需与陕西省考古研究所联合组队,因此考古发掘工作基本上局限于兵马俑坑。2009 年,秦始皇兵马俑博物馆取得了考古发掘资质证书。随着秦始皇帝陵博物院的建设,考古工作必然要着眼于整个秦始皇帝陵,服务于陵园保护工作的总体部署。因此考古工作的重心开始由原来的兵马俑坑转向秦始皇帝陵的广阔区域。

这一时期,相继开展了兵马俑一号坑的第三次发掘、K9901 从葬坑的发掘、陵西 M1 的发掘、陵园建筑遗址的发掘和秦始皇帝陵从葬墓的发掘等一系列的主动性发掘。

随着秦始皇帝陵考古工作的有序推进,2014 年我们开始着手准备兵马俑二号坑的第二次考古发掘工作。此时,距离第一次发掘开始，已过了 20 年。

2014 年 11 月的一天，时任秦始皇帝陵博物院院长曹玮先生通知我准备一下申请发掘兵马俑二号坑的资料。当时，我既感觉此事突然，又觉得其成功的可能性不大。因为我知道，我们国家每年的主动性考古发掘项目不超过 20 个，当时我们博物院已有三个主动性考古发掘项目，所占名额较多。但我仍按要求认真准备了所需材料，并按时提交。结果完全出乎预料，2015 年 3 月 18 日，国家文物局颁发证照，批准秦始皇兵马俑博物馆发掘秦兵马俑二号坑，发掘面积 200 平方米。2015 年 4 月 30 日，"秦始皇帝陵二号兵马俑陪葬坑考古发掘新闻发布会暨启动仪式"在二号坑现场隆重举行，它昭示着二号坑第二次考古发掘项目正式开始。

在大多数人看来，担任兵马俑二号坑的第二次考古发掘项目的负责人是一种荣誉，可我觉得它更是一种责任与使命。尤其是在发掘启动仪式当天赵荣局长专门问我对于这次发掘有什么新的打算时，我的责任与使命感顿增。曹玮院长比较了解我的工作情况，说我是"否极泰来"，鼓励我好好干。

作为主动性考古发掘项目，兵马俑二号坑的第二次发掘由第一阶段的半开放式发掘完全转变为全开放式发掘，我们一如既往地严格按照国家文物局颁布的田野考古工作规程要求，秉承秦俑考古的优良传统，做到考古发掘与文物保护工作密切配合，有计划有步骤地展开，向观众展现一个严谨的动态的考古工作过程。

虽然许多"宝"是在考古发掘中发现的，但考古工作绝不是挖宝

2015 年 4 月 30 日在兵马俑二号坑第二次发掘启动仪式上陕西省文物局赵荣局长给作者颁分发掘证

那样简单，更不是为了挖宝。再者，考古工作有可预知的一面，也有不可预知的一面。所以，此次发掘会不会有新发现，我们也只能说客观上存在这样的可能性。

关于如何做好这次考古发掘工作，我经过了深度的思考。当然也离不开考古前辈的教导。中国社会科学院考古所的白云翔先生、北京大学的赵化成先生、陕西省考古研究院的焦南峰先生都曾不吝赐教。我的老领导袁仲一先生、张仲立先生更是不辞辛苦，多次到现场指导工作。

组成这次发掘队伍的人员有：卢闻弦、王煊和张立莹（负责发掘现场）；肖卫国（负责照相）；容波和王春燕（负责现场文物保护）。

他们都全身心地投入了这项工作。

作为主动性的考古发掘项目，兵马俑二号坑第二次发掘工作的重点当然是考古信息的采集。我们将在工作中加强对数字化技术手段的应用，使所采集的信息更细致规范。具体点说就是要做好"横向扩展"和"纵向深入"两个方面的工作。

"横向扩展"，是指扩大信息采集对象的范围。以往采集考古信息的对象主要是文物和遗迹本身，这次发掘将在此基础上，把信息采集对象范围扩大到文物或遗迹存在的具体环境（可以称之为微环境）。如出土金属文物埋藏环境中土壤的相关信息，探寻文物保存的环境条件和受损机理。

"纵向深入"，主要是借助一些技术手段，获取更多的微观信息。如：在陶俑陶马色彩信息的采集上，打破传统的信息采集手段和记录方式，借用数字化技术，使采集的信息进一步量化；借助 X 光技术，做无损探测，了解文物的"健康状况"和与制作工艺有关的微痕信息等；借助红外相机，获取在无光条件下文物表面形态等信息的变化；通过土壤三要素纵深监测设备，了解发掘过程中地下文物所处环境信息的变化；借助紫外线相机在发掘过程中获取器物、遗迹上的一些肉眼观察不到的信息等。

因此，对于二号坑的第二次考古发掘工作我们本着"横向扩展"和"纵向深入"的工作思路，严格控制发掘面积，重在解决相关学术问题，充分体现发掘过程的科技含量。

作为主动性考古发掘项目，这次发掘的目的有：进一步揭示和了解二号坑的埋藏内涵；为秦俑研究提供新的材料，丰富博物馆陈列展示内容，在一定程度上满足参观者的参观需求；探索遗址博物馆发掘、保护、展示、利用的方法和模式。除此之外，还需要解决一系列相关学术问题。如：采集金属文物埋藏环境中的信息，分析受损机理，探寻文物保存的环境条件；解决坑中兵器铬盐氧化问题等。要解决这些问题，不仅需要借助科学技术，还要有开放的学术胸怀，开展横向合作，以考古发掘项目需要为主导，获取大专院校和科研院所的技术支持。

目前，我们已经和中科院西安光机所、西北大学、西安交通大学、北京科技大学、陕西科技大学和安徽科技大学等单位展开横向合作，积极开展科技考古。在这样的合作模式下，此次考古必将获得更加丰硕的成果。

新发现、新认识、新谜团

一般情况下，人们所说的考古新发现，指的是在考古工作中发现的一些"新东西"，包括遗迹和文物等。而对于考古工作者来说，通过科学的分析对已有文物和遗迹产生新的认识，更具意义。

在对兵马俑二号坑出土文物、遗迹的研究过程中，我们也得到了不少新的发现和认识，这无疑是一笔宝贵的财富。

这次的考古结果，推翻了之前认为二号坑坑壁（含二层台）为生土的结论，通过科学分析，我们认为部分地段出现的夯筑现象应该是

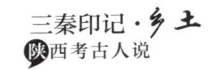

2019年工作人员在发掘现场做分析研究

俑坑在建设过程中遭损坏后被修补的结果。同时，此次考古还在战车车体与车轮放置、弩兵单元陶俑种类、弓与弩的区别等方面有了新的认识。

我们还发现，试掘时出土的弩的遗物、遗迹的数量与陶俑的数量比例悬殊。立射俑表现的是搭箭开弓的瞬间状态，其所用的是弓而非弩。跪射俑所持的可能是弓，也可能是弩。

在二号坑出土的众多文物中，最为奇特的便要数"绿脸俑"了。对于这个唯一的绿脸俑，其绿脸的成因，一直存在多种观点。绿脸俑的出现为兵马俑又添了一抹神奇的色彩，也给今后的研究工作留下了新的未解谜团。

行百里者半九十。兵马俑二号坑的发掘还在继续，我当继续努力，以不负众望。

（作者系秦始皇帝陵博物院研究馆员）

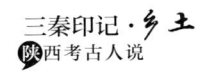

记在法门寺发掘的日子

○任周方

引子

　　有关法门寺地宫发掘的纪实文章已经发表了不少，我作为地宫发掘队的副队长，虽然没有接受过任何撰稿人的约访，但每篇文章我都是尽悉拜读，也受益匪浅。发掘工作从1987年4月到现在已经过去了13个年头，但许多事情回想起来依然是那样激动人心，不仅仅因为自己有幸参加并协助韩伟老师主持了这次发掘，更重要的是经过努力，当我们打开地宫的时候，当我们把那些堪称唐代文物精华的一件件文物捧出时，就如同打开了一个逝去的世纪，终于找回了唐代那段曾经失落而又高度发达的文明，这无疑是中华民族文化史上的一件大事，也是世界文化史上的一件幸事。它们得以重见天日，能与自己的劳动相关，让我感到万分荣幸，所以，记录那段日子，写出那段工作生活的经历和感受，便成为我义不容辞的责任。

一

1981年8月24日，时值初秋，关中地区暴雨如注，明代万历年建造的十三级楼阁式砖塔，在经历了三百多年的风风雨雨后，因雨水浸渗而半边坍塌，塔中一些佛像、佛经随之而下，或四处飘散，或被压在西边的瓦砾堆中。目睹这一情景的法门寺文管所王志英和法门寺主持澄观，收集了暴露在外的佛经、佛像等珍贵文物。而整个清理工作由于经费问题，半年多过去了也未能展开。1982年4月，经陕西省人民政府批准，在省文物局、宝鸡市文化局的指导下，扶风县博物馆与西北大学联合对坍塌的废墟进行了清理，并在《文博》杂志1985年第6期发表了《法门寺调查简报》，文章不但向世人公布了清理调查研究的收获，而且提出建议和希望。"现存的半壁残塔，塔身裂缝明显，倾斜有度，恐难久存，但仍破青天，刺云端。经仔细观察，高层的佛龛中，尚有经像压在边缘，肯定塔中还有文物遗存。据文献记载，塔之下还有地宫，藏释迦牟尼手指骨一节，'明隆庆中，塔崩，启其藏视之，深数丈，修筑精工，金碧辉煌，水银为池，泛金船其上，内贮佛骨，旁金袈裟沿存。'又据参加过1939年维修塔寺的老人说，曾见塔下有井，井下有物，等等。为了搭救残塔中的文物，希望有关部门迅速落实保护法门寺工作计划。"1985年7月1

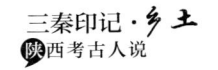

日，陕西省人民政府又决定拆除残塔5至13层的危险部分，保留其稳定部分，并责成扶风县博物馆对残塔上佛龛中留存和废墟中积压的文物进行彻底清理。清理结束后，扶风县文化局和博物馆联合发表了《法门寺塔第二次清理简报》。1986年12月，陕西省人民政府决定重修法门寺真身宝塔，按照文物保护方面的要求，在基本建设前，需要对塔基部分进行发掘清理。为此，陕西省考古研究所、扶风县博物馆在将原塔残余部分拆除完毕的情况下，联合对塔基及其外围进行了较大规模的发掘。

1987年4月3日，陕西省考古研究所的曹玮先生在主持清理塔基工程中，意外发现了一个深洞和珍藏于内的金银器。当他们用手电向深洞照下去后，金光闪烁，在场的人无不惊异，扶风县政府调研员李宏桢宣布对此事要严格保密，不得泄露于外人。同时，责成扶风县博物馆馆长淮建邦协同曹玮先生一起赶赴西安，将这个消息报告给陕西省文物局，与此同时，扶风县文化局也将这个重大的消息电话通知给宝鸡市文化局。我当时还在文化局文物科任科长，对于一个考古专业毕业的人来说，这个消息无疑给我带来极大的振奋和喜悦，我感到这是一件非常重大的事情，便及时将这个发现汇报给我们主管副局长白冠勇。4月4日，我和白局长一起来到了法门寺。这时，陕西省考古研究所的韩伟老师已经早一天到达。我们根据省文物局的指示精神，就在寺院前一间小小的土坯木架房内，召开了第一次协调会议，也就是在这个会上，研究成立了法门寺地宫考古队。石兴邦先生任队长，韩伟老师和我、扶风县博物馆的副馆长付升岐三人任副队长。石兴邦先生当时是陕西省考古研究所所长，工作虽然繁忙，但在一些重要的时刻都会来做关键性指导。日常的发掘工作，由韩老师和我来处理，从此以后，我才与这个重大的考古发掘紧紧地结合在一起。韩老师经验丰富、知识渊博，他承担着更重要的责任。

二

考古队成立以后，我们就很快地投入了工作。我们谁也没有为了获得更多的信息，弄清楚地下埋藏的文物与地上遗迹的各种关系，揭开天井去看一看深藏于洞的金银器，也没有先将宝藏打开而清理出珍贵文物的急切心情。大家抱着科学的态度，遵照考古发掘的规则，紧张而有秩序地开展工作。因为我们知道，文物的珍贵之处，不仅仅在于它本身揭示出的历史信息，对它所处遗址的空间形态进行分析是非常重要的。种种遗迹现象，不但可以告诉我们各种遗存在时间上的差别信息，还意味着一个被叠压的生活画面，所以，遗址被看作是对空间文化进行分析的基本场所。也正因为如此，我们首先要弄清珍藏文物的深洞是什么？是地宫吗？它与清理出来的塔基有什么关系？还有没有其他的建筑与此关联？它的形成年代是什么？考古发掘工作就是带着解决这一个个问题而一步步进行的。

1987年4月5日，根据计划，韩伟老师指挥王宝平、吕增福、徐克诚等人在罗汉殿北和真身宝塔之间进行钻探。为了不漏掉哪怕是很小的一个遗迹现象，我们以每平方米五孔的密度布点，试图寻找蛛

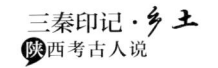

丝马迹。

激动人心的一刻终于来临了，经过一天的钻探，我们在罗汉殿北8.4米的地方，发现了地宫的入口，入口平面距离地面仅有30厘米，根据其水平距离下降数值均匀的现象，我们分析入口处是用砖铺砌的踏步漫道，共有19级，漫道的长度为5.6米。这个发现无疑是非常重大的，它不但使我们知道了地宫位于塔基的正中部位，而且南端已经超出了塔基，这样一来便明确了我们工作的范围，更重要的是找到了进入地宫的途径和钥匙。

1987年4月6日，我们开始清理踏步漫道中的填土。填土分为两层，上层为黄褐色土，厚1.2—1.8米，土质结构松软，其中含有少量的木炭渣和红烧土块，也发现了陶盆、板瓦、琉璃筒瓦、瓷灯盏、刻花石等唐代文物残片，还有"开元通宝"古钱。下层填土呈暗黄色，厚约2米，用平夯夯实，夯层厚7—8厘米。包含物有较多的白灰粉渣和建筑构件残片，看来，人们在完成工程封堵地宫时，工地的废料也被推入填土之中。当我们清理到第14级踏步时，发现有"开元通宝"铜钱铺撒于台阶平面上，而且密度很大，我们几个发掘的人开玩笑说，这是金钱铺道，佛不爱财，可谓多多益善呀。与此同时，高浮雕门楣和右上方的梵文题记已经露出端倪。我们抓紧时间，很快地清理了全部填土，又见两排巨石斜倚向北，并将门严密封堵，看来，当年在封闭这个门的时候，他们是不希望有人闯入这个禁地的。但我们还是小心翼翼地把门口的大石块移走，门前显露出一个面积为1.75米×1.95米的平台，第一道石门完全暴露。至此，踏步漫道清理完毕，总长5.8米，总高差3.36米，每级台阶高16.5—19厘米，共有20个台阶，比我们估计的台阶数量只多出了一个，这时已经是1987年4月9日。

我们站在平台上，仔细端视着面前的石门，地宫建筑全部采用石材构架而成，门框共用了四块较大的石头，但横架于顶的上框较短，东西均没有到达基槽两壁，其缺口还用石块填充。底部的门槛石，除两端不整齐外，西边长不及西壁，空缺之处临时用了三块残砖补之，这些现象给人一种施工粗糙的感觉。当然，引人注目的是门槛上的三层仰莲，它们有五瓣和六瓣之分，上下错列有序，莲瓣的外围有阴刻卷云纹，其雕刻还算得上美妙绝伦。门的上方还有一个梯形门楣，中间刻有相对而立的一对凤鸟，张翅扬尾，形象生动，布局对称，构图明朗，属四神之一的朱雀，为唐代风格。而地宫的门向南，朱雀镇守南门，也与唐代的文化习惯相一致。从这里，我们判断该地宫应当是唐代修建，这也算得上是一个比较重大的成果。当我们仔细研判悬挂于石门铺首上的铁锁时，一颗紧张的心终于松弛了下来，因为铁锁除被锈蚀之外，还没有人动过，也说明了自唐代封门以后，再没有人踏进过这个地宫一步，这使人感到兴奋。

法门寺地宫的发掘是在一个特殊的环境中进行的，与住寺佛教人士的合作不仅牵涉工作的开展，而且牵涉党的宗教政策的落实。所以，在第一道石门暴露出来后，韩伟老师及时叫人通知澄观法师。上午10时10分，澄观、静一等五位僧侣身着袈裟，手持香捻，下至漫步平台，为即将开启地宫而诵经祈祷。

三

  5 分钟过去了，10 时 15 分，韩伟、罗西章老师，还有曹玮、付升岐和我五个人，又下到第一道石门处，研究了开启石门的办法。然后，韩老师将打开第一道大门的任务交给了我。我用手铲轻剔锁上的铁锈，但铁质机体几乎被锈蚀殆尽，想保存一个完整的锁子是不可能了。我只得找来了铁锥，采用机械的办法，硬将锁柱与锁孔分开。当要打开石门的时候，我想到了史籍上记载着的暗器机关，想到了第一次走进胡夫金字塔的考古队员全体死亡的可怕事件，心里产生过几分胆怯。我将这个想法告诉了澄观法师，他说这是佛门圣地，佛家以慈悲为怀，这里不会有什么害人机关的。我就壮着胆子，找来了一根木棍，为了避免划伤石门，还用棉絮包住了棍头，躲在门框的左侧，将右边的石门扇用木棍推开，然后躲在门框的右侧，将左边的门扇推开，稍等了一阵子，没有发现异常，也没有闻到有什么特殊的气味，我才敢站到门的正位向内望去。习惯了在室外耀眼的太阳光下观察遗物的眼睛，只可以看到门内不到两米远的地方，根本无法看清地宫内其余的一切，我请在地宫上面的人，找来了手电。韩老师一并前来，拿起手电向里一照，只见地面散铺有铜钱及崩裂的碎石渣，甬道内石壁断裂，甬道两壁原本竖立的石条，现有内倾和个别错位的现象，但还不太严重。为了保证资料的真实性，发掘人员没有进入甬道，决定先收集影像资料。10 时 24 分，电视新闻媒体单位站到小平台上录像。当时，宝鸡电视台丁力峰、黄甫校、李明承担着影视新闻报道方面的对外宣传任务，西北大学摄像组魏全有教授等承担着发掘影像资料的收集工作；紧接着就是由王保平、吴宗汉进行照相；碘钨灯、闪光灯消除了千年的黑暗，也记下了这历史的一瞬间。接下来就是我和吕增福、赵福康爬进地宫，开始测量绘图。一切资料收集工作完成后，甬道内的考古发掘工作进入了最后阶段，我们按照程序对甬道内的文物编号进行提取，除了发现重轮乾元通宝一枚和白瓷碗一个外，还有唐代常见的钱币。有些报道却说，"沉重厚黑的石门打开后，眼前的一切使考古学家惊呆了，珍宝堆成一个小山"，我不知道这种说法是从何而来。

清理工作从南向北渐次进行着，11 时 26 分，在甬道的北端，我们终于获得了法门寺地宫考古中的又一重大发现。一个是物帐碑，一个是志文碑。为了完好无损地将石碑搬运出地宫，我们用麻纸将其包垫，然后用大绳绑缚后抬出了地宫，韩伟老师及时清理了上面的浮尘，对碑文进行考释。他逐字逐句读解，我们也明白了大意，从而知道了地宫中存放文物"都计二千四百九十九副、枚、领、张、口、具、两、钱字等"，而且金银器达 120 多件，还有秘色瓷和大量丝绸织物。通过志文碑我们知道了法门寺地宫的历史文化背景和所供养舍利的来历，这给我们带来巨大的喜悦和鼓舞，一个考古工作者，一生能遇上这样一次重大的考古发掘，那是极其幸运的。

法门寺地宫文物虽然还没有出土，但碑文已经告诉人们这将是一个非常重大的发现，文物的安全也就自然而然地提到了议事日程。

首先是外围的安全问题，负责这个任务的韩金科同志，及时向县上领导汇报，在工地四周架起了芦席围墙，也调来了公安人员持枪执勤，并规定每次下地宫提取文物，必须要有公安人员在场。二是发掘时的文物安全问题，县上及时给我们发掘工作人员赶制了一种特殊的发掘服。它是用蓝色的凉布做成的，从上身到下身浑然一体，袖口和裤口全用松紧带收紧，上下皆没有口袋。更为特殊的是，衣服的开襟在后边，人在穿衣服时手也无法够到，需要别人帮助提拉和系带，这身衣服在全国恐怕也是绝无仅有。

我们穿起了发掘服，自然开了一些玩笑，有人打趣说，做这服装是怕你们偷装东西。为了文物的安全，为了避免事后不必要的麻烦，我感到县上的同志考虑得还是比较周全的。公安保卫人员站在门前看着我们，我和徐克诚、吕增福卷曲着身子，继续在甬道艰难地开展着清理工作。搬走石碑后，里面暴露出了第二道石门，高仅72厘米，宽64.2厘米，人需爬行才能进出。门框东西两侧的正面有细线阴刻的佛像，结跏趺坐，有背光和顶光，线条简洁流畅，有一种飘逸欲仙的动感。东侧三行六排共18尊佛像，西侧刻有39尊坐佛像，门框的两个内侧有护佛的力士像，两个门扇上各有一个菩萨像，全用线刻的手法完成。浓郁的礼佛气息充满了甬道。我看着身边的甬道线刻，识读着甬道壁"右神策军使衙子弟都部领迎送真身"等题记，唐代迎送佛骨的盛况似乎幻浮到了眼前。2时14分，工作人员全部离开甬道，石门封闭，工地上只留下保卫人员，我们来到了前面的灶房用餐。

四

下午上班后，我和韩老师商量要打开第二道石门进入前室工作，我们觉得必须抓紧时间，加快进度。面对门上的铁锁，我仔细查看，由于该锁没有与土直接接触，所以锈蚀程度不大，我想唐代铁锁在以前的考古中还没有发现，如果能取下一个好锁也是一件非常有意义的事情，它将为中国锁史的研究提供很好的资料。想到这里我便找来了一个细钢棍，剔掉铁锈，后用木质榔头轻轻地敲打，使其铁锁机关松动，最后用细钢棍从钥匙孔中插入，再反复振动，结果，铁锁被打开，而且完好无损。我非常激动，给锁编号后交给克诚登记，转上地宫交给保管人员。然后，我就打开了地宫的第二道石门，并将灯泡移进了前室，可眼前的景象并没有使人激动，反而让我感到了下一步发掘的艰难。只见前室破坏严重，东西两壁上的石板严重错位，地面的铺石亦多拱起，汉白玉浮雕彩绘阿育王塔已经倾倒，护法石狮已经移位，供奉于地面的丝绸也被拉裂，加之在对明代塔基的发掘中，地面土层、塔体、地宫数百年形成的平衡已经被打破，随时都有崩塌的危险。如果不采取措施，地宫崩塌不但会伤及考古工作人员的性命，更为重要的是会将地宫内的文物砸毁，我感到责任重大。这时，我停止工作，请求韩老师召开会议，重新研究发掘方案。

下午两点多钟，考古队在工地的临时工棚里召开会议，参加人员有韩伟老师、市文化局副局长白冠勇、扶风县政府调研员李宏桢、县文化局局长韩金科，县博物馆淮建邦、付升岐和我七个人。韩老师主持了会议，我汇报了地宫发掘过程中碰到的新情况，也分析了目前文物安全方面的巨大压力，提出了考古队应当分作两组，一组继续在前室清理，但必须用坑木支撑前室，以保证文物和人身的安全。另一组从天井工作，以便尽快取出文物。我也主动提出愿冒险带领一组从前室继续发掘。对这个方案，有人认为不大符合"先晚后早"的考古发掘规则而争论不休。就在这个时候，外面有人惊呼地宫石头塌落。我们急忙跑出，发现是佛协秘书长李子重进入通道，被顶部错位而翘起的石头碰伤了眉骨，血流满面。安排人陪他就医后，我们又继续开会，经过大家的充分讨论，最终还是确定并完善了分组发掘方案。针对白天参观人员太多影响工作的实际情况，我们决定晚上加班发掘。这时，韩老师重新调配了人员。第一组由我负责，人员有淮建邦、王仓西、徐克诚。第二组由曹玮负责，人员有王占奎、付升岐。韩金科组织押运队，清理出的文物，要立即装箱，安全运送县博物馆保存。

　　一套新的方案形成后，我们及时进入工地开展工作。在研究时，我们决定只搞好文字记录和影像记录，不再进入危险区域测量绘图。可当我再次下入地宫前室门口，只见前室地面上除了有很少的铜钱以外，还有汉白玉浮雕彩绘阿育王塔、石狮以及供奉于地面的丝绸等，如果先进行支撑，工人没有经过严格的考古训练，势必会对文物造成破坏。这时，我也顾不上去考虑地宫塌落的危险，只是想着必须按照考古工作的规则将工作做好。所以，我还是爬入前室，用最快的速度对各件文物存放的位置做了测量，徐克诚坐在门外，在图纸上标清了方位坐标。再就是摄影和录像，这样才保证了第一现场资料的真实性。资料收集工作结束后，工人即刻对前室做了支撑加固。

对地宫前室文物的清理，已经是下午的事了。我们清理了铜钱，发现丝织物碳化相当严重，甚至连基本的形状也无法识别，面对此情况，由于自己没有专门学习过丝绸的保护方法，因而有点束手无策，只能用麻纸敷盖，然后把平板从地上插进去，将丝绸托起运出地宫。随后又清理出单轮六环鎏金铜锡杖、蹀躞十事等小件。阿育王塔和护法石狮特别重，外运是一项非常重的体力劳动，我正在想办法，党林生走了下来，一看我面对塔和石狮一筹莫展，二话没说，就蹲下了身子，让我把文物放在他的背上。当时我还有些怀疑，但一看到他那坚毅的神情和期盼的目光，我动摇了，就这样，他把极重的石狮和阿育王塔背上了地宫。那时，谁也不知道阿育王塔内装葬着第四枚佛骨舍利。

下午吃饭时，我们得到消息，石兴邦先生已经来到扶风县，晚上将全面检查这一段的发掘工作，韩伟老师赶到扶风县做了汇报，我们也很高兴。晚上 8 点，石先生在市、县领导的陪同下来到发掘工地，并在寺院的西厢房召开了会议。韩老师简要汇报了前段工作之后，地方领导表达了对省市文物部门的感谢之情和期望。最后，石先生对工作提出了要求，也对我们议定的分组发掘方案提出了严厉的批评，在此情况下，由于方案是我提出的，我就做了必要的解释。散会以后，泪水润湿了我的眼睛，认为在那么艰难的环境之中，大家冒着生命的

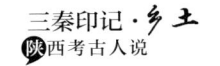

危险抢救文物，却得不到理解和支持，因而觉得非常委曲。这时，我的校友曹玮、王占魁都来劝解和安慰我，我才有了一种从痛苦中解脱出来的感觉，我再望着天上的明月和浩繁的星空，心里又觉得轻松了许多。第二天一大早，石老师第一次走下地宫来到了前室的门口。当他要从门口爬进来时，我想一是有危险，二是地宫的通道太窄，需要蜷曲着身子，这对于一个年龄大一点的人来说，是比较艰难的。所以我劝石老师不要进去，他就在门口看了很长的时间，当目睹地宫自然破坏的惨状后，在我的肩膀上拍了拍，点着头说了声："我才理解啦。"这时，我望着石老师出去的背影，又感到了他的可亲可敬。

五

发掘工作紧张地进行着，第二组的任务也十分繁重，当他们打开天井盖子以后，发现了盖的内底还有金银箔制成的地宫后室莲花藻井，制作精美，华丽异常。他们取齐了资料，及时将其送往扶风县博物馆。接下来就是对地宫后室文物的绘图，这是一件非常细致的工作，因为后室装满了文物，绘图人员无处下脚，只能用绳索把人从井口吊到半空进行测量。赵福康、白金锁就是在这种环境下圆满地完成了任务。一切资料收集工作都结束了，按照计划，我们准备晚上提取后室的文物，这是大家渴盼已久的事情，我们第一组的前室发掘工作也暂时停了下来，加入这一次行动。4月10日4点20分，最激动人心的时刻到了，韩伟和罗西章老师负责给器物命名，付升岐、吕增福、徐克诚负责登录，曹玮从后室提取文物，我在天井口接文物，淮建邦负责装箱。韩伟老师严肃地下达着命令，工作人员也戴上了雪白的手套严阵以待。三盏碘钨灯把工地照得如同白昼，挂在天上的月亮虽然皎洁，却也看不到它那原有的光辉，大家既高兴又紧张。随后，一件件文物被相继取出后室。鎏金双鸳团花银盆，口径46厘米，重有6265克。如此之大的银器，在场的人谁也没有见过，特别是錾刻的鸳鸯立于仰莲座上，鼓翅欲飞，制作之精美，前所未见，工艺之精巧，可夺天工。出土的鎏金双蜂团花镂孔香囊，钣金成型，上半球体为盖，下半球体为身，两者以铰链相连，子母口相合。香囊内的香盂铆接于双层持平环上，不管香囊怎样转动，香盂盂面却能始终保持平衡，这跟今天飞机、轮船上使用的陀螺仪原理完全一致，不能不使人对祖先创造的文明感叹不已。银金花双轮十二环锡杖高196厘米，由五十八两白银和二两黄金雕铸而成，世界罕见。再接下来的银笼子、迎真身纯金钵盂、银碟子、银坛子等美不胜收，10件、11件、12件……20件……30件……40件、41件，每出来一件文物，在场人员无不发出赞叹和惊讶的声音。照相机的闪光灯、摄像机的镁光灯此起彼伏，给这特殊的工地增加了几分喧嚣。夜已经很深，大家非常疲倦，但这种撼人心魄的喜悦冲走了倦意，谁也不敢有丝毫马虎，一个打盹，一个走神，将文物掉在地上，会造成极大的损失，其中的轻重谁都明白。大家克服了身体的极限疲劳，一丝不苟地努力工作。清晨6点，东方露出了曦光，人们已经从睡梦中醒来，有些勤快的农民已经步入田间地头，深吸着清新的空气。大家白天紧张地工作，加上

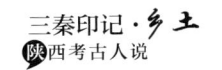

彻夜未眠，已经疲惫不堪，我们终止了工作，上午放假休息，出土文物被安全运抵扶风县博物馆仓库保管。

六

法门寺考古取得重大发现的消息很快传到西安，传到宝鸡，也传到了社会的各个层面。1987年4月10日，前来法门寺参观的人络绎不绝，我们的同行更是有先睹为快的心情。下午2点，陕西省考古研究所的焦南峰、张建林，及对丝绸保护有专门研究的高级工程师冯宗游来到了工地，西北大学电教室的魏全有、刘岐章、张守俊也来参加拍摄。在这种情况下，韩伟老师及时调整人员，除了他继续总负责外，加强了一线工作队伍的力量。第一组增加了焦南峰、张建林，公安干警邓思明、曹宗社。第二组增加了冯宗游，公安干警李戟斗、马放生、高天鱼、王长社。

考古发掘由于白天的干扰而无法进行，只能晚上开展。晚饭以后，我召集第一组的人安排了工作，首先对前室再次进行了彻底的清理检查。晚上10点10分，我们又打开了第三道石门，只见高为161厘米的白石灵帐位居中央，器型不但高大，而且雕刻高贵华美，装彩色泽浓艳，其雕像或高僧坐禅，或菩萨亭立，或莲花结柱，或佛珠为串，或佛灯高擎，或天王护法，散发着浓厚的礼佛气息，为一件绝美的文物精品。灵帐前面放置一个象首金刚铜熏炉，左前方放有净水瓶等珍贵的供养器皿。我们联想到唐代供养舍利的历史，认为这里极有可能就是存放舍利的地方，特别是在谁也没有想到地宫会瘗葬四枚舍利的情况下，我认这里肯定是地宫的中心。我们在这里看到的将是一千多年前人们在这里怀着虔诚的心安放的，被奉若神明的、原封未动的一切。堆满中室的香料，已经炭化退去着色的丝绸织物，外形有点类似塔刹的熏炉，雕刻在灵帐四壁面带热情和祈求神态的守护女神，让我切实感到我已经来到了他们的面前，反倒有一点像不速之客。我可以毫不掩饰地承认，看到这一切时我兴奋至极、极为冲动。

为了不在音像资料上留下现代人活动的痕迹，哪怕是一丁点，我们发掘人员不能向中室的纵深挺进，我们退到前室，请来了照相、录像人员，做了原始资料的收集工作。录像时，由于地下堆满了文物，工作人员无处下脚，我们便找来了一块木板，在两头清出了一小块地方，用砖支垫起来，将板架在空中，工作人员在板上行走，才完成了整个影像资料的收集工作。时间已经到了子夜时分，为了让我们更好地开展工作，考古队特意加了夜宵。我站在简陋的食堂门前，看着大家从工地回来，个个满脸惊奇的神色，都不由自主地摊开双手，表示无法形容他们在里面看到的一切。在洗手时，撩水的动作很大，手出水后，他们一边跳一边甩，似乎也难以抑制兴奋的心情。大家一边吃饭，一边谈论，不时爆发出发自内心的笑声。我想，这个世界真美好。

午夜两点，焦南峰、张建林、冯宗游、吕增福、付升岐进入中室清理。由于新增加的人员都是大学毕业的考古专业人才，我感到轻松

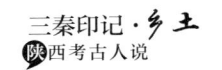

了许多，作为一个旁观者欣赏着他们的发掘。风化的香料，与因长期受到香料气味熏蒸而掉下来的石末混在了一起，他们认真分辨，取出香料标本。对炭化的丝绸，他们仔细地分层揭取。晚上11点赶到工地的陕西省考古研究所所长石兴邦、副所长袁仲一也来到现场指导工作，一直工作到凌晨5点。大家因这项工作显现出了前所未有的、密切的合作精神。我从内心觉得，我们这些领导、同行真好！在这个特殊的环境中，他们所表现出的对事业的执着追求态度，使他们成为最可爱的人。

1987年4月11日，我们只休息了4个多小时，就开始了新一天的发掘。上午10点，我和白金锁、徐克诚、赵福康进入中室，绘制平面图，做文字记录。第二组的绘图记录工作也在紧张地进行。这些工作虽然没有多少耸人听闻的情节，但在考古学方面却具有巨大的科学意义。因为在考古学看来，我们面对的遗址和遗物，它的外形结构与组合方式，是系统的、可以理解的，一个已经消逝的文化系统的符号，是阐释人类生存的物质、文化的主要载体。一定的组合方式，是在人们一定思想支配下的产物。当文物离开了原来位置的时候，这种组合方式就不再存在，我们只能用图示的形式把它记录下来，以供人们研究。细致的工作是费时的，4.5平方米的中室，其绘图、记录工作我们整整用了一天。

又是一个难忘的夜晚，一个令人激动不已的夜晚，那是我们几天的辛勤工作过程中难以忘怀的时刻，也是我们在生与死的煎熬中期盼的时刻。1987年4月11日19点10分，我和付升岐、吕增福要亲手提取我们清理出来的文物,当时我按捺着激动的心情,走进了中室。一一检查了包装纸、纸绳、标签、变色铅笔、笔记本,确定没有纰漏后,我们才开始了细致而麻烦的工作。特别是工作场地极为狭窄,灵帐外围只能侧身而过,地下还有丝绸等文物,更增加了清理的难度。操作时必须小心谨慎,保证不出差错,因为工具落下、器物滑落都会给那些珍宝造成严重的损害。

中室是以汉白玉灵帐为中心的,帐前有一个象首金刚铜熏炉,东南角有净水瓶,靠北壁放了一个大型银熏炉,两旁各立一个护法天王,前面陈置着漆木器、秘色瓷、捧真身菩萨和大量丝绸织物,帐顶上还有一件蹙金绣①袈裟,这些东西都是保存完好的。我们一直工作到深夜,共取出了24件文物。其中鎏金银质捧真身菩萨是公元871年唐懿宗生日时专门为供奉佛指舍利而制造的。通高385毫米,分为上下两部分,下部为鼓形莲座,上层錾有飞天乐伎。有的手执莲花,翩翩起舞;有的手操乐器,抚琴弹唱;有的手捧供物,虔诚奉送,形态妩媚动人。下层两道莲瓣,婀娜多姿。更见持剑、持斧、托塔、执弓四大天王怒目以待,似乎在保护这莲界净地的安宁。只见菩萨双腿左屈右跪于莲台之上,发髻高挽,头戴蔓冠,斜身披帛,上身裸露,通身饰珍珠璎珞,衣褶紧贴在凹凸显露的肉体之上,皮肤看上去丰腴柔软而富于弹性,冰冷坚硬的金属也变得有血有肉。在这里,佛教的义理已经被美的火焰蒸馏,留下一件件艺术杰作。再看菩萨双手高捧

---

① 蹙金绣:又称"簇金绣",即用金丝盘结成花朵的纹式再固定到丝绸的上面的绣法。

的荷叶盘上，放置了一个镀金银匜，錾文"奉为睿文英武明德至仁大圣广孝皇帝，敬造捧真身菩萨永为供养。伏愿圣寿万春，圣枝万叶，八荒来服，四海无波。咸通十二年辛卯岁十一月十四日皇帝诞庆日记"。皇帝自己的生日，敬造了一个捧真身菩萨供佛，他当时的心态，心中的所思所想是什么？这不能不引动人想要清理的念头。太多的东西不用去想了，就这一件也足以让人喜出望外，瞠目结舌。这些珍宝的价值实际上远远超过制造这些东西用去的大量黄金和银子，它们虽然不会说话，但它们包含着多么丰富的考古学资料啊！它们极为生动地展示着唐代的艺术和文化。对这批文物进行认真的研究，完全可以启发人类对历史形成更多的认识，并会更新我们所有旧的历史观念。还能有什么发掘比这更有意义呢？我沉浸在胜利的喜悦之中。

第二天一大早，也就是4月12日，我们又走进中室做最后的发掘工作，共清理瓷器13件。出土时，其中11件青瓷器和两件黄釉银棱金银平脱瓷碗放在同一处，分别被纸包裹起来，一同装在内外双层的两重漆木盒中。地宫中狭窄的空间，简陋的工作条件，使我们不可能对这些祖先留下的文化遗产实施必要的保护，我们看了看瓷器，就将这些文物搬出了地宫，但这些瓷器留给我的印象却使我终生难忘。它们造型典雅，其质温润，釉色细腻，或洁如凝霜，或清如澄水，当时我怀疑这是唐代的遗物。在北京大学的考古课上，我曾听老师讲秘色瓷是一个未解之谜。为此，我在图书馆翻阅了资料，才知道早在五代时期，割据南方江浙一带的越国钱氏，下令烧制青瓷最好的越窑只能给皇室生产贡品，庶民不得使用，故而称其为秘瓷。为了弄清这个秘密，新中国成立后，考古工作者就在越国钱氏的故乡发掘了一批墓葬，也出土了一批瓷器。这些瓷器质地细腻，制作精细，胎壁轻薄，滋润有光，果然不同凡响。又加之钱氏君臣奢侈成风，用金银装饰瓷器，称为龙身涂金，珍贵至极。但它是否就是秘色瓷，由于没有佐证，依然没有做出结论。这次地宫中出土的瓷器，碑文上明记其为秘色瓷，才使这个历史之谜拨云见日，这真是大快人心。另外，白石灵帐上面的白藤箱和箱内盛装的金丝袈裟，由于中室顶部塌陷而无法清理，决定采用大揭顶的办法发掘，以保证完整地取出文物。

11点多了，在昏暗的地宫中已经待了3个多小时，当我们重新回到地面，再次看到阳光时，感到整个法门寺好像变了，变得那样的好看可人，天空也是那么的亲切温馨。

七

第一组的工作已近尾声，大部分文物已经被取出，留下来的就是清理残物、绘制剖面图、记录刻铭以及线刻花纹的拓印工作，而这些工作整整用了十多天的时间。与此同时，12日上午，第二组的绘图已经完成，下午大家经过休息调整，养精蓄锐，等待着晚上再一次提取文物。

又是一个激动人心的时刻，晚上10点半钟，后室的清理工作开始了。曹玮将一件件文物从井口递了上来，编号、定名、描述、记录、登账、包装、装箱，一切工作有条不紊，井然有序。迎真身金钵盂、鎏金银龟盒、各种琉璃器等45件组文物被悉数取出，时间已经是4月13日的凌晨3点。

早上9点，从地宫后室中又清理出33组茶具和首饰，至此，后室地面文物的清理工作宣告结束。这是人们意想不到的，然而也是最感人的，这是永恒的奇迹，也是对逝去岁月的伟大发现。

考古工作往往会在无意中出现奇迹。1987年4月20日，我还在中室继续做发掘扫尾工作，曹玮在清理后室，至深夜零时，他发现北壁下一立砖有异常现象。韩老师让其停止工作，等明日继续清理。4月21日，他们经过清理，发现了一个秘龛，用手触摸，有小琉璃球一枚，随后又发现龛内有一个铁函，韩老师让其取出。谁能想到，在这个铁函中存放着一千多年前，唐代的皇帝和臣民为之断臂炼指、焚髓荐乳而供奉的释迦牟尼真身舍利，这在全世界是首次发现。中国佛教协会的会长赵朴初从东南亚访问回来后，听到消息，十分兴奋，来不及拂去身上的征尘，立即和副会长周绍良一同赶赴法门寺，经过鉴定，认为这枚佛骨就是灵骨，而其余三枚是影骨。然后，赵朴初做了一个形象的比喻："灵骨犹如天上的明月，影骨好比明月在水中的影子。""一月映三江"，多好的比喻，不能不说它是人间的奇迹。

1987年4月24日，地宫的发掘内容只剩下中室的大揭顶了。由于绘图、拓印等资料收集工作没有结束，只有等待。可随着大量文物的出土，特别是丝绸文物的炭化非常严重，文物本身的保护成了一个最大的问题。陕西省文物局及时研究，采取了开放的思路，聘请北京的文物保护专家、高级工程师来陕西帮助我们解决困难，其中有王㭎、王亚蓉、胡继高。同时邀请省光机所、地震局、煤炭航测大队等单位协助地宫的发掘和文物的保护。24日下午5点，陕西省的副省长陪同他们一起来到了法门寺，主持召开了协调会议。中央、省、市单位相关人员及张廷皓、石兴邦、韩伟、冯宗游、韩金科、淮建邦、曹玮和我参加了会议。重点研究了地宫文物的保护和需要采取的必要措施，并决定对中室实施大揭顶的发掘方案。4月25日，省上各协助单位落实省长的协调会议精神，积极开展工作，陕西省文物局的副局长常宁洲来工地检查指导。4月26日，北京的文物保护专家观察了工地化学保护室的文物标本，并及时展开保护工作。这时，发掘各组的资料收集工作已经结束，攻克大揭顶这个发掘难点的任务被提上了议事日程。

为了保证白石灵帐和发掘人员在中室外顶上工作时的安全，首先需要在灵帐的周围填满沙袋，而这项工作一直到27日的下午才得以完成。傍晚时分，孙达人副省长、王文清局长来工地督战。韩伟老师指挥发掘，常宁洲副局长负责工人调配，王占奎、曹玮、徐克诚负责清理。参加当晚发掘的还有省光机研究所、总后建筑工程研究所、国家文物局文物保护所、中国社会科学院历史研究所、煤炭部遥感测绘中心、西北大学化学系的相关人员。

顺利揭取顶部石条后，4月28日凌晨1点，石条与灵帐之间被挤压在一起的金袈裟露出，工作人员将其清理后又挪开灵帐盖，发现帐身为方筒状，筒内有丝绸包裹的铁函，西北角还有金银丝编织物。在筒内没有空间，无法工作的情况下，发掘被迫暂停。4月28日上午，领导和专家又研究了发掘方案，决定提吊帐身，现场清理。这时，工人根据考古人员的安排，于下午2点在中室的上部搭起了三脚架，上面也挂上了导链，为提吊帐身做好了一切准备工作。下午3点，领导与专家进入工地，曹玮、胡武智、吕增福、徐克诚，省文物局文物处副处长甄广全等进入工作面。盖板被全部打开后，石兴邦、韩伟、王杼、王亚蓉、胡继高等专家仔细研究帐内文物，又发现了金丝鞋一双。下午5点，工人已经用海绵将帐身包裹起来，并用绳索捆绑结实，韩老师在中室下面指挥，常宁洲在中室上面指挥，帐身在导链的吱吱声中被吊了起来，铁函及各类文物显露，领导、专家、僧人澄观等下中室观看。由于金属多锈，再加上帐中漏水，文物多与帐底黏结，清理工作又推迟到了29日。6点30分，大家提前上班，张廷皓也来参加今天的发掘，这使大家很高兴。王杼面对灵帐内很难提取的文物，想尽办法将薄板插入帐底，取出了金丝鞋，然后又陆续清理出铁函、丝绸残片、钱币等文物16件组。后来在室内整理时，才发现铁函中还存放着武则天迎请供奉的舍利。9点50分，灵帐的须弥座被吊起，下午又对禅床进行了清理，3点19分，韩伟老师要求对中室地面进行钻探，发现铺石下面全是夯土，夯土30厘米以下全是生土，从而证明了中室地下再无文物埋藏。至此，法门寺地宫的田野考古发掘工程宣告结束，从此转入室内整理阶段。

这时，我接到了宝鸡市文化局的通知，要我立即返回，任务是筹备周原文物到日本岐阜参加展览的工作。岐阜为举办这个展览，组成了新闻考察团、业务咨询团、政府代表团，接待的准备工作非常繁重。因此，我迫不得已离开了发掘工地。

尾声

室内整理是考古工作中的一个重要环节。地宫文物的室内整理工作，韩伟老师为业务总负责，陕西省文物局副局长张廷皓为行政总负责，下面分有金银器、丝绸杂器、技术、照相、安全五个组，其中已经没有了我的名字。但我人虽然离开了，室内的整理工作却叫我魂牵梦萦。我不时前往扶风县博物馆，总想参与一下，一方面能跟着老师学些知识，因为自己终究对唐代文物知识掌握得还很少，另外，也能再次亲手摸一摸地宫中出土的这批珍贵文物。5月9日，是灵骨清理出来的那个晚上，我站在现场，真为老师的高兴而高兴，今天也觉得记忆犹新。

晚上11点，铁函被搬到了工作台上，焦茶色的铁锈布满了器物的全身，包裹于上的丝绸已经炭化，王杼、王亚蓉、曹玮使用从关中工具厂带来的专用工具，清除函缝中的铁锈，但无法开启它。他们仔细分析X光透视片后，决定切开子母口，取出函中的珍贵文物。11点51分，函盖终于被打开，露出了两颗隋珠，其下为丝绸。凌晨1点，第一片丝绸被取出，放入事先已经准备好的木盒中，盖上了喷湿的消毒绵纸。这时金函已经暴露出来，王杼对照 X 光透视片，用铁丝刺探金函外的情况，在探知外围没有其他遗物时，张廷皓、王杼、韩伟老师用铁丝框套在金函上，用力将其提了出来。金函上"奉为皇帝敬造释迦牟尼佛真身宝函"的錾刻文字，已经告诉人们里面肯定存有舍利，这时天上下起了毛毛细雨，似乎要洗掉空间的灰尘。张廷皓、韩老师研究后，把澄观和静一、宽仁等四位法师派车接到了工作现场，观看了整个开启金函的过程。金函内套有已经散坏的漆木盒，但四角包金和盒面上的描金依然清晰可见。木函内有水晶椁，椁盖大端镶嵌黄宝石一颗，小端镶嵌蓝宝石一颗，在明亮的灯光下发出耀眼的光芒。7 点 35 分，韩老师揭开椁盖，露出用黄丝带缚扎的玉棺。8 点多钟，揭开棺盖，释迦牟尼灵骨静卧于玉棺，大家为之欢呼雀跃，现场留下的一张照片上，我大张着嘴巴，笑得有点失态。8 点 10 分，澄观等法师身披袈裟，以各色罐头和水果糖糕供奉于玉棺前，焚香上茶，为这神圣的时刻祈祷。

　　5 月 14 日，室内整理结束，标志着法门寺地宫的考古发掘圆满完成了任务。我赶到了扶风县博物馆，考古队员们肿胀的脸庞、布满血丝的眼睛和疲惫的身躯将一切都告诉给了我，但他们脸上挂满的笑容，却传递着重大发现的喜讯。这次发掘清理，共出土 4 枚佛指舍利，121 件组金银器，17 件琉璃器，16 件瓷器，12 件石器，16 件铁器，19 件漆木杂器，约 400 件（粒）珠玉宝石，还有大批丝织物品，其文物数量之多、品类之繁、质量之高在唐代考古史上是空前的。它们是至今发现唐代等级最高、历史背景最清楚、纪年最明确、历史科学艺术价值极高的一批珍贵文物，是唐代物质文化高度发达的集中表现。不论在社会政治史、文化史、宗教史、科技史、中外交流史、美术史等方面的研究上，都具有极其重要的价值。从这个意义上说，法门寺地宫的发现是考古史上具有划时代意义的重大发现。也正因如此，陕西省政府决定于5月29日在西安召开法门寺文物新闻发布会。消息传来，我激动万分，自己没有想到，一个考古发掘，竟能引起世人的极大关注和领导的支持，我相信它肯定会带给法门寺一个翻天覆地的变化。

5月29日，中外100多人云集陕西省人民政府大楼，法门寺文物新闻发布会在副省长孙达人主持下召开。石兴邦先生介绍了地宫发掘的情况，陕西省文物局局长王文清讲了文物的保护情况和未来的计划，史树清、季羡林等专家对出土文物做了高度评价，韩伟老师回答了中外记者的提问。这是多么激动人心的时刻，也是多么光荣和荣耀的时刻，可在这个时候，我却躺在宝鸡中医医院的病床上，张大夫正对我施行切除肿瘤的手术。由于手术很小，张大夫一边做手术，还一边询问法门寺地宫的发掘情况，我自豪地告诉他这个伟大的发现。

法门寺地宫的发掘有了一个圆满的结局，地宫出土的文物如今陈列在法门寺博物馆里，发挥着它的社会效益和经济效益。我经常回到法门寺，总带着一种特殊的情感，但让我收获更大的是我对历史认识的升华。我认为，历史留给人类的不仅仅是有形的物质，还有无形的观念和思想，而这些经过千百年的传承浸润、已经深深地渗透在我们血液中的文化，才是人类的灵魂。从这个意义上说，我有一种自己是从他们中间走来的感觉。愿历史之树常青。

（作者系宝鸡市文物局原局长、宝鸡青铜器博物院原院长）

知识链接

法门寺位于陕西省宝鸡市扶风县法门镇，始建于东汉末年桓灵帝年间，原名阿育王寺，1987年农历四月初八，埋藏地下千年之久的2499件大唐稀世珍宝簇拥着释迦牟尼真身指骨舍利逢盛世出，光耀四方。法门文化景区依托法门古寺而建，以合十舍利塔为核心，以佛光大道为景观主轴，16组景观小品做辅助，全面形象地展现了佛教文化的源远流长和博大精深。

重识大秦
——咸阳城考古亲历记
○张杨力铮

在中国疆域版图的几何中心坐落着一座历史文化名城，它的名字比闻名于世的"长安"更加古老；在历经四百余年的战火淬炼后，它的诞生宣告了延续两千余年的多民族大一统国家模式的建立。它，就是咸阳。

秦都咸阳的前世今生

秦孝公十二年（前350），秦国定都咸阳，坚行变法，积蓄力量，最终在秦始皇二十六年（前221）完成统一事业。咸阳城作为秦国的政治、经济、军事和文化中心，历经了惠文王、武王、昭襄王、孝文王、庄襄王、秦始皇、秦二世和子婴共九代，存在了144年。历

秦咸阳城遗址远景

史上的咸阳城跨渭河南、北，包含城址区、陵墓区、皇室园囿等。孝公时期的咸阳城，营建的宫室都在渭水北部，随着国家实力的强大，惠文王时期"广大宫室"，咸阳城规模随着宫室增多而扩大，范围"南临渭、北临泾"。昭王时期在渭水以南修建兴乐宫、章台宫等大型建筑群，又架横桥以通南北，形成"渭水贯都"的格局。秦始皇时期，在渭北"因北陵营殿"，修建风格各异的六国宫，在渭河以南，增修"诸庙及章台、上林"，修建信宫、扩建横桥。宫与宫之间，殿屋复道、周阁相属，增加了咸阳境内宫殿的建筑密度，都城规模史称"离宫别馆，亭台楼阁，连绵复压三百余里，隔离天日"，咸阳城遂成为一座规模空前的大都市。

虽然时过境迁、山河改易，但在汉至清代的历朝文献中都保留了对这座古都的记载。而从 1959 年时称陕西省社会科学院考古研究所的渭水调查队以及陕西省博物馆、文管会勘察小组首次开展渭河沿线调查工作开始,咸阳城的科学考古工作已经进行 60 余载,数代考古人经过不懈努力,透过层层历史迷雾,逐步揭开它的真容。

1959—1963 年,初步确定城址整体范围及高等级建筑分布位置,随后在渭河北岸进行试掘,发现了一批排水管道、水井、窖藏、陶窑、墓葬等遗迹,出土包括秦始皇二十六年铜诏版、秦二世元年铜诏版在内的大量重要文物。

秦咸阳城出土秦始皇二十六年铜诏版

1973—1979 年,由陕西省文管会、咸阳地区文管会、咸阳市博物馆共同组建了"秦都咸阳考古工作队",在吴梓林、刘庆柱、李毓芳、杭德洲、马建熙、王学理、孙德润、陈国英等前辈的努力下,先后发掘了牛羊沟第一、三号宫殿建筑遗址，第一次向世人揭开秦代宫室的神秘面纱。

1980—2010年，秦都咸阳考古工作队在陈国英先生的继续主持下，结合西北大学考古系学生实习，继续发掘牛羊沟第二号宫殿建筑遗址，系统调查了城址内的窑址分布，重新进行了长陵车站区域的调查试掘，并在泾河南岸调查中发现可能是望夷宫的建筑遗址。同时，中国社会科学院上林苑考古队、西安市文物考古研究所、咸阳市博物馆、咸阳市文物考古研究所等单位也陆续在渭河以南的阿房宫、上林苑及渭河南、北的城址近郊区域进行工作，不断丰富着咸阳城的历史内涵。

二号宫殿发掘时考古队生活场景，中为陈国英

2011年以后，在国家文物局、地方各级政府的大力支持下，陕西省考古研究院在秦都咸阳城（北区）的考古工作再度启动。我在

二号宫殿发掘参与人员（西北大学 1982 届考古系学生）合影

2014 年加入了第四代的秦都咸阳考古队，初时作为一名实习的"新兵"，面对这样一处历史悠远、结构复杂的遗址，时时感到迷茫与困惑。领队许卫红先生带领我们首先熟悉遗址，访村落、翻沟壑、踏河滩，重新用自己的双脚走遍方圆近 40 平方千米的范围，利用最新的测绘技术标注现存的近万处遗迹、遗存，制作出一张"作战地图"。我们也从起初来时连方向都分不清楚，到如今心中对这片土地下深埋的"宝藏地点"了若指掌。

在逐年稳步推进的工作中，我们发现了壕沟、道路等线性遗迹，细化了城市分区及内部骨架；发掘出高等级手工业作坊、国家级府库建筑、6 号宫殿建筑等重要遗址，出土大量蕴含礼制要素的丧葬器（秦始皇陵陪葬石甲胄）、日用器（"北宫乐府"铭石磬）等重要文

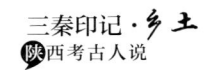

物，重新确认了宫殿官署区的内涵与范围，第一次确认了城址与帝王陵墓之间的内在联系；清理了一批平民居址、一般性工商业遗存，更新了对城址内部单元范围、内涵、性质的认识；开展多学科合作，复原渭河北岸滩地古环境，确认了与兰池相关的水系环境，为深入研究城市选址与规划设计背后的自然因素、人地关系打下基础；发掘了一大批城郊贵族、平民墓葬，直观地反映出城市居民来源构成的复杂性，展现出多元一体的都市面貌。这座历史古都正在被唤醒，不断展示出它所蕴含的价值与魅力。

跨越千年的重逢——秦府库建筑遗址发掘

2016年，时隔近20年的咸阳城主动考古发掘再次启动，我们将目光落在此前已发掘过的牛羊沟宫殿建筑群西侧约一千米处。这是一片平坦开阔的塬面，2011年至2012年进行的勘探工作显示此处有五座长条形夯土建筑遗址，其形态与此前发现的宫殿建筑迥异。其中编号为ⅡB1JZ2的建筑被选择为发掘对象，我们用三年的时间完整揭露了它的面貌，确认了它的性质为秦代国家级府库建筑。

这座建筑整体平面呈曲尺形，东西长105.8米，南北宽20.3米，方向80°。四面为厚2.4米的夯土垣墙，墙体复原高度可达4.9米，建筑内部由宽3.3米的夯土隔墙分出5个长方形房间，每个房间的面积约330平方米，房间内有排列规整的础石。这些房间中没有生活设施，也未发现与日常生活相关的遗物，大量发现的都是砖瓦等建筑材料，但在编号为F3的房间内出土了大量的石磬残块与铜甬钟柄部残件、环首铜帽饰、铜铃饰、铁钩、铜环等遗物。建筑北部自西向东分布有三个消防用储水池，其中位于中部的水池最大，东西长15米，南北长7米、总深2米，水池底部有一条总长54.7米的陶质水管道，与一处圆形渗井连通。建筑整体有严重的人为破坏迹象，多处墙面、地面被火烧至青灰色，房间地面局部也坑洼不平，显示出被人为翻动的迹象，焚烧的屋顶倒塌堆积叠压在地面扰坑之上，反映出这座建筑遭损毁的次序为房间内扰动在前，纵火焚烧在后。

出土的石磬残块分布于F3整个房间之中，残损严重，明显有人为砸毁的痕迹，部分可见被火烧后呈灰白色，并有层状剥裂。其中完整或近完整的仅有8件，残留有悬孔及鼓、股边，残长大于15厘米的75件，残留悬孔及鼓、股边，残长小于15厘米的231件，而未见悬孔及鼓、股边且残长小于5厘米的残块总重竟达921公斤。这些石磬均为墨黑色或深灰色石灰岩，质地细腻光滑。平面近曲尺形，鼓、股部平直，底边上凹呈弧形，股部比鼓部稍厚，悬孔为单面管钻形成，表面可见细密划痕及磬槌敲击形成的圆坑痕迹。

最为宝贵的是这些石磬上发现阴线刻铭文字497处，均在股、鼓侧边处，字体为秦小篆，字风多样，笔画多纤细且浅。这些文字内容分为三类：（1）官署名称类，基本均为"北宫乐府"，个别见有"北御""北乐""乐府"等简写。（2）音律及编次位置类，该类文字内容复杂多样，一种为"宫、商、角、徵、羽"等乐音文，且分左右。一种为大族、大矢、钟、姑等乐律文，族、矢多见，二字均通

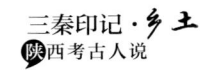

假簇，为十二律中之大簇；姑字下文残缺，应为姑洗；钟字可能与十二律中黄钟、函钟、夹钟、应钟等对应。最后一种为方位及数字，标注编磬位置，可能也与音律文相配合，固定位置的磬即代表相应的音律。（3）意义暂不明确的单字或双字，如昌、中、得、长年、少言等。

而所谓金声玉振，钟、磬都是国家最为重要的礼制乐器，代表着皇帝与国家的无上威严。1976年，曾在秦始皇帝陵园的飤（饲）官遗址中发现一枚刻铭有"乐府"文字的铜钮钟，它证明了秦代已经设有乐府机构，是研究秦代官署制度不可多得的珍贵资料。这次的考古发现再次证实了秦代乐府机构的设置情况，并且出土了如此巨量的秦代国家用石磬乐器实物，足见当时国家实力的雄厚。《史记》载："（刘邦）欲止宫休舍，樊哙、张良谏，乃封秦重宝财物府库，还军霸上。"又言："项羽引兵西屠咸阳，杀秦降王子婴，烧秦宫室，火三月不灭；收其货宝妇女而东。"我站在发掘现场，仿佛看到两千年前那场熊熊烈火，也意识到这座建筑中除了F3以外的"空房间"实则不空，只不过那些沉重的石磬对项羽而言无用，却偏偏也要将其砸得粉碎，宣泄了当年的国仇家恨。

府库建筑的发掘工作在2018年落下帷幕，但关于它的故事却仍在继续。2022年，陕西考古博物馆正式对外开放，部分石磬被安放在属于秦咸阳城的展柜中，而在它们的斜对角，静静躺着一件出土自神禾原战国秦陵的完整石磬，这件石磬的石质、样貌与府库建筑所出一致，甚至它的一侧也镌刻"北宫乐府"四字。神禾原战国秦陵推测

袁仲一先生(中)指导释读石磬文字

为秦始皇祖母——夏太后的陵墓，或许当年始皇帝曾下令从府库中拨取一批石磬为祖母陪葬。两千多年后它们重逢，隔窗对望，相信这次它们不会再分开了。

那些曾经活着的——咸阳城郊墓地

一座城市是复杂的，这种复杂性源自其中曾活着的众生，即便沧海桑田会抹消他们生活过的印迹，身后的一抔黄土也会告诉后人属于他们自己的生命史。

2017年冬，临近年末，天气酷寒，考古队依然在曾属于秦咸阳城西郊范围的某处忙碌着,这里是当年咸阳城的墓葬区,为了配合高铁建设,需要对两座墓葬进行发掘。两座墓葬深约9米,墓室面积约20平方米,体量明显大于以往发现的平民墓葬。墓道内填土经过层层夯打,非常坚硬,加之冬季土壤上冻,工人们抡圆了铁镐,也只留下一道浅浅的白印。经过一个多月的时间,终于清理到接近墓室部分,由于发掘墓道时一直没有见到明显的盗洞痕迹,考古队抱有很大的希望,单位也调来安保房车停放在墓葬旁,日夜值守。

两处墓室都很宽敞,可以容纳三四名考古队员分头同时清理,从最先发现椁顶盖板开始,大家就用小铲、竹签、手术刀一点点地逐寸工作,每个墓室都要花费近10天时间才能完成清理工作。其中M2为竖穴土圹式,有一棺一椁二重葬具,椁室隔出头箱、边箱,边箱内发现有大量殉牲动物骨骼;M3为甲字形土圹式,墓道内放置一个大木箱,其中有大量盛装在竹笥①内的牲肉,墓室中有一棺两椁三重葬具,椁室内隔出头箱,有红黑色相间的荒帷残迹。两座墓内共出土银、铜、铁、铅、陶、玉石、骨牙、料器、漆木器等质地的精美遗物155件(组),分为日用器、礼器、兵器、装饰品、工具等种类。除此之外,还发现有大量漆木器痕迹、竹席痕、编织物痕迹等。在考古界有一句俗语,"干千年,湿万年,不干不湿只半年",意思是有机质的文物在特殊环境条件下能够保存,但在属于温带季风气候的大部分北方地区很难留存,所以这次发现的各种有机物痕迹十分难

---

① 竹笥:用以盛放衣物书籍等的竹制盛器。

墓葬内出土玉饰

墓葬内出土提梁铜盉

得。虽然9米深的地下异常湿冷,但考古队员们全都虔诚地伏跪于地,小心翼翼地用手术刀剔除泥土,尽力抓取那些难得的历史痕迹。

秦咸阳城西北部平民墓地一隅鸟瞰图

　　工作人员在 M3 出土的一件铜鉴上发现了"十九年蜀守斯离造工师某狢丞求乘工耐"刻铭，这是秦昭襄王时代常见的三级职名式物勒工名，体现出郡守—工师—丞—工的管理结构。其中非常重要的历史信息是，昭襄王十九年（前 288）的蜀郡守是一名叫斯离的人。秦国对巴蜀地区的吞并和管理是完成统一基业的关键一步。秦惠文王时，司马错力辩张仪，陈述伐蜀之策，这次著名的廷议奠定了日后的历史走向，蜀地为秦国提供了一处稳定的资源与人口供应储备地，也打通了另一条可以进入楚国腹地的进军道路。历史文献中提及的蜀郡守有张若、李冰两位，但都属于昭襄王晚年至秦始皇时期的人物，而秦国在蜀地的早期治理情况并不明晰，是分封侯国？还是建郡立县？至少本次发现的铜器铭文明确告诉了我们一个答案。

2020年至2022年间，我又参与了一项考古发掘工作，工地位于秦咸阳城西北约7千米处，这里发现了超过2000座战国晚期至秦代的平民墓葬。从20世纪90年代开始，考古人员已经发现超过5000座属于秦咸阳城内居民的墓葬，还有更多的墓葬未被发掘，可以想象当时这座大都市中巨大的人口规模。

这些平民墓葬排列规整有序，互相之间的关系没有被打破，有的数座成一组分布在一处围沟之内，表明了它们同属一个家族或大家庭。与贵族墓葬不同，这些平民墓葬体量小，平均墓室面积都在3—5平方米，墓室内仅容一棺。随葬品基本为日用陶器如罐、釜、茧形壶、盆等，也多见由鼎、盒、壶等构成的仿铜陶礼器组合，此外就是墓主随身的衣物装饰品，如带钩、玉石小环以及小用具，如削刀、铜镜等。

铜鉴铭文

值得注意的是，这批墓葬体现着丰富多样的文化面貌，反映出当时咸阳城居民的构成是多族群的。从墓主葬式上可以发现，这批墓葬中约六成为屈肢葬，其余为直肢葬。屈肢葬指入殓时有意识将亡者下肢弯曲放置，屈肢特甚的甚至呈跪坐状，这是秦人特有的一种文

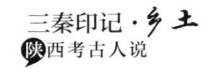

化习俗。而当时除秦人外，关东列国全都采用将遗体自然顺直放置的直肢葬。从随葬品上看，发现有一种极具代表性的戎族器物——有耳袋足鬲。在秦国西北边陲，曾有一支与秦国纠葛百年的戎人势力——义渠戎，直至昭襄王时代其才完全归由秦国统治。

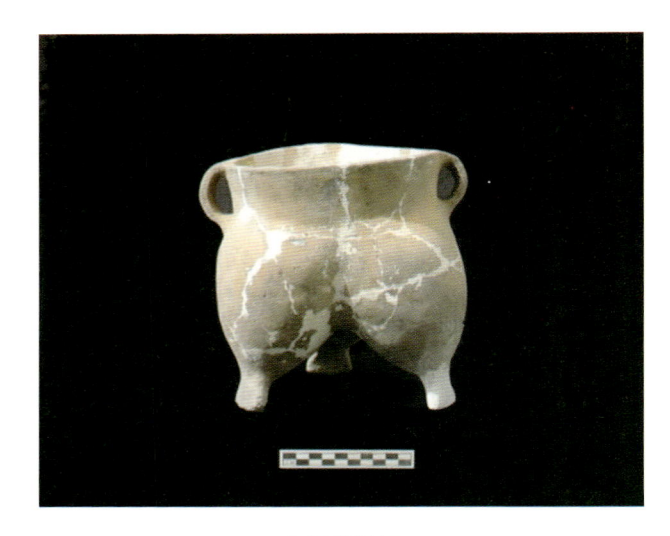

有耳袋足鬲

在对商周时代乃至春秋时期的秦都雍城墓葬区的考古过程中，往往可发现以族聚葬的形式，即不同族别的人群各有独立的墓区。但在咸阳城的居民墓地中，秦人、关东列国移民、戎人的墓葬相互混融，相互没有刻意区隔，这正体现了中华文明从宗族血缘政治向郡县地缘政治制度的转型，不同族群的人们在咸阳城或者说秦国这个大熔炉里融聚，重塑出对于大一统国家的认同。秦国对于中华文明的贡献是不可磨灭的，而天下百姓对于秦国的贡献亦是不可磨灭的。我们有伟大的历史英雄人物，他首创千古未有之制度：生者需书同文、车同轨，统一文字、度量衡。也有更多以自己平凡的一生铸就历史的人，他们同样值得被铭记。

繁华之后——作为历史的咸阳城

公元前206年，"子婴为秦王四十六日，楚将沛公破秦军入武关，遂至霸上，使人约降子婴。子婴即系颈以组，白马素车，奉天子玺符，降轵道旁。沛公遂入咸阳，封宫室府库，还军霸上。居月余，诸侯兵至，项籍为从长，杀子婴及秦诸公子宗族。遂屠咸阳，烧其宫室，虏其子女，收其珍宝货财，诸侯共分之"。

曾经鞭挞列国的大秦一瞬倾覆，曾经雄踞天下之中的咸阳城沦为焦土。四年后，在渭河南岸的广阔平原上重新矗立起一座同样伟大的城市——长安。长安城的选址并没有脱离秦都咸阳的范围，初期大型宫殿多是对秦故南宫区域的利用和改造。而渭河以北部分的咸阳城则几经迁改，分属不同郡县。《汉书·地理志》记载："渭城，故咸阳，高帝元年更名新城，七年罢，属长安。武帝元鼎三年更名渭城。"十六国时期，此处又属咸阳郡石安县，《魏书·地理志》称："（石安县）石勒置。秦孝公筑渭城，名咸阳宫。"自唐以降皆有咸阳县，但县治所在自唐始逐渐西移，直至明清时期挪至今咸阳市东南部，昔日繁华的咸阳城也逐渐成为"垣墙皆顿擗，荆棘上参天"的荒畴。然而，即便秦国与咸阳城已成过往云烟，在它周边仍不断有令人惊艳的考古发现出现，也可看到，即便过去了许多年，"咸阳"这个名字仍深深烙印在世人脑海之中。

2020年夏季，秦都咸阳考古队承担了一项配合基本建设的考古工作，发掘地点位于秦咸阳城城址区以西约2.7千米处，在发掘过程中清理了一批隋唐时期墓葬，其中最重要的发现是隋代裴政墓，唐代元大谦、罗婉顺夫妇合葬墓。

隋代裴政墓是一座南北向三天井斜坡墓道洞室墓，墓道总长21.2米，近方形墓室中葬有两人，其中靠西侧的木棺保存痕迹较好，棺内为保存较好的裴政遗骨。墓志出土于西棺南端。唐代元大谦、罗婉顺夫妇墓是一座南北向五天井斜坡墓道洞室墓，总长达35.48米，墓室内遭盗扰严重，但发现有墓志两合。

裴政其人于《北史》《隋书》等文献上均有记载，其祖父裴邃、父亲裴之礼也在《梁书》中有传，属于历史上赫赫有名的河东裴氏家族。

元大谦、罗婉顺夫妇虽然在史书中没有记载，但为罗婉顺墓志撰文和书丹者却大有盛名。元大谦家族与李唐皇室有姻亲关系，由于元大谦的侄女为唐玄宗之兄、让皇帝李宪的正妃，故李隆基的侄子、李宪长子——李琎在墓志中自称为墓主外侄孙，并为墓主撰写了墓志文稿。《新唐书》记载："（李）琎眉宇秀整，性谨絜，善射，帝爱之。封汝阳王，历太仆卿。与贺知章、褚庭诲、梁涉等善。薨，赠太子太师。"杜甫名篇《饮中八仙歌》"汝阳三斗始朝天，道逢麴车口流涎，恨不移封向酒泉"中的"汝阳"即指汝阳郡王李琎。

而为罗婉顺书丹墓志的人竟是我国历史上著名的书法家之一颜

真卿。根据墓志记载，罗婉顺卒于天宝五载（746）四月，天宝六载（747）三月与丈夫合葬，当时初入仕途的颜真卿刚由醴泉县尉升任长安县尉。据元大谦墓志所载，开元六年（718）李琎为秘书监，而开元五年、六年间颜真卿的舅氏殷践猷授秘书省学士，负责勘正典籍，其后在开元二十四年（736）颜真卿授秘书省著作局校书郎。虽然时间相隔十余年，但甥舅二人先后在李琎曾任主官的机构任职，所以颜真卿和李琎极有可能是相识的。虽然当时颜真卿只是一介县尉，但他在二十六岁时就能登进士第甲科，又娶一等氏族的京兆韦氏女为妻，可谓前途无量，想必李琎也是看重了他的才学与门第，才请托其为自己的舅祖母书写了墓志。

这项发掘工作已经结束多年，两座墓葬的考古发掘简报和墓志内容的相关考释研究都已正式发表，但我总会想起，当年在细细阅读这几合墓志时，那几个熟悉的字眼。

裴政墓志载："粤以开皇之二年，太岁在壬寅，七月卅日壬申，永窆长安县之北原白起乡孝义里"。

元大谦墓志载："以开元廿七年单阏在岁南吕统月再旬有四日甲申，迁祔于京兆府咸阳县武安乡肺浮原"。

武安侯即白起。原来那个一战破灭赵国胆气的名将，那段曾经烽火狼烟四起的岁月，那个曾经的大秦，一直在人们的心中传流着，不经意间，又来到了我的面前。

（作者系陕西省考古研究院馆员）

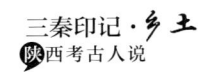

陕西文物考古援藏的发端

——1984—1986年援藏文物普查纪实

○张建林

1984年初,我从宝鸡市考古工作队被借调到陕西省文物局,协助文物处筹备"文物保护宣传月"活动。同我一起被借调到此处的还有宝鸡市博物馆的曹庆旋、陕西省文物管理委员会的罗宏才、省博物馆的孔昱等,活动的实际负责人是我的师兄张在明,他早我半年毕业,在省文物局文物处工作。大概在1月中旬,时任文物处副处长的张廷皓跟我说,陕西省文化厅和西藏自治区文化局去年年底签署了关于援藏文物普查的文件,4月之前就要组织好队伍赴西藏开展工作,任务被安排给了文物处,由我来联系省文物系统各直属单位和咸阳地区、宝鸡地区文化局推荐报名。同时把陕西省文化厅和西藏自治区文物管理委员会(以下简称西藏文管会)的往来文件和电报交给我。这些文件、电报我一直保留着,现藏于陕西省考古博物馆。

根据西藏文管会1983年12月24日的文件可知，时任西藏自治区文化局副局长的付伟与陕西省文化厅副厅长陈全方此前已经在西安签订协议，西藏文管会特就"选派支援我区文物普查人员有关问题"给陕西省文化厅发了文件。文件中对援藏人员的要求是"具有较全面专业技术（文字、绘图、摄影、测量）的人员"，人数6人，工作时间4至6年，每年4月1日至10月底搞野外普查，10月底至次年4月1日为室内作业时间，完成文物普查资料的整理、编写。张廷皓副处长1984年1月中旬即开始着手安排此事，可谓雷厉风行。

陕西省文物局的文件发下去，说是让各单位"推荐"，实际上是先让大家报名再由单位上报。虽然当时西藏文管会开出的工资待遇还比较诱人，但青藏高原自然环境恶劣、工作条件艰苦、路途遥远，而且一去就是两年，这令大多数人望而却步，报名者并不多。这期间西藏文管会与陕西省文物局都是通过信件和电报联系，催促早些确定人员和行程，又提出将人员年龄限制在45岁以下。几经反复，3月初援藏人员大体定了下来，有秦始皇兵马俑博物馆张仲立（我的大学同学）、陕西省文物管理委员会王望生、陕西省考古研究所忤君魁、西安市文物管理委员会袁长江、半坡博物馆何周德、武功县文化馆康乐，还有宝鸡市考古工作队的我，全队人员平均年龄30岁。其中，康乐年龄最大，又是党员，被指定为陕西援藏队伍的负责人；忤君魁是陕西省考古研究所的"学员"（现在叫"技工"），有着丰富的考古实际工作经验，绘一手好图，还发表过研究文章，不过当时他还只是临时工，后来为他的工资待遇问题费了不少周折，这是后话。

当时张廷皓并不同意我参加援藏文物普查队，想留我在省文物局工作。我明白他的一片好意，是想解决我和妻子两地分居的问题。但我在读大学期间就有"西藏情结"，因此不愿放弃这个机会。

我是西北大学历史系考古专业1978级本科生，1982年7月毕业。同学们毕业之后大多数都被分配到陕西省和西安市的各个文物单位，只有三位同学被分配回原户籍所在地，其中就有我和另一位宝鸡的同学刘军社，还有咸阳的张彦文。我想既然不能在省上的考古研究单位工作，那就索性去更远的地方。当时，我就曾经想过到西藏去工作。在本科学习期间，我经常翻阅《文物》《考古》等期刊，也看到过一些关于西藏考古的资料，那个遥远高原的历史和文化对我有很大的吸引力。另外还有一个原因，西北大学的考古专业在20世纪70年代开始招生，1972级考古专业有四位藏族学生，其中两位来自西藏，一位是后来做了自治区文化厅副厅长的甲央，一位是后来做了自治区文物局局长的仁青。还有两位来自青海，格桑本（汉族名字苏生秀）后来做了青海省文化厅的副厅长，另一位是刘万云，英年早逝。当时西北大学考古教研室专门为他们编了一本油印版的《西藏文物考古参考资料》，他们的同窗张廷皓后来把这本珍贵的资料给了我。阅读此书后，令我对那神秘的地域更加向往。所以这次能够加入普查队，也算得上是心愿得偿。

出发的时间也定了下来，定了1984年4月3日西安飞往成都的机票。记得那天正好是清明节，天上飘着小雨，各位队员的家人、同学、同事都到机场相送。张廷皓提出送我们去西藏，说一定要把我们安全送到，安排好了再回来。那时的西安机场就在劳动路至丰庆公园一带，离城区很近。候机楼是个陈旧的三层楼，阴雨天气，候机厅里显得有些昏暗。除了张廷皓，我们都是第一次坐飞机，心里充满好奇和期待。下午3:10，一架"伊尔14"飞机载着我们飞向成都。

那时成都至拉萨的机票只能在西藏驻成都办事处（简称"成办"）预订，最早的是6号的，我们只好在成都逗留了三天。这三天我们也没闲着，参观了四川省博物馆，拜访了四川大学童恩正老师、四川省文管会赵殿增老师，向他们讨教有关西藏考古的问题。童老师曾经领队发掘过西藏昌都卡若遗址，他的几位学生在西藏文管会工作，在当时的考古界，他对西藏的文物考古情况最为熟悉。他先是领我们参观了川大博物馆，又在办公室给我们介绍了不少西藏考古的情况，谈到了西藏旧石器的发现、卡若遗址的发掘、藏北的"大石文化"、南方丝绸之路、吐蕃墓葬等。童老师留给我的印象是知识渊博、思路清晰，很有个人魅力，拿现在的话说，极具"学者范儿"。

6日的航班是6:45起飞，前一晚我们就住在双流机场的招待所。大房间里几十张床铺排列得横平竖直，灯光明亮，很像部队的营房。张廷皓在我的小笔记本的起首几页抄录了一段巴浦洛夫给学生的遗言，用以自勉，其中有这样一段话："无论鸟翼怎样完善，不依托空气，它永远不能使鸟儿飞腾。事实就是科学家的空气，没有事实，你们永远飞不起来。没有事实，你们的理论便是枉费心机的挣扎。"字迹清秀，工工整整。成都至拉萨航班的机型是"伊尔18"，比"伊尔14"要宽大一些，途中将头探到前排的舷窗，可以断断续续看到连绵起伏的横断山和雅鲁藏布江河谷。9:40飞机降落在拉萨贡嘎机场，一行人乘坐机场大巴前往拉萨。那时，机场到拉萨有90多千米，大巴先是沿雅鲁藏布江南岸的砂石路西行，过曲水大桥再沿拉萨河东北前行，车内摇摆颠簸，车外尘土飞扬，竟然用了4个小时才到达目的地。西藏文管会主任甲央、副主任索南旺堆亲往布达拉宫旁边的民航售票处迎接，张廷皓与老同学甲央紧紧拥抱，热泪盈眶。当日，我们一行人被安排住在西藏文管会所在的罗布林卡院内。

大家都有高原反应，康乐最为严重，当晚就住进了西郊的工人医院，吸氧、输液，修养了五天才恢复正常。初到拉萨，觉得一切都那么新奇，心情十分兴奋，对即将开展的文物普查工作既充满期待又有些担心。毕竟我们对西藏的历史、文物几乎一无所知。

头几天，自治区文化局的旦增局长、付伟副局长、社会文化处的仁青、杨士俊处长先后来罗布林卡看望我们。联合组队的自治区文物普查队人员也确定下来，西藏方面有自治区文管会索南旺堆、更堆、旦增曲扎、小旺堆，山南文化局的旦增，日喀则文化局文教科的索朗旦增（后来又增加了山南文管会的强巴次仁和自治区文物商店的达嘎），加上陕西的7位队员，一共是13人。索南旺堆任队长，我和康乐任副队长。接下来的两周是业务培训，西藏方面请了西藏文管会的欧朝贵、程竹敏讲授西藏简史、拉萨地方史；西藏社科院的年轻学者巴桑旺堆讲国内外藏学研究概况；文化局编译科的龙国泰讲西藏文化史，内容侧重于藏传佛教文化的大小五明。陕西方面则由我来讲文物普查方法，何周德讲石器时代考古，袁长江讲考古发掘方法，张仲立讲小平板测绘,仵君魁讲考古绘图。张廷皓本想留下来带我们做一段时间的文物普查,架不住陕西省文物局接连几封电报催促他返回,只好于29日返回陕西,临行前互道珍重,挥泪而别。

5月10日,普查工作正式开始。自治区文管会为普查队租了一辆拉萨运输公司的大轿子车,早上8点30分出发,下午3点抵达山南地区行署所在地——泽当镇,住地区第二招待所。普查队分为三个组,陕西和西藏队员搭配工作。前几天先熟悉情况,全队一起就近调查泽当镇和昌珠区的几处文物点。文管会的司机策旺开一辆解放牌卡车送我们到各个文物点附近,调查时主要靠步行。10天以后,三个组分别调查乃东县的其他几个区,一般都是被大车送去区政府(后来撤区改乡)或公社,然后步行着去调查,有时去较远的地方的话让公社的手扶拖拉机送一下,有时也坐顺路的马车。县里还从区政府选派了两位干部陪同我们。区政府有食堂的话就比较方便,若住在公社和村里就要自己做饭了。米、面、罐头等给养都要从县城(泽当镇)采购。

我和自治区文管会的业务干部更堆、且增曲扎组成了一个工作小组,住在桑珠德庆公社小院的藏式二层房子里。当时的物资没有现在这么丰富,从区政府食堂买一袋饼子能吃好几天;平日自己用煤油炉子做饭,只有一个高压锅,蒸完米饭再做菜。每天早上带着六七位工人上山发掘,路途远,中午不能回来休息。工人们会背一口平底铝锅,一塑料桶水,锅里装满干牛粪,中午休息时用锅子烧砖茶,牛粪就是燃料。那时在西藏农区,酥油是稀罕东西,我们通常喝的都是茶水里放点儿盐巴的"清茶"（藏语叫"洽当"），主食是糌粑（青稞炒面），用清茶泡一点干辣椒，再放点盐，就是大伙的菜。我们跟工人围坐一圈，我们拿出饼子，民工们抓糌粑。中间那碗辣椒水里放一个小勺，大家轮流舀着辣椒水准确地抛到嘴里，无一失误，令人叹奇。

发掘期间多是晴天，万里无云，山坡上无遮无拦，大家只能顶着烈日发掘，每天下工时都是灰头土脸。偶下阵雨时便无处躲藏，好在我们配有雨衣，工人们也有塑料布。发掘结果也没有让人失望，把墓葬的封土、墓圹、石棺形制都搞清楚了，出土的东西虽然不多，种类倒不少。陶器有单耳罐、带流罐、圜底罐等五种，石器有条形砺石、钻孔石片等，铜器有铜带扣、铜扣、铜牌饰等。铜带扣最为完好，扣针还活动自如。墓葬的时代定在吐蕃时期，这可是第一次从西藏吐蕃墓葬中出土这么多种类的文物，在后来发表的《西藏乃东县普努沟古墓群清理简报》中我们讲到这次发掘的重要性："为西藏吐蕃考古提供了第一批具有断代意义的实物"[①]。

其他两个组也是重要发现不断。张仲立率领的第二组在温区（后来改为温乡）发现的切龙则木墓群有墓葬80余座，封土大小悬殊，规模较大的M1有保存较好的石砌的边框，平面呈梯形，面向坡下的边长12米多、窄端边长9米多，边框里填土石。虽未对墓葬主体进行发掘，但通过对M1条形殉马坑进行发掘清理，仍可将墓群年代推

---

① 西藏文管会文物普查队：《西藏乃东县普努沟古墓群清理简报》（张建林、更堆），《文物》1985年第9期。

1984年张建林在乃东县调查绘图

定为吐蕃王朝时期，同时印证了文献中吐蕃贵族墓葬以马殉葬的记载[1]。在对千年古寺吉如拉康的调查中，发现寺院佛堂保留着古老的格局和配置完整的塑像，主尊释迦牟尼坐像与侍立10尊菩萨像基本完好，从保留至今的贝叶经、桦皮经和纸质抄经残页上可以看到吐蕃时期至后弘初期古藏文、梵文字体。张仲立依据藏文文献对建筑结构、塑像及经书残页进行分析，将其建造年代推定为吐蕃赞普赤德祖

---

[1] 西藏文管会文物普查队：《乃东县切龙则墓群G组M1殉马坑清理简报》(张仲立、王望生)，《文物》1985年第9期。

赞时期①。根据征集的两件磨制石锛提供的线索，普查队在温区门中公社钦巴村找到一处新石器时代的遗址，从当地农民取土的土坎上可以看到明显的灰层，这表明雅鲁藏布江中游也有新石器时代遗址的存在。我在当年7月3日的日记中写道："大喜过望，从四队的桑珠和三队的央宗处征集到石锛两件，出土地点也找到了。买水果罐头两瓶，犒劳大家。"可惜的是，文物普查之后再也没有对这处遗址开展过正式的调查发掘。

1984年去洛扎县途中与僧人相遇（左张建林、右仵君魁）

---

① 西藏文管会文物普查队：《千年古寺扎玛尔吉如拉康》（张仲立），《文物》1985年第9期。

田野工作持续到 8 月下旬，新的发现不断。文物调查对象多是寺院，乃东县较为著名的古代寺院有雍布拉康（传为西藏第一座宫殿）、昌珠寺、吉如拉康、赞塘玉益拉康、曲德贡寺、噶丹曲果林寺等，"文化大革命"期间均受到不同程度破坏，对这些寺院都要测绘、拍照、记录。更重要的是对墓葬、遗址等地下文物点的调查。被收录在《乃东县文物志》中的古墓葬就有赞塘村墓群、下东嘎大墓、普努沟墓群、红墓山墓群、加赛山墓群、切龙则木墓群和桑结村石棺墓群，对于已经暴露和遭到破坏的墓葬，我们选择性做了考古清理。其中最为典型的是普努沟墓群——323 座墓葬分布在约 1 平方千米的冲积扇上，有十几座墓葬受到洪水冲刷，暴露出石砌的墓室。于是我们对六座遭破坏严重的墓葬做了抢救性发掘。

田野调查结束后，普查队中七位队员留在泽当镇整理资料。除了田野调查资料，当时可资参考的文物志编写资料很少，记得只有发表在《西藏日报》上的《乃东县简志》（约 2000 字）、从文管会借到的《贵阳文物志》《陕西省文物志编写方案》《孝感地区文物普查资料》《贵州省文物概况一览表》等，我们依这些资料制定出《乃东县文物志》的编写大纲。大家分工合作，9 月中旬编写出《乃东县文物志》的初稿。其间何周德、张仲立相继感冒，张仲立发烧至 39.5℃，我们用自行车将他送往县医院，所幸两天就退了烧，又接着赶稿子。我们从泽当镇买来钢板、铁笔、蜡纸、油墨，从文教科借来油印机。刻版、印刷都是自己搞，苦干 10 天，终于装订出 30 本散发着油墨香的《乃东县文物志》油印本，西藏自治区第一本文物志就此诞生。

这里特别要提到一个人——山南地区文管会的副主任土登朗嘎。在乃东县普查期间，他一直配合我们工作，联系行署、县政府，查找资料，寻找向导，雇用工人，采买给养……，几乎所有的事在他手里都能搞定。他性格开朗，爱开玩笑，对文物工作充满热情，因这次普查，我们结为好友，几十年后还联系不断。

10月中旬至次年2月初，拉萨市的文物普查工作有序展开。我们被重新分为四组，我和老搭档更堆、旦增曲扎还有布达拉宫僧人洛桑一组，先后驻扎在布达拉宫、色拉寺，调查拉萨市北部地区。张仲立、王望生、旦增组住哲蚌寺，调查拉萨市中心和西郊的哲蚌寺；何周德、袁长江、丁长征、旺堆组住小昭寺，调查拉萨市东部地区；仵君魁、康乐、达嘎、旺堆组先后住自治区团委、西郊陵园、蔡公堂区政府，调查东西郊。每个组配备两辆自行车，跑调查也倒方便。

拉萨的冬季并没有想象的那么冷，晴日居多，温差较大，晴天中午气温可达15℃，晚上零下几度，以至于临睡觉时看到冰凉的被窝就发愁。拉萨的文物普查重点是古建筑和寺庙，布达拉宫、罗布林卡、大昭寺、小昭寺、色拉寺、哲蚌寺都是全国文物保护单位或自治区文物保护单位，文献资料较多，但古建筑测绘图很少，几个组都把大量时间用在建筑测绘上。我们组测绘的色拉寺措钦大殿、阿巴扎仓两座大殿体量巨大，结构复杂，光是绘制平剖面图就用了十几天。不少古建筑测绘都是首次开展，测绘成果不仅被用于《拉萨文物志》的编写，后来也被不少学界同仁引用。

野外调查同样有不少重要收获，拉萨北郊的曲贡村遗址是在拉萨河流域发现的第一处新石器时代遗址,其发现纯属偶然。10月26日,我们组爬上山坡区调查传为松赞干布时期建造的帕邦喀(巨石宫)佛寺,下午返回途中,在军区总医院后面的沙石路上更堆踢到一块石头,低头一看觉得它似乎是一件石器,仔细观察后发现其果然是件打制的有肩石铲,仔细在周围寻找,又捡到几个陶片,天色渐晚,我们只好先返回色拉寺。第二天早饭后即去查看,在地表找到不少陶片和打制的石器,可以确定这里是一处史前遗址,心中暗喜。由于当时正赶着完成色拉寺和周边几个寺院的调查任务,直到一个月后才开始对此处进行小面积试掘。12月下旬,夜间气温降到零下七八度,白天也要等到10点后气温回升时才能发掘。找不到工人,只好请色拉寺的年轻喇嘛帮忙。经过10天的发掘,清理出灰坑2座、窖穴1座、石棺葬1座。这里的遗迹、遗物有明显的地域特色,陶器多为圜底和圈足,以罐为主,还有钵、碗、豆、壶等;泥质陶、加砂陶各半,灰褐陶居多,磨光黑皮陶最具特色;纹饰多为刻划的重菱纹、三角纹、直线波折纹、直线几何纹等,三角形假镂孔纹也是常见纹饰。陶器的制作工艺、器形、陶质、陶色、纹饰等与发现于藏东地区的卡若文化有较大差异,后来发表的调查试掘简报将之定名为"曲贡文化"①。这不仅填补了西藏地区新石器时代遗址的空白,而且对西藏新石器时代文化类型和时空框架的建立也提供了至关重要的资料。此后的1990—1992年,中国社会科学院考古研究所组建西藏考

---

① 西藏文管会文物普查队:《拉萨曲贡村遗址调查试掘简报》(张建林、更堆),《文物》1985年第9期。

古队，对遗址进行了较大面积的发掘，整理出版了考古报告①。

查拉路甫石窟也是拉萨文物普查的重要发现。石窟位于与布达拉宫近在咫尺的药王山东侧，藏文文献记载为吐蕃初期开凿，但一直没有引起学界注意。何周德和同事们通过调查，发现石窟平面呈马蹄形，中心是预留出来的岩柱，岩柱的四面和窟内左右壁和后壁都有佛教造像浮雕，确认这种中心柱式的形制和浮雕造像风格具有7世纪吐蕃王朝佛教石窟的特征，石窟形制很可能受到河西走廊地区的影响。对于这座石窟的调查和认定，正式揭开了西藏佛教石窟调查与研究的序幕②。此外，一些为人熟知的文物也有新的发现，树立在大昭寺门前的"唐蕃会盟碑"是见证唐王朝与吐蕃关系的最重要碑刻，上面用汉藏双语记录着长庆三年（823）唐王朝与吐蕃王室缔结盟约的历史事件。但长期以来，人们并不知道这座碑的完整形制。普查队清理碑的基础，使得埋在地下千年的龟趺重见天日③。

1985年，普查队分为三组，第一组由何周德任组长，组员有袁长江、强巴次仁（程皖西）、吉布·旦增边久、丁长征，负责山南地区扎囊县的普查工作。第二组由康乐任组长，组员有王望生、旦增曲扎、达嘎、桑布，负责山南地区琼结县的普查工作。第三组合并到古

---

① 中国社会科学院考古研究所、西藏自治区文物局编著：《拉萨曲贡》中国大百科全书出版社1999年版。

② 西藏文管会文物普查队：《拉萨查拉路甫石窟调查简报》（何周德），《文物》1985年第9期。

③ 西藏文管会文物普查队：《唐蕃会盟碑碑座出土》（王望生），《文物》1985年第9期。

格王国遗址考察队，前往阿里地区札达县展开调查。在下去调查之前的4—5月，普查队完成了《拉萨文物志》《乃东县文物志》的编写，同时加班加点完成了为《文物》杂志西藏专刊撰写的稿件。

对阿里地区古格王国遗址的调查，有一个不寻常的背景：当时意大利的非洲中远东研究院，向我国文化部提出要做西藏考古的申请，而且特别提出要做古格王国时期遗址的调查。我们都知道，意大利非洲中远东研究院有在西藏地区以及西喜马拉雅地区考古的传统，特别在佛教遗迹考古和研究方面有非常雄厚的基础，著名藏学家图齐就曾经长期担任非洲中远东研究院的主席。当时国家文物局考虑到我们自己的考古工作者还没有对古格王国遗址做过全面的调查，就拒绝了意大利的请求，决定尽快开展古格王国遗址的调查，并把这个调查任务交给了西藏自治区文管会。那段时间刚好我们在西藏做文物普查，文物出版社的童明康、殷稼正在拉萨编辑《文物》的西藏专刊，故宫博物院的宗同昌正在西藏拍摄民族文物，所以就由西藏、北京、陕西三方面共同组建队伍去调查。陕西援藏普查队派出我和仵君魁，西藏文管会安排蔡显敏、更堆和大多吉，还有文物出版社的童明康、故宫博物院的宗同昌一起组建成了一支队伍，由西藏文管会的蔡显敏担任行政队长，我是业务队长，童明康是顾问。四川大学的童恩正先生建议借此机会拍摄一套完整的影像资料，并由四川大学电教室选派三位年轻的业务人员梁宝成、张跃平、李白桥负责拍摄录像资料。当时在拉萨艺校援藏的音乐老师李青也与考察队随行。

从拉萨出发的时候，自治区文管会派出自己的一辆载重4吨的解

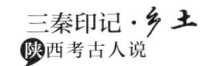

1985 年考察古格王国遗址（车上左梁宝成、右张建林）

放牌卡车和一辆北京吉普212，又租借了北京神鹰运输公司的一辆北京吉普车，年轻的司机叫牛华夫。我们就这样从拉萨出发了。因为吉普车坐不了几个人，我和蔡显敏、仵君魁、大多吉都坐在解放牌卡车的车厢里，上面搭有篷布。通往阿里地区的道路有南北两线，一条经桑桑、措勤、改则、革吉到阿里首府狮泉河，一条经桑桑、萨嘎、仲巴、门士到狮泉河，我们选择走北线，两条线路都很艰难。出了日喀则地区拉孜县就加不到汽油了，于是从拉萨出发时，我们带了8大桶汽油，除此之外还将发电机、帐篷、汽油炉、折叠床、锅碗瓢勺、米面油、罐头都装在大车上。出发时虽然已经是六月份，但是阿里地区的气候多变，我们都带上了鸭绒睡袋、羽绒服、棉大衣。这些东西是从自治区地质队购买的，市场上买不到。道路全都是砂石路，过了21道班就没有养路道班了，不少路段说是公路，实际上就是朝着一个方向延伸的若干条车辙印。好在我们的大车司机旺堆次仁曾经在阿里地区运输公司当过司机，对阿里各县的情况比较熟悉，是个活地图，所以总能找到正路。虽然也经历了陷车、前后车失联、冰雹突袭等突发情况，但总的来说还是有惊无险。经过6天的旅途，我们到了狮泉河。

到达狮泉河之后，就需要做一些准备工作。首先要补充汽油，那时候没有加油站，需要有行署的批条才能从地区的库房里买到汽油。工作需要的汽油、照相搭脚手架需要的木椽，都是当时行署批给我们的。行署还专门给札达县政府下文，让他们积极配合考察工作。所有这些事情办妥了之后，我们就去了札达县。从调查工作开始到工作告一段落，总共历时43天，我们分了两个组，一组是摄影和录像组，由童明康负责，宗同昌照相，梁宝成等三人录像，李青帮忙。另一组是考古调查组，由我负责，我和仵君魁、更堆调查遗迹，大多吉抄写壁画题记。考古调查组首先要做的是测绘整个遗址的总平面图，不仅要把所有现存的遗迹，包括殿堂、碉楼、道路、防卫墙等全部标注在图上，还要有地形等高线。光测这张图需要用的数据就花了我们近20天时间，当时用的是经纬仪，每一个测点都要跑到，有些测点就在悬崖边，很危险。我和仵君魁扛着塔尺跑点，测绘员是从地区水电局请来的技术员唐玉春。接着，我们又开始分头调查、编号、登记所有遗迹。我、更堆、仵君魁每人负责一片区域，我们各自带着皮尺、粉笔、笔记本和相机，在每一个窑洞、房屋、碉楼前，用粉笔把遗迹编号写在卵石或残土坯块上，放在一个醒目的位置，对其中一些典型的遗迹还要绘制平剖面图。一组承担照相和录像任务，主要是对保存比较好的佛殿，像红殿、白殿、大威德殿、坛城殿的壁画和塑像进行拍照、录像。当时从北京寄过来的胶片都是灯光片，这种胶片只适合在单纯的灯光下拍摄，所以拍照这一组都是白天睡觉晚上工作。我到现在还保存着当时童明康做的照相记录。这样工作到第43天的时候，基本上编号、登记和记录工作就完成了。

调查期间有几件事让我印象深刻：一次是晚间突降暴雨，山上流下来的雨水灌入被我们当作厨房的窑洞，汽油炉、锅碗瓢勺、米面、土豆、洋葱都被水淹了，我们几个人光着膀子在窑洞口挖排水沟，修挡水墙，把厨房里的东西往帐篷里搬，把几个人都累瘫了。还有一次是去调查一处古格王国时期的多香遗址，由于没找到向导，几人途中迷路，在烈日下行走了一天，把水也喝完了，在荒原上饥渴难耐，等循原路返回，已是满天星斗。

这次的调查应该是国内第一次对古格王国遗址进行比较全面、系统的调查，但并不是首次考古调查。第一次是1979年由西藏文管会和新疆文管会做的联合调查，调查的具体过程不是很清楚，但从《文物》杂志上发表的《阿里地区古格王国遗址调查记》[①]看，调查

---

① 西藏自治区文物管理委员会：《西藏古格王国遗址调查记》，《文物》1981年第11期。

人员在阿里地区调查的时间有 3 个多月，主要对象还是古格王国遗址。新疆文管会派的是韩翔和张铁男，西藏文管会派的是仁增多吉和张文生，《文物》上发表的文章是由西藏的两位工作人员撰写的。这次调查虽然做得不是很详细，但第一次给国内学界介绍了古格古城遗址的概况，功不可没。1985 年我们所做的古格故城的调查，应该说探索出了在西藏进行古城堡遗址调查的工作经验和方法。以前的考古工作大都是针对埋藏地下的遗址、遗迹进行的，对地面上现存的大型遗址如何进行调查，对这些遗迹遗物如何描述，必须有一套切实可行的方法。我们在现场讨论，制定了调查、记录的程序和分工方式。通过一个多月的调查，我们基本上搞清了古格王国遗址总体的布局、遗迹的总数量以及遗迹的不同类别，在资料整理过程中，也对古格王国的历史进行了初步的梳理。经过两年多的资料整理和编写，1991 年，我们终于出版了西藏的第二本考古报告——《古格故城》（第一本是西藏文管会与四川大学历史系编写的《昌都卡若》，1985 年出版）。后来宿白先生在他的一篇札记中对两本书给予了很高的评价[1]，一本是我们编写的《古格故城》[2]，另外一本是西藏建筑工业设计院编写的《古格王国建筑遗址》[3]。此后的 1988 年，在报告编写过程中发现还有些资料需要补充，所以我和仵君魁、王海燕、大多

---

[1] 宿白：《阿里地区札达县境的寺院遗迹——〈古格王国建筑遗址〉和〈古格故城〉中部分寺院的有关资料读后》，《藏传佛教寺院考古》，文物出版社 1996 年版。
[2] 西藏自治区文物管理委员会编：《古格故城》，文物出版社 1991 年版。
[3] 西藏工业建筑勘测设计院：《古格王国遗址建筑》，中国建筑工业出版社 1988 年版。

吉又去古格遗址做了一次补充调查。古格故城遗址的佛殿壁画还作为《中国壁画全集》的一卷同时出版①。

古格故城的调查工作结束之后，我们又在阿里地区的日土县、噶尔县、普兰县展开调查。其中在日土县发现的任姆栋等三处岩画遗迹可以说是西藏岩画考古调查与研究的开端。在这之前，国内学术界对西藏的岩画毫不知晓。这三处遗迹的岩画数量较多，内容丰富，个体图像有人、羊、牦牛、鹿、狼、狗、马、鸟、骆驼等，反映的内容有放牧、狩猎、出行、舞蹈、原始宗教仪式等。依题材、技法、风格及叠压关系可分为早、中、晚三期。均属于7世纪以前当地游牧部落的遗迹②。

10月中旬，阿里地区已经进入冬季，我们只好结束工作，返回拉萨，结束了4个多月的阿里考古调查。

1985年，第一组和第二组对扎囊县、琼结县的文物普查也取得丰硕成果。在扎囊县调查古遗址5处、古建筑17处、古墓葬4处、石刻及摩崖造像6处、名胜古迹4处。其中4处古墓葬群的发现有着不一般的意义。扎囊县地处雅鲁藏布江中游河谷，是吐蕃时期王室活动频繁的地方。雅鲁藏布江北岸是吐蕃王室大寺和行宫所在，南岸发现的吐蕃墓葬规模巨大，尤以斯孔村墓群的4号墓为最，封土边长达

---

① 中国壁画全集编委会：《中国壁画全集·32卷》，天津人民美术出版社1991年版。

② 西藏文管会文物普查队：《西藏日土县古代岩画调查简报》，《文物》1987年第2期；张建林：《日土岩画的初步研究》，《文物》1987年第2期。

1985年扎囊县斯孔村墓葬发掘（从左到右为平措哲西、何周德、王福礼、旦增）

87—96米，堪比吐蕃王陵，这类大型墓葬无疑与吐蕃王室成员或高层贵族有关。作为西藏历史上第一座佛、法、僧三宝俱全的佛寺，桑耶寺有着重要的历史与文化意义。何周德和索朗旺堆在全面调查的基础上，撰写出版了《桑耶寺简志》①。书中介绍了桑耶寺历史、现状和建筑布局，在西藏的寺院文物志编写方面有着开创之功。

在琼结县调查古遗址2处、古墓葬9处、古建筑17处、石刻和摩崖石刻4处、名胜古迹3处。其中邦嘎遗址的发现最为重要，这是一处保存较好的新石器时代晚期遗址，采集、出土有石磨盘、重石、石球和大量陶片，陶片以加砂红陶为大宗，纹饰以刻划纹为主，有菱形纹、三角纹、几何纹、弦纹等，代表了雅鲁藏布江中游地区新石器

---

① 何周德、索朗旺堆：《桑耶寺简志》，西藏人民出版社1987年版。

1985年在前往桑耶寺调查的渡船上

(后排右程皖西,前排从左到右为王福礼、索朗旺堆、山丹阿旺、平措哲西、何周德、袁长江)

时代文化的特征。30年后,由西藏自治区文物保护研究所与四川大学考古学系联合发掘,再次在此揭露出房屋、灰坑等遗迹,出土的陶器残片、石器等遗物,年代在距今3000年至2400年之间,是雅鲁藏布江中游重要的史前居住遗址①,这处遗址的重要性再次呈现。地处琼结县城附近的藏王墓早在1961年就被公布为第一批全国文物保护单位,是重点普查对象,我们对每一座陵墓均做了详细的记录。保存完好的赤德松赞碑向为史家所重视,普查时清理出深埋地下的下部碑身和碑座,新发现碑文12行,补全了碑文内容,并透露出赤德松

---

① 西藏自治区文物保护研究所、四川大学考古学系:《2015年山南琼结县邦嘎遗址发掘简报》,《西藏文物考古研究》第4辑,科学出版社2022年版。

赞死亡之地和陵墓的名称，同时也使保存完好的仿汉地风格的龟趺重新面世①。

陕西省文物系统第一次援藏文物普查工作从 1984 年 4 月开展至 1986 年 6 月，连续工作两年有余，先后完成乃东县、琼结县、扎囊县、拉萨市等四市县的文物普查工作，编写出《拉萨市文物志》《乃东县文物志》《扎囊县文物志》《琼结县文物志》②，虽然限于当时的条件，这四本文物志没有正式出版，只是作为内部资料刊行，但丝毫不影响它们在西藏文物考古研究中的重要资料价值，至今仍被中外学者频繁引用。在三县一市文物普查中获得的一些重要的考古发现还集中在《文物》1985 年第 9 期和第 11 期陆续发表，其中有拉萨曲贡新石器时代遗址、乃东县普努沟古墓群、乃东县切龙则木墓群殉马坑、拉萨查拉路甫石窟、乃东县吉如拉康、琼结县赤德松赞碑等调查、发掘简报。除此以外，1986 年陕西第一批援藏普查队返回以后，还有一些资料陆续被公之于世③。当年的不少新发现文物点后来

---

① 西藏文管会文物普查队：《赤德松赞碑清理简报》（索朗旺堆、张建林），《文物》1985 年第 9 期。

② 索朗旺堆、张仲立主编：《拉萨市文物志》，1985 年陕西省咸阳印刷厂印刷；索朗旺堆、张仲立主编：《乃东县文物志》，1986 年陕西省印刷厂印刷；索朗旺堆、何周德主编：《扎囊县文物志》，1986 年陕西省印刷厂印刷；索朗旺堆、康乐主编：《琼结县文物志》，1986 年陕西省印刷厂印刷。

③ 王望生：《西藏琼结县发现新石器时期遗址》，《文博》1987 年第 6 期；张建林：《西藏乃东县的几处石棺葬》，《文博》1988 年第 4 期；王望生：《西藏琼结藏王诸陵调查简记》，《文博》1989 年第 2 期；何周德：《西藏扎囊斯孔村墓葬群的调查与试掘》，《考古与文物》1995 年第 2 期。

都被公布为自治区级文物保护单位甚至全国文物保护单位。

这两年的文物普查，不仅使所有参加者在业务上有了很大提升，工作能力和取得的成果得到西藏同行和文管会领导的认可，也使陕西和西藏的藏汉文物考古工作者结下了深厚的友谊。后续的两次援藏文物普查也得以顺利展开。第二批援藏普查队在1986年4月至1987年底赴藏工作，第二批援藏队伍由六人组成，分别是段清波（西北大学在读研究生）、王力军（任职于宝鸡市考古工作队）、李军辉、郭周虎、陈建彬、颜泽余，后五人是在陕西省考古研究所工作的技工。他们再次与西藏自治区文管会的业务干部共同组成普查队，两年期间完成了昌都地区昌都县、贡觉县、类乌齐县、察雅县，那曲地区那曲县、索县、安多县、比如县的文物普查工作，对藏北石棺葬、朗县列山墓地、当雄墓群做了考古试掘，对西藏摩崖造像、玛尼石刻进行了专题调查①。完成《昌都文物志》上卷的编写工作②，其后陆续发表的7篇考古简报和5篇论文部分反映了这次普查的成果。

第三批援藏普查队是由两省一校的专业人员组成，参加工作的有陕西省考古研究所的技工仵君魁、郭周虎、陈建彬、颜泽余，湖南省文物局和省考古所的何强、柴换波、李德育、朱建中，四川大学考

---

① 陈建彬：《西藏摩崖造像调查简报》，《考古与文物》1990年第4期；郭周虎：《西藏玛尼石刻艺术》，《考古与文物》1991年第2期。

② 因种种原因，该文物志没有印刷出版，主要内容后被收入昌都地区地方志编纂委员会编：《昌都地区志》，方志出版社2005年版。

古专业的年轻教师霍巍、李永宪。1990年4月至1992年底在藏连续工作近3年，与西藏自治区文管会的业务干部共同组队，完成50多个县的文物普查工作。其中陕西省派出的4人与西藏文管会业务人员共同完成了38个县的文物普查和2个重要寺院（白居寺、扎唐寺）的专题调查，特别是首次深入全国唯一不通公路的墨脱县进行了普查。主持或参与编写文物志7本，其中只有《萨迦 谢通门县文物志》正式出版[①]，《拉孜县、定日县、聂拉木县文物志》完成后交西藏人民出版社，后因其他原因未能出版[②]。此外还整理发表考古简报8篇、论文8篇，参与完成《南方民族考古》第四辑专刊[③]以及《西藏岩画艺术》[④]、《西藏佛教寺院壁画艺术》[⑤]等大型图录的编著。

1992年，持续8年的西藏自治区文物普查工作终于落下帷幕，西藏文物考古事业完成了一次历史性的转折。

回想第一次去西藏参加文物普查，已是40年前的事，我也已经年近古稀。翻开尘封已久的日记，勾起很多记忆，当年所经历的烈日与风雪、焦虑与沮丧、欣喜与自豪一起涌入脑海，不由得让人感叹。

[①] 陈建彬、丹扎、颜泽余编写：《萨迦 谢通门县文物志》，西藏人民出版社1993年版。

[②] 郭周虎等编写：《拉孜县、定日县、聂拉木县文物志》。

[③] 四川大学博物馆、西藏自治区文物管理委员会编：《南方民族考古》第四辑，四川科学技术出版社1992年版。

[④] 西藏自治区文物管理委员会编：《西藏岩画艺术》，四川人民出版社1994年版。

[⑤] 西藏自治区文物管理委员会编：《西藏佛教寺院壁画艺术》，四川人民出版社1994年版。

当年一起工作过的同事和领导也有几位已经作古，他们是童明康（曾任国家文物局副局长）、甲央（曾任西藏文化厅副厅长）、索南旺堆（曾任西藏文管会主任）、小尼玛（西藏自治区文管会馆员）、小旺堆（西藏文管会馆员）、康乐（武功县文化馆文物专干）、袁长江（西安市文物考古研究院副研究员），谨以此文纪念那段永生难忘的岁月。

（作者系陕西省考古研究院原研究员，副院长）

我所参与的"第三次全国文物普查"

○张　程

人生如逆旅,我亦是行人。在充满曲折与美好的旅程中,每一段经历都值得被珍藏和去回忆。恰如一个个精心编织的故事,藏在心底,等待着被重新唤醒。也许有人会说:"不是都过去了吗?"其实过去的只是时间。"忆往昔峥嵘岁月稠",每个人都有雄姿英发的过去,其中的苦辣酸甜经过发酵慢慢沉淀。有些经历是必须回忆,必须纪念的,它们挥之不去,让人魂牵梦绕,也许再过5年、10年、20年,我还是会想起,想起属于自己的"第三次全国文物普查"记忆。

扶风篇

扶风县的文物普查工作自 2009 年 3 月 19 日开始,至 4 月 15 日结束,田野调查用时 28 天。

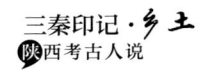

启动仪式

此次文物普查于2008年4月8日在眉县正式启动，在近一年的时间里，全体普查队员时刻不忘文物人的初心，不畏严寒酷暑，跋山涉水，寻访乡里，扎根田野，取得1个良好、5个优秀的佳绩。2009年春分之际，普查队转战宝鸡渭北第二个平原县扶风。

此前在2008年3月19日上午，扶风县政府在老县城龙源宾馆召开第三次全国文物普查动员大会，部署文物普查田野调查工作。会上县政府与各乡镇签订了文物普查责任书。县相关单位、各乡镇主管领导、文化专干、普查队员90余人参加了动员大会，并将大会实况通过电视向全县转播，为文物普查营造舆论氛围。

扶风县文化文物局对这次文物普查工作十分重视，先期准备工作做得很充分。在动员大会前就将《中国文物地图集》《扶风县志》中与普查有关的章节编选出来复印装订成册，并提供了《天南海北扶风人》《扶风古今人才辑录》等资料，还购置了文具，下发给每个普查组，为普查工作提供了充分的保障。在整个普查过程中，做到了"四个到位"——保障到位，关心到位，配合到位，群众支持到位。

老搭档与年轻的文化专干

普查队遵循以年轻力量为骨干，按照"熟悉业务、精通技术、新老结合、以老带新"的组队原则,在每个县区重新分组调配人员,让队员间互相磨合适应,熟悉田野调查、资料整理等各项工作。

我所在的第三组负责绛帐、上宋两个乡镇的调查工作,另外两名成员是组长汪玉堂(扶风县博物馆副馆长)、组员王周虎(陇县博物馆退休馆员)。2007年9月我与汪馆长在咸阳三原试点相识并熟悉,在麟游普查时我们也分在一组。我和王周虎老师在渭滨的西山也曾搭档过。汪馆长外冷内热,王周虎老师幽默风趣,我们三人在工作上互助互补,在生活中也相处融洽。

进驻绛帐后,为了确保普查工作顺利开展,镇政府安排文化专干徐文静来协助我们。她同我年龄相仿,一毕业就投身于工作。作为土生土长的绛帐人,较熟悉各村情况。她不仅跟随我们在田间地头奔走,还动员自己父亲用私家车帮助我们前往偏远的文物点。这是第一次有乡镇文化专干全程参与普查工作,在工作过程中我们对这位年轻的姑娘印象深刻。

东作小学与难忘的午餐

关中人祖辈在黄土地耕耘繁衍,深厚的黄土保障着人们的衣食吃住。过去西府地方盖房、圈墙,都从打墙开始,打即"夯",这种夹土夯筑的方式沿袭千年。改革开放后,农村的建房材料才逐渐被砖头、钢筋、水泥替代。头一次见到东作小学就被其独特的建筑结构吸引,坚固的土打墙与挺立的青砖门楼,环抱着拔地而起的崭新教学楼,走进院内依然可见沿用至今的辘轳井和铁丝悬吊的招呼铃。这所普通小学展现着昨天与今天的奇妙结合,稚嫩的朗朗读书声声声入耳,一切都是那么和谐。

从校园转出,早上吃的方便泡面已消化殆尽,渐觉疲累,离驻地太远,返回吃饭显然不可能,只能就地解决。王老师提议买些鸡蛋到村民家里搭伙做着吃,适当支付些加工费。于是我们直奔附近的养鸡场,怎奈鸡蛋被代销点收购一空,好在代销点也不远,我们前往购得2斤鸡蛋、8根"麻糖"(麻花)及1袋面包。在铁路边寻了一户农家,老太倚门而坐,身体硬朗,得知我们的来意后便嘱咐孙媳妇回屋做饭。约莫一支烟的工夫,给我们端来一盘韭菜炒鸡蛋、三碗苜蓿荷包蛋汤。我们边吃饭边与老人拉起家常,她念叨起家中离乡务工的子弟,感叹出门在外的艰辛。由于老人坚持拒收加工费,临走时我们将还未打开的面包赠予她,祝愿她健康长寿。

普查感悟

普查工作充满挑战与乐趣,一位考古学家曾说过:"长期的野外工作,虽然艰苦,却能踏遍千山,饱览古迹,与朋友切磋,得天地琢磨。或晴川历历,指点河山;或深谷密林,徒步穿越。地摊吃饭,可以遇美味;小店夜宿,可以赏明月。山高水远,访贤问老;大河深沟,面壁思索。东顾西盼,途中小有发现,则沾沾自喜;拔草寻碑,倘或微有收获，则乐不可支。捡到一块陶片，如遇金砖；峰回路转，忽见桃花烂漫；薄汗粘衣，恰来清风吹拂。野外工作中的诸多趣味，难以言表。"以上这段话也是每位普查队员的真实写照。此番经历，如酿酒，须付出千百倍的努力才能将其催化发酵，蒸腾之后终于获得美酒，先苦后甘方能韵味悠长；此番历练，如修行，不为俗尘繁华所动，远离喧嚣，路漫漫唯有上下求索才能感悟真谛。在此过程中，我们用双眼观察过去、用双手记录今天、用双脚丈量未来，在扶风这片厚重的沃土上留下文物人的"三普"印记。

麟游县篇

麟游县的普查工作自 2008 年 9 月 8 日开始至 10 月 12 日结束，历时 30 多天。

出发前的小状况

基于眉县普查工作的实践，所有队员总结了经验教训，转战麟游时大家都有了几分底气。"省表"与"国表"之争也有了定论，我们不再使用烦琐的表格文档，而是在"三普国表"软件系统中直接填写数据，按照配套的操作手册做到标准统一。

9 月 9 日，天上飘起了小雨，经过眉县的奔波，"战骑"（队员对自行车的爱称）都状态不佳，加上转运时长途颠簸，有的轮胎泄气，有的车篷有些散架，不够板正。麟游县博物馆刘麟书记找来了维修师傅，我们冒雨在麟游县博物馆院中整备车辆，由于时间紧迫，大家还是决定按计划分组出发。

普查队按照业务能力，采以新老结合、以老带新、年轻力量为主的原则，进行了重新分组。原定我们小组组长是杨水田（曾就职于周原博物馆，现已退休）。后因故更换为汪玉堂（扶风县博物馆，时任副馆长），而此时汪馆长已经奔赴所属乡镇。我与刘军户在麟游县招待所待其返回，耽误了一晚，所以我们是各小组中最后一个出发的。因为工作乡镇偏远，队里安排皮卡车将我们送至河西乡。

长途加漫游的话费

进入河西乡时我就注意到，手机收到了一条提示短信："欢迎来到飞天的故乡，甘肃欢迎您！……"当时也没有多想，只觉得我们尚处陕西境内，甘肃移动过于好客了。可后面的4至5天内，我们三人的手机却陆续欠费停机，通信不畅给普查工作造成了严重不便。依稀记得汪馆长欠费最多，欠了100多元，我欠了76元。在河西乡没办法给手机充话费，只能拜托远在县城的熟人补缴欠款。后来才知道，麟游的河西乡因与甘肃灵台接壤，完全依赖甘肃境内的通信基站保障通信。河西乡的人都用甘肃的电话号码，我们在这里打电话是按长途外加漫游的标准支付话费的。

珍贵的一桶水

河西乡缺水的事一开始我们是不知道的。入驻河西乡后,乡上的干部就近安排我们租住在兰堡子村一住户家中。虽然院子中间接有自来水管,但房东却提来一桶水让我们用。我们也没多想,当天晚上三人洗漱后,便用剩余的水冲洗了陶片。第二天再回驻地,拧开水龙头,却发现没有一滴水,看样子,这里已经长时间没通过水了。还未意识到问题严重性的我们便向房东要水,房东却有些不高兴,告诉我们因自来水管尚未接通,他们要定期下到村东很远的沟底去运水,头天给提来的一桶水起码要用两三天,更不能理解我们用水来清洗捡拾的"瓦渣片"的做法。我们向房东讲明文物普查工作的目的后,又讨得半桶水。自此在河西普查期间,我们始终坚持节约用水,采集的陶片以及换下的衣服都转移至崔木镇后才做清洗。后来我们了解到相邻的阁头寺、丈八乡也有用水困难的情况。

奔走于新西兰,就食于甘肃

在河西乡吃饭也是一个难题。得益于新西(安)兰(州)公路的建成通车,河西乡政府对面设立了一个招呼站。由于通行班车稀少,当地一村民便将小吃摊开在招呼站内,为了遮风挡雨还沿着场站外沿搭了棚,因陋就简的条件下,很难做到干净卫生,加上来往食客不

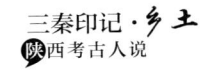

多，养成了店主"豪横"的作风。削筋面煮得夹生不说，还要提前预约，过时不候。汪馆长善意提醒了几句，谁知彪悍的老板娘便停火歇工，当场让我们到别处就食。无奈之下，经当地村民指点，我们沿新西兰公路向北骑行了十余里，到达甘肃灵台邵寨镇。一过陕甘地界，地形豁然开朗，邵寨镇两条十字街道店铺林立，甚至还有一家网吧。我们随便寻了一家饭店，买了五块钱一大碗的鸡蛋西红柿烩面片，美味至极。返回前又补充了两条兰州香烟，采购了一整箱桶装方便面、糕点、火腿肠等，靠着它们完成了河西的普查工作。

特色旅社

至洪泉乡后，经村民介绍，我们投宿于洪泉乡唯一的旅社，此间旅社有且仅有一间客房。据老板介绍旅社客房曾是乡供销社的一部分，由于长期没有人住，已经成为仓库。推开摇摇欲坠的门，浓重的霉味扑面而来，房内西侧靠墙堆满了玉米。东侧垒砌有"锅连炕"，炕已经塌了，其西侧支着双人床板。由于房内狭小，为了安置我，房东又寻来一块门板搭在锅台上，与条凳撑起一张简易床，睡在上面还算安稳。房内吊顶正中有一灯头，装上灯泡后房间明亮起来。房间内的墙壁上贴满了发黄的报纸，新奇之余我饶有兴趣地阅读起来。最早的报纸是20世纪70年代的，有《人民日报》《光明日报》以及地方报纸等。门外有挂锁，所以晚上睡觉门是锁不上的，只能用木棍在房内顶着。

房顶铺设有彩色塑料布,天黑以后,房顶以及土坯墙内便热闹起来,成为老鼠的天堂。塑料布上的老鼠欢快地蹦来跑去,动静很大,我们调侃说这是老鼠出来上操了。记得有一次我正在睡觉,突然感到有东西砸在身上,惊醒之余打开手电,发现一只硕大的老鼠从房顶掉了下来,迅速钻进坍塌的土炕内逃之夭夭。被褥返潮,跳蚤也异常多,每晚我都被咬得不能安然入睡。

尽管条件艰苦,但是也有许多乐趣。在洪泉乡见识到了当地孩子们念叨许久的"百人大集",也吃上了特产"血条面"。

自行车变成过山车

河西乡、洪泉乡、崔木镇位于麟游县的东北,东与咸阳彬县、永寿县相接,北与甘肃灵台邵寨镇交界。三个乡镇面积较大,约占麟游县域面积的五分之一。普查区域地理环境特殊,河谷夹道、残塬纵横,自行车在这里"水土不服"。因为生产生活用水均源自谷底或沟底,因此旧有村落及文物遗迹往往也在这些区域。骑车爬坡下沟是不切实际的,在泥泞坑洼的便道上只能推着自行车前行,一走就是十几里。山路两侧灌木密集,上面有许多枣刺,导致轮胎频繁被扎,遇到河流险阻或车辆损坏,只能让"车骑人",在麟游,自行车逐渐成为队员的累赘。

由河西乡"转战"崔木镇时,我们三人沿着新西兰公路一路向南,上坡推得忧愁,下坡滑得畅快。频繁的刹车导致我骑的弯梁自行车上的制动鼓与摩擦片过热，发出煳味，而汪馆长与刘军户的山地车却没有这种情况。汪馆长执意与我换车，说他要享受下坡的速度与激情，展示脚蹬轮圈的"脚刹"技艺。我拗不过他，只能与刘军户在后面望着他风驰电掣的背影大声呼喊。骑了数公里的下坡路，橡胶鞋底都被磨下去了许多。历时3个多小时"过山车式的骑行"，我们平安抵达26公里外的崔木镇。

可爱的人

在麟游县的普查经历对我个人来说是次难得的历练！艰苦的条件，让我体会到了基层工作的困难和不易，以及文物工作者的责任和良心。普查队的同仁爱岗敬业、无私奉献、忘我工作的精神也在潜移默化地感染着当地百姓，使他们自觉地加入了当地的文保工作中。

在河西乡普化村，三位老大娘得知我们在做文物调查，不仅提来开水，还给我们包里塞进自家的梨让我们在路上解渴。在崔木镇花园村，一位老大爷主动给我们提供存车的方便，待我们结束工作返回时，又端上一盘苹果和核桃招待我们。在洪泉乡的南对落沟、沟沟村，一位老汉与上中学的孙子，主动引领我们到达目的地。像这样的事例还有很多。可惜由于时间仓促，我当时没能记住他们的名字。但是，山里人特有的那种质朴、善良的品质，却深深烙在了我心里。

他们是贫困的，也是平凡的，更是可敬的！麟游县文物普查的功绩簿上，应当有这些父老乡亲的姓名。

太白篇

太白县、凤县的田野调查工作自 2009 年 6 月 14 日开始至 7 月 29 日结束，其中太白县的调查用时 19 天，凤县的调查用时 26 天。

青山绿水红衫军

随着凤翔、扶风、岐山三个平原县区田野调查工作的圆满结束，宝鸡的文物普查进度已完成 70%。进入麦收时节，气候逐渐炎热，在高强度的田野调查工作中，大家都身心疲惫，期盼着休整，但为了确保普查工作按时完成，所有队员依然坚守在田野一线。

结合夏季气候及队伍整体状态，经普查办研究，将普查工作的地方定为秦岭山区的太白县、凤县。一是因为这两个县区文物遗迹数量少，二是因为山区气候相对凉爽，三是因为这两处地点受麦收影响较小。

2009 年 6 月 14 日普查队转战太白县，7 月 2 日在完成该县的工作后，普查队放弃休整，直接乘车奔赴凤县，至 7 月 29 日凤县田野调查结束，普查队连续奋战了 45 天。在太白县、凤县普查期间，每个队员都穿着配发的醒目的红色短袖，成为在崇山峻岭、茂林松柏间奔走着的"红衫军"。

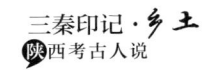

山区县的新形势

太白县、凤县地处秦岭腹地,山势险峻,层峦叠嶂,河谷幽深,水系纵横。随着退耕还林,移民搬迁,许多文物点湮没于深山茂林中。进入夏季,毒虫蛇蝎活动频繁,密林如被,绿草似毯,我们手握开山柴刀也劈砍不出通道,只能硬着头皮往里"钻",遭蚊虫叮咬、被荆棘刮伤都是家常便饭。特殊的自然环境给普查工作带来极大的困难。为了确保人员安全,普查队特别强调三点:一是外出调查必须集体行动;二是严禁下河游泳;三是防止毒蛇咬伤、植物中毒。

在太白县集中后,我所在的小组负责高龙、桃川两个乡镇的调查工作,另外两名成员为组长刘怀军(曾就职于眉县博物馆,已退休),组员屈光辉(曾就职于宝鸡青铜器博物院,已退休)。转战凤县又将杨富科(曾就职于宝鸡市考古研究所,已退休)派至我们组,负责唐藏、双石铺两个乡镇的普查工作。组长刘怀军当时已过知天命之年,为人幽默风趣,专业知识扎实;屈光辉老师工作认真,待人热情。在太白县、凤县普查期间几位老师对我十分照顾。

难忘的一夜

太白县的高龙乡由原高码头、龙窝两个乡合并而成。转点至高龙乡后,我们组经乡政府安排租住在附近村民家中。主家将前院闲置的三间瓦房让于我们。房内较为敞亮，但因许久无人居住，正厅桌子及地面上落着厚厚的尘土，房顶墙角蛛网密布，东西两厢的窗户少了几块玻璃。为防蚊虫侵扰，我们讨得几张报纸将其糊上，简单打扫后，我与刘怀军老师在东厢房用两条凳支起双人床板，潦草地铺了薄毯，便可凑合着休息。屈光辉老师喜欢安静，平日睡得浅，独居于西厢房。

白天在林谷中钻爬，汗水已凝结成盐粒儿，浑身黏稠难耐，好在小院距箭沟河不远，河水通透清凉，取来脸盆在河边简单擦洗后，顿觉神清气爽。回房后刘怀军老师靠在床上很快就睡着了，我打开电脑整理前些天的调查资料。约莫晚间 10 点，突然停电了，我索性也和衣而卧侧身躺倒在床边。后半夜山间起了风，吹得窗户哗啦啦响。或许是闷热的天气让人心神不宁，口干舌燥，我始终无法入睡，而身旁的刘老师已鼾声阵阵。

不知过了多久，我隐约听见刘老师呜咽着，鼾声也戛然而止，如同口鼻被堵住了一般。我起身摇晃着他的肩头，想提醒他躺平以保持呼吸的顺畅。刘老师抿嘴说着含糊的言语，我一时也听不清楚。猛然间其双眼圆瞪，大叫一声，那声音穿透夜空，回荡在寂静的山谷，惊得人汗毛直立，脊背发凉。接着他将我扑倒，张口就咬，我抬起左臂推挡。"哎呀！"我只觉得手掌钻心地疼，他分明是在咬我的左手，接着他如泄了气般瘫软在床。

他突如其来的行为让我大脑一片空白，突然这时听到"嘭"的一声！屈光辉老师打着手电，将房门踢开，喊了一句："发生了什么事儿?"我定了定神,将刘怀军摇醒,此时的他已被虚汗浸透,哆嗦着缓缓解释自己刚才做的噩梦。梦中有似狼一样的野兽在追逐撕咬他,他惊惧地挣扎呼喊,然后就醒了。等他缓了许久,我抬起渗出血的左手说:"刘老师,不是有东西咬你,而是你咬了我。"借着手电和笔记本电脑屏幕的亮光,我们仨盘坐在一起,有一句没一句说着些闲话。坚持到天刚擦亮,便起身收拾行李,与主家告辞,临走时将所带的吃食和钱物留给了那户人家。

普查期中总会发生些逸事,让人难以忘却。

密林中的石头城

关中地区的寨堡常用黄土夯筑而成,此种建筑方式已沿袭千年。秦岭山区石料多,缺少黄土。在桃川路平沟以南的深谷中,就隐匿着一座石头寨堡,当地人称其为"石头城"。头一次见到石头垒砌的寨堡,便被其独特的形制所吸引。灰白色的墙体环抱一捧绿色拔地而起,在晨曦的映衬下气势壮观。石头城依地势而建,平面呈长方形,北墙辟设门道方便人们出入。在寨堡内东北、西北角垒砌有登城的踏步,寨墙顶上可以并行3—4人。斑驳的苔藓附着在墙体上,诉说着往日的辉煌,但即便是如此规模的石头城也抵挡不住岁月侵蚀,逐渐被湮没于深山密林中。

在山里的收获

山区普查沿途不乏美味野果，如草莓、樱桃、五味子等。野生草莓主要生长在山间草地或是沟边林下，个头虽小，味道却非常甜，远胜温室大棚中的牛奶草莓，成熟后老远就能闻到其果香。野生草莓的藤蔓与人工栽培草莓没区别，但是果肉颜色有红色、淡黄色、白色等多种。

野樱桃因味道略带苦涩，也被称为"苦樱桃"，一簇簇挂在枝梢，颗颗晶莹剔透，闪着诱人的光。随手撸一把塞进嘴里，能解渴提神。野五味子成熟后呈紫红色或暗红色，果肉常常与籽贴在一起，不易分离。皮略厚，果肉微甜，咬一口就能尝到五种滋味，因此叫"五味子"。

古人以"五行"定义万物根本，以"五色"调和绚丽色彩，以"五音"协奏钟律雅乐，以"五味"体现百态人生。普查经历恰如山间的"五味子"，外表光鲜亮丽，细细品尝则可尝出其中的酸甜苦辣咸，每种味道都蕴含着艰辛，缺少任何一味都觉遗憾。人生的漫漫长路，高低起伏，曲折悠长，我们在乎的不应是目的地，而是沿途的风景。哪有什么岁月静好，靠的是我们不断艰苦奋斗，砥砺前行。正如普查队的队训"读万卷书，行万里路"。所谓：踏遍青山人未老，风景这边独好！

（作者系宝鸡市考古研究所副所长）

知识链接

2007年4月,国务院下发《关于第三次全国文物普查的通知》,在"十一五"期间全面部署第三次全国文物普查工作。陕西省随之启动此项工作。经过近5年的努力,陕西省文物工作者踏遍全省1747个乡镇(街办)、31197个行政村、1989个居委会,总行程达60多万千米,共调查对象52842处,实地文物调查覆盖率达到100%。

穿越太白山
——第三次全国文物普查太白山文物普查记
○辛怡华

太白山文物普查从 2008 年 7 月 19 日清晨开始，到 7 月 22 日下午 5 时许我们终于到达眉县营头蒿坪寺，与前来接应的队员会合，历时四天三晚，顺利完成了太白山文物普查。工作期间，蹚过冰山遗迹的"石头河"、爬上 3771.2 米高的太白山主峰拔仙台，冒雨闯过太白县、眉县交界处的原始森林，克服了缺氧、高山反应，冒着被泥石流吞噬和被羚牛攻击的危险，历经了借宿于大爷海、大文公庙、平安寺的艰险……

一

太白山位于秦岭深处的陕西省眉县、太白县、周至县交界处，是

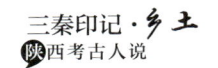

登山前留念

中国大陆东部的第一高山。传说因金星之精坠落于终南山之西，才有了太白山这个名字。《水经注》云："汉武帝时，已有太白山神祠，其神名谷春，是列仙传中人。"李白《古风五十九首·其五》中有："太白何苍苍，星辰上森列。去天三百里，邈尔与世绝。"韩愈《南山》诗云："西南雄太白，突起莫间簉。"太白山因暖温带、温带、寒温带和寒带气候的垂直分布，生物类群复杂而丰富。同时地质、地貌复杂，低山区是被黄土覆盖的石质山；中山区奇峰林立，怪石嶙岣，千姿百态；高山区是遗留下来的第四纪冰川地貌冰斗、角峰、槽谷及冰碛堤等。残留的古冰川遗迹对研究气候、地质的变化均具重要意义。

　　太白山因独特的地质、地貌，如诗似画的风景，丰富的动植物种群,成为人们户外活动的首选之地,每年 5—10 月是太白山旅游、探险的黄金季节。

19 日正好是星期六,因此山上的人很多,人们背着大包小包,旅游的、探险的、上山的、下山的,匆匆而过。据说太白山上的植物只有在每年阴历六月才有 20 多天的生长期,那时低矮的野花绿草铺满山脊,是它一年中最美丽的时候,我们正巧赶上了这个时候。有人说那些石海有几千万年了,牛头大的,磨盘大的,见棱见角地拥在一起,青黑的、灰白的,互相挨挤着、叠压着,占着一片片山脊。跑马梁的山脊弯成一张满弓,旁边的山坡上石海奔腾而下,有几堆大石头在山顶簇拥成城堡,近处的山又被自然削成了石墙。大爷海、二爷海、三爷海似一颗颗蓝色宝石镶嵌在拔仙台周围,又像一面面明镜映照着太白山迷人的身姿。在云端,太白山卸去了绿树繁花,褪去了人间富贵,山峦间只有亘古的幽静。我们头顶是低垂的流云,往左右能看出去十里八里,太白山的峰峦就矗立在这高高的、扁扁的空间里。四周崩塌、风化的石山,褐灰色的石砾,苍苍茫茫,陪伴着近处的冰斗湖,而冰斗湖是那样冷静、沉寂、透彻。

二

顺利完成拔仙台、大爷海周围文物点的普查后,我们于 20 日下午 6 时许返回预定的大文公庙,借宿在临时性的商业旅馆中,吃上了两天以来唯一一顿有盐有醋的汤面条,可惜每人只有一碗。钱在这里

静静的大爷海

不是万能的。因为海拔高，这里的气压、能源、原料都比金子还珍贵。20日深夜暴雨、狂风忽至，在外面搭帐而睡的驴友们个个像落汤鸡一样，拥进临时旅馆。

21日早晨雨继续下，没有一丝要停的意思。大家收拾好，走出临时旅馆，这时雨大了，风也起来了，群山都被笼罩在雾霭之中，只能看见延伸到云雾里的蜿蜒的山路。在我们打算上路之时，驴友劝告我们说："你们不是开玩笑吧？前天、昨天我刚从营头这一路上来，那里可是无人区啊，原始森林里道路艰险，你们就凭借这装备要冒雨走这条路？干公家事也不能玩命呀！"从大文公庙下山的路有两条，一条是旅游线，就是来时的路，其穿越石海（四十里胡基地），经上板寺通往山下，游人多，安全；另一条穿过太白县、眉县交界处的原始森林，经过放羊寺、明心寺、平安寺。我们可在平安寺宿营，第二天继续下行，途经斗母宫、六台山、菩萨大殿、骆驼树、上白云寺、下白云寺、中山寺、刘家崖，到营头蒿坪寺。我们的装备是：每人一双迷彩防滑胶鞋，一对护膝，一件雨衣和一些干粮、水、榨菜，加上GPS（全球定位系统）、照相机、手铲等。

怎么办？不能站在雨地里商量，我们只好又回到大文公庙。刘军社队长说，计划没有变化快，如果我们来旅游，遇到这样的天气，只好放弃营头这条路，但文物普查是我们的工作，所以我们必须走这条路。最后大家决定兵分两路，一队身强力壮者，沿途进行文物点复查工作，其余人从上山的路原路返回。我们让大家自愿报名，结果没有一人要求走原路。

在我们离开大文公庙后，雨忽然大了，雾气笼罩了群山，风裹着雨，打在我们脸上，冰凉冰凉的，当时虽值盛夏，却让人有深秋之感。我们一队人马卷着普查大旗，沿着蜿蜒的山径，磕磕绊绊地向云雾中走去。要从大文公庙到即将借宿的平安寺，据向导说要经过70里的原始森林；从平安寺到蒿坪寺有80里路，上五道岭，下五道坡。这就是我们两天要走的路程。别人怎么想我不知道，我当时在心里问：我们所有人都能平安下山吗？

三

  从大文公庙到平安寺的路虽说是下山的路，却一会向上，一会向下，非常难走。被泥石流推倒的大树横在山路上，有时要走过乱石，防滑的胶鞋在这种场合就成了滑冰鞋，我们只能手脚并用；通过悬崖陡壁上凿出的路时，如同悬空走钢丝，加上雨天石崖长出了青苔，极为光滑，稍不留神，就可能告别普查。GPS 信号时有时无，手机成了摆设。

  这一路寺庙多，虽说叫寺，其实大多是用不规则的天然石头砌成的简陋房屋或天然石洞。这些寺庙一律建在登太白山的唯一孔道边，而这条路恰好就是眉县、太白的边界线。据说这是一条古道，何时由何人开创已无从考证了。这一路上的寺庙早先还有香火，如今只剩残垣断壁、朽椽破磬了。

  平安寺以上，大文公庙以下，比较有名的还有放羊寺、明心寺等寺庙，它们的位置都在海拔 2800 米以上，处于深山峻岭之中，大都靠崖临壑，处在进山小路旁。放羊寺位于大文公庙与明心寺之间的盘山路上，遗址内的建筑物已经全部毁坏，仅残留有块石堆砌的庙宇残墙和少量的木质构件。平安寺遗址位于斗母宫与明心寺之间的盘山路上，遗址内的建筑物已经全部毁坏，唯留块石堆砌的庙宇残墙和少量的断椽碎瓦。近年来人们在遗址旁一侧新修了一座庙宇，附近少有人烟，只在每年 5 月至 10 月的旅游季节有探险旅游者在此宿营。新

队员穿越原始森林

建的平安寺是我们准备借宿之地。

我们共有四个向导,他们分工交替工作。走了 70 多里的路程后,海拔高度从 3500 米降至 2800 多米。天黑前大家都平安抵达了平安寺,现在我们才体会到寺名的深意。我们的衣服特别是裤子从脚跟湿到大腿,鞋里早就全是泥了。从早晨到现在,我们步履不停,在风雨中连续走了十个多小时。也不知道这一天是怎样过来的,山是如何翻的,崖是如何攀的,沟是怎样跳的。此时,不由得想起鲁迅先生的话:时间就如同海绵里的水,你若是挤,它总会有的。我认为:人是有潜力的,你若挖掘,总会有惊喜的。

四

从眉县营头镇、太白县鹦鸽镇登太白山的两条道在平安寺会合，这里如同交通枢纽，位置十分重要。平安寺也是方圆几十里唯一一个有道士看守的寺庙。但道士也如同候鸟一般，只在5—10月登山旺季在这里，其他时间不知云游何处。新建的平安寺坐南朝北，屋顶上的荒草如同人工种植的一样。四面的围墙是夯土墙，表面粗陋不堪，房内阴湿昏暗。寺庙没有隔墙，三间相通，东边一间上方棚有木板，为临时床铺，下方靠窗户一侧是道士的火炕，内侧是用四根木棍支起的床铺，可供游人借宿，算寺里最好的床位。中间一间靠南一侧上方棚有木板，下方供奉着神灵的牌位。西间靠南墙处是道士的灶台。整个房间经烟熏火燎，就像涂过黑漆一般，房里没有电灯，点着油灯。我们普查队员中的一部分在东侧楼上的床铺上休息，所谓的床铺，就是通铺。木楼板上铺着褥子，高低不平，上面翻身时，尘土唰唰往下掉，占据楼下床铺的驴友不知吃了多少口土，在下面不时大声抗议。

前半夜来了六七位登山者，他们披挂整齐，带有户外帐篷，原来打算在外露宿，不料遇到这样的天气，便也挤进庙里，不由分说登上东侧木板，从我们的头顶踩过，径直走到中间，撑起帐篷迅速钻了进去，动作老练至极。屋梁被压得嘎吱嘎吱响，整个房屋似乎都在晃动。我们普查队一行20多人，加上早先到达的登山者，及半夜赶到的这些人，屋里一共容纳了将近40人。小小的山寺，楼上、楼下、炕上、床上、神龛前、灶台上、大门外都是人。那时地震刚过不久，人们心神未安，都担心这样的房子被如此折腾，能受得了吗？在屋里烤火，熏得人睁不开眼睛，在楼上休息更是苦不堪言，为了不影响别人休息，我们便把火移到了屋檐下。不一会儿，屋里鼾声四起，我们围在门外房檐下的篝火旁等着天亮。道士以封山育林为借口，说柴火紧缺，几次阻止我们烤火。但我们的衣服虽然烤干了，鞋子还是湿的，天气也冷，没有火就像没有依靠一样。况且我们已交了住宿费，房子里又住不下，房檐下又冷又潮湿，不烤火能扛到天亮吗？我们就这样一边烤，一边聊，天上、地下，东、西、南、北，中、外、古、今。烤前胸，凉后背，烤后背，冷前胸，屁股坐疼了就站起来，不知不觉，一根废弃檩条居然给烧没了。凌晨四五点钟时，一觉醒来的队员主动要求换我们去睡觉，也好，可以躺一会儿。我不知躺在谁刚才睡过的地方，还有余热，比门外舒服多了。虽然睡觉的地方一侧高一侧低，但我还是很快就睡着了。

五

烤火的队友们烤好了大饼，我们起床后吃了早点就准备出发。所谓的早点就是随身带的干粮、纯净水，榨菜早就被吃完了。经计算口粮还算充足，也就不限量了，可惜大家都没有胃口。火烤的大饼似乎不错，只是开水供不应求，洗脸根本就没有可能。下楼后我觉得什么也看不清，才发现自己没有戴眼镜，也记不清昨晚睡觉时有没有把它摘下。于是热心的同伴打着手电登上木板"翻箱倒柜",把被子、褥子齐齐翻了一遍,也未发现眼镜。完了,在这样的天气里不戴眼镜下山,就如同爬山不穿鞋子一样。正当我心里嘀咕时,忽然一个东西掉到了地上,捡起一看,嘿,这不是我的眼镜吗?真应了那句话——踏破铁鞋无觅处,得来全不费工夫。

今天的山路有 80 里,据说没有昨天的路险峻,但因为路上泥土多,所以特别滑。虽然路途比昨天的长,但一想到马上就能回到山下,情绪竟然比昨天离开大文公庙时好多了。22 日下午 5 时许,我们一行 20 多人在完成对文物点的普查后,与四名向导平安陆续抵达蒿坪寺,接应我们的车早早就停在了那里。我们心里顿时轻松了,伴随我一路的拐杖,被我顺手扔掉,我把雨衣送给了向导。一路辛苦自不必多言,有的队员雨衣已经"千疮百孔",惨不忍睹。刘军社队长因人高马大,脚趾不堪重负,一大拇指甲脱落,两天路途之艰险可见一斑。唯一让我后悔的一点是当初没有把那根一路上和我"同甘共苦"的拐杖带回来,不仅可以留作纪念,而且听说那可是太白山上特有的"降龙木"啊。

(作者系宝鸡市考古研究所研究馆员)

长城—清平堡遗址

——民族融合发展的历史见证

○于春雷

我主持了清平堡遗址的考古发掘工作,在此分享自己对该遗址的考古过程与对这一考古发现的认识。

清平堡遗址在靖边县东门沟村,该村位于毛乌素沙漠东南边缘,周边是一片黄沙,堡内地势北高南低,北部高耸的部分是一处黄土梁,南部较低平的部分则是沙漠,只有堡墙的顶部还暴露在外,依稀可见清平堡的轮廓。

选址

清平堡位于这一黄沙弥漫的区域,而不是在水资源丰富且适合农耕的杨桥畔,或是更东侧的黄土区域,其选址恰体现了明朝修筑长

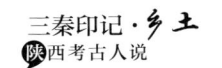

城时的考量。元明鼎革，北元势力移至阴山以北，明朝遂在北方沿边设置了一些列卫所，其中东胜卫即用于固守河套一带。但由于河套地区地貌以沙漠为主，不宜农耕，致使东胜卫孤远难守，于永乐初撤销。此外，由于河套地区人烟稀少，基本不用驻防，只需定期巡防即可，蒙古部族趁机悄悄渡河入套，驻牧其中，所以明军"后多失利，退而守河，又退而守边墙"（〔明〕魏焕《论边墙》）。明朝退守边墙之初主要利用前朝修建在沙漠南缘的一系列城堡进行防守，以控厄主要通道。这样的城堡共有21座，分属于延安、绥德两卫，并组成一个军镇，称为延绥镇。

正统初年，延绥镇的边防设施曾有一次较大规模的规划和建设。当时明朝廷认为军民在外耕种放牧会招引蒙古部落的掳掠，当营堡驻军收到消息调兵策应时，蒙古部落人群俱已出境，这就是农耕文明面对游牧文明时的无奈之处。所以应对方式就是在营堡一线以北二三十里外筑瞭望墩台，营堡以南二三十里内植种田界石，规定军民不得越界耕垦，禁止北侧蒙古部落人群与南侧农耕人群接触了解。后来成化年间，进一步加强这种控制，余子俊沿墩台一线修筑大边，主要是连绵的墙体；并"依界石一带山势，随其曲折，铲削如城"（《明实录·宪宗实录》卷102），是为二边。大边与二边组成夹墙，横截河套之口。

延绥镇这样的构架机制，说明了明朝当时对边境地区的政策目的在于维护边境地区的安宁和平。以军事手段将两类人群分隔开，使其互不相见，以弥乱息争，可谓釜底抽薪。

清平堡西侧 10 千米处的大边呈南北一线分布，东侧二边沿营堡东侧的东门沟分布。清平堡控扼东西的交通，向西沿东门沟通芦河可通往毛乌素沙漠，向东至大理河上游可直通绥德卫。清平堡屯田的区域都是位于东门沟以东的黄土区域，即二边的东侧，对于西侧杨桥畔一带土肥水美的地方则并没有开垦。现在清平堡南侧的沟道还有两座明代的砖拱桥，在当时，为屯驻士兵进行耕垦活动时所用。

一号古桥

营建

据考古发掘出土的遗物判断，清平堡修建于明成化年间，一些文

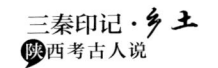

献也可以对此进行佐证，《延绥镇志》记载：成化五年"撤白落城兵守之"。清平堡设在山原，周围凡三里八十四步，楼铺一十三座。清平堡现存堡墙一周，平面略呈长方形，南北长约600米，东西长约300米，城墙周长约1.8千米，占地面积约16万平方千米，堡内面积约14万平方米。堡内高低起伏，为流沙覆盖，北高南低，北侧为土山。

成化初建成之时，清平堡内各类建筑都齐备，有中心楼、城隍庙等，但周围只是一圈夯土城墙，城墙的高度也并不高。在营堡西侧200米处的2号护城墩下，有筑墩取土形成的壕沟，由此推知城墙应是就地取土夯筑。夯土城墙外侧包砖，厚达1米，顶部用三合土防水，厚达0.4米，色白，坚硬如石，这是经过两次增建才形成的。第一次增建的时间是隆庆六年（1572），主要加高了夯土城墙，但具体加高的高度尚不能确认。第二次是万历六年（1578）包砌的，顶部还有"砖砌牌墙垛口"。在此之前应该有夯土的垛墙。包砌用的青砖都是就地烧造的，在清平堡外北侧坡上发现一排3座砖瓦窑，窑门前散落有炉渣和明代残砖。另外在清平堡北侧沟底对岸，也发现有较多的砖瓦窑，现在可确认的有一排5座，据当地村民说，很多砖瓦窑在前几年平整土地的时候已被机械推平。这些砖瓦窑生产的砖就是万历六年被用于包砌堡墙的。在南墙、东墙和北墙各开有一处城门，南门和东门都是砖券拱门，南门外侧还设有瓮城，"重门袭固，奸宄是防"。整个城墙及城门的营建设置，都体现出浓厚的军事色彩。

城堡内中心位置有中心楼一座，在夯土包砖的四方高台下设十字券洞，高台上建二层楼阁，《怀远县志》记载其名称为"玉皇阁"。中心楼处于堡内十字大街中央，正对着东门、南门及相应的东、西、南、北四条大街。这种布局在明代大小城镇中屡见不鲜，但在此前却没有先例。事实上，这种布局受到了市场的影响，四川博物院馆藏的一件画像砖就反映了当时的市场形态。四方的围墙，辟四门，通四街，中央是二层楼阁，悬鼓一面。在山西的明代城镇建筑中，此类中心楼建筑也被称为鼓楼。中心楼建筑的设置，体现出清平堡鲜明的商业属性。

中心楼西北处出土一通石碑和碑首，碑首上镌刻"重修显应宫殿"字样。根据出土碑文，确认该建筑群是一处名为显应宫的城隍庙，始建于成化年间，嘉靖年间重修，万历二十六年（1598），副总兵杜松主持对其进行再次扩建重修。显应宫建筑结构保存完整，由院墙、照壁、大门、戏台、东西两庑、正殿、寝宫等组成，布局呈轴对称，前朝后寝，设照壁，大殿前建戏台，屋顶敷瓦，体现出黄河中下游地区的文化特征。

显应宫房屋顶部均已坍塌，墙体保存较好，残高2—3米。除戏台外，其余房屋内均发现有泥塑造像，共出土33件。出土的造像有城隍、判官、小鬼等形象，与真人等高，造像内部的木骨架基本已经腐朽，但是外部形态及颜色仍然可辨。造像中有23件衣冠风格为明朝中原风格，眼珠取用黑色，有8件为蒙古部落风格，眼珠取用棕色。这种情况反映出在重修者及初建者的主观意识里，明朝和蒙古部落并非敌对关系。

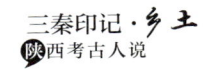

塑像的眼珠

在显应宫大门两侧，各有一人牵一匹马的造像，泥马上鞍鞯齐备，泥人则张口怒目，举首扬鬃，栩栩如生。这泥马的造像也是有传统的，据成书于南宋嘉定四年（1211）的《使金录》记载，"高宗为王尚书云迫以使虏，磁人击毙王云。高宗欲退，无马可乘，神人扶马载之南渡河"。这便是"泥马渡康王"最早的文献记录，后来陆续被《靖炎两朝见闻录》和《大宋宣和遗事》转引，并不断丰富。文献中记载的泥马是崔府君庙里的，崔府君庙一说是显应宫。这一记载表明城隍庙的名称和配置泥马的传统至少在宋代就已经固定下来了。

在堡内还有大量小型房屋，都是当时营堡内的民居，有的是纯粹的生活起居的场所。房子都是小开间，一明两暗格局，内间有火炕，房间外的院子里有磨坊。还有一部分临街的小房子兼作商铺，临街向

城堡内的建筑结构

外的一侧虽然不开门,但依然修建了讲究的三瓣蝉翅步道,步道上的平台处还放置有一块石块,方便小孩子买东西。

营堡内最讲究的建筑就是衙署了,供最高长官使用,《延绥镇志》记载其为参将署。发掘清理的 7 号建筑群就是衙署遗迹,该建筑群的西侧是一处两进的院落,大门在东南,外院有一处带火炕的房子和畜棚。二门在正中,门前设两只石狮,三级踏步,院内铺砖,三间西厢房为磨坊,带火炕,三间东厢房应该是厨房。正房五间七架,小开间,总体宽 11.4 米,是参将起居办公的地方。东侧院落形制与西侧类似,但规格稍低。

民房和衙署的修建及规模配置,体现出中原礼制的风格,也有明

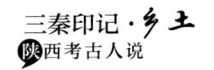

显的当地特色。

使用

　　清平堡是一处军事营堡，堡内居住的主要为军户。明代沿边驻军实行佥妻制度，根据记载，清平堡驻 2200 多名士兵，最多时达 3000 名士兵，人口多达 6000 人，另有骡马近千匹。平时除去驻扎在沿边墩台和护城墩上的士兵（沿边共 31 座墩台，两座护城墩，周边还有数座传递烽火的墩台，每座墩台驻军 5 人，连同其家属，计约 400 人）同在堡内生活的驻军及家属有约 5000 人，另外还有往来经商的人员。在"重修显应宫殿"碑的背面就有商户的题名，明确列出"靖边所生员"有 16 人，"木铎并商人"有 33 人，为"各省客旅并本营堡军余"的有 134 人，还有"住持僧人"1 人，以上人数约占题名总人数的 40%。"闲官""寿官""府下亲丁""府下橡房官舍""中操下标橡舍人""队长"的题名数约占总人数的 30%。余下的人归为"开光施财姓名""功德主""助缘住持道人"和"各项匠役"，人数约占题名总人数的 30%。特别是仅"各省客旅并本营堡军余"类人员，就约占总人数的 27%。"木铎并商人"排序在"闲官""寿官"及"靖边所生员"之后，可见其地位之高。此亦反映出当时在这里活动的人员中有很大一部分为非军事人员，所谓的各省客旅应该也是以经商求利的人员为主。明代实行开中制度，鼓励商人通过向边镇贩卖粮食来换取食盐买卖许可——"盐引"。另根据此前在府谷县木瓜乡发现的一块"阳坬墩石碑"的记载,延绥镇有一部分驻军来自江浙一带,由此推测清平堡内必然有大量从中原地区甚至长江流域来的商人。

显应宫内的造像对不同民族的人有不同的塑造方式,不同之处主要体现在眼睛上,这反映出塑造者明确把握了当时祭拜求神人群的特征,也进一步说明,当时在显应宫内参与宗教活动的人员不仅有明朝的军民,还有大量蒙古部落人群。在"重修显应宫殿"碑的背面题名中有一人名为"火力赤",归入"府下亲丁"一类,从名字来看,这明显是一位蒙古部落的人。综合这些资料,可知当时在清平堡内有不少蒙古部落的人在活动,他们和明朝的军民商旅共同使用这座营堡的各类设施,民族间和平交往、交流融合,不存在战争或者对立的情形,也没有人们惯常所认为的敌对不友好之情况。

废弃

清平堡出土的瓷器,时代最晚的就是清代康熙年间的。据此判断,在清代康熙年间之后,就很少有人在清平堡活动了。这里的地形适合东西向通过,西北风在此自由无阻,比在别处吹得更远。正是西北季风从毛乌素带来的沙尘,将清平堡掩埋的。

据文献记载,康熙三十六年(1697)第三次平定噶尔丹叛乱时,康熙皇帝渡过黄河沿明长城西行,曾经在清平堡驻跸一夜。康熙皇帝关于"天下一家"的看法与政策,使得清廷的统治不再依赖长城。所以长城沿线的驻军及营堡都改为普通齐民与行政单位,原来营堡里的驻军数量大大减少。清平堡的所在地归入怀远县（今横山区），原来按时划拨的粮饷虽被取消，并开始履亩征税，但好在人们不用再进行瞭守，甚至战争了。

清平堡作为一个普通的居民点，其最大的缺点就是环境恶劣。清平堡周边黄沙漫漫，不宜发展农耕业，若进行牧业生产，可以放牧的面积太小，载畜量也有限，所能支撑的人口也就更少。风沙是最大的隐患，为谋生产生活，营堡内的居民很快撤离，迁居他处。没有居民进行日常维护，清平堡很快就被风沙淹没，但杜松主持重修的城隍庙还在为周边居民提供宗教活动的场所。斗转星移，多年后，城隍庙也隐入黄沙之下。不过在当地居民的记忆中，城隍庙的影响依然很大，渐渐地，清平庙的名声盖过了清平堡。

风沙淹没了清平堡，一段历史也就被封存在黄沙之下。

发现

数百年来，清平堡没有受到打扰，一直沉睡至公元 2020 年。当地一些村民在取沙修路时，发现了掩埋在黄沙之下的瓷片、砖瓦、彩绘泥塑等文物，立即报告了靖边县文旅局。陕西省考古研究院对该遗址进行了抢救性发掘，鉴于清平堡重要的历史、艺术、科学价值，后转为主动性发掘。

无意的举动惊醒了沉睡多年的清平堡，也为我们揭示了一段在黄沙中湮没已久的历史。清平堡遗址考古发掘的成果，集中反映了当时长城两侧的人群友好相处、全方位交流融合的情况，说明了长城修建的目的在于规范和重塑边境地区的秩序。清平堡的考古发掘与研究阐释，有助于提升长城两侧人群对长城的认同感，从而提升中华民族的凝聚力，进一步铸牢中华民族共同体意识。

（作者系陕西省考古研究院基本建设考古办公室副主任、副研究员）

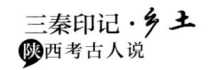

我在西安考古

○张翔宇

转瞬间，在西安考古已20多个年头了，算得上是单位的老人。在西安考古，主打一个字——忙，从冬到夏，从早到晚。然而在这里考古也十分有趣，时不时地，总会有些小发现，甚至大惊喜。

2001年的暑假第一次来西安。那会刚上完研二，因为选择的毕业论文主题是汉墓，但我当时还没见过汉墓，所以导师让我来西安实习，主要是挖汉墓。到西安的那天是7月1日，下了火车我就直奔北郊的考古工地。那是我参与发掘的第一座汉墓，如今只记得北郊的土是真难认，活土、死土都是沙土，当时真是连边都找不到，还好有技工师傅的帮忙，才没有出大丑。

在北郊的工地结束考古后，我去了南郊西安邮电学院的工地，那里发现了好多战国秦墓，还有两座汉墓。我主要参加的是两座汉墓的发掘。这两座汉墓规模庞大，机动三轮车可以直接开下去运土。我们在墓道上发现了一条南北向的石子路，当时虽然困惑，但认为该路应该与大墓关系甚微，记录后便直接将它挖掉了，还好后期全面发掘时，发现那条路是墓园建筑残存的一段散水，幸好没有酿成大错。在工地的那两个月，几乎天天下雨，下挖了不到一米，我便要开学了。

由我负责的第一个考古工地是鱼化寨遗址。之前虽多次参与史前遗址的发掘工作，但都是在老师的指导下进行的，突然单独负责一个大工地，自己还真是不适应，也闹出了不少笑话，甚至犯了不少错。有一次，在清理完表土之后，我们发现了几道整齐而光滑的长条形凹槽，大家都以为是什么重要发现，一位上了年纪的民工看后说那是现代人耕地时留下的犁沟，大家这才恍然大悟。还有一次，由于工地中间有堆土，南北两侧便同时布方发掘，等到中间堆土被运走后，大家才发现南北两侧的探方竟差了一米，虽然在现场大家未必能注意到，可在平面图上这一误差就十分明显。

发掘过程虽然辛苦，但也十分有趣。鱼化寨遗址环壕的发现就是一个例子。最初，我们在二区布了南北向两列探方，在东侧一列探方内的东部发现了一条南北向的灰沟，但只有半个，规模也不大，所以工作人员并没多想。后来由于项目用地的需要，我们的发掘地点就转到了其东南方向的三区，布了东西向两排探方，却套住了一条东西向的灰沟，这才猛然想起它与二区的灰沟应该是相接的，可能是环壕。我们沿着灰沟的走向，在遗址西北部布了一条探沟，以进一步确定它的位置，却意外发现了一条新沟，它与之前的沟显然无法相接，后经勘探调查，它们分别是遗址的内、外环壕。一个大型的双环壕聚落遗址，就是这样意外地被发现的。

西安理工大学西汉壁画墓，是我参与的比较重要的考古发掘，距今已整整二十年，但有些情景还历历在目，仿佛发生在昨天。那是一个下午，我突然接到考古工地工人的电话，说是在墓里发现了壁画，我和程林泉老师便立即前往工地。工地现场的发掘工作已暂停，墓室封门砖上部被盗墓者揭去，露出一个狭小的洞口，壁画就是通过这个洞口发现的。墓室内有堆土，但上部还空着，我自告奋勇地爬进去要先看看。进入洞口后，空间大了许多，人基本上可以半蹲着。借助手电微弱的光，我四处搜寻着，只看见后壁上羽人乘龙，东壁上骑者飞奔，西壁上舞者翩翩，券顶上龙飞鹤翔，在凝固的画面上，我却看到了动态的世界。要不是洞外人招呼，还真忘了自己身在何处。

在壁画墓的考古工作中，让我印象最深的是给壁画拍照。我们请了王保平先生拍照，他白天要上班，拍照工作基本上都是在晚上进行。记得在拍摄的那些日子里，每到王老师下班时，我和陈斌就带着胶卷到西影路他家门口等他，他带上他的全套器材，去墓里夜拍。寂静又漆黑的深夜里，我们一开始还有说有笑，慢慢地就只剩下相机的啪嗒声和换卷的声音了。王老师选景，定焦，按快门；我和陈斌一人供卷，一人收卷，其实就是互相壮个胆。王老师是位工作狂，每次都是拍完所有胶卷才结束工作，从墓坑里出来都一两点了。刚开始那几天，半夜三更从墓里走出来还有点紧张，可时间一长，就只觉得困了。

对西汉文帝霸陵的调查，是我参与时间最长的一个西安考古项目。那是我刚上班不久的一个秋天，韩国河老师来西安开会，程林泉老师开着单位的新车——"长安之星"，带着我们去看霸陵。过了任家坡村向西北行，然而大雨不停，路颇为泥泞，我们开到中途就返回了，这是我第一次走近霸陵。

2006 年，对霸陵的调查有了重大突破。灞桥区狄寨街办江村东侧的原顶上，有两个大盗洞，出于保护文物的需要，灞桥区文化局的谢涛同志邀请我们单位对该区域调查一下。麦子刚刚收过，我和同事张小丽对盗洞周边进行了探查，在其东侧发现了大量汉代砖瓦残块，向东是窦皇后陵，当时我们以为它们可能与窦皇后陵的建筑有关，现在看来它们应该是霸陵东阙门的遗物。

在盗洞四周进行勘探调查时，发现这是一座甲字形大墓，规模宏大，其西侧还有两座东西向的陪葬坑。于是我们计划对两座陪葬坑进行试掘，试掘前先在其西北部的路边选了一块地方做临建，对临建区域进行勘探时又发现了两座东西向的陪葬坑。这个发现让我们陡然回过神来，看来之前是小瞧这座墓了。于是我们重新对大墓及周边进行勘探，发现这是一座有四条墓道的"亚"字形大墓，墓圹边长达75 米，东侧墓道近 120 米，在其周边有 70 余座呈放射状分布的陪葬坑，接着又在其东南发现了 14 排 22 座陪葬坑，最长的达 300 多米，和汉景帝阳陵的格局几无二致，这不就是霸陵吗？！ 之后，我们又对周边进行系统的调查勘探，前前后后共发现了近 200 座陪葬坑，还有铺石遗迹、门阙遗址等重要遗迹。

"探"，只能发现有啥，要知道是啥，就必须得"挖"。于是，我们选择了东南侧的 8 条陪葬坑进行了局部试掘，进一步认识这些陪葬坑的结构与性质。那是 2009 年的 12 月，天很冷，原上更冷，小雪后，我们开始布方、发掘。开始的发掘还是很顺利的，至第二年的 4 月，8 座坑的试掘位置都到了近底部的二层台处。搭建保护棚时也很顺利，至雨季来临前，三座颇为壮观的大棚子，醒目地立在绿色的原野上，保护了发掘坑。

很快，陕西省考古研究院和西安市文物保护考古所（后更名为西安市文物保护考古研究院）联合组成汉陵考古队，对霸陵进行更为全面系统的调查，取得不少重大突破，陆续获得了全国十大考古发现、世界十大考古发现等荣誉。我作为一名老队员，以新的身份参与其中，很是欣慰，身虽不常在现场，心还是常向往之的。

西汉宜春侯墓的发现，是一个意外之喜。2018 年 4 月，曲江一个派出所抓到一个盗墓分子，指认了盗墓地点，我们单位对被盗古墓进行抢救性发掘，结果就发掘出了宜春侯墓。在查阅以前的资料时发现，这座大墓在小区建设时就已被发现，只是没有发掘而已。它一直就待在那儿等着，或者说是躲着。

我第一次到宜春侯墓发掘现场就被深深震撼了。两栋高楼间，一座高台突起，那竟是高悬的墓道，要进深墓，得先登高。墓圹之规整，砖椁之精致，是极其罕见的。墓圹，边线笔直，壁面光洁。砖椁，六层条砖，砌壁券顶，壁厚一米有余，砖砖磨光，无缝拼接。其造型之美、技艺之精，让人叹为观止。墓圹积沙深厚，砖椁深入其中，防湿防盗，可谓独具匠心。

在西安考古，很辛苦，也很幸福！说辛苦，是因为西安这片文化土壤太肥沃，每一寸土地都留有古人的行迹，几乎每一次动土都需要考古。夸张一点说，西安考古人，不是在考古工地，就是在去考古工地的路上，天天如此，年年如此。说幸福，是因为对考古人而言，只要有土挖，能挖出新东西，收获新认识，就觉得十分满足。在西安考古，累并快乐着！

（作者系西安市文物保护考古研究院研究馆员）

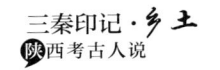

秦汉畤祭遗址发现记

○杨武站　游富祥

文献中的畤

畤是秦汉时期祭祀天地的场所及设施，多数被用于祭天。祭祀天地原本是天子的权利，《礼》曰："天子祭天地，诸侯祭其域内名山大川。"春秋初年，秦襄公位列诸侯后，在西犬丘设西畤，用騮驹、黄牛、羝羊祭祀上帝。太史公司马迁认为这是一种僭越行为。

之后，秦人相继设立了五处畤。分别为：秦文公十年（前756），在汧渭之会附近设鄜畤；秦宣公四年（前672），在雍城附近设密畤；秦灵公时期，设吴阳上畤祭黄帝，设吴阳下畤祭炎帝；秦献公时期，在栎阳附近设畦畤祭白帝。西汉时期，新设畤两处，分别为：汉高祖设北畤祭黑帝，汉武帝在甘泉宫设泰畤。其中鄜畤、密畤、吴阳上畤、吴阳下畤、北畤位于秦汉雍县地界,秦时称前四者为"雍四畤",西汉时称之为"雍五畤",在诸畤中地位最高。

设畤祭天在当时具有宣告政权合法性、祈祷国运昌盛、凝聚国家力量的意义,是国家祭祀的重要组成部分,皇帝往往亲临祭祀。西汉文帝、景帝、武帝、宣帝、元帝、成帝等皇帝曾赴雍五畤、泰畤祭祀,汉武帝祭祀雍五畤达 10 次之多。

2004 年之前,关于畤的研究主要从文献出发,涉及畤的起源、设立、设施、祭祀形式、发展演变等。著名考古学家韩伟先生曾对秦雍城遗址周边进行过多次考古调查,探寻畤遗存,但未取得实质性进展。

鸾亭山遗址

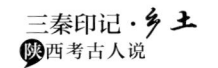

2004 年，早期秦文化联合考古队对甘肃省礼县鸾亭山山顶遗址进行了考古发掘，确认山顶在西周时期分布有聚落，遗迹有房址、灰坑、灰沟；西汉中期成为祭祀场所，遗迹有圆坛、夯土围墙、房址、灰坑、灰沟及祭祀坑；新莽时期，祭祀场所已被废弃，遗迹仅有灰坑。最终根据鸾亭山遗址的位置、地理环境、遗迹、遗物等，考古工作者认为这里是文献中的西畤所在地，山顶汉代祭祀遗存是西畤的一部分。西畤为春秋初年秦襄公所设，延续使用至西汉时期。鸾亭山遗址的发现、发掘，拉开了中国古代畤祭遗址考古的序幕。

宝鸡血池祭祀遗址

血池是陕西省宝鸡市凤翔区柳林镇半坡铺村的一个自然村，地处关中平原西端的丘陵地带，距离秦雍城遗址 12 千米。村庄西临自然冲沟，东靠丘陵，是一个只有几十户人家的小村庄。

2008 年，中国国家博物馆与陕西省考古研究院联合进行关中秦汉离宫别馆调查，在血池遗址采集到秦汉时期的建筑材料。2015 年冬，秦汉雍畤考古探索正式开启。血池遗址遗迹的丰富程度出乎所有人的预料，探铲没打几下，就在一处小台地上发现了 30 多座祭祀坑，还出土了 1 件小玉璜。到年底时，勘探总面积 27 万平方米，考古人员发现包括山顶夯土台在内的各类祭祀遗迹 235 处。经发掘验证，发现祭祀坑数量远超勘探的 202 座，估计应在 1000 座左右。2016—2018 年，陕西省考古研究院、中国国家博物馆等多家单位联合对血池遗址开展了大规模考古，勘探面积250万平方米，发掘面积5000平方米，对遗址范围、布局、内涵、时代等有了全面了解。

血池遗址总面积470万平方米，主要分布在丘陵地带的山梁上，有雍山夯土台、血池祭祀坑、北斗坊祭祀坑、建筑基址、道路等遗迹，总数1671处。

雍山夯土台位于东山梁靠近山顶处，圜丘状，底部直径23.5米，高5.2米。夯土台周围有围沟环绕，围沟口部宽5米，底部宽4.1米，深1.5米。围沟外围为平整的场地，之外为三级依次变低的平台。夯土台、围沟、场地、平台分别为文献中的"坛""墠""场""三垓"。

血池遗址

血池祭祀坑位于村东的山梁上，分布面积约32万平方米，在该区域内先后发掘了249座祭礼坑，推测总数近1000座。祭祀坑分布密集，打破关系复杂，有竖穴土坑和洞室坑两种，坑内埋藏车马，坑的规模、内涵有所不同。较大的竖穴土坑比较宽敞，长3.5—4米，宽2.5—3米，深约3米，坑内有木板搭建的箱式空间，埋藏完整的车马，配备有车马器及玉器、兵器。小型竖穴土坑狭窄，长1.5—3.94米，宽约1米，深约1.5米，坑内埋藏明器车马器、玉器、兵器等。大坑时代早于小坑，有小坑打破大坑的现象。洞室坑由坑道、洞室两部分组成；坑道长1.9—3.9米，宽1.4—1.7米，深1—1.9米；洞室为土洞结构，宽0.9—1.5米，进深0.9—1.7米，高1—1.2米；出土器物有明器车马器、玉器。

北斗坊祭祀坑位于血池遗址东山梁缓坡地带，数量多，种类丰富，既有车马祭祀坑，也有动物祭祀坑。2017年发掘祭祀坑41座，其中动物祭祀坑27座，车马祭祀坑14座。动物祭祀坑均为竖穴土坑，埋藏动物有马、牛、羊，无出土器物，分为三种类型：第一种为南北向长条坑，排列整齐，长度超过80米，宽1.4—2.5米，深0.9—2.56米。发掘长度约25米，坑内出土完整马骨20—30匹，摆放不整齐，呈侧卧或俯卧状，马头朝向各个方向。第二种为南北向长方形坑，位于长条坑北侧，排列整齐，规模较大。长约4米，宽约2米，深0.34米。坑内出土完整马骨8具，摆放整齐，马头朝东，侧卧或俯卧。第三种为长方形坑，分布在发掘区北部，南北向或东西向，规模有大有小，部分排列整齐，长2—3米，宽1—2米，深

血池遗址祭祀坑

0.84—1.85米，出土有牛、羊骨骼。

遗址区山顶处发现较多建筑材料，有板瓦、筒瓦、瓦当等，表明当时山顶分布有较多建筑。建筑位于山顶处，易受雨水冲刷及修建梯田破坏，保存较差。发掘出的一处建筑基址呈东西向长方形，长19.3米，宽14.1米，残存深度0.6米。此外，还发现多条通往遗址及祭祀坑区域的古代道路遗迹。

血池遗址共发掘出土器物 2880 件（组），材质有玉、铜、铁、陶等。玉器有玉人、璜、琮、璋、圭等，出土时大多成组分布；铜器数量最多，大多为车马器，少量为兵器、铜钱，既有原大的实用器，也有缩小的明器；铁器有生活用具、车马器、兵器、工具等；陶器有盆、罐等，多为残片，刻划有"上畤""下畤""下祠""竹宫"等文字；建筑材料有筒瓦、板瓦、云纹瓦当、铺地砖等。

血池遗址出土玉人

根据血池遗址的位置、环境、规模、内涵，尤其是刻划文字"上畤""下畤"，初步确定其为文献中的吴阳上畤和下畤，其中血池村东侧山梁为祭祀黄帝的吴阳上畤，北斗坊村北侧山梁为祭祀炎帝的吴阳下畤。整个遗址从战国早期延续至西汉晚期。

宝鸡蔡阳山祭祀遗址

蔡阳山遗址位于宝鸡市凤翔区陈村镇蔡阳山村东侧山梁中部，距离血池遗址直线距离仅4千米，二者之间有丘陵、沟壑相隔，属于不同的祭祀遗址。遗址所在山梁北部最高处为佛教灵山净慧寺。2018年，对血池遗址周边地区进行考古调查时发现该遗址，随后对其进行了考古勘探，共发现祭祀坑177座。

祭祀坑分布于山梁坡脊处，均为竖穴土坑，形制有长方形、长条形两种，其中东西向123座，南北向54座。长方形坑174座，长1.5—6.5米，宽1.1—4.2米，深0.3—6.2米，对其进行勘探时发现骨头、板灰、铜饰等。祭祀坑所在区域由于修建梯田，地貌变化大，坑口以上区域破坏严重，深度不足2米，个别坑深度超过6米。长条形坑分布在山顶处，仅有3座，距离较近，长14.1—19.6米，宽1.4—2.5米，深0.5—0.9米。坑内填土为五花土，无包含物，可能是建筑墙基。

蔡阳山祭祀坑被发现后，尚未进行考古发掘。此地濒临千河，地处台塬与山区交界处，距离汧渭之会20千米，结合遗址环境、规模、内涵，推测其为秦文公设立的鄜畤。

鄜畤的设立颇具神奇色彩。《纲鉴易知录》中记载：秦文公定都汧渭之会后，梦见一条黄蛇自天而降，蛇口停留在鄜地山坡处。文公将梦讲给史官敦，敦说：这是上帝的象征，国君应该祭祀它。文公便

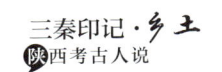

蔡阳山遗址

设置鄜畤，用三牲祭祀。鄜畤的祭祀活动从春秋早期延续至西汉晚期，时间长达700余年。

宝鸡吴山祭祀遗址

吴山遗址位于宝鸡市陈仓区新街镇庙川村北，地处吴山东麓山前台地。该遗址发现于2016年，面积约10万平方米，发现有祭祀坑96座、其他遗迹10处。2018年由中国国家博物馆、陕西省考古研究院等单位对其进行了考古发掘，发掘祭祀坑8座，出土器物232件。

8座祭祀坑均为竖穴土坑，平面为东西向长方形，长3.9—4.38米，宽3.16—3.82米，深0.64—2.8米。坑内有铺地板、壁板，用

吴山遗址 2018 年发掘现场

棚木搭建的木椁，椁内放置一车四马。车为单辕髹漆木车，车辕朝东，腐朽严重，车毂处有车钎、车軎、车辖等车器，车舆内放置男性、女性玉人，玉琮，铜镞，车舆外放置铁锸。车前四马，马头朝东，俯卧于车前，佩戴马衔、马镳、节约、带扣等马具。马骨碳十四测年数据显示，祭祀坑的时代为战国晚期至西汉时期。

发掘者根据吴山祭祀坑出土车马及玉器组合，认为该遗址是秦灵公设立的祭祀炎帝的吴阳下畤。吴山遗址地处山区，东南距离秦雍城遗址约 45 千米，发掘的祭祀坑形制、内涵一致，时代集中。由于其他畤祭遗址与都城的距离都不超过 20 千米，均位于山前台地上，

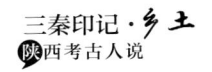

目前将吴山祭祀遗址认定为吴阳下畤还有待商榷，但其无疑是一处重要的秦汉祭祀遗址，祭祀对象可能是西镇吴山。

宝鸡下站祭祀遗址

下站遗址位于宝鸡市陈仓区磻溪镇下站村，地处秦岭北麓的独立台塬上，北临渭河，东西两侧为沟壑。遗址位于台塬中部，东西长540米，南北宽430米，总面积约23万平方米。

2016年，当中国国家博物馆的游富祥和陈仓区博物馆的董卫剑在向下站村村民了解情况时，村民指着村委会东侧一个涝池说："就是这里。我们当年挖涝池时，出的玉器有一大筐。有一种二指宽、薄薄的玉片，上面刻画着眉毛、眼睛。"村民所描述的正是秦汉祭祀遗址经常出土的玉人，俩人一听喜出望外，考古调查、勘探工作随即展开，在遗址中部发现2000平方米的砖瓦堆积区，周围分布有1400余座祭祀坑。

2020年，中国国家博物馆等单位对下站遗址进行了第一次考古发掘，发现祭祀坑52座、房址3座、灰坑20余个，出土了大量马、牛、羊骨骼及玉器、铜器、铁器、建筑材料等。

祭祀坑分为两种类型。第一种为长条形坑，共7座，南北向，相互平行，长度超过30米，坑口宽0.5—0.6米，深0.3—1.1米，截面呈"U"形。坑内主要埋藏牛，牛头朝北，呈跪伏状，间距1—2米。牛的年龄均不超过3岁。坑内还放置有羊，间距不等，多数压于牛下，骨骼不完整。第二种为竖穴土坑，平面为东西向长方形，共45座。长1.7—3米，宽1.2—2.4米，深1.2—2.2米。部分竖穴土坑打破长条形坑。坑内分别埋藏马、牛、羊三种动物。牛坑7座，规模大，较深，口大底小，坑内各埋藏4头牛，头朝西，侧卧，部分叠压在一起，牛的年龄均不超过3岁。马坑数量最多，共36座，规模、深度不及牛坑，口小底大，坑内各埋藏4匹马，摆放较为整齐，头朝东，多为侧卧，相互叠压，马的年龄均不超过2岁。羊坑只有2座，规模小，较浅，坑内各埋藏4只羊，羊的摆放杂乱，相互叠压，均为幼年个体。

房址均为半地穴式，平面呈圆角方形或长方形，面积7—26平方米，西侧有上下的踏步，东南角或东北角设有灶。房址打破长条形祭祀坑和马坑，时代为战国晚期至西汉时期。灰坑平面为圆形、椭圆形，口大底小，形制、大小不一，打破祭祀坑，时代与房址一致或略晚。房址、灰坑中出土了大量建筑材料砖、瓦、瓦当及陶器、铁器、少量玉器。瓦当表面涂朱，分为云纹和文字瓦当两种。文字瓦当主要有"羽阳千岁""长乐未央""棫阳"三种。陶器以罐、盆、鬲为主，少数罐、盆表面刻有文字，可辨识出"密""宣房单仓"。铁器有农具锸、铲和兵器剑。玉器有玉人、璧、璋，均残缺不全。

下站遗址规模大，祭祀坑数量多，形制、内涵丰富，延续时期长，加之出土了"密"字陶文，均与文献中的密畤相吻合，乃为秦宣公设立祭祀青帝的密畤。

下站遗址

科技助力考古事业

在秦汉畤祭遗址考古中,考古工作者与其他学科人员联合开展研究,取得了比以往更多的认识和成果。科技手段对于大家了解遗址时代、性质发挥了重要作用。

可以将车马祭祀坑出土的车马和其他遗址、墓葬的出土器物进行比较研究,从而确定祭祀坑的时代。而动物祭祀坑除动物骨骼外,无其他器物,要确定其时代非常困难,这时就需要借助自然科学的手段。在血池遗址、吴山遗址、下站遗址的考古工作中,工作人员均对出土的动物骨骼进行了碳十四测年,为确定遗址的绝对年代提供了科学依据。

其次，动物学家通过对遗址出土动物骨骼的鉴定发现：吴山遗址的马多数年龄小于2岁，能够确定性别的均为雄性；下站遗址的马年龄不超过2岁，牛年龄不超过3岁，羊均为幼年个体。这些成果与文献中使用"驹、犊、羔"的记载吻合，进一步确定了畤祭遗址的性质。

此外，通过对出土木材、木炭的鉴定，可以了解当时的环境及木材使用习惯。

经过几代人艰辛努力，秦汉畤祭遗址得以发现、确认，但科学探索的脚步永无止境。鸾亭山遗址尚未发现东周时期遗存，汉代的北畤尚未找到，畤祭遗址地面设施有哪些？数量庞大的祭祀坑发展序列如何排列？考古人正在用探铲、手铲在大地上探寻，烈日下、寒风中，一步步走近历史真实。

（作者均系陕西省考古研究院研究员，杨武站系宝鸡市凤翔区政协委员）

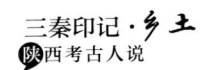

祭天之秩　如月之恒
——陕西凤翔雍山血池秦汉祭祀遗址考古工作记

○田亚岐

中华民族系传统的文明礼仪之邦。中国古代国家把对神灵祭祀和通过战争赢得胜利作为头等大事表述为"国之大事，在祀与戎"。因此，历史上往往把由国家最高首领带领群臣举行的祭祀称作"祭天"。"祭天"的目的是通过人与天的"交流"，使君王能够获得"君权神授"和"天子"的合法性，国家和黎民则能够得到"与天滋润，强国富民"的祝福。

雍城作为秦都的时期，正值礼仪制度的转型和发展期。多年来通过对秦都雍城布局的深入考古，证实了当时国家祭祀的两种形式：国君在城内宗庙祭祖活动以及在郊野对天地神灵的祭祀活动——"郊祀"。两种形式遂成为当时国家祭祀的核心体系，也被称为"祭天"。早在西周时期，国家祭祀便已成常态。春秋战国时期，秦国在传承周代祭天礼仪的同时，于雍城将祭天礼仪推向高潮。秦人将周人曾经的"祭上帝，祭祖先"的传统礼仪上升到"祭天地及五帝"的新高度，又首创"畤祭"，是想借传承周代祭天礼仪形式，彰显其在关中地区替周人"看家护院"的合法性，另一方面则希望能借此维护对"周余民"的凝聚力，充满自信地宣示自己在祭祀形式方面的优越性。

雍城畤祭场所在雍城郊外，不仅数量多，且持续时间长。血池遗址是目前发现的其中一处代表性遗址，不仅规模最大，而且属性最为明确。据《史记·封禅书》记载，秦人于雍城郊外先后置鄜畤、密畤、吴阳上畤和吴阳下畤。后随秦都东迁，雍城的行政作用减弱，而在祭祀方面的地位则得到提升。公元前 238 年，秦王嬴政由咸阳专程抵雍城举行祭天大典，表明他获得最高执政权的合理性与合法性。汉高祖刘邦"承秦制"，沿用秦人雍城畤祭的礼仪、祀官和设施，在秦雍城四畤基础上增设北畤，形成完整的雍城五畤祭祀系统，且以郊祀作为王朝最高祭礼。汉武帝时期，出现了历史上最为鼎盛的畤祭时期。汉武帝也是亲临雍郊祭祀次数最多的皇帝。汉成帝时期，执政集团上层就雍五畤存废有所争议，但雍五畤仍得以暂且保留。直到王莽时期，雍城作为畤祭礼仪中心的地位才宣告终结。

尽管文献记载清楚，但雍城畤祭文化遗存长期没有被发现。甚至出现"秦侯所立雍四畤、西畤为汉人之伪窜"的推断。不过随着对文献的反复悟读，考古工作者坚信"畤"这一遗存是真实的。2015 年通过大规模考古调查勘探，考古工作者在位于雍城西北郊外雍山上的血池首次发现了总面积达 470 万平方米，由外围环沟、坛、壝、场、道路、建筑、祭祀坑等各类遗迹组合而成的"畤"的遗存。2016—2018 年，经过持续发掘，最终证明血池遗址是与古文献记载吻合的时代最早、规模最大、持续时间最长，且功能结构趋于完整的性质明确的国家大型"祭天台"。这一重大考古发现，得到了学界的广泛关注，荣获"2016 年全国十大考古新发现"和"2016—2017 年田野考古一等奖"。著名考古学家刘庆柱说："其祭祀者是东周时期秦国、秦王朝和西汉王朝的最高首领，祭祀对象是中国古人心目中最神圣的天，……就该遗址的科学性、祭祀者与祭祀对象的历史重要性而言，都是以往所有祭祀遗存不可与之相提并论的。我们可以根据《史记·秦本纪》的记载，甚至可以从祭祀文化追溯到五千年中华文明不断裂的源头。"著名历史学家白云翔评价该发现："将成为秦汉时期国家祭祀活动的最重要物质载体和实物再现，对于深化秦汉礼制、秦汉政治、中国古代礼制文化等方面的研究具有重要学术价值。遗址的发现也标志着雍城完整布局的出现，这一发现填补了既往在雍城遗址布局中唯缺郊外国家祭祀功能区文化遗存的空白。"陕西省文史馆赵荣教授认为："古人在选择这处祀点地望时，其中蕴含着当时的政治理念、哲学思想、地形地貌、传统规矩和勘舆法则等内容，这往往被后世所借鉴，反映了我国古代祭天礼仪形式对文化发展传承过程中的制度影响。"该遗址所呈现的历史考古认知，对该领域学术研究具有重要的意义。

  首先，血池遗址的发现以实物资料印证了古代祭天礼仪的存在，具有证史和补史的文献学价值。司马迁在《史记·封禅书》中曾说："余从巡祭天地诸神名山川。"然而雍"百有余庙"，"畤"的祭祀礼仪程序十分复杂。《太史公自序》说他记述的只是主体程式，"至若俎豆珪币之详，献酬之礼，则有司存焉"。今天，我们可以通过血池遗址的发掘成果，复原一些当时祭祀礼仪的具体细节，如提请、择吉日、出行、抵达雍郊、涤牲、省牲（君主亲自察看牲畜的口齿年龄和毛色）、宰牲与聚血、入斋宫（做静思、沐浴和更衣等祭祀礼仪之前的准备）、坛场祭献、迎天神（燔燎祭祀与歌舞演唱）、送天神、撤馔、瘗埋、庆成等。

根据发掘出土的各类祭祀坑可以还原当时祭祀时"车马""玉帛"和马牛羊之"献食"的规模和瘗埋礼数。血池遗址的发现也为东周时期秦"雍四畤"与西汉时期"雍五畤"之间的传承关系提供了重要参考。根据血池遗址出土的"上畤"陶文以及陶器、建筑材料的形制和类型，尤其是对年代测定数据的综合分析，可以得知秦四畤分别位于雍城郊外不同的位置。汉代可能是在早先秦吴阳上畤基础上扩建的北畤，在新建时，遂将原秦四畤整合，移至血池，因而这里也自然成为西汉时期"雍五畤"的所在。而最终要确定血池遗址的属性，还有待于对其他秦畤进行选择性的考古发掘。通过对血池周边相关遗址的延伸调查，确认了沿雍山山梁向东每隔若干距离，在制高点均有"烽头台"，这一发现为进一步探索古文献关于祭祀场地与京城之间以"权火"相通的记载提供了参考。考古人员由此推测，当时在雍山举行祭天活动时，通常由皇帝主祭，将圣火传向京城，如皇帝不能亲临，则在京城通过此类"烽火台"将"圣火"传递至雍山祭祀现场。

其次，大量马、牛、羊动物标本的出土，为研究积累了大量DNA、测年、性别、口齿年龄和毛色等方面的数据。《史记·封禅书》说雍畤祭祀用"驹"与"犊、羔"。血池遗址考古发掘出土用作祭品的马骨也确为幼年马所有。科技考古工作者还在考古资料与古文献记载的衔接方面做了系列拓展性研究，如从马的体质病态学角度所进行的检测结果告知我们，这些马当时似乎是经过"相马"之后被有意挑选出来的幼年弱马。说明古人考虑保存强健马匹以满足实用需求，而将小马弱马用于祭祀。这种选择体现的智慧，符合秦人注重实用的原则。此外，通过对马骨进行检测分析，证明祭马来自四面八方，也证明了文献所记当时国家举行隆重祭祀活动时，由各地提供助祭物资的情况。

再次，血池遗址的发现还有多方位的文化价值。例如，学界进行凤翔古地名溯源时，注意到血池遗址本体范围内有血池、黑马灶、北斗坊和尧典等自然村名当与早期祭祀活动有某种关联。还有对于其他文化、历史渊源的考证，也可以在血池遗址的考古调查与考古发掘中发现线索。流传至今的灵山祭祀"照远不照近""照东不照西"等历史传说，或许与秦时祭祀场地与咸阳以"权火"方式沟通天人的方式有某种关联。"照东"，与雍至咸阳的"权火"传递方向一致。血池遗址位于"高山之下，小山之上"、自然环境优美的雍山，对其地点的择定，或许也受神秘主义理念的影响。

血池遗址未来将会以大遗址公园的模式出现。地方政府、考古研究及文化遗产规划单位将积极协作，在做好考古发掘工作的同时，合理制订保护规划和展示方案。对血池遗址的文化内涵获得更深入的认识，从而使我们真切地认识秦的祭祀文明对于中国古代政治、礼仪制度的形成与发展所做出的伟大贡献。

（作者系陕西省考古研究院研究员）

> **知识链接**
>
> 雍山血池遗址位于陕西省宝鸡市凤翔区血池村，东南距秦雍城遗址约15千米。2017年4月12日，血池遗址入选2016年度全国十大考古新发现。2019年10月7日，血池遗址被中华人民共和国国务院公布为第八批全国重点文物保护单位。

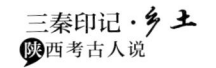

秦汉皇家祭祀遗址调查发现记

○孙宗贤

2008年一次偶然的机会下，我在调查中发现了一处汉代建筑遗址。由于其所处的地理环境特殊，且符合文献资料中频频提到的关于祭祀场所"畤"的特征，因此引起我的高度关注和思考。随后，我又发现邻近的一处圜丘封土遗址。通过对多次调查积累的实物资料进行分析，我认为这里应是一处典型的畤祭遗址，而且很可能就是汉高祖刘邦所置的北畤所在。

畤是秦汉时期国家用来祭祀天地和五帝的重要场所。古人认为祭祀是除军事之外的一件大事，即"国之大事，在祀与戎"。据史料记载，秦汉时期分布于雍原的畤祭场所，先后有鄜畤、吴阳上畤、吴阳下畤、密畤、北畤等多处。畤祭这一国祭形式兴起于春秋初期，一直保留至西汉末期，前后延续长达600多年，其规模之大、影响之广在秦汉史上绝无仅有。因此对于畤祭问题的研究，已成为研究秦汉时期历史文化面貌不可或缺的重要方面。然而诸畤的具体位置及文化面貌如何，一直是学界探讨的话题。

雍山祭祀遗址的调查发现

2008年5月下旬，笔者独自路过县城行司巷古玩收藏门店，遇见一位村民拿着一件云纹瓦当，和在门口下棋的老板交谈。出于职业敏感，我急忙插嘴问他是哪个村的，在哪里捡的这块瓦当。在问了个究竟之后，我想一定得去那里看看。紧接着，周六上午我就带上工具，骑着摩托车踏上探寻的征程。由于我过去在柳林镇工作过，对此处的人员、地理环境比较熟悉，一赶到那里就很快联系到半坡村支部书记王武堂，王书记又找来五组小组长。在我说明情况后，王组长便带领我们一行三人上山，边走边找。在上山的途中就发现了汉代瓦片，当时我一边给他们讲述，一边兴奋不已。到达半山腰的平台时，我们终于发现一处汉代建筑遗存。在返回途中我还特意向王组长询问村民以前在这里都有什么发现，他思索了片刻说，过去有人捡到过玉器、铜环一类的东西。我结合这里四周群山环绕的地理特征和山腰平台上的汉代建筑遗存，很快就产生了一个想法——这里很可能就是我们苦苦寻找的一处畤祭场所。

基于这些认识，2008年6月我将这个消息首先告诉了长期在雍城从事秦文化考古研究工作的陕西省考古研究院田亚岐研究员，以

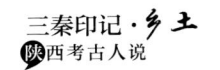

求得到帮助。当时他自己驾车带着考古队员赵力，由我带路前往现场做了实地考察。2008年9月，由北京大学、国家博物馆、陕西省考古研究院联合组队开展的"关中秦汉离宫别馆调查活动"启动，其中一项重点工作就是寻找畤祭遗址。我作为当时的考古队员之一，和梁云、游富祥、张晓磊等一道，跑遍了宝鸡周边的春秋战国、秦汉建筑遗址和凤翔县境内大大小小的山头，再次就雍山血池遗址展开了调查。也许是因为考古工作者有着严谨、务实、认真的职业习惯，我感到这次调查仍未获得满意的结果。2009年10月，凤翔县开展了第三次全国不可移动文物普查，我负责整理了全县近年来新发现的共60多处文物遗址的资料，打印后交给了市文物普查队。但由于当时工作任务重，并未引起特别的注意和重视。普查总结会公布的三处重大发现和三处重要发现中，均没有血池遗址。

2013年底陕西省考古研究院将许卫红研究员调任陕西省考古研究院。一次我和郁彩玲馆长等一同去省考古院联系工作，遇见了许卫红，她说想申报第二年的考古发掘项目，我们就提出申报凤翔下塔林战国宫殿遗址和雍山血池祭祀遗址发掘项目。许卫红研究员听后也感觉此事意义重大，并让我们把遗址资料传给她，但申报后一直未得到任何消息。

2013年至2014年，因外地雍氏家族寻根问祖，我两次带领相关领导及文化部门同志开展座谈交流活动，同时给相关领导介绍了雍山的来源和新发现的祭祀遗址。其间，雍山道观王忠堂会长说到雍山东岭山顶有一个大土塚，前些年被盗墓贼挖过，叫我们一定去看看。

2014年9月的一天，我叫上一位朋友做伴，骑着摩托车一同去雍山东岭调查。一上土丘遂向四周环顾，就感觉这里的地理环境十分特殊，第一印象是这里肯定是一处举办某项活动的环形广场。2015年5月，陕西省考古研究院田亚岐研究员请我配合汧河流域秦文化调查工作，考古队赵赋康又联系我一同去雍山等地调查。一天在调查完血池汉代建筑遗址后，我特意提出带他们再去看看土丘遗址。到达后，我们经过钻探，发现此处是夯土无疑，我就更加坚信了自己的认识和判断，现场的考古队也认为这里可能是汉代烽火台。最后我还提出西边彭祖墓那里的情况与这里很相似，应找机会去看看两者有没有联系。2015年11月我在宝鸡首届秦文化研讨会上，提交了2012年3月撰写的《秦汉五畤原及五畤地望的考古学观察》一文，正式公开对北畤等遗迹的研究成果。2016年3月，田亚岐研究员来馆里时说，雍山祭祀遗址发掘报告已经通过省上专家审定，上报国家文物局待批。这让我们有了新的期待。从此之后，这里才逐步得到了各方面的认可，吸引来不少专家学者。

雍山祭祀遗址的布局结构与文化面貌

考古人员调查发现的畤祭遗址位于陕西凤翔县西北浅山区的雍山之中，遗址距离凤翔县城中心约18千米。雍山祭祀遗址中，最早被发现的汉代建筑遗址位于雍山西岭山腰处，背山面水，两侧为雨水冲刷形成的大水沟，前面是由西向东流淌的古雍水之南山水。北依雍

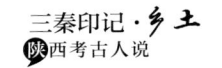

山主峰，南部宽敞开阔。遗址处于山腰一个较大的平台之上，山腰阶地平台距离雍山主峰约1.2千米，平台东西宽约50米，南北长约80米，总面积在4000平方米左右，而其上的建筑遗址处于平台以北靠后位置，附属于平台的建筑，应当是负责管理畤祭的祠官太祝日常生活、存放粮食器具、准备牺牲的地方。遗址地层中暴露有大量回纹方砖残块、绳纹筒瓦、弧形板瓦及云纹瓦当残片。在随后的调查中发现的夯土圜丘遗址，位于雍山东岭偏北山顶处，距离雍山主峰约0.5千米。夯土丘高5米，由底部圆周长达50米的圆锥形土塚和周边直径达60—80米的椭圆形环丘平台组成。后经过初步钻探，发现夯土规整致密，夯层厚度为6—7厘米，夯窝直径为5厘米左右。在其中虽未发现时代特征鲜明的包含物，但其却反映出西汉时期夯土基本特征。同时上述两处遗迹均属西汉时期，时代完全一致。在随后的走访调查中，有群众反映早年在这里的水沟中曾捡到过玉器、铜环和马衔等遗物。

从雍山祭祀遗址所处的地理环境看，这里地处关中西部平原以北的千山余脉之中。西为与雍山相互毗连的彭祖原，南为灵山山脉，东为雍山东岭，北为雍山主峰，遗址处于群山环绕的地理格局之中。据《史记》记载："盖天好阴，祠之必于高山之下，小山之上，命曰'畤'；地贵阳，祭之必于泽中圜丘云。"又据《史记·正义》云："此泰山上筑土为坛以祭天，报天之功，故曰封。此泰山下小山上除地，报地之功，故曰禅。言禅者，神之也。"由此可见，这里的地形完全符合建畤的要求，即大山之下，小山之上，充分印证了相关史料记载的真实性。按《汉书·郊祀志》的解释："祭五帝于雍畤，在山上四望，不见四方，故曰雍畤。"这里山势纵横，道路狭窄，唯有借助东北的一条道路可曲折上山，从山下到山上有10多里路程，极不便于大队人马前往。汉高祖刘邦在建北畤时亦曰："北畤、畦畤，有司进祠，上不亲往。"由上述文献资料推断，雍山祭祀遗址极有可能是北畤。同时，环山的地势使得此处的水汽易于凝结，形成云雾缭绕、升腾之感，这种自然现象恰好符合古人与天地对话的想象。

笔者推测雍山祭祀遗址为秦汉诸畤中的北畤，主要有几方面原因：（1）雍山山腰平台上的建筑遗址和山顶圜丘封土均属于西汉时期，符合西汉高祖刘邦置畤的时段条件；（2）从以往考古实践所积累的资料看，云纹瓦当、回纹铺地砖等建筑构件的出现，表明这是一处等级极高的宫室建筑；（3）这里居于鄜畤、吴阳上畤、吴阳下畤、密畤最北边，而且处于雍地祭祀中心地带。目前由于时代久远，虽未真正发现诸畤的具体位置，而就考古调查发现的一些线索和学者研究情况看，大家普遍认为鄜畤位于凤翔县西南部千河东岸孙家南头一带；吴阳上畤、吴阳下畤有学者认为在凤翔灵山一带，或在宝鸡吴山一带；依据史料记载，学者普遍认为密畤位于宝鸡以南的渭河南岸一带。

雍山祭祀遗址的历史地位和学术意义

雍山祭祀遗址是目前国内发现的唯一一处结构完整、面貌清晰

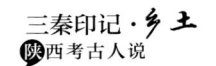

的畤祭遗址，而且其中的圜丘封土遗址是目前国内发现的时代最早的天坛遗址，充分印证了史料记载的可靠性和真实性。我初步认为雍山祭祀遗址很可能为北畤，据史料记载，北畤为汉高祖刘邦所置的一处国祭场所。雍山遗址的发掘为研究秦汉时期国家政治经济及宗教祭祀礼仪的形成与发展提供了第一手资料。同时，北畤具有承前启后的作用，对于研究秦国诸畤具有十分重要的意义。而且雍山雍州与炎黄文化有着极为密切的历史渊源，为进一步探讨黄帝郊雍、尧帝制典、夏禹分州，以及上古时期彭祖、大鸿等人物的归属地提供了一定的线索。

雍山祭祀遗址的调查发现，虽属偶然，但却经过了一个漫长曲折而艰辛的历程。我就这样一路发现着，兴奋着，思考着，期待着，收获着。

（作者系宝鸡市凤翔区博物馆研究室主任、文博副研究馆员）

密畤初现

——下站遗址发现记

○董卫剑　雷　岩　李丽轩

畤是古代祭祀天地、五帝的固定场所。秦、汉两代在雍共立五畤。2015年至2016年，由国家博物馆、陕西省考古研究院、宝鸡市考古所与宝鸡市陈仓区博物馆及相关文博单位组成的联合考古队，先后在宝鸡发现了血池遗址和吴山遗址大量祭祀坑，在考古界、史学界引起了强烈的反响。

2016年8月，我们刚刚完成吴山祭祀遗址的考古勘探工作，因重大发现而激动的心情还未平复。时值盛夏，勘探现场的文物工作者的身躯被火热的阳光炙烤着，但大家对陈仓大地的古遗迹和古祭祀文化的好奇之心更强烈，探索之心更执着。随着血池、吴山遗址的神秘面纱逐渐被揭开，我们也对畤文化有了比较清晰的认识。

有一天，我们边整理吴山遗址的勘探资料边探讨文献记载的密时时，董馆长突然想起20世纪90年代的传言：70年代村民在虢镇渭河南岸挖池塘时曾经挖出过大量玉片，拉了两架子车。当地又不产玉石，怎么会有玉出土呢？这些玉片有什么作用？会不会与祭祀有关？大家顿觉这是一条极为重要的信息。于是我们立刻联系了主持吴山考古工作的国家博物馆的游富祥、张晓磊和雍城考古队赵富康老师，就此想法和大家商量，大家一拍即合，当即决定组织考古调查。虢镇渭河南岸那么大，一是没有具体的地点信息，二是几十年过去了无法追寻传说的来源，因此要找到出土玉器的具体地址谈何容易？经过查阅史料，我们决定从虢镇渭河南岸最大的秦汉遗址——八庙遗址开始进行考古调查。

2016年10月13日，我们和国家博物馆游富祥、张晓磊及雍城考古勘探队赵富康等老师一行到达八庙遗址。我们遇见村民就问，在地里见到塄坎就刮。连续几天下来大家都累弯了腰累直了腿，但没有发现任何与祭祀有关的线索，原本高昂的情绪变得有些低落。于是大家商议后决定一边继续沿着台塬边开展调查，一边联系镇文化站、对接村文保员了解情况搜集信息。经过不懈的努力，最终将遗址的范围初步确定在虢镇渭河南岸的台塬之上——上站村。

2016年11月16日，我们一行八人直奔上站村。在上站村周围的田地和塄塄坎坎、台台沟沟仔细调查。转眼一天的时间又要过去了，碰到的每个村民都问过了，还是没有发现一点儿信息。领队游老师望着下面的一个村说："最后到下面那个下站村再看看。"我们来到下站村后，看到马路边的小广场上有几位村民在闲聊，我们跟村民说明来意，一位年老的村民热情地给我们说起他们村上的事情：那是20世纪70年代，村上挖涝池和给村学校安置水泥乒乓球台子时，挖出过很多的长条形、圆形、方形的玉片，还有铜构件（车马器）和大量骨头。有村民说前年他才将一个条形、上刻有简单人脸模样的玉片卖了。有村民说村里过白事埋人，都不敢在地里打墓，一挖就挖出老先人骨头了。有村民手指着村委会旁边的花椒地说，这里就是以前挖涝池的地方，现在涝池被填平，给学生娃们修了操场。听着村民的讲述我们非常兴奋，这一切不正是我们要寻找的线索吗？我们在原涝池东侧打了几探铲，发现了动物骨骸和非常明显的五花土，表明这里可能有遗迹。这时候，村支书走过来对我们说："你们到东边那个原边去看看，那里有几个窑洞塌了，窑洞的崖壁上有大量的骨头暴露在外面。"我们赶到东原边，看到了几孔坍塌的窑洞，窑洞的上方有很明显的长条坑痕迹，在坑的里面有很多挤压在一起的动物骨骸。看到这些大家一致认为，该遗迹与凤翔血池遗址及包含物极其相似，可能就是一处祭祀遗址。

我们将下站村考古调查的重大发现逐级汇报，国家博物馆和陕西省考古研究院的专家及考古界专家学者先后亲临现场查看，进一步核实了我们的推断。

下站遗址位于宝鸡市陈仓区磻溪镇新站村，处于秦岭北麓渭河南岸的台塬之上，周围的地形表现为典型的黄土地貌，沟壑深陡，其东西两侧均为冲沟型河谷，台地呈南北狭长形，长约4.3千米，遗址所处位置东西宽仅540米。台地上地势呈缓坡状，由南向北形成多级台地，较为平坦，遗址南北约长430米，其正北距秦都雍城的直线距离约21.8千米，距血池遗址的直线距离约35千米，距吴山遗址的直线距离约59千米，台地北缘距渭河河道仅800余米。

下站遗址考古工作得到国家文物局、陕西省文物局、宝鸡市文物和旅游局的高度重视。2018年4月国家博物馆、陕西省考古研究院、宝鸡市考古研究所、陈仓区博物馆联合组成下站考古勘探队对下站村周边进行全面的考古调查和勘探，共发现各类遗迹单位1414处，其中祭祀坑1409处，沟道4条，建筑遗址区域1处，祭祀坑有长条形和长方形两种，坑中多见马骨、车饰件等，初步判定其为秦汉时期的祭祀遗址。

2020年5月至12月，经国家文物局批准，中国国家博物馆、陕西省考古研究院、宝鸡市考古研究所、陈仓区博物馆联合对下站遗址进行了首次考古发掘，发掘面积800平方米，发掘出大量马、牛、羊祭祀用牺牲，铺地砖、瓦、瓦当以及少量玉器、铁器和青铜车马器。更为重要的是整理发掘的标本时，在发掘的陶片上发现了刻划的"密"字。下站遗址恰好位于渭河以南、秦岭北麓的山前台塬之上，地点与文献记载高度吻合，遗址出土的"密"字陶文更加明确了下站遗址就是密畤遗迹。2020年，下站秦汉祭祀遗址入围中国十大考古发现终评。

2020年至2023年，经国家文物局批准，联合考古队对下站遗址又进行了两次主动性考古发掘，清理灰坑10座，半地穴房址3座，各类祭祀坑99座，祭祀方面的收获最大。2020年至2022年的发掘主要围绕中心建筑区展开，目的是解决畤祭祀建筑的形制问题，但是很遗憾并没有发现建筑基址，反而收获了大量种类丰富的祭祀坑、动物牺牲、祭祀遗物和秦汉砖瓦建筑材料。祭祀坑之间存在丰富的叠压打破关系，出土祭祀遗物的年代特征明显，初步建立起了春秋至汉代畤祭祀遗存的年代框架。2023年的发掘又解决了下站遗址祭祀用玉的组合问题，并进一步完善了祭祀遗存的年代序列。2023年12月21日国家文物局发布"考古中国"重大项目，下站遗址入选。同年，下站遗址被陕西省考古学会评为"2023年陕西六大考古新发现"之一。

宝鸡下站遗址入选"2023年陕西六大考古新发现"

下站遗址是目前国内发现的先秦至西汉时期性质最为明确、延续时间最长、保存最为完整的国家祭天遗存，为研究此阶段祭天礼制及其演变提供了重要的实物材料。

近年来，三星堆祭祀遗址中发现了大量祭祀坑和大量高等级的青铜祭祀礼器，这是不是能够表明其就是商周时期畤祭遗迹？畤到底最早建立在什么时候？畤祭是从什么时候开始的？畤的考古工作还在继续，畤祭文化的研究工作任重道远。

（作者董卫剑系宝鸡市陈仓区政协委员，宝鸡市陈仓区博物馆书记、原馆长；雷岩系宝鸡市陈仓区博物馆保管部主任；李丽轩系宝鸡市陈仓区博物馆办公室主任）

寄语周原风日道　于彼朝阳听凤鸣
——我的周原考古记忆

○张　程

周原遗址远景

2020年9月3日，国家文物局田野考古实践训练班在周原国际考古研究基地开班。作为唯一一名来自宝鸡的学员，周原对我来说既熟悉又陌生。记得第一次踏入周原是因为2008年全国第三次文物普查过程中的田野调查，从那以后，我曾多次前往周原工作或者学习。之所以说对它感到陌生是因为这是我第一次在周原遗址参加正式发掘，相比来自外省市的同仁，并没有什么优势。所有人都是从头学起，从零开始。我希望自己通过这次学习，完成一次人生历练。

田野考古实践训练班开班仪式上的合影

沟东馆与沟西馆

周原遗址内有两座"周原博物馆"，如果名字不加前缀便很难区分。以扶风、岐山县交界处的三岔河分支刘家沟为界,沟东扶风境内的宝鸡周原博物馆(2018 年改为宝鸡周原博物院)坐落于黄堆乡(撤乡并镇后合并于法门镇)召陈建筑基址南侧;沟西岐山境内的岐山周原博物馆建于京当镇贺家凤雏建筑东侧。这两座博物馆在当地群众及考古队员口中被简称为沟东馆、沟西馆。2020 年度的主发掘区位于沟西王家嘴,而考古队驻地在沟东的周原博物院。上工时我们会沿着渭北干渠经过上康、庄白、齐镇、刘家、礼村等一路向西,那些朴实村落的背后是周原遗址的一个个重大发现,往返其间恰似考古人的朝圣之旅。

第一课:磨手铲

"手铲释天书,拂尘觅古幽",随着各种高新技术的发展,全站仪、RTK、无人机、大空间激光扫描、3D 建模、遥感测绘等技术在田野考察中被广泛应用,但在种类繁多的现代化工具中,手铲仍是发掘工地人手一把的必备传统工具。考古手铲源于建筑行业泥瓦匠使用的"灰匙",后经改进被引入田野考古领域,据说是由河南巩义一位具有十多年考古发掘经验的老师傅齐应济研制的,所以通常被称为"巩义铲"。其平头宽身,可单手持握,手铲的侧身可以刮面、清土;手铲的平头可以找边,慢慢剥离并找到灰坑、墓葬等的边界;手铲的前端也可以在找到遗迹或画地层线时使用。为了保持铲子钢口的性能,要尽量避免用角磨机打磨,因为干磨产生的高温会导致铲子

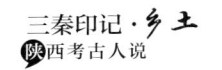

退火，金属性能下降。最理想的方式是用磨刀石（油石）冷水研磨。新配发的手铲需要开刃，所以我在周原上的第一课就是磨手铲，在宋江宁老师的指导下，我们耐着性子用提前浸泡过的磨刀石不断打磨，要注意保持刃口呈一条直线。磨到将刃口轻压在拇指的指甲盖上有咬入感，横向拉动不会打滑，且能刮出白线为止。开刃后的铲子除了有刮面、划线、找边等功能外，还能代替小刀做切削之用。为了保持铲子的锋利度，每天晚饭后学员们都聚在一起，一边打磨手铲一边聊天交流，这也成为大家在周原期间一项不可缺席的集体活动。

理论与实践的结合

训练班的培训内容由课堂授课和田野实习两部分组成，采取白天下地发掘、晚上理论学习的模式。授课内容包括田野考古概论、田野考古技术与方法等。授课教师由北京大学考古文博学院教师、中国社会科学院考古研究所和陕西省考古研究院的考古学家担任。雷兴山老师讲陶片、徐天进老师讲考古绘图方法、宋江宁老师讲实践课，老师在教学中务实严谨、重德敬业、平易近人的治学态度，深厚的理论功底，让我难以忘怀，受益良多。特别是领队曹大志老师披星戴月、风雪无阻，始终穿梭在各发掘点的一线，其认真细致的工作态度及敬业精神给我们以极大的震撼，为我们树立了榜样。同时，也让每位学员感受到了商周考古的魅力所在。

雷兴山老师讲解陶器

徐天进老师讲授考古绘图方法

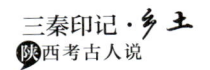

宋江宁老师在文物库房现场教学

曹大志老师在户外现场教学

永不停歇的电动车

在周原工作学习期间让我印象最深的就是曹大志老师，因为他是 2020 年度整个发掘工地的领队，所以我们尊称他为"曹大"。雷兴山老师介绍其善于"寻城"，即通过调查发现早期聚落城址，在周原和安阳殷墟工作期间有许多重要发现。说起曹大必须要提一下那辆载着他穿行于各发掘点的两轮电动车。我经过饭堂时总能见到一辆打着斜撑，车把上挂着草帽，储物篮里装着手铲和 T 形锄的雅迪电动车。因驻地与发掘区离得较远，大部分教师学员会统一乘汽车前往工地，所以一开始大家以为这辆车是附近村里的技工师傅的，直到在一个雨天，当不用上工的我们吃过午饭走出饭堂，经过那辆被雨水打湿的电动车，与周身湿漉漉穿着长筒雨鞋的曹大迎面相遇时，所有人才意识到电动车的主人是谁。曹大有了轻巧灵便的电动车，总是第一个出现在工地，最晚一个回来，时时穿梭在各发掘点不断解决各种"疑难杂症"，不论风雨我们总能在田间地头看见那个弯着腰不断刮面的背影。有好奇的学员偷偷骑上车子转悠，才发现这辆不起眼的雅迪已经载着曹大在周原遗址奔行了近 2 万千米。受疫情影响，当外省的师生学员需要提前返程，一辆辆载着师生学员的中巴车驶出驻地时，曹大便骑着雅迪跟在每辆车的后面挥手为大家送行，直至中巴车驶入周原大道才返回。

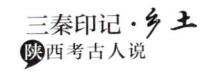

工地边的秦腔惠演

秦腔，韵味悠长，感人肺腑，作为极具代表性的地方戏曲，在三秦大地广为流传，成为劳动人民喜闻乐见的娱乐项目，其经典唱词家喻户晓、口口相传。在发掘期间陕西省戏曲研究院眉碗团走进周原遗址王家嘴村考古现场，为当地群众和周原考古队师生送上了一场精彩纷呈、原汁原味的秦腔盛宴。秦腔以关中方言为唱词，再加上独特的演唱方式"吼"，让外省师生学员及年轻观众有些听不懂。"听不懂？""听不懂没关系，能看懂就行！"顺着工作人员指示，我们这才

秦腔惠演

发现舞台两侧竖立着 LED 提词屏，同步显示着舞台上演员的唱词。这次听戏第一次让我听懂并喜欢上了这个古老的戏曲。在凛冽的寒风中艺术家热情演唱着《红灯记》《打镇台》《智取威虎山》等经典选段，展示了《顶灯》等绝活。演员们梆腔高亢，曲调激昂，唱着掷地有声的唱词，吼尽了苍凉豪迈，被铿锵节奏感染的师生们也跟着台下的观众一起叫好，感触着秦声秦韵的魅力，大家共同见证着物质文化遗产（周原遗址）与非物质文化遗产（秦腔）的交流和碰撞。

党旗飘扬在田野发掘一线

"把支部建立在考古队上"是北京大学考古文博学院田野考古实践工作的优良传统。2020 年在周原考古队临时党支部成立大会上，支部书记雷兴山老师深情地讲道："把支部建在考古队上"的创举源于井冈山"把支部建在连队上"的优良传统。田野考古实践是考古专业学生奠定考古学基础的一门功课，是考古人历练本领、锤炼意志的关键。临时党支部的成立，目的是让各位同志很好地将学科初心同党员初心融合在一起，躬身于田野，在下好每一道铲、画好每一条线的同时，积极发挥先锋模范作用，以身作则，扎根考古一线。让考古现场成为锤炼党性的战场，让同志们手里的"一铲一线"与红色基因同频共振。

发掘期间恰逢习近平总书记"9·28"讲话发表，他提出要建设中国特色、中国风格、中国气派的考古学，为考古学科的发展指明了方向。9月29日，临时党支部及师生们围坐在探方边，传递着报纸，共同学习习近平总书记在中共中央政治局第二十三次集体学习时发表的重要讲话精神。所有人席地而坐，认真思考并分享交流着各自的感想。考古工作是一项重要的文化事业，也是一项具有重大社会政治意义的工作。在党旗引领下，考古人应该树立高度的政治自觉，做新时代中华文化的继承者、创新者、传播者，发挥以古鉴今、以史育人的积极作用，讲好中国故事。作为新生力量的青年考古人，应不负时代与人民的期待，勇做走在时代前列的奋进者、开拓者、奉献者，为建设中国特色、中国风格、中国气派的考古学而不懈奋斗。

结语

光阴似箭，日月如梭，从年轻懵懂蜕变到稳重不惑。每每回想起奔走在周原的日子，心底总会涌起一股暖流。不仅有对那段火热岁月的怀念，也有对那些曾经激励、鞭策我成长的每一个人的感激。他们是良师益友，用自己的经验和智慧，助力我不断前行，指引我理解感悟田野考古的真谛和价值。

在周原的158个日夜，我经历了无数艰辛与磨砺，不仅承载了厚重的回忆，更见证了我个人知识的积淀与心灵的成长。路漫漫唯有上下求索才能获得真知，只有不断用双眼观察过去、用双手记录今天、用双脚丈量未来，才能在田野调查中迸发耀眼的火花。

如徐天进老师所讲："考古是一扇窗，推开它，消失已久的风景将会重现于你我的面前，当你看见窗外风景的壮阔和斑斓，过去便不再陌生、遥远，有限的人生，仿佛也延长了千万年。"当你捡拾起一件器物残片，去观察、感触那看得见、摸得着的岁月印记，仿佛穿越时空与古人交流对话，这是一种神奇浪漫的体验。考古工作就是要建立起一座跨越时间的桥梁，当古今衔接一体，流传千年的璀璨文化将在我们手中延续，发扬光大。

（作者系宝鸡市考古研究所副所长）

> **知识链接**
>
> 　　宝鸡周原博物院位于宝鸡市扶风县法门镇召陈村，是在周原遗址大规模发掘的基础之上建立的一座国家二级博物馆，1982年被国务院公布为第二批全国重点文物保护单位，主要开展周原遗址保护、文物收藏与保护、科研展示和公共文化普及活动。

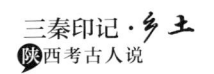

沟渠映像：周原水网系统发掘亲历

○李彦峰

周原印象

"周原膴膴，堇荼如饴"，这是《诗·大雅·绵》对周原的描绘。大意是说这片平整的台塬水土肥美，地上生长的堇菜和荼菜都像饴糖那样甜。或许正因为水足土沃、物产丰富的自然条件，吸引了古公亶父率其周族部落在这里营室立都。作为最初的都邑，膴膴周原滋养着周人从蕞尔小邦一步步发展成为一举翦灭大邑商的大邦周。周王朝建立后，虽徙都于丰镐，但周原在整个西周时期一直是维系周王朝血缘关系、明确宗方尊卑、保有宗庙、稳定后方的重要都邑。长期以来，周原遗址的考古发现层出不穷，包括青铜器、甲骨文、玉石器等大量珍贵文物从这片土地里"长出"，这也使得周原成了一片西周考古的圣地，更是西周历史研究的一处文献资料库。

我的周原印象，最初来自教科书，让我印象最深的就是这里发现了中国最早的四合院建筑——凤雏甲组建筑基址，还出土了各种精美的铜器窖藏。2013年我进入陕西省考古研究院工作，才有缘实地感受周原的魅力。当年，恰逢北京大学考古专业实习和国家文物局的考古领队培训班在周原举行，在还未办完入职手续的情况下，院领导就安排我们新入职的几个人到周原参加发掘，算是提前进行岗前培训。就这样，我们来到了周原遗址。短暂的培训期间，我也有机会实地参观了教科书中提到的凤雏甲组建筑基址、召陈宫殿建筑基址，听闻了诸多青铜窖藏的发现故事，见识了周原遗址内冲沟纵横的景象，也感受到了村风民俗中的周礼孑遗。由于这次负责实习教学的是北京大学新石器考古组老师，目标是寻找陕西龙山文化双庵类型遗存，整个工作都围绕新石器时代考古进行，因此当时未能对周原遗址的核心，西周时期遗存的情况有一个全面深入的了解。

2015年5月，由于工作的需要，根据单位安排，我有幸再返周原，成为周原考古队的一员，开始了历时四年的周原考古工作和生活。能够参与周原考古，对任何一个从事商周考古工作的年轻人来说都是难得的学习机会。从20世纪70年代开始系统性大规模发掘以来，周原遗址走出了许多知名的考古学家，培养了一大批优秀的技术人员，这里不但是西周考古遗存的重要发现地，还是孕育考古人才的摇篮。曾在2002年后因为周原考古队转战周公庙遗址，周原遗址的系统性发掘便停滞了一段时间，直到2014年再度启动，我也正好赶上了这次发掘。一直以来，周原考古队都是由陕西省考古研究院、北京大学考古文博学院和中国社会科学院考古研究所联合组成的，可谓国内最强的考古队之一，参与这里考古工作的都是商周考古界的资深专家和青年才俊。平常还会有许多其他国内外专家学者、博士生等来周原参观考察，因此在周原考古能够得到众多的锻炼和学习机会。2014年重启的发掘工作目的是配合北京大学考古文物学院商周组教学实习，考古队选择在凤雏甲组附近发掘，也收获了重大发现，包括考古博物馆展出的西周第一豪车——青铜轮牙马车、凤雏三号建筑巨型社石和"䣙鸡"铜器就是当时发现的。

2015年度的发掘工作由陕西省考古研究院主导，担任发掘领队的是我院乃至全国知名考古学专家王占奎老师，因为胡子的缘故，考古界很多人都叫他"王胡子"，而我们年轻人则称呼他"奎老"。当时，由于种种原因，发掘工作迟迟不能开展，奎老就安排队员们进行调查。正是在这段时间里，在老周原人的带领下，我才终于对周原遗址有了较为清晰的印象。这里地势整体平坦，虽有多条深且长的冲沟把周原分隔成不同的区域，但遗址范围内村庄密布，这都体现了膴膴周原一直以来都是人们生活耕作的好地方。

由于按计划要开展的墓葬发掘迟迟无法正常开始，奎老便决定先将工作重点转到周原遗址内的水系发掘上，因为周原遗址的用水问题一直以来都是他关注的重点。就这样，我到周原最先参与的发掘工作就是"挖沟"。

周原现状远景

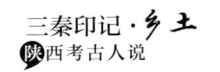

周人用水：考古队长心头的困惑

周原遗址是一处规模很大的西周聚落，遗址范围北到岐山脚下，南至关中环线，东至美阳河，西到岐阳堡，包括岐山京当镇和扶风法门镇的 20 多个自然村，总面积约 30 万平方千米。对于这么大的一处都邑聚落，水源恐怕是首先要解决的问题，也是周原考古工作者不能不面对的一个问题。

水作为自然界中普遍存在的一种自然资源，是一切生命赖以生存和延续的重要条件。对人类来说，水更是离不开的重要物质，是个体生命得以延续和人类社会向前发展所依赖的基础条件。从人类文明与水的密切关系来看，可以说人类历史在某种程度上就是一部水资源的管理利用史。周人迁都以前，仰韶、龙山时期和商时期的周原先民都曾在这里孳息繁衍。受限于当时的生产力水平和聚落规模，早期聚落的选址多集中在河流附近。周原遗址的早期遗存主要分布在王家沟南端区域，说明那时的聚落应该依赖着王家沟的自然水源。后来，周人部落因不堪忍受戎狄部落的滋扰，就从北部山区迁于岐下的膴膴周原。从先周遗存的发现情况来看，周人甫到周原也继续选择在靠近水源的王家沟附近的王家嘴一带生活，应该也是出于利用水的实际需要。到了西周时期，周原的聚落规模不断扩大，特别是在西周中、晚期，周原聚落向东进行了大规模扩张，这时王家沟附近的水源已无法满足其用水需求。从距离来看，部分聚落区域已经远离王家沟水源将近 2 千米，再直接利用王家沟水源，虽有可能，但毕竟距离过远。而周原因地处山前冲积台塬地带，地下水位又较低，很难通过开挖水井来获取地下水资源。在多年的考古工作中，很少在周原发掘到水井遗迹，曾在齐家沟东侧发掘过一口西周时期的水井，深度竟达 30 余米，因此利用地下水并不是当时周原人的最优选择。那么，周人如何开发利用水资源，满足不断扩大的城邑聚落内部生产生活的需求，一直是周原考古工作者的心头之惑。

领队奎老作为长期参与和负责周原考古的资深专家，从 20 世纪 90 年代起就开始关注周原的用水问题，努力地思索探寻。然而，受限于过去的工作条件，他曾几次注意到周原遗址范围内的淤土堆积，但都因无条件开展大规模的考古勘探和发掘，这些和周人用水密切相关的大体量的池渠遗迹总是错失重见天日的机会，不能早日被发现。就这样，周人如何用水这个心头困惑也迟迟不能得解。

直到 2009 年 3 月的一天，一个意外的发现引起了考古队一位发掘技师的注意，云塘村村民在修墓挖土时，在距地表约 2 米处发现了连续平铺的石板。这个消息很快引起了周原博物馆和周原考古队的高度重视，在报经省市文物部门同意后，他们对这一线索进行追踪勘探，最终发现并确认了云塘水池和与之相连的水渠遗迹。通过小规模的解剖发掘，确认这组池渠的修建时代是西周时期。真可谓是"踏破铁鞋无觅处，得来全不费功夫"，周人用水之谜有望解开了。

其实奎老早在 1990 年至 1991 年的冬春之交，就曾在这里做过勘探，也发现了池塘内的淤土堆积，当时考虑到淤土堆积高于南部地

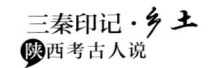

表，就认为其是早于西周时期自然形成的，而未再继续探究。根据后续的勘探和发掘，奎老认为云塘水池和水渠是西周时期的一处人工建造的蓄水和给水工程设施，他还结合工作中遇到的淤土范围，指出周原遗址内还存在有人工给水设施。

2013年，周原考古队在对周原遗址聚落遗址的调查过程中，又发现了可能是大型水池和沟渠的遗迹几十处。从这些调查发现的池渠遗存来看，周原遗址内具有完善的用水设施，和用水相关的大型公共基础设施，除起到聚落内部生产生活用水需求和部分防御功能外，一定程度上还具有划分聚落功能区的界标作用，是聚落规划布局中的一项重要因素。

沟渠纵横：水网系统的确认

随着2014年周原遗址系统考古工作的展开，考古队还开展了大规模的勘探工作。我到周原考古队时，勘探工作正如火如荼地进行。勘探队每天派几十名勘探工人在田野里工作，透过直径约5厘米的探孔来辨识地下遗存的性质，可谓孔孔见真知。云塘水池的意外发现，为周原考古队解决聚落内管理利用水资源方法的问题增添了信心，系统调查期间发现的众多池渠遗存线索，更为探寻构建周原聚落用水系统奠定了基础。在勘探期间，奎老一直强调把水渠等遗存的勘探作为重要关注点。他每天要去勘探现场实地查看勘探情况，勘探队负责人随时要把勘探时发现的信息汇报给他，以便他及时调整勘探方

领队奎老查看水渠遗存勘探情况

案。通过对周原遗址进行大面积的普探，考古队对遗存分布情况有了大致了解，既为后续发掘工作指明了方向，也为有目的地廓清聚落布局提供了资料。

随着勘探工作的一步步推进，以往调查和发现的淤土遗存线索也得到了验证和完善，断续零散的点逐渐连成了线。对于沟渠类遗迹的勘探，奎老很有心得，他经常说，即使周原遗址灰土分不出来，但沟里的淤土是很容易区分的。根据一些生活常识我们也能明白，和水相关的遗迹内都会有因水而形成的淤土或长期经水浸泡的堆积。有了这些经验和认识，勘探中若发现集中分布的淤土，采用"追踪式"勘探的方法，循"淤"而探，很快就能够把沟渠类遗迹勘探确认出来。按照这样的勘探方法，从 2014 年开始到 2016 年，考古队共勘探发现了 30 余条规模不一的沟渠和 3 处可能是蓄水设施的大面积水域。

在大面积淤土遗迹勘探中，刘（刘家村）—庞（庞家村）家淤土范围的发现最令人意想不到。早在 20 世纪 90 年代，奎老就曾在周家村西南的剖面处发现有较厚的淤土层，且在淤土底部采集到西周时期的夹砂陶连裆鬲口沿。这次通过追踪勘探，终于摸清了其范围，确认其位于凤雏甲组基址北约 700 米处，地处山前坡地的前缘，东北起于刘家村东，向西南延伸，经周家村止于庞家南的南堡城附近，总长约 2200 米、最宽处逾 500 米、平均宽约 300 米，总面积约 66 万平方米。淤土中央深约 8.5 米、四周深 2—3 米。这么大规模的水域远超考古人员的预想。从规模看，很可能是借助自然地势稍加人工改造而形成的大面积水域。再从遗存分布情况来看，水域的北部很少有西周的遗存。考虑到该淤土遗迹上叠压有汉代遗迹，综合来看，西周时期这里应该是都邑聚落外围大面积的水域。当时让大家费解的一个现象是，如何在山前坡地区域形成这么大面积的水域。当其他人都疑惑不解的时候，奎老大胆设想，当初在王家沟的附近是否存在一条拦水坝性质的设施？随着时间推移，3000 年中地形经历过沧海之变，现今已无法寻觅拦水坝的踪迹。奎老反向思考，即若没有坝类设施，这地方就无法形成大面积的水域。按着这个思路，他让勘探队在王家沟两侧打了多条剖面，从这些地层剖面上能清楚地看到，两侧对应的地层堆积都向王家沟中间区域倾斜。正常情况下，这个水域西南为王家沟附近，虽然当时王家沟还未发育到现在的深度和宽度，但至少是一处低洼地，北高南低的地势会导致无法形成水域。按照这个逻辑，我们有理由相信，西周时期人们会通过修建大型拦水坝工程来控制改造自然水源以满足都邑生产生活，乃至改造周边景观的需要。

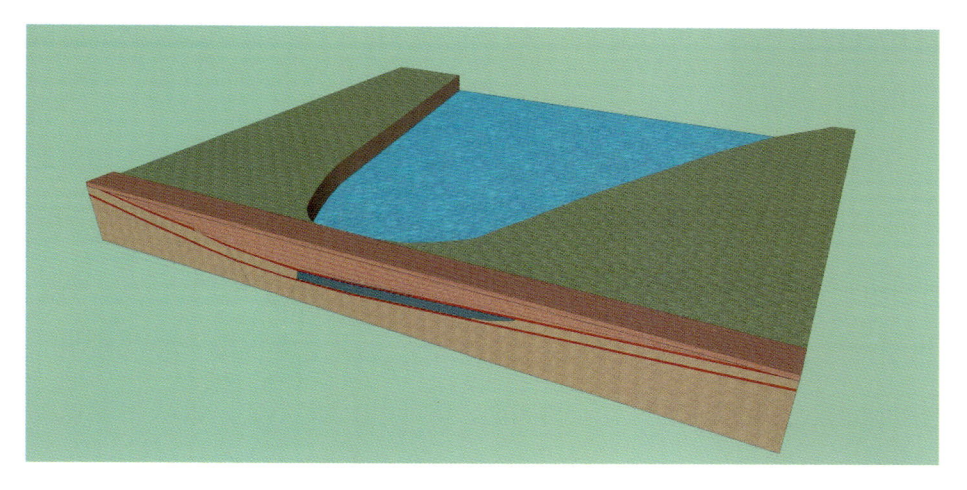

刘—庞家水域及王家沟水坝设想图

通过勘探，在刘—庞家大淤土范围的北侧和东侧还发现了通往这里的沟渠。编号为 G4 和 G5 的两条沟渠北端起于西观音山（岐山山系的一部分）南侧山麓，可能与其上的山泉相接。两沟东西相隔 30—40 米，大致呈南北走向，走向较直，近乎平行，且地势较两侧稍高。中途会合后和南侧刘—庞家淤土遗迹相连。据勘探，沟宽 5—12 米、深 2.5—4.7 米、南北长约 2100 米。试掘发现，沟壁斜，沟内堆积有明显的"清淤"迹象，尤其是在东侧的 G5 中能看到多次较大规模的"清淤"行为。以上特征为判定两沟系人工所建提供了证据。虽然在两条沟内未发现可断代的遗物，但借助其与刘—庞家淤土遗迹的关系，初步推测其修建年代可能为西周时期。对于这两条沟渠的作用，我们当时判断是通过其将西观山上的泉水引到南部的水域来调节水量的。巧合的是，这两条沟渠经过的庞家坡村，至今仍用从山上引来的泉水，而村里的引水管就是沿着古代沟渠铺设的，以至于我们解剖发掘古代沟渠时还挖断了村里的水管。开发利用山上泉水资源的做法，一直在周原延续。

针对调查发现的淤土遗存，我们通过"追踪"式勘探确认其可连接成渠，甚至是纵横交错的水网系统。接下来的任务，就是如何确定池渠的形制结构、修建和使用时代及用途性质等。对于考古人来说，想要弄清这些，最直接的手段就是发掘。池渠遗迹规模一般都较大，全面揭露式发掘显然不太可能实现，似乎也没有必要。领队奎老认为发掘这种沟渠遗迹最直接且行之有效的方法就是解剖式发掘，于是我们根据勘探情况，再结合地里农作物情况在很多条沟渠上选择解剖位置。为了全面把握沟的形状，奎老建议先采用机械横向截断沟渠，挖出完整的剖面，再基于剖面顺着水渠的方向往两侧清理出一段沟壁。有时为了解沟内纵向堆积状况以弄清水流方向，我们会采取"工"字形的解剖发掘方法，先是横向解剖两条探沟，然后在两条探沟中间对沟内堆积进行纵向解剖，使得其堆积性状直接呈现在我们面前，这样一来，水流的方向一下就能被判断出来。按照这种做法，我们对编号为G4、G5、G6、G9和G17的一些沟进行了多点式解剖，基本可以确定，周原遗址探明的大型池渠遗存的修建时代应该都是西周时期，且都是在西周晚期才被废弃的。

经过两年多的努力，再结合过去"云塘—齐镇—召陈"池渠遗存

沟渠发掘情况

的考古发现，基本可以确认周原遗址内存在由自然水系与人工水系（池、渠等遗存）构成的完备且复杂的水网系统。

结语

周原遗址内水网系统的发现与确认，可以让我们切实感受到周人在突破自然条件限制不断扩张过程中对水资源的强大的规划利用能力，也进一步强化了以往所发现的诸多重要遗迹之间的有机联系，加深了我们对周原遗址聚落扩张过程与水源关系的认识，填补了周代都邑性遗址水资源利用系统考古研究领域的空白。最为重要的是，这一系列工作，尤其是以淤土遗存为线索开展的勘探工作，为探寻聚

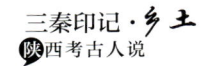

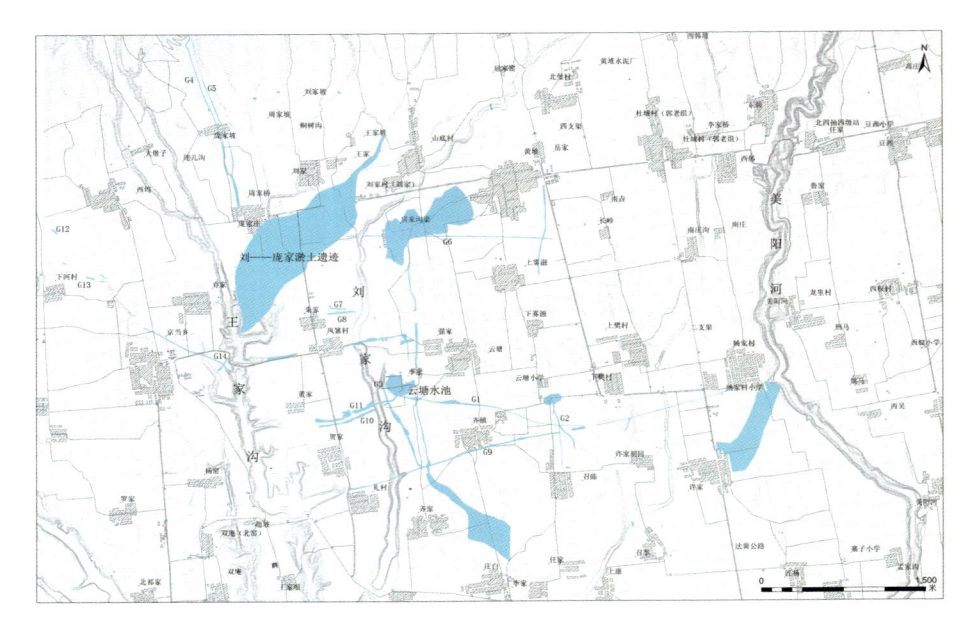

周原水网系统图

落结构的田野工作提供了一条比较切实可行的途径。最终,包括水网系统、豪华铜车马和大型建筑基址等一系列重要发现使得周原遗址获评"2015年度全国十大考古新发现"。周原遗址水网系统被发现后,其他都邑类遗址的考古工作人员也陆续开始关注聚落内部的用水问题,有意识地去探寻相关设施。

(作者系陕西省考古研究院科研工作部副主任、副研究员)

周原车马坑实验室考古纪实

——从发掘现场到博物馆展陈

○黄晓娟

周原位于陕西省宝鸡市扶风县,这里曾是周王朝的核心地带。在这片历史悠久的土地上,埋藏着许多珍贵的文化遗产,周原贺家车马坑便是其中之一。这个车马坑的发掘不仅为我们揭示了周王朝时期的车马制度和社会风貌,更展现了古代工匠的智慧和技术。今天,就让我们跟随这个项目的现场保护搬迁到实验室建设,再到室内清理、保护修复,直至最终在博物馆中展出的过程,体验这段跨越时空的旅程。

2014年秋天,考古队在对周原遗址凤雏基址附近的一次钻探中,意外地揭开了一段尘封的历史。在距离凤雏基址南侧大约100米的地方,考古人员发现了一处东西向的遗迹,其长度为3米,宽度为2米,从地表向下延伸约1.5米,深度达到0.9米。令人惊喜的是,

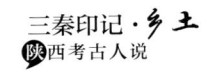

在这片区域的东端，他们还找到了一些青铜器碎片，暗示着这里曾经藏有珍贵的文物。为了更好地保护这些文物，考古队迅速采取措施，不仅加强了现场的安全防护，还开始对这一遗迹进行更为细致的发掘。随着工作的深入，他们逐渐揭示了一个完整的车坑，南北长 4.3 米，东西宽 3.2 米，深约 1 米，内部似乎埋藏着一辆古车。

发掘过程中，最令人激动的是考古人员发现了车轮的部分构件——车轮的轮牙，这辆车的特别之处在于它的轮牙为铜质，这是首次发现的整个车轮被铜质轮牙包裹的西周马车。经过进一步的发掘考古人员还揭示了车軎、车辖和车辕，其中最引人注目的是这些车饰件上都镶嵌着绿松石，它们在地下沉睡了两千多年之后，仍然散发着迷人的光彩。为了防止这些脆弱的珍贵文物进一步遭到损坏，文物保护人员及时介入，使用了专业的加固材料来加固那些已经松动的绿松石碎片，防止其在清理过程中脱落。

根据这些发现，考古学家推测这辆车及其附属物品可能属于西周中晚期，这不仅为我们提供了了解那个时代生活的一个窗口，也为研究人员研究当时的技术和社会结构提供了宝贵的实物证据。由于考虑到现场文物的保护问题，考古队决定暂时停止进一步的发掘活动，等待更加完善的保护措施到位后再继续他们的探索之旅。

现场保护与搬迁：与时间赛跑

周原贺家车马坑位于陕西省扶风县，这里为典型的暖温带大陆性季风型半湿润气候。但每年的秋冬季节，气温的变化都会给文物发掘带来不小的挑战。随着气温下降，土壤开始冻结，这不仅影响了挖掘工作的进度，更重要的是，反复的冻融对出土的文物造成了直接损害。为了保护文物免受自然环境的侵害，考古队决定将车马坑整体搬迁到陕西省考古研究院泾渭基地开展室内清理发掘。

搬迁工作是一项极其复杂的任务，涉及文物的清理、包装、隔离、固型等多道工序。首先，考古队对车马坑进行了扩方清理，以确保有足够的操作空间来进行后续的工作。随后，对清理出来的遗迹部分进行了隔离、固型、包装处理，先用塑料薄膜将已经揭露出来的铜器和有机残留遗迹包裹起来，避免在固型过程中受到污染。然后用石膏麻布将需要整体搬迁的部分一层层包裹起来，使其成为一个整体。接着用槽钢在四周和顶部焊接金属框架，加强整个包裹体的强度，在底部穿插槽钢，使用机械辅助推进的方法，使其沿车马坑底部水平地与地面分离，通过焊接加固车马坑底面，使其形成整体，避免移动时包裹体扭曲变形。最后在包裹体底部焊接工字钢作为起吊的吊梁，保证其整体的稳固性。

整个搬迁过程中，项目组邀请了专业的吊装公司进行吊装、运输和卸载，保障了文物的安全。并确定安全可靠路线，最终将车马坑整体运达陕西省考古研究院泾渭基地。

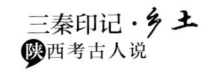

实验室建设：打造专属空间

这是我们首次尝试对如此大型的车马坑进行整体搬迁并精细化的室内考古发掘，每一步都凝聚着科研人员的心血与智慧。为了确保车马坑在迁移后能够得到周全的保护，我们研究院在泾渭基地精心打造了一个特殊实验室。这个实验室的特殊性，首先体现在其设计上——它拥有两层楼高的宽敞空间，这在考古实验室中实属罕见。这样的设计并非随意为之，而是为了给车马坑提供一个开阔无碍的作业环境，便于大型考古设备的操作与安置。其次为了吊装和移动车马坑内的重物，我们特别安装了航吊系统，最大限度地提高了考古工作的效率与安全性。

考虑到车马坑遗迹的脆弱性，出于对土壤结构、木质遗存以及金属器物的保护，温度控制成了实验室的一大设计重点。为了避免季节变换导致的温度波动使遗迹遭受冻融破坏，我们配置了多台大功率空调设备，这些空调不仅能够精准调节室内温度，还能保持恒定的湿度，为车马坑创造一个接近理想状态的微环境。这一措施，无疑是文物保存的重要保障。此外，为了详尽记录这次考古发掘的每一个细节，我们还在实验室内巧妙搭建了延时摄影装置。这套系统不仅能够全天候、不间断地捕捉考古现场的每一个变化，还能通过高清影像，将古老的车马坑苏醒的全过程生动地呈现给世人。这不仅为学术研究提供了宝贵的资料，也让公众有机会近距离感受历史的厚重与魅力，实现了考古成果的社会共享。

室内清理与保护：重现历史原貌

在泾渭基地的临时实验室中，考古人员与文物保护人员紧密合作，共同对车马坑遗迹进行了室内发掘清理。整个过程中，他们严格遵循考古发掘的操作规程，以确保文物的完整性和安全性。在清理过程中，多种现代科学技术手段被广泛应用：显微观察照相技术帮助考古人员详细记录了文物表面的细微特征，即使是肉眼难以察觉的信息也被完整保留下来；高清摄影技术则为每一阶段的工作留下了清晰的图像记录，这些照片不仅能作为清理过程的见证，也为日后的研究提供了重要的参考依据。此外，三维激光扫描技术的应用使得考古学家能够创建出车马坑及其内部文物的精确三维模型，这些模型不仅能够展示文物的原貌，还可以用于数字重建，帮助研究人员更好地理解古代工艺和技术。

面对脆弱文物，考古人员展现出了极高的专业素养。他们使用了多种化学和物理方法来加强文物结构的稳定性和耐久性。例如，对于容易脱落的部分，采用特殊的黏合剂对其进行固定；而对于已经出现裂痕或破损的地方，则采取了填充和加固的措施。这些方法不仅保证了文物在清理过程中的安全，也为未来对其进行长期保存奠定了基础。

通过上述一系列科学手段的应用以及考古人员与文物保护专家

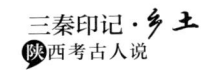

之间的密切协作，车马坑的清理工作不仅达到了预期的效果，还积累了大量翔实的第一手资料。这些资料不仅丰富了我们的考古数据库，还为后续的研究工作打下了坚实的基础。此外，实验室考古的方式也为今后类似项目的开展提供了有益的参考，展示了现代科学技术在文化遗产保护中的重要价值。

遗迹、遗物保护修复：让文物重生

在保护修复阶段，考古人员面临了众多挑战。车马坑出土的文物种类繁多，既有金属类文物，也有已腐朽的木质车体。这些木质车体在埋藏过程中逐渐与土壤融为一体，变成了土质文物遗迹。为了应对这些复杂的状况，我们选择了合适的加固剂对文物进行了处理。在器物修复方面，我们共修复了391件金属文物，包括10件车饰、63件马面（分为4组）、274件马络饰（同样分为4组）、7件衔镳（其中一组为完整的一套），以及其他37件不同类型的金属制品。在修复过程中，我们注重每一个细节，力求让每一件文物都能够恢复其原有的风貌，以最佳状态呈现给观众。

在遗迹加固方面，我们深知土体稳固的重要性，这直接关系到文物在后期展示中的安全性与可持续性。因此，在正式加固前，我们进行了大量的材料加固试验，通过对比不同加固剂的效果，最终选择了最适合的加固剂对车体、坑壁的土体进行加固处理。在这一过程中，我们不仅要确保土体结构的稳定，还要尽可能减少对文物本身及周围环境的损伤。特别值得一提的是，我们在加固马肋骨时采用了与高校合作试制的针对骨质文物的材料，不仅加固效果显著，而且对马骨的外观影响极小，既增强了马骨的强度，又没有改变周围土体的硬度，实现了保护与展示的完美结合。

总之，这次对车马坑遗迹、遗物的保护修复工作，不仅是对我们专业技能的一次考验，更是对我们责任心与使命感的全面体现。我们深知，每一滴加固剂的渗透，每一块碎片的拼接，都是在为历史传承贡献力量，为文化传承添砖加瓦。

博物馆展示：让历史触手可及

经过一系列精心准备，周原贺家车马坑最终以全新的面貌出现在陕西考古博物馆的一号展厅。这些经过修复和复原的文物，不仅展示了周王朝时期的车马文化，也让参观者有机会近距离接触那段历史，感受古人的智慧与匠心。这个项目的完成，不仅丰富了博物馆的展陈内容，更为学术研究提供了宝贵的实物资料，让这段尘封已久的历史以一种生动的方式呈现在世人面前。

通过这样一个从现场保护搬迁到实验室建设，再到室内清理、保护修复，直至最终在博物馆展出的文物考古过程，我们见证了周原贺家车马坑是如何从一片废墟中重生，成为连接过去与现在的桥梁的。这不仅是对文物本身的保护，更是对文化遗产的一种传承和发展。

（作者系陕西省考古研究院研究馆员）

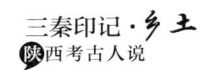

泾渭之汇的五千年文明曙光

——杨官寨遗址考古记

○杨利平

关中平原,又名渭河平原,介于秦岭与陕北黄土高原之间,为一处三面环山、向东敞开的河谷盆地,也是首个被称为"天府之国"的地方。得天独厚的自然环境孕育了关中地区古老而发达的文明,重要的地理位置奠定了这一地区在中国历史上的特殊地位。从史前时期开始,关中地区就一直是人类繁衍生息的宝地,同时也是辐射四方、涵养中华文脉、引领中华文明不断前行的中心区域,关中平原渭河、泾河两岸的河谷台地孕育了数不胜数的古文化遗址。

杨官寨遗址位于西安市高陵区姬家街道杨官寨村四组东侧,地处关中盆地的腹心地带,坐落在"泾渭分明"景点西北约4千米的泾河北岸一级台地上。遗址总面积约80万平方米,是关中地区仰韶中晚期中心性聚落遗址之一。经历年发掘,先后出土了庙底沟文化唯一

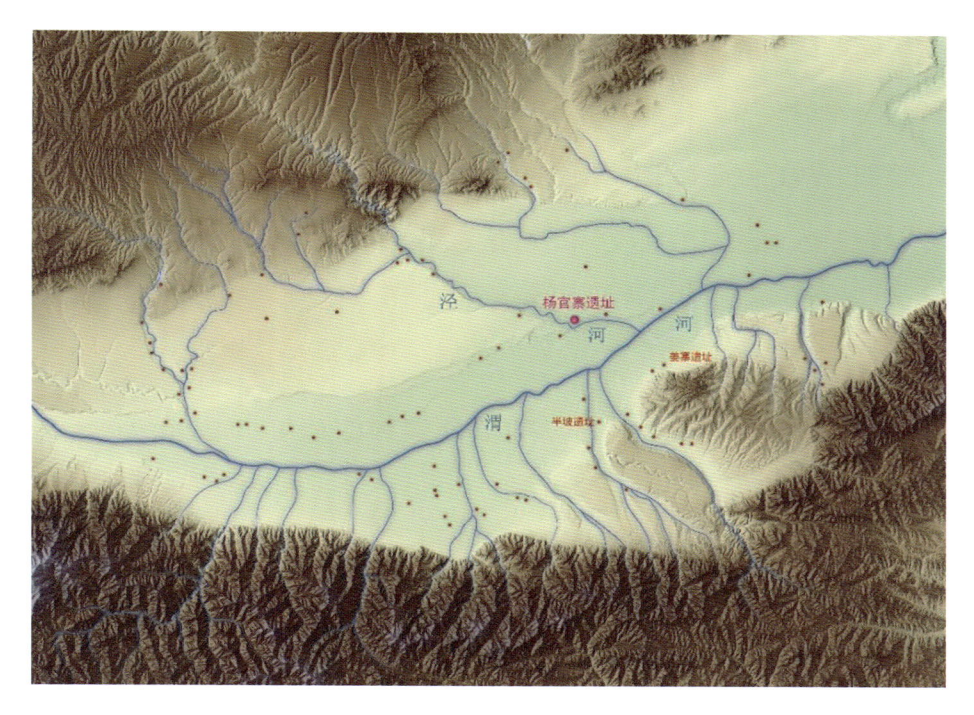

杨官寨遗址地理位置示意图

杨官寨遗址总平面图

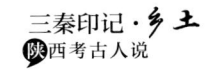

基本保存完整的环壕、大型公共墓地、最早的人工水利设施、仰韶晚期制陶作坊区等重要考古收获，填补了相关领域的空白，显示出仰韶中晚期聚落功能结构和关中地区早期城市的雏形，展现了仰韶时代社会管理体系的成熟和文明的高度，奠定了其中心聚落和都邑性遗址的地位。

泥土中的彩陶揭开尘封的遗址

2004年5月，西安泾渭工业园项目建设组在实施杨官寨村南新路段的延伸工程时，发现挖掘出的泥土中包含有大量陶片，其中还有许多带有纹饰的彩陶片。当地文物部门得知情况后立即上报了陕西省文物局，陕西省文物局随即委派陕西省考古研究院对施工现场进行考察和研判，由王炜林研究员担任领队，前往杨官寨村开展考古调查工作。经现场实地调查，根据出土的各类遗物，考古研究人员确定此处应为一处仰韶中晚期遗址，且分布范围大，并将遗址命名为杨官寨遗址，这也是杨官寨遗址首次被发现并正式获得命名。

2004年6月14日，经国家文物局批准，由陕西省考古研究院组织勘探队开始对遗址进行钻探和调查。确认遗址的范围四至为北起雷村、南至韩村、西自杨官寨村西、东至徐吾村，南北约800米、东西约1000米，总面积约80万平方米，是关中地区规模巨大的仰韶时代遗址之一。该处遗址揭开了仰韶中晚期的一个特大型都邑性聚落的神秘面纱，使尘封五千多年的灿烂史前文明呈现在世人眼前，被认为是继西安半坡遗址之后，关中地区新石器时代的又一重大考古发现，具有非常重大的学术价值。该遗址于 2008 年、2017 年两度获评"全国十大考古新发现"，被评为"田野考古二等奖""田野考古三等奖"，2013 年被国务院公布为第七批全国重点文物保护单位，2016 年、2021 年被纳入"十三五""十四五"期间全国"大遗址"保护名录，2018 年被国家文物局纳入"考古中国·中原地区文明化进程研究"项目子课题。

地层下的壕沟唤醒史前大型都邑

遗址被发现以后，其宏大的规模和丰富的内涵，立即引起了陕西省考古研究院的重视。为了对建设项目占用土地范围内的文物进行抢救保护，2004 年 6 月，陕西省考古研究院正式成立杨官寨遗址考古队，开始了对遗址的考古发掘、研究、保护工作，至今，已持续 20 年，取得了一系列令人振奋、震惊的考古成果。

2004 年 6 月至 2005 年底，考古人员为配合长庆集团住宅区项目的建设，对项目用地范围（即遗址西南部）的遗存进行了抢救性发掘。经发掘，发现大量仰韶时期各类房址、灰坑、陶窑、瓮棺葬，以及汉、唐、明、清等时期的墓葬、水井等。尤其是仰韶时代中晚期遗存十分丰富，出土陶、石、骨质等大量遗物。这个时期的考古工作，让我们对遗址的内涵有了更清楚的认识和把握。

2006 年至 2007 年底，对长庆石油勘探局、陕西重汽集团万方零

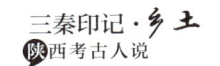

杨官寨遗址南区

部件公司两个大型企业征地范围内（即遗址北区）的遗存进行了抢救性发掘。为了快速、准确地了解遗址北区的遗存分布，掌握遗址的四至范围，考古人员在遗址中部、西部和东北部共布设4条长探沟，起到了良好的效果。借助这样的工作方法，可以在短期内了解遗址的范围与内涵，后来常被考古同行用于大遗址的考古工作。这一阶段考古工作最重要的收获有两点，一是在长庆集团征地范围内（即遗址东北部）发现了一条平面形状为长条形的灰沟（编号G1），口部宽约10米、底部宽4—6米、深约3米，且G1从西北向东南均有延伸。二是在万方零部件公司征地范围内（即遗址北部区域）发现了一座大型灰坑——H776（后经系统发掘，确认其为环壕西门址北侧的壕沟），该遗迹单位体量极其巨大，口径可达 15 米左右，还出土有大量完整的陶器，而且这些陶器多成层分布，有些陶器还上下叠置成组套合在一起。这些全新的考古发现均令人惊喜不已，但由于这两处遗迹距离较远，考古人员并没有将它们联系在一起。在当时所有学者的认知里，从来没有任何先例可供参考，杨官寨遗址考古队就像黑暗里的先驱，不断地摸索前行。

环壕东北角（环壕 G1 段）

2008 年 3 月至 2009 年底，围绕前一阶段 G1 及 H776 等重要遗存的发现，考古人员开始探索遗址北区是否存在聚落环壕。为此，2008 年 5 月，开始依 G1 和 H776 的走向对其周边开展了"顺藤摸瓜"式

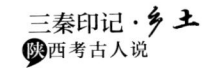

的重点勘探。

终于，发现了完整环壕的存在！

这一结果让所有考古队员兴奋不已，这是首次发现的可完整闭合的庙底沟文化大型环壕。为了谨慎起见，考古队经过三次重复验证后，才最后确认该聚落环壕的存在。而且在西环壕中段还发现门址一处，之前发掘的 H776 实为西门址的一部分。环壕，顾名思义，就是环绕在遗址外围的壕沟，类似于城墙外的护城河。

为了验证勘探成果的准确性，2008 年以来，先后对西门址、环壕西南转角进行发掘，进一步确认了环壕的分布和形制。此外还对环壕聚落中南部、环壕东北角等区域进行了较大规模的发掘，详细了解了聚落内部各区域的布局。

至此，经过一系列的科学考证，考古队在遗址北部揭示出一处庙底沟文化时期规模巨大，且为目前所知该时期唯一保存完整的大型环壕，环壕平面形状接近规则的梯形，呈现南北段平行、东西段对称的布局。环壕总周长 1945 米，壕沟内环绕面积达 24.5 万平方米，壕沟宽 10—15 米、深 3—5 米。在西段环壕中部发现一处门址，这也是目前发现的唯一一处门址，是杨官寨史前先民出入的主要通道，由附近环壕、门道、排水设施、"门房"等构成。排水设施是一条由聚落内流向环壕的小渠，渠宽 0.55 米、深 0.5 米。门道为开挖环壕时特意预留的连接聚落内外的生土过道，宽 2.7 米左右。"门房"为一处圆形地面式建筑，仅残留地面和灶址。在西门址门道两侧的壕沟（原编号分别是 H776 和 G8-2）堆积中出土了大量陶、石及骨质文物，器物大多成层分布，保存基本完好，由此推断这里应当是史前先民举行某种大型活动的特殊场所。

环壕西门址

上述这些重要发现，尤其是庙底沟文化环壕聚落的首次确认，为聚讼已久的庙底沟文化聚落研究及中国文明起源研究提供了全新的线索。2009年3月、7月，杨官寨庙底沟文化遗址先后被评为"2008年全国十大考古新发现"与"2007—2008年度田野考古奖"二等奖。在此过程中，杨官寨遗址的考古工作从配合基础建设项目转变为主动发掘性遗址保护工程，这是一次历史性的转变。

截至今天，历经20载的持续考古工作，杨官寨遗址庙底沟文化聚落的布局才得以完整揭露：由环壕所构建的聚落整体防御工程、环

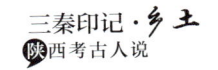

西门址两侧壕沟内出土的成层分布器物

壕中心的大型水池及水利系统、环壕外东侧的大型公共墓地等重要部分组成,成为庙底沟文化聚落形态研究理想的钥匙,显示出聚落超强的设计规划理念,也展现了关中地区早期城市的起源。

大型墓地勾画出真实古代社会

2015年,为配合"泾欣园三期"建设项目,并探寻遗址东部区域遗存分布情况,考古人员在遗址东部开展了针对性考古发掘。发掘伊始,主要清理了一批明代家族墓葬。这些墓葬大多有用砖垒砌的坚固墓室,还用雕花砖构件砌筑了精美的门楼。2015年1月19日下午,考古人员意外地在明代墓葬的扩方区域发现了三五片彩陶,虽然不太起眼,但是很快被他们采集捕捉到,这让他们费解又兴奋。费解的是，出土彩陶片的堆积是他们先期认定的生土，怎么会有彩陶出土呢？兴奋的是，既然有彩陶出现，就说明当时在此区域有人类活动行为。为了确认堆积单位的性质与轮廓，考古人员对周围区域进行了反复刮面。最终考古人员取得了令人振奋的重大突破——确认了杨官寨遗址仰韶时期墓葬所在。顺着这样的思路，考古人员很快对这一区域进行了调查，发现了大量的同类墓葬，由此确认了一处庙底沟文化大型公共墓地。

杨官寨遗址庙底沟文化公共墓地

该墓地位于杨官寨遗址的东部，西侧与遗址东环壕毗邻，总面积达9万余平方米。墓葬分布十分密集。根据目前的发掘情况推断，墓葬总数可达数千座，如此大规模的墓地在中国史前考古中实属罕见。

墓葬方向绝大多数为东西向，且墓葬间未见任何打破关系，反映了当时社会的组织管理能力。墓葬形制主要为偏洞室墓，还有部分带二层台土坑墓和竖穴土坑墓。这些都是探索庙底沟文化时期社会学研究最为重要的材料。

偏洞室墓三维影像图

根据对杨官寨遗址庙底沟文化墓葬内人骨样本的初步鉴定与统计，判断杨官寨史前先民属蒙古人种的东亚类型；墓地内女性个体在数量上略多于男性，二者所占比例接近1∶0.9；死亡年龄主要集中在25—55岁的壮年期和中年期，未成年个体也占一定的比例。

考古人员对墓地内全部个体进行了DNA全基因组数据检测，发现其中母系亲缘关系——线粒体多样性极高，而父系亲缘关系——Y染色体多样性较低，且男性与男性之间、男性与女性之间存在稳定的遗传关系，女性与女性之间则鲜有遗传关系。另外，借助锶同位素、碳氧同位素等多学科研究手段，可将墓地内的个体来源划分为三群，其中较为明显的外来人群中，以女性为主。

综合 DNA 全基因组、锶同位素、碳氧同位素的研究成果，加上杨官寨遗址环壕内出土的大型陶祖，表明男性在这一时期受到崇拜，在社会生产生活中已占据主导地位，同时也反映出女性从外地嫁入的族外婚的形式已经出现。

南区制陶作坊区见证史前社会分化

2004—2006 年，遗址南区最重要的发现是发掘区南端一条东北—西南走向的断崖，在断崖处分布有成排的房址和陶窑。房址共 13 座，均为平面呈"吕"字形的前后室结构，前室一般是地面式，后室则为窑洞式，中间以较窄的过道连接，这是关中地区乃至中国史前考古中目前已知最早的窑洞式建筑群。较为特殊的是，在部分房址门道的一侧或两侧，还建造有陶窑，二者之间没有任何打破关系，有

遗址南区断崖面

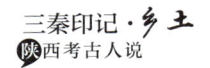

些陶窑就直接修建在过道的断面上,据此判断房址和陶窑是一种固定的配套设施。这种遗迹间的组合关系在之前的考古发掘中十分罕见。

遗址南区的房址与陶窑组合

储藏陶器的窖穴 H402

在断崖附近区域，还发现了一些可能与房址和陶窑相关联的窖穴，如H402，它是一座椭圆形袋状坑，口径1.1—1.3米、底径2.55—2.7米、深2.3米。在该坑内出土了40余件完整陶器，其中仅可修复完整的尖底瓶就有18件，这些尖底瓶的形制和装饰风格一致，规格也基本相同，推测是由同一批制陶工人生产制造的，反映了当时陶器制造的专门化、标准化。此外还出土有1件陶轮盘，疑似制陶工具。在一个灰坑内出土数量如此之多且形制一致的完整陶器，还出土了大量制作成形的陶器半成品泥坯块，这充分表明H402是一处专门用来储藏陶器的窖穴。由此，考古人员判定该处由窑洞式房址、陶窑、窖穴等组成的区域，应当是聚落中专门进行陶器生产、储藏的手工业作坊区。

遗址南区制陶作坊区的发现，从另一方面诠释了当时的社会形态，表明当时已经出现了比较明显的社会分工。房址与陶窑组合关系的出现，打破了早期共用陶窑的习惯，可能制作陶器的陶工就住在陶

H402出土的尖底瓶组合

H402 出土的制陶工具——陶轮盘

窑边的房址内,反映了一部分家庭专门从事陶器制造业的现象。H402 中出土了大量相同规格的陶器,这种专门储藏陶器的窖穴说明财产私有观念已出现并且通过聚落形态得到了表现,这对认识当时的社会结构具有重要意义,为我们研究仰韶晚期的聚落布局、社会生产、社会分工等课题提供了依据。

特殊文物反映出遗址地位非凡

杨官寨遗址出土了陶、骨、石、玉质等各类文物 7000 多件,以陶器居多,其中不乏制作精良的特殊器物。尤其是人面像陶器,是杨官寨遗址集中出土并极具特色的一类器物,截至目前已出土 20 余件,而集中出土这类文物的现象在同时期其他史前遗址中极为少见。这些器物中有镂空人面像陶盆、贴塑浮雕人面像残陶器、镂空人面像陶豆、戳印人面像泥饼、阴刻（指甲纹）陶纺轮、彩绘人面像陶钵等，多不是实用器物，应当是史前先民有意制作并用来表达特定情感或信仰的器物。

镂空人面像覆盆

涂朱砂人面像饰残陶器

另一类值得关注的器物是彩陶，顾名思义，就是在打磨光滑的橙红色陶坯上，以赭石和氧化锰等天然矿物质颜料进行描绘装饰，然后将其入窑烧制，橙红色的胎上就会呈现出红、黑、白诸种颜色的美丽图案，达到装饰、美化陶器的效果。彩陶作为新石器时代文化遗存中的重要组成部分，它的产生、发展和演变，是这个时期人类历史演进的重要标志。从一定意义上讲，彩陶的出现，是原始先民在长期烧造陶器的实践基础上发展起来的，体现了当时人类在创造方面的智慧与成就，集中体现了当时人类社会物质和精神方面的最新成果和最高水平，是史前先民物质文化和精神文化的结晶。

目前，杨官寨遗址内已出土百余件较为完整的彩陶，器型包括彩陶盆、彩陶钵、彩陶罐、彩陶壶等，装饰图案有花瓣纹、回旋纹、动物纹、西阴纹、人面纹等，均绘制得十分精美，色彩绚丽。

从更广阔的视角来看，以杨官寨遗址、泉护村遗址为代表的庙底沟文化彩陶图案规范，特征鲜明，分布范围广泛，在中国新石器时代

动物纹彩陶盆

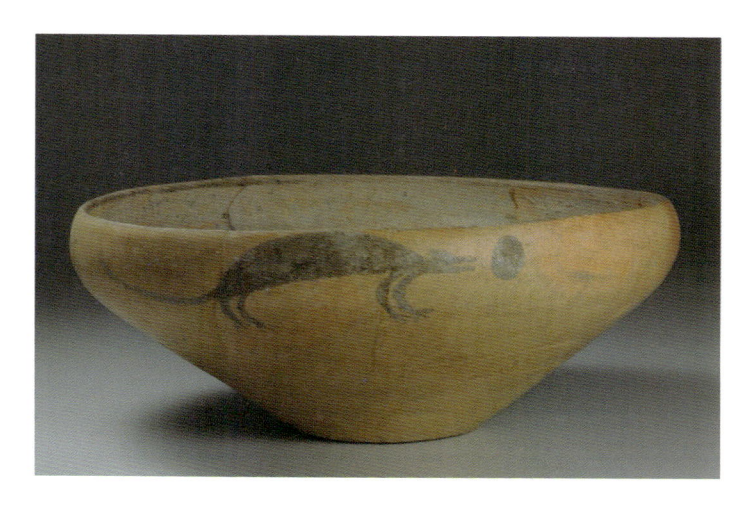

动物纹彩陶钵

独领风骚,将彩陶文化的传统发展到了极致。在这一时期以关中为中心的区域形成了一股巨大的彩陶浪潮,它像巨石激起的巨浪一样,向四周传播开去,对周边的文化产生了强烈的影响。

庙底沟文化最具张力的礼器可能是特征显著的彩陶。该文化以最具代表性的花瓣纹、西阴纹彩陶,对周边文化,如长江中游的大溪文化,辽西地区的红山文化,伊洛—郑州地区的大河村三、四期文化,胶东半岛的大汶口文化,乃至环太湖流域的崧泽文化,四川东北部的同时期文化等产生了极大的影响。

花卉纹彩陶壶

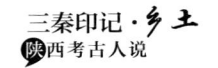

石兴邦先生曾指出，庙底沟文化以彩陶为规范性传播符号与周边诸氏族部落文化结成了大的中华原始文化共同体。这是中华民族历史上第一次形成的大的民族与文化同一体。其领域之大，文化认同之广且深，历史影响之深且长久，世界罕有。韩建业先生认为庙底沟文化就是"文化意义上最早的中国"。

用国际视角解密关中地区史前文明

2010年夏，在各方的支持和共同努力下，杨官寨中美田野考古培训班成功设立。该项目由中美双方联合举办，其中美方合作机构为加州大学洛杉矶分校寇岑考古学院（Cotsen Institute of Archaeology）和美国田野考古研究院（Institute for Field Research），前者是享誉国际的考古教学机构，后者原从属于寇岑考古学院；中方合作机构为陕西省考古研究院和西北大学文化遗产学院。该培训班旨在通过田野考古实习项目，向来自不同国家和地区的学生提供了解、学习中国考古及相互交流的平台，传授考古学理论方法和田野发掘技能方面的知识，培养、引导越来越多热爱考古的学生从事文物考古方面的工作，也向世界推介陕西考古、中国考古这一金色名片和品牌，不断提升中华传统文化在国际上的影响力。

至今，杨官寨中美田野考古培训班已成功举办了10期，先后培训了来自中国、美国、加拿大、英国、德国、法国、澳大利亚、韩国、波多黎各、新加坡等国家的170多名学员，为中国考古、东亚考

2024年杨官寨中美田野考古学校(培训班)座谈会参会人员合影

中美田野考古培训班现场教学

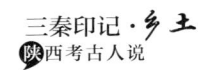

古领域储备了人才。

在田野考古实践过程中，考古人员还与国内外著名院校和科研机构就年代学、分子生物学、体质人类学、环境考古学等方面开展合作研究，全面提取遗存信息，尽可能真实地还原杨官寨史前社会风貌。

未解之谜仍待逐一解开

杨官寨遗址是经过精心设计与有序规划而建成的一座大型城市，规模宏大的环壕构建了聚落的防御工事，环壕的西门是留设的出入主干道，遗址中心挖建了复杂的水资源利用系统，东部区域还专门规划了大型公共墓地。尤其是环壕的设计已出现了对称的布局，南北平行，东西对称，这也是目前可见的最早的对称格局。可以说，杨官寨遗址展现了中国古代城市的萌芽状态。

经初步计算，挖建杨官寨遗址大型环壕的土方量可达 11 万立方米，要完成如此大体量的工程，以当时的生产力水平、生产工具和运输工具来说，应当是十分困难的。对考古发掘材料进行系统整理后发现，用于农业生产的工具十分有限，由此推断杨官寨遗址的居民应当很少进行农业生产。很有可能当时聚落已经具备了很强的社会动员与组织管理能力。如此巨大的聚落是如何获取资源的？工程是如何实施的？这就成了亟待回答的重大课题。

如果上述推论成立的话，杨官寨遗址就形成了区域上处于中间之地，体量上占据核心位置，还能组织调动其他聚落与人员，并获取外围供应资源的特殊格局，这是一种在政治上居于主导地位的态势，十分接近城邦国家的形态。不过，要回答这些问题，还需要持续地开展考古工作，需要获得更多的数据。比如关中地区仰韶中晚期聚落分布与组成结构的真实情况，比如这个时期各种资源供应与分配的科学实证，比如人群血缘关系与婚嫁情况的研究成果，等等。

杨官寨遗址在历史上如此辉煌，那么它是谁的城，见证了何人的历史？有些学者已经指出：杨官寨遗址就是黄帝的故都。希望未来有更多的考古依据来验证这个问题。

总之，以杨官寨遗址为代表的庙底沟文化，是中国早期城市的典范，是展现中华文明起源的窗口，在中华民族发展史上占据着重要地位。近年来，考古人员在灵宝西坡、白水下河遗址发现了总面积350—500平方米的大型房址，是宫殿类建筑的雏形；在西安鱼包头遗址发掘出土了庙底沟文化的"陶瓦形器皿"，这是认识中国建筑史的重要实物；在河南双槐树遗址还发现了丝织品和骨雕的蚕。从这些物质载体中，我们揭开了庙底沟文化的神秘面纱，从而领略到它的厚重与伟大。

（作者系陕西省考古研究院新石器考古研究部副主任、副研究员）

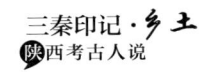

4000 年前的古部落探索

——2011—2014 年神木考古记

○郭小宁

2007 年,我在王炜林老师的指导下,开始在泾渭基地整理华县泉护村的考古报告。在一年多的时间内,我每天都要进行白天 8 个小时和晚上加班 2—3 小时的奋战。2008 年年中,报告基本整理完成。同年 7 月,我正式入职了陕西省考古研究院,然后按照院里安排,到杨官寨遗址参加发掘工作。2011 年初,院里通知,为配合榆神工业园区的建设,让我到神木县(现为神木市)大保当镇进行基本建设考古发掘。

初到榆林,我就深刻地感受到了榆林人民的热情和憨直。在榆林考古队队长康宁武和神木文管办曲凤鸣、刘小明的协调下,考古队顺利地展开了工作。

按照勘探报告结果和项目建设情况,我们首先在木柱柱梁遗址进行发掘。勘探结果显示该遗址存在一条完整的环壕,一经确认,这将成为陕北地区首次发现的完整环壕聚落。环壕内外有丰富的遗迹,如灰坑、房址、灶坑等。因为在杨官寨遗址工作期间,我主要发掘的是环壕西门址和西南角,对环壕的发掘有一定的经验和认识,因此对木柱柱梁环壕的发掘也沿用了此前的方法,即依勘探成果确定环壕的总体范围,再在环壕的拐角和可能为门道的地方进行较大范围的解剖发掘。确定了发掘位置之后,就开始布方、发掘,同时对遗址进行详细的地面踏查,以确定遗址的范围、面积、内涵等,同时结合勘探资料,确定环壕外其他区域的发掘位置。

当时正值煤炭经济火爆的时候,神木的人工工资是关中的两倍。限于政策原因,为了保证工作进度,我们从关中找了一些工人到工地进行发掘,他们的吃、住、安全等问题都在考验队长的工作能力。大保当镇位于毛乌素沙漠的边缘地带,地面多为沙柳、沙蒿等耐寒植物。当地人常说,榆林一年两场风,前半年一场,后半年一场。我们是5月份开始工作的,有阳光的时候,天气尚暖,稍有云朵或下雨的时候,就会气温骤降,而且往往下午四五点之后就开始起风,尘沙漫天。由于我们的上班时间基本固定,即早上8点至12点,下午2点至6点,晚上整理白天的发掘资料,所以无法避开下午的风沙,只能就这样干着。

神木所处纬度较高,紫外线强,夏季的时候,要做好防晒伤工作。不过对于我们常在田野一线工作,而且从小在农村干农活长大的同志来说,影响不大,最多就是皮肤会变得更黑、更粗糙一些罢了。

2011年前后的榆林，雨水较少，干旱时间长，所以到了夏季，工作时间就要调整，早上凉快的时候多干一点，下午上班晚些，少干一点。偶尔，雨后闲暇之时，我们会到沙地里捡地软、挖沙葱，回来后清洗干净包包子，味道美极了。

进入10月份，天气开始转冷，一般到月中，榆林城区和神木市区就开始供暖了，但考古队驻地为租用的农村民房，自然没有市政供暖。取暖工具一般有两种，一种是火炉，神木煤炭多，购买方便、便宜；还有一种是电暖器，那时候流行的是小太阳、油汀等，电褥子更是每个人都必备的。我们所处的大保当镇野鸡河村地广人稀，到了晚上常有风沙，而且外边漆黑一片，因此在整理完发掘资料之后，唯一的娱乐活动就是打纸牌等。

2011年年底，我们基本完成了对环壕的解剖，并再次进行了勘探，确定了勘探资料中环壕的走向是准确的，也通过解剖发掘确定了环壕几个位置的宽度、堆积、年代等，并对壕内部分遗迹进行了发掘。到2012年，主要对环壕外的部分遗迹布方发掘，确定了环壕外遗迹的年代、内涵等。从最终结果看，共发掘面积3600平方米，发现灰坑220个、房址42座、沙坑24个、壕沟8条、陶窑6座，出土陶器有双鋬鬲、斝（盉）、喇叭口折肩罐、尊、素面壶、双耳罐、夹砂罐等，发现的石器有大量小的刮削器、石凿、石磨棒等，骨器有骨锥、卜骨等，年代为龙山文化晚期。大部分陶器无法修复完整，多数为陶片。

神圪垯梁遗址位于野鸡河村神圪垯梁南部的缓坡上，距木柱柱梁遗址不到 10 千米，面积也就几万平方米，两个遗址年代相当，均为龙山文化晚期，也称大口二期文化、石峁文化等。从勘探资料看，该遗址墓葬数量较多，因此该遗址的发掘重点是墓葬，以期对龙山文化晚期成人墓地的布局、葬制、葬俗等有一个清晰的认识。

神圪垯梁遗址 M7 墓葬

因为遗址面积较小，为了达到设想的目标，有必要对基本建设涉及区域进行全面发掘。同时为了准确把握发掘进度和整理资料，我们对整个遗址进行布方，先在重点区域进行发掘，然后根据实际发掘情况进行扩方。2013 年发掘时，首先在缓坡中上部进行布方发掘，在发掘中发现了一座墓葬 M7，这也是此次发掘中发现的规模最大的一座墓葬，东西长 4.1 米、南北宽 3.18 米、深 3.25 米。在西壁距墓口 1.4 米处有一壁龛，内有 6 件陶器，分别为斝 1、喇叭口折肩罐

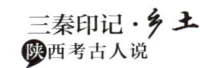

1、壶 2、大双耳罐 1、双耳盆 1。并发现有木棺，棺为多根原木制作而成，墓主为仰身直肢。在墓主身上发现了两层碳化的织物，每层织物上均涂有朱砂，墓主身体上也有一层朱砂，共三层朱砂。墓主为男性，35—39 岁。棺外右侧有一殉人，为女性，20—25 岁，侧身屈肢，面向墓主，手脚均有被捆绑的痕迹。另外，还有一座墓葬比较特殊，为 M8，规模不大，内有一人一猪，墓主为仰身直肢。在人骨左侧有一副完整的猪骨架，从所占面积看，猪的面积是人的两倍。其他墓多为小型墓，单人葬居多，均无随葬品。

东梁石板墓 M2

除墓葬外，还发现了一些房址，分为地穴式、半地穴式和地面式三种，以地穴式或半地穴式为多，但面积较小，地面式房址仅两座，但面积较大，有残留的墙基槽、柱洞、储藏坑等。墓葬与房址的打破关系极少，两者所处区域有重合，这可能是年代不同造成的，因为当时人们的居址和墓地应该处于不同区域。

除龙山文化晚期遗存外，还发现了极少量的汉代遗存，特别是一些犁耕痕迹。为了确认这一痕迹是否为农业活动造成的，我们对沟里的沙土进行了取样，并与伦敦大学的庄亦杰合作，将犁沟整体进行了打包，寄给庄亦杰做土壤微结构分析。最终的分析结果也符合我们对该遗迹的判断，其确实为农业活动造成的。

2014年，我主要在缓坡下部较平坦处工作，除墓葬外，还发现了一处稍有规模的夯土遗迹，夯土形状不规则，似由3条长条形夯土组成，最长的一条长73.6米，宽7.2—15米，面积约1283平方米。对于其功能、年代等，到现在为止，仍没有一个合理的解释。考古就是这样，未发掘前，地下的东西是未知的；发掘后，也不一定能搞清楚其具体用途，但这也是考古的魅力所在，在未知中前行，不断解惑，不断面临新的问题。

木柱柱梁遗址和神圪垯梁遗址的发掘领队是王炜林老师，在发掘过程中，他不顾路途遥远，总会抽出时间到工地进行指导，并传授一些经验、方法。康宁武队长在生活和协调各方关系方面给予了大力支持，每逢佳节，他总会拿些羊肉和地方特色食品等犒劳工地同人。

我们发掘的木柱柱梁遗址和神圪垯梁遗址距石峁遗址不是很远，开车大约需要40分钟。从2011年开始，石峁遗址的调查、发掘等工作也开始了，当时统万城的发掘也在进行中，因此，我们三个考

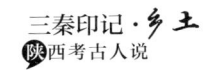

古队在工作之余也会去对方的工地学习、交流。

2013年8月中旬，院里通知，神木高家堡镇圆则沟村有一处墓地被严重盗掘，派我到该墓地开展相关考古工作。接到任务后，我和技工史永强等4人即去了现场，发现该处墓地处于三个相邻的小山包上，多数墓为长方形土坑墓，也有不少数量的石板墓，墓葬均被盗掘，人骨和石棺均暴露了出来。

墓地所处位置离高家堡镇较远，开车需要走一个小时，墓地所在村小组只有一户人家，为一对老夫妇。村小组没有自来水，有电，手机信号很弱，只有房东的手机可以接打电话。吃水靠天水，所谓天水就是用水窖收集的雨水。这些水不仅用于吃喝，还要喂养家畜，加之当地降雨极少，所以水很珍贵。我们就借住在这户农家。大家住在一张炕上，饭要自己做，刚好史永强会一点厨艺，早晚做点稀饭，配点馒头，中午做点西红柿鸡蛋面，我们就这样吃了一周多，直到工作结束。刚开始，我们用的是这户农家的水，刷完牙后就把水倒掉了，这引起了房东大娘的不满，因为他们用过的水还要留着喂牲畜，我们这才知道水的珍贵和稀缺，必须物尽其用。为了解决水的问题，我们派司机买了几个大塑料箱，到镇上去拉水，虽然耗费略多，但解决了吃喝用水，还解决了与户主的矛盾。

把个人生活安顿好后，我们进入了工作状态。首先要进行考古调查，以确定较精准的墓地范围和四至；其次，寻找合适的墓葬进行清理；最后进行资料整理。所有墓葬均已被盗掘，幸运的是有一座墓葬的一半未被盗过，我们重点清理了这座墓葬，同时还挑选了几座石板墓进行绘图、资料撰写等。在调查中也采集到了一些基本完整的陶罐，其年代应该是战国时期或汉代。另外还采集了少量陶片，其年代为龙山文化晚期。我们初步判断石板墓的年代应为龙山文化晚期，部分土坑墓的年代为战国时期，洞室墓的年代为汉代。

经过这4年在榆林神木的工作，使我对榆林人民产生了深厚的感情。这里的人淳朴、善良、能干，而且在考古工地干活的时候都很卖力，所以我们不停地强调不能干得太猛，不然容易破坏古代遗留下来的房子、墓葬、器物等。2014年工作结束后，院里有其他工作安排，我就很少去神木了。但这一段经历，我将铭记终生。

（作者系陕西省考古研究院副研究员）

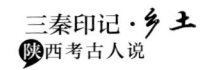

千阳考古发掘记

○胡望林

记得上大学的时候,有同学问老师考古人有什么职业病,老师一笑说,你去问问农民有什么职业病?确实,很多时候,考古人与我们耕耘在土地上的祖辈一样,挽着裤脚,戴着草帽,在阳光下工作,滴洒着汗水,有着黢黑的脸庞。在闲暇时,也会抽着纸烟,家长里短地开着玩笑。不同的是,农民产出的是人们赖以生存的粮食,而考古工作能为人们提供精神层面的需求。

千阳位于宝鸡市西北部,距离宝鸡市区也就 40 余千米,这次的考古发掘是为了配合东城幼儿园的建设,发掘区域位于前川遗址的建设控制地带内。该遗址是陕西省重点文物保护单位,遗址内原立有"汉隃麋县"石碑一通,因此该遗址疑似汉代县治所在。这次发掘注定不是一次普通的考古发掘,这是宝鸡考古研究所在取得团体领队资质后开展的第一次考古发掘，必须得到重视。对这个项目的重视从组队时就开始体现了，考古所决定全员上阵，一是要做出成绩，二是历练队伍。

俗话说得好，"兵马未动粮草先行"。所以由于前期已经委托县上找好了一所民房，虽然略显简陋且杂乱，但经过众人一上午的清扫，总算有了可以放床的地方。民房被分成了三人间和两人间，大家各自布置。由于遗址的发掘不可预测之处太多，耗时往往会很长，因此大家吃饭也就不能像以往一样随便对付，自己做饭便成了一种经济实惠的选择，房东自然成了厨师，考古队员成了下手。据说千阳县的一位同事红烧肉做得不错，因此成了重点关照对象，在他露了一手之后，就成了一位既要承担现场发掘工作又要兼顾后勤保障的"苦力"。

发掘工作的第一步当然是开探方，这次发掘的是陶窑遗址，采用10×10米单位正南北方向布方。这本应是最简单的一件事，但是意想不到的事情却发生了，由于发掘区域前期经过大车多次碾压，地面异常坚硬，而我们所用的方桩是在市场上买的装修用的条木，虽经修整但还是很难砸进地里。匆忙之中，领队的手不幸被铁锤砸伤，好在虽血流不止却未伤及骨骼，算是不幸中的万幸。

考古是一件极为细致的工作，不同于工人们挥舞着铁锹肆意挖铲，考古工作者要根据土质、土色的变化不停地拿着小铲刮面。蹲得时间长了，难免脚酸，索性跪地工作。好的一点是土壤还算干燥，起身后拍掉也无伤大雅，但是长此以往，身上泥垢确难搓洗，洗澡变成

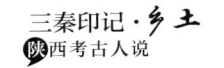

了一个难题。5月份的千阳昼夜温差还是比较大的，在白天的阳光下会感觉到了夏季，晚上室内则寒意逼人。由于室内太冷，洗冷水澡肯定是不行，洗热水澡又要跑到好远的澡堂里去，累了一天还是觉得躺着较为舒服，于是能拖就拖，蓬头垢面成了常态。除了洗澡，上厕所也是一个难题。整个住所只有两个厕所，不知何故，室外厕所经常被堵，只能小便；室内厕所由于是新建的，房东便将厕所门锁了，因此我们只能到距驻地几百米以外的公厕去。然而公厕也是有开放时间的，这对于我们来说是一个很大的麻烦。

对于大多数人来说，考古工作的魅力在于不断有新鲜的发现刺激着人们的好奇心，这一点毋庸置疑，发掘墓葬时尤其如此。当我们一层层向下发掘时，恨不能马上打开棺椁，一睹逝者往日的奢华，解密千年的谜团。但是身为一个考古工作者，我们却不能有挖宝思想，在发掘时必须时刻判断墓葬形成的过程，更要注重埋葬的程序，包括是否有封堆，是否有墓上建筑，墓主下葬时的填土方式是怎样的，等等。通过遗址的发掘可以较为清晰地展现当时人们生活的场景。站在一个遗址中，可以想象古人也曾在此行走，他们生活过的房子、他们走过的道路、他们取水的井，一切都是那么的真实。遗址的形成比墓葬更为复杂，一层层的土代表着不同的人类活动痕迹。去掉现在人的活动层面后，就开始出现明清时期的遗物和遗迹。

这次发掘的明清遗迹中最为重要的发现是当时的一条道路，可能是雨水的缘故，道路上的车辙清晰可见。庆幸的是该遗迹的地层关系并不复杂，在明清地层下，汉代陶窑开始偶尔出现。窑顶是被破坏了的，最先出现的当然是烟囱。经过一个多月的发掘，终于看到了一抹砖红的颜色，预示着我们走进了那个辉煌的汉代。陶窑大体呈方形，三条火道从窑室两侧以及中间穿过，最后汇聚于后壁，烟从烟囱排出。青灰色的窑壁，敲击起来会发出似混凝土的声音，显系经多年烧造。在窑室的一侧有供陶窑工人使用的操作间，有一个操作间连通了4座陶窑，极大地提高了烧窑的效率。其中一个窑室内残存多个流变的陶釜，这就为我们判断陶窑的性质提供了重要依据，这是一处烧造日用陶器的窑址。其实这里不只烧造日用品，根据在操作间和地层中发现的大量板瓦、筒瓦来看，也会烧造建筑材料。窑址的时代和性质既已辨明，考古发掘的田野工作也就基本结束了，剩下的工作就是绘图、照相和室内整理了。考古绘图是按照一定的比例，将所发掘的遗迹复刻在米格纸上，要求展现遗迹的每一个细节，长、宽、高是基本要素，还要体现器物的分布、窑址的火道走向等。

室内整理工作是考古工作中极为重要的一环，这个阶段没有发掘过程中的那种兴奋感，更加枯燥和乏味，因为有成百上千袋子的陶片需要清洗、拼对、修复、统计、绘图、打拓片等，有时拼对一件器物需要好几天。拼对器物的第一步是根据器型和纹饰对器物进行分类，这样可以极大地提高拼对效率。但是我的运气似乎很不好，经常拿到别人快要拼对起来的陶器的一部分，所以对于这部分工作我有些抗拒，但是又不得不做，时常蹲得腿脚发麻，却一事无成。在枯燥的生活中，人总是要寻找一些快乐的，有人喜欢在工作之余练练书法，有人喜欢在傍晚穿行于林间小道觅个清净，有人喜欢邀上三五好

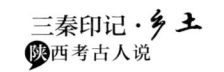

友喝酒聊天。大家通过各自的方式，度过了这一段辛苦的时光，也营造出独特的考古记忆。

8月份的千阳骄阳似火，唯有傍晚方得片刻清凉，夕阳处有几片云彩飘过，公路上三五成群的学生嬉笑着，或挽着臂膀，或并排骑行。清风抚着树叶沙沙作响，几声鸟鸣传过，似平缓的乐章中划过的几个跳动的音符，一切都显得静谧和安详。千阳的发掘工作在这片宁静与祥和中接近了尾声，我们似农人般的三个月的考古生活也即将结束，回归到干净舒适的办公环境中。与农村的静谧相反，城里的万家灯火已渐次点亮，城市开始了它夜生活的一面，街道上来来往往的人，或男或女，或三三两两或携家带口，有疾步如风者，但更多的是漫步闲游的人。小贩们提篮、推车，在街道两旁摆卖着各种瓜果蔬菜，随处可见的小吃摊更是给城市增添了烟火气息。此时此刻，置身于窑址的我，独守着这片宁静，遥想当年那群窑工也似我这般，他们高挽着裤管洗泥、做坯，在这闷热的夏季里任由窑火炙烤，为了家里年迈的老人和嗷嗷待哺的幼儿弯腰弓背地劳作着，劳作间隙偶尔也会遥望那不远处灯火辉煌的隃麋县城。那里的达官显贵、富商巨贾们身着绫罗绸缎，游走在青砖铺就的街面上，灯火通明的酒肆中不时传出的丝竹管弦之声是那么的优美，杯盏之间隐匿着满满的人情世故。他们无意中舍弃的一餐饭食就抵得上普通人的一日三餐，相距如此之近的两个地方却像处于两个世界。

有人说考古更多考的是平民百姓的生活，我们所发掘的大部分器物都是陶器，是现代人眼里不值钱的东西，千阳的发掘便是如此。

这次发掘出土的都是一些非常残破的陶器，但是通过这些器物，我们可以了解那个时代普通人的生活，为了在有限的空间、时间内创造更多的价值，他们开创了联窑。其实对于考古工作者来说，能发现珍贵的文物固然值得庆幸，但是每一个遗址其实都记录着一段历史，它们在诉说着先辈们曾经创造的辉煌，展示了那个时代人们的居住方式、城市布局、社会结构等，更重要的是使我们铭记我们来自哪里。中华民族有着五千年的文明史，考古便是通过不断地挖掘向我们展现真实的中华文明。记得有一次因为一个地方要修建水库，需要做考古发掘。一位经理在路上不断地讲着，水库有多么的重要，可以产生多大的利润，考古耽误了多少时间，又不产生利润等，让我不胜其烦。于是我给他算了一笔账，我用两个工人用一天时间，挖出一件青铜器，可以卖出几百万甚至上千万来举例，问他如果只从利润的角度来看，哪件事产生的利润更大呢？他沉默，我默然。随着社会的发展，大众越来越认识到文物的内在价值。这就要求考古工作者要更多地讲述文物背后的故事，似农人般不断地挖掘，为文明寻找根基。

（作者系宝鸡市考古研究所考古研究室副研究员）

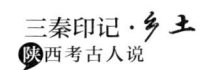

隋唐长安城天街五桥之谜

○张全民

> 天街小雨润如酥,草色遥看近却无。
> 最是一年春好处,绝胜烟柳满皇都。

每当提起隋唐长安城的朱雀大街,人们就常常会想起唐代大文豪韩愈的这首诗,眼前浮现出春雨淅沥、芳草迷离的美景,仿佛沐浴在大唐京城和风细雨、春意朦胧的意境之中。然而,当时间来到一千多年之后,历史上曾经辉煌壮丽的天街——隋唐长安城朱雀大街究竟又是怎样一番景象?

天街初探

2011年12月,西安市文物保护考古研究院对即将改造的小雁塔西侧棚户区进行了考古勘探。该工地位于今朱雀大街东侧、友谊西路南侧，平面大致呈窄长方形，东西最长处达 260 米，南北最宽处达 80 米。根据 20 世纪五六十年代的考古勘探资料，这里大致位于隋唐长安城安仁坊西北角，朱雀大街和第七横街在此交会。可是如今地上密集分布着大量现代民房、个别办公楼的地基，障碍重重，勘探工作难以开展。加之历经一千多年的巨变，历代遗迹错综复杂，扰乱严

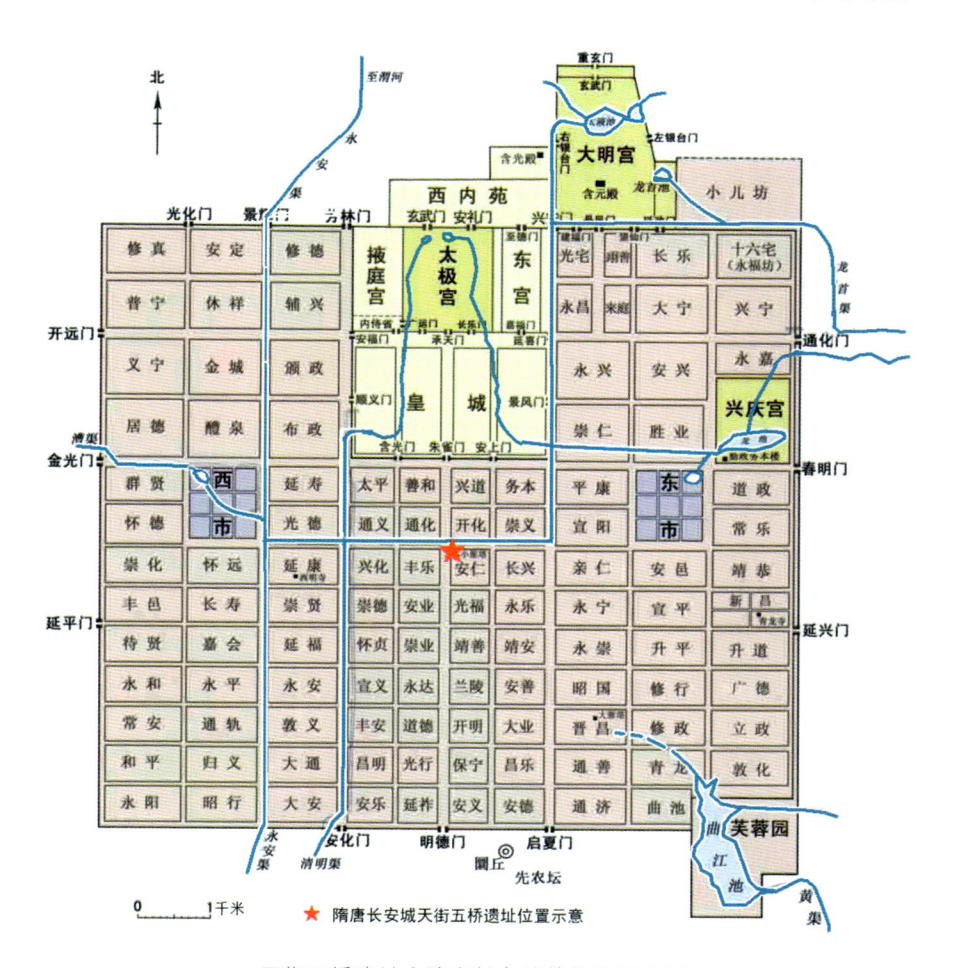

天街五桥遗址在隋唐长安城的位置示意图

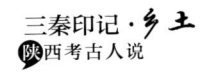

重，难以查明。

2012年初春，我受命负责该工地的考古发掘工作。此前，我曾在西安基建考古中负责过一千座古墓的发掘，挑起了西安西大街道路拓宽改造工程中城市抢救考古的重担，清理出一千口古井。虽说是考古战线的一员老将，但在主持发掘这种遗迹复杂的隋唐长安城遗址时却尚显生涩。我特意挑选了几位曾经在中国社科院考古研究所西安唐城队工作过、具有一定遗址发掘经验的技工加入考古队。首次进入工地时，满目都是拆迁后的废墟，隋唐遗址还能保留多少不容乐观，令人不禁感慨"昔时繁盛皆埋没，举目凄凉无故物"。

于是，我马上对关乎隋唐都城形制布局的大街、坊墙等遗址划定可能的埋藏区，组织勘探技工重新进行重点勘探，了解地下遗迹的保存状况。随后，结合勘探结果，在遗址的重要节点布设考古探方和探沟。前后历时半年，我们从现代建筑的废墟中发掘出隋唐长安城朱雀大街、外郭城第七横街、横穿朱雀大街的水沟等重要遗址。

（一）长安天街探迷踪

朱雀大街位于隋唐长安城皇城正门朱雀门与外郭城正门明德门之间，又称朱雀门大街，与皇城内正对宫城正门承天门的承天门大街南北相连，构成都城的中轴线。因中国古代秉承象天设都、建中立极的思想观念，将天界的秩序搬到了都城的营建上，因此此街又称天街。

我们在隋唐朱雀大街遗址的可能埋藏地点布设了4个长条形探

方，每条探方的宽度约 3 米，东西跨度加起来超过百米，几乎覆盖了工地内整个隋唐朱雀大街的宽度。朱雀大街的东部路土保存较好，路面坚实，厚度在 20 厘米以上，发现有密集的南北车辙。在朱雀大街的东部和西部，还发现有零星的东西车辙，应该是隋唐长安城外郭城第七横街与朱雀大街交会的遗迹。遗憾的是，因现代建筑地基的破坏，隋唐朱雀大街中部的两个探方内，路土踪迹全无。

这是隋唐朱雀大街的首次大规模揭露，仅在本工地围墙范围内，朱雀大街的宽度就超过百米，其余覆压于西围墙外的现代朱雀大街下。通过纵横交错的车辙，可以想见当年"长安大道连狭斜，青牛白马七香车"的盛况。

隋唐长安城的大街两侧大多开挖有排水路沟。根据中国社科院考古研究所西安唐城队于 20 世纪五六十年代的试掘资料可知，朱雀大街西侧路沟口大底小，开口宽 3.3 米，深约 2 米。东侧路沟当年仅进行过勘探，情况大致相同。朱雀大街的东侧路沟无疑穿过了我们的工地，但是踪迹难觅。为了寻找这条路沟，我们将隋唐朱雀大街最东部的一个探方不断东扩，先是发现了朱雀大街上密集的南北车辙，后又发现了外郭城第七横街会入朱雀大街的零星的东西车辙，还有一座座时代不明的扰坑。最终在东西长 60 米的探方最东端，发掘出一条口大底小、深达 0.8 米的南北向沟。遗憾的是这条沟仅见西岸，东岸被一扰坑打破，未找到边。于是，我们又尝试在沟的南侧不远处另行开挖一条探沟，但依然只见沟的西岸，不见东岸。莫非这就是朱雀大街的东侧路沟？从出土位置来看，这条沟距离现代朱雀大街的东道

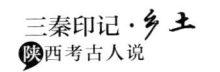

沿约 130 米，似乎可以成立。但是鉴于地下埋藏情况复杂，加之发掘面积有限，令人心存疑惑。是否能找到明确的遗迹来验证主观的判断？

（二）第七横街初现形

隋唐长安城外郭城有东西向大街 14 条，第七横街为从北向南数的第 7 条大街，位于都城中部。根据中国社科院考古研究所西安唐城队的考古勘探资料，这条街宽 40 米，两侧保存着部分水沟。本工地也分布着隋唐长安城第七横街遗存，正与朱雀大街交会。朱雀大街以东的第七横街在围墙范围内长度超过百米，其中横街的南半段位于工地内，另一半埋藏于围墙外的友谊西路南侧人行道下。

为了探寻第七横街遗迹，我们在工地东侧新建的洗车台一带开挖了一条南北向探沟，又在这条街的南部布设了 4 个 5×5 平方米、呈田字格分布的探方。南北探沟按照洗车台的位置布设，发掘长度 7 米，通过局部发掘和解剖，可见路土厚约 50 厘米，其上分布着较密集的东西车辙印迹。在 4 个探方的北部，发现了第七横街的路土，上有东西车辙遗迹，南北宽约 3 米。路南有一条宽约 6 米、深达 6 米的深沟，土质发黑，或许是后代的沟，其将第七横街的南侧路沟打破，时代明显晚于唐代。或许第七横街的南侧并没有水沟。直到 9 年后再次发掘时，我们才终于搞清楚，原来这是 20 世纪三四十年代开挖的荐福寺"护城河"，当时我们并未真正找到横街的南边界。第七横街的南侧虽无路沟，但是在这一线开挖有横贯朱雀大街的水渠，位于南侧明清荐福寺夯土墙基的南边。

（三）坊寺兴废谁人知

荐福寺始建于唐睿宗文明元年（684），为驾崩百日的唐高宗祈冥福而立。寺址在朱雀大街东侧的开化坊内。唐中宗景龙年间（707—710），又在开化坊南面隔街的安仁坊西北隅另辟塔院，筑荐福寺塔，即今小雁塔。唐代末年荐福寺毁于兵火，其后荐福寺在塔院得以重建。

经测量，工地范围内荐福寺的北墙长应有 115 米，西墙长约 23 米。实际上，墙基的地层可分上下两部分。上部遭破坏严重，仅在西北拐角有少量遗存。西墙外侧夯层明显，土色花杂，且包含有少量砖

2012 年荐福寺西北隅发掘现场

瓦残片和青花瓷碎渣，无疑为明清时期遗物。通过对北墙墙基进行解剖，发现下层为坚硬的黑垆土，令人迷惑的是，其中夹杂着一些隋唐车辙遗迹。由于北墙基的北侧原有壕沟，南侧也被现代扰坑打破，最初我们误以为夹在中间 5—6 米宽的路土为隋唐墙基，车辙遗迹可能是筑墙时运土车来回碾压形成的。至于墙基厚度超过普通坊墙的原因，猜测可能与寺院的院墙修筑有关。推测明清荐福寺院墙是在隋唐安仁坊坊墙的基础上加以补筑而成。遗迹内情扑朔迷离，这种解释似有一定道理，但真相直到 9 年之后重新全面发掘时方得大白。

（四）千载深渠露峥嵘

通过勘探，我们在工地南部发现了一条东西横贯隋唐朱雀大街的水渠，与朱雀大街相交，于是在朱雀大街东侧布设了两个 5×5 米的探方进行发掘。

这条渠南北开口残宽 2.9 米，底宽 0.85 米，中间带有二层台，深度超过 2 米，东西发掘长度达 9 米。在渠北侧二层台上发现有长砖印迹，推测原为砖砌渠壁。渠内包含大量淤泥，出土不少唐代砖瓦、瓷器和陶背水罐等残片，还有骨簪、开元通宝等遗物。渠内的遗物皆属唐代，因此其应为唐代修筑，并在唐代被废弃。这条水渠的发现无疑给我们带来了惊喜，我们推测这条渠是以地下涵洞的形式穿过朱雀大街的。当时揭露面积有限，殊不知，未来这条渠道的进一步发掘将会改写中国古代都城中轴线的营建历史。

五桥惊现

考古工作初战告捷,引来大批专家、领导亲临发掘现场考察、指导。该项目成果喜人,入选国家文物局编著的《2012中国重要考古发现》。然而,心中的疑惑并未因为遗址临时被覆盖保护而消散,依然时常萦绕心头。2017—2018年,我们在西安博物院南地块的发掘中,揭露出安仁坊的南墙和西墙墙基。根据测量校验,2012年发掘出土的朱雀大街东侧水沟、安仁坊西北角的位置存在较大偏差。真相究竟如何,亟待重新全面发掘揭露。

经过9年的漫长煎熬和等待,2021年5月底,我们终于在西安小雁塔景区运营管理有限公司的配合下,展开了"安仁坊坊墙遗址保护展示设施"项目的考古发掘,再次对遗址进行揭露。这次发掘由我继续担任领队,西安考古院院长冯健坐镇,考古新生代吕帆踊跃加入,我院近年培养的几位技师也纷纷上阵。本次我们充分利用隋唐长安城考古地理信息系统的测量定位技术,同时参考1932年测绘的西安老地图,对这一地块进行了较为全面的揭露,通过多重证据法对遗址展开深入研究。发掘工作断断续续地进行到2024年的7月,纠正了初次发掘的一些错误认识,解开了笼罩在该遗址上的诸多谜团。

(一)香车宝辇曾填街

我们首先在朱雀大街、第七横街、荐福寺院墙及横穿朱雀大街的

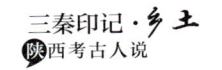

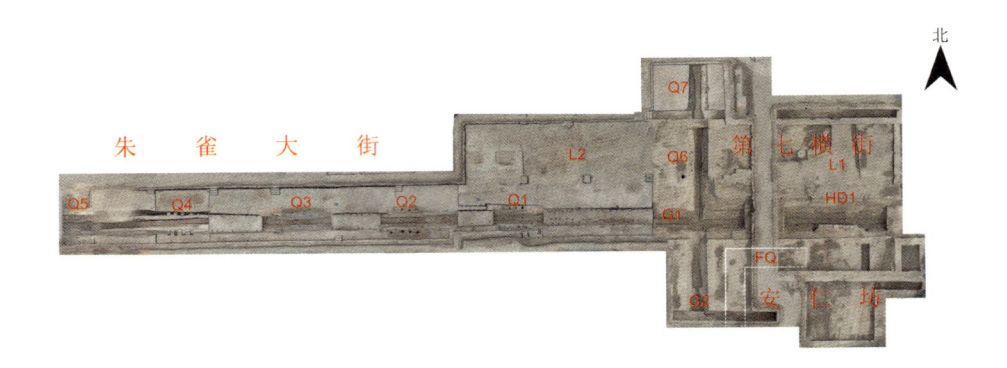

考古工地上的隋唐遗迹正射影像图

水渠遗址上布设了 24 个探方，规格大多为 10×10 米。其中朱雀大街上布设了 10 个探方，分南北两排，大致位于大街东部。东西跨度将近 50 米，覆盖了朱雀大街东侧路沟的位置。南北宽度达 20 米，覆盖了横贯朱雀大街水渠的东部。隋唐朱雀大街遗址叠压于一条横穿朱雀大街的近代东西向乡村路之下，发掘区西部有较为密集的南北向车辙，为朱雀大街车辆通行的印迹。在东部发现一些东西向车辙，为第七横街与朱雀大街交会处的车辙。

其余 14 个探方皆布设在第七横街及其附近的相关遗址上。第七横街遗址被破坏得较严重，且叠压打破关系复杂。其上西部是近代东西乡村路的延续，且与近代西南—东北走向的大路交会。揭取近代道路后，在其中一个探方内发现了隋唐第七横街的几道东西向车辙。在 2012 年发现的荐福寺夯墙的西侧和北侧，还有现代开挖的荐福寺"护城河"。

至 2021 年 8 月底，隋唐朱雀大街和第七横街的遗迹已大多被揭

考古人员在清理朱雀大街密集的车辙遗迹

露出来，但是朱雀大街的东边路沟和第七横街的南边界线仍不明了，发掘工作一时陷入困顿。于是，我们在 2012 年发掘的疑似朱雀大街东侧路沟的位置布设了一条东西长达 20 米的探沟，经过发掘解剖，否定了此处为朱雀大街路沟的判断。

那么朱雀大街的东侧路沟究竟藏在哪里？我们参考隋唐长安城外郭城正门明德门、安仁坊的西墙位置，利用地理信息系统的测量技术，在本次发掘的朱雀大街遗迹北侧布设了一条东西长达 13 米的探沟。令人惊喜的是，通过解剖，在隋唐路面的下面，暴露出一条开口宽 4 米、深 2.8 米的路沟。原来，由于唐代后期路沟淤塞，上面已经变成了道路。如果不经过深入地解剖发掘，我们就有可能被表象所蒙蔽。

在之后朱雀大街东侧路沟的发掘中，我们还发现了连通朱雀大街与第七横街的两座小桥遗址。两座桥址南北并列,可分为早晚两期。早期的为木柱木梁桥,留下了两排柱洞遗迹,此处原应安插4对木柱,柱下铺有残砖。晚期的沿渠岸砌砖,以支撑桥面,个别砌砖尚存。路沟之上几座小桥遗址的发现,让人不禁感慨长安城的道路景观与过去人们想象中的样子大相径庭。如果按照40米的路宽计算,北侧应该还有一座桥址,埋藏于工地北围墙之外的人行道下。其后,我们曾向相关部门申请,向北外扩发掘,以深入了解朱雀大街东侧水沟的桥址遗存,但是困难重重,没有实现。

朱雀大街路沟的发现,为安仁坊北墙墙基的探寻提供了准确的参考点位。经测量,2012年发现的墙基因为与沟相距超过30米,所以不大可能是安仁坊的坊墙。经仔细确认,晚期墙基之下叠压着路土和车辙,仍属于第七横街遗迹。第七横街的南侧并不存在一般的路沟,而是有一条横穿朱雀大街的水渠。

据《长安志》等文献记载,朱雀大街广百步,折合今150米。根据20世纪五六十年代的勘探资料可知,朱雀大街的宽度达150—155米。近年社科院考古研究所西安唐城队在明德门附近进行考古工作时,测得明德门中门道的中线与朱雀大街东侧水沟西岸之间的距离为64.66米,推测这里朱雀大街的宽度为129.32米。后期我们发掘出天街五桥遗址,确认朱雀大街的中轴线恰好从中桥穿过。中桥的中心线距离朱雀大街东侧路沟的西岸有63.5米,据此推测朱雀大街在这里的宽度约为127米。我们本次发掘出的朱雀大街的宽度达101米。两次考古发现的结果不谋而合。究竟朱雀大街宽度几何,还有待真正揭开西边路沟的那一天才能知道。

（二）问渠安得跨朱雀

隋代营建大兴城，开凿了龙首渠、永安渠、清明渠，唐朝又开凿了黄渠和漕渠，形成5条穿越长安城的人工渠道。根据文献记载和地图资料可知，这些渠道大多顺着长安城的地势由南向北流动，但其详细路线大多缺乏考古遗存的实证。

第七横街南侧水渠是目前为止发现的唯一横贯隋唐长安城朱雀大街的人工渠道。近年在工地西侧的陕西省人民医院、东侧的太古里商业综合项目建设中都发现有水渠的痕迹，与这条渠道大致位于东西一线上，属于同一条渠道，皆位于外郭城第七横街的南侧，兴化坊、安仁坊北侧。

那么，这究竟是哪条渠？对于流入唐长安城的漕渠，文献记载中有两条。其一为京兆尹韩朝宗所修。《旧唐书》载，天宝元年（742），"京兆尹韩朝宗又分渭水入自金光门，置潭于西市之两衙（街），以贮材木"。其二是京兆尹黎幹所修。据《旧唐书》载，永泰二年（766），"九月庚申，京兆尹黎幹以京城薪炭不给，奏开漕渠，自南山谷口入京城，至荐福寺东街，北抵景风、延喜门入苑，阔八尺，深一丈"。我们发掘的这条横贯朱雀大街的水渠与永泰二年黎幹所修漕渠的走向大致相同，宽度和深度也基本相符。但是在线路的选择和功能的使用方面仍有矛盾和疑惑之处。

关于漕渠的流经路线和具体位置，《唐两京城坊考》中绘制的

"西京外郭城图"标明其沿第六横街贯穿朱雀大街。根据文献记载，黎幹漕渠"自西市引渠，经光德坊京兆府东"东流，著名历史地理学家史念海先生主编、隋唐长安城研究专家李健超先生参与的《西安历史地图集》中绘制的唐长安城图，便依此将漕渠移至第七横街，从路北侧横穿朱雀大街。

考古发掘的横贯朱雀大街的水渠的位置与前人绘制的漕渠路线明显不同。从漕渠供应宫廷薪炭的功能来说，如南跨第七横街开挖水渠，渠的长度约将增加 80 米，明显费时费力，同时渠上五桥的构建对漕渠的运输也会产生不利影响。此渠是否就是黎幹漕渠？漕渠上的运输工具如何从五桥下通过？在黎幹漕渠之前是否已经存在横贯朱雀大街的渠道？第七横街北侧是否还存在横贯朱雀大街的水渠？关于这条渠道的确切开凿年代、具体功能仍有待对出土遗迹和遗物进行综合分析以及更多的考古发现和科技考古测年的验证。

横贯都城中轴线朱雀大街，并架设东西并列的五桥，可见此渠并非运输漕渠那么简单。"河汉贯"都是中国古代"象天设都"理念的一个重要体现，直接影响着都城的水系布局。关于秦咸阳城的营建，《三辅黄图》曰："渭水贯都以象天汉，横桥南度以法牵牛。"隋唐洛阳城也有类似设计。《新唐书》记载，隋洛阳城中有"洛水贯其中，以象河汉"。隋唐长安城周边八水分流，但未有穿城的天然河流，开凿人工渠道贯都，或是为满足"象天设都"的需要。

（三）五桥并列开新篇

2021 年 7 月下旬，一场大雨将 2012 年发掘的一个探方冲塌，在横穿朱雀大街的水渠中惊现宽约 2 米、高达 1 米的砌砖，十分规整。水渠中隐藏的更多奥秘吸引着我们进一步深入发掘，去一一破解。

8 月，我们开始对横穿朱雀大街的水渠进行重点勘探，历时 20 多天，发现 4 处砖砌遗迹；按照从东向西的顺序对其进行编号。10 月，我们发掘出一号桥址，11 月，接连发掘出二号、三号和四号桥址。在砖砌桥台的近旁，还存在 2 排或 4 排柱洞遗迹。朱雀大街的车辙遗迹大多已遭破坏而无存，从发掘出土的现存朱雀大街车辙走向来看，有不少明显经过一号桥址的东侧。究竟砖砌遗址是桥址，还是成排的柱洞是桥址？

于是，2022 年 5 月，我们邀请桥梁、建筑和考古专家现场考察并论证。由于遗迹现象尚未充分揭露，一时间专家们各执己见，无法得出一个统一的结论。这种状况迫使我们一边研读茅以升的《中国古桥技术史》，一边苦苦思索古代都城中轴线的桥梁营建礼制。书中说：中国古代桥梁布置在建筑的中轴线上，等级分明。三或五桥并列时，中桥高宽，边桥略逊，如北京故宫的金水桥；或中桥是拱，边桥为梁，如北京明陵、河北遵化东陵诸桥。这时，我们再次运用隋唐长安城地理信息系统进行测量，发现都城正南门——明德门中门道的中轴线，即朱雀大街的中轴线恰好向北经过三号桥址。结合出土的砖砌桥台来看，也符合中桥最宽、边桥稍窄的情况。同时书中提示我们，朱雀大街应该还存在第五座砖砌桥址。

我们打算拆除一段西围墙，寻找第五座桥址，得到了建设单位的大力配合。但由于墙外有高压电缆、国防光缆，发掘区域向西仅外放了 4.5 米。2022 年 10 月，五桥之中最西边的一座桥址终于破土而出。尽管第五座桥址仅暴露了大半，但终于证实了我们的猜想。

中国古代五桥并列的制度大致起始于隋代。隋洛阳城罗城正门建国门外有甘泉渠，渠上有通仙桥五道，这是关于五桥并列制度的最早记载。从出土遗迹来看，朱雀大街五桥建成后，几经修复，大致可分为早中晚三期。早期的五桥并列于砖砌叠涩桥台，桥台与渠岸之间竖立 4—5 对木柱。中期，在木柱朽坏后，直接在木柱的位置上方铺砖，以支撑桥面。晚期，叠涩砌砖的桥台大多被破坏，原桥梁立柱或遭废弃，渠略向北扩，北侧桥台遭破坏较甚。渠内局部保留有 2 排或 4 排东西向木柱遗迹，或打破砖砌桥台。五桥遗址大致属隋唐时期，确切的纪年还有待进一步考证。但是毋庸置疑，这是目前经考古发掘出土的我国古代最早的五桥并列遗址，体现了都城建制的最高等级，是明南京城内外五龙桥，明清北京城内外金水桥，明清帝陵中轴线上五桥、三桥并列制度的发端，也是中国都城礼制文化起源、传承和发展的实物见证。

骆宾王《帝京篇》云"五纬连影集星躔，八水分流横地轴"，用天文和河流描绘长安地理城的形势，无疑是对天街五桥的很好注脚。

（四）几多沧桑叹代迭

2021 年 8 月，我们对横穿朱雀大街的水渠中因大雨冲刷而暴露的成排砌砖进行发掘，揭露出一座砖拱桥遗址。桥身由两边的雁翅墙、中间的桥台组成，桥台两端有金刚柱，皆用砖砌而成。南壁桥台保存较好，水平通长8.15米（含雁翅墙），于1.5米高处起券，上方还残存几块券砖。北壁仅残存几块雁翅墙的残砖，推测砖拱的南北跨度为2.15米（含砖）。至于这座桥与安仁坊的关系在后续的考古发现中方得以弄明白。

朱雀大街东侧路沟的确认，为我们寻找安仁坊的坊墙位置提供了有力的支持。于是2021年11月，我们在工地南部，横跨朱雀大街东侧水沟布设了一条东西长达16米的探沟。果不其然，以路沟为中心，西边为朱雀大街遗址，东边出现了一道墙基。墙基距离路沟2.3米，宽约2.9米，残高1.1米，这正是安仁坊的西墙墙基。

接着我们顺藤摸瓜，又在这条探沟的北侧布设了两个探方，发掘出安仁坊的北墙和北墙上的一处豁口。隋代营建大兴城时，皇城之南的东西四坊只开东西二门，不开南北二门，不欲冲泄王气。此豁口正与坊墙外横穿朱雀大街水渠上的砖拱桥相对，推测为荐福寺浮屠院的一处便门。从砖拱桥使用的手印砖等材料来看，应建于盛唐时期，推测大致建于唐代荐福寺浮屠院创立时期。安仁坊位于皇城之南，据文献记载，仅开东西二门。因其西北隅在唐代为荐福寺浮屠院，院门北开，正与荐福寺寺门南北相对。这也从一个侧面反映出隋唐长安里坊制度和唐代荐福寺布局的发展变化。

安仁坊西临朱雀大街，北距皇城仅隔两个里坊，地位尊崇。除西北隅为荐福寺浮屠院外，综合文献和碑志资料可知，还有18处达官贵人的宅邸。根据中国社科院考古研究所西安唐城队的勘探资料，其平面大致呈方形，东西562米，南北540米。此次发现的安仁坊西墙与我们近年配合小雁塔历史文化片区综合改造项目在西安博物院南地块发掘出的安仁坊西墙大致在一条南北线上。据测量，南北坊墙之间的距离（含坊墙厚度）为512.86米，与文献记载的东西三百五十步完全相合。目前，安仁坊的南、西、北三面坊墙已经找到，我们期待下一步通过考古发掘揭露出安仁坊的东墙遗址。

同时，朱雀大街东侧路沟的确认促使我们对2012年发现的两道墙基重新进行检视。这一次，现场发掘的技师穆毅勃、谭国庆等人沿着北墙基的走向仔细寻找，遗憾的是地表被破坏严重，仅在最西端高起的地方发现东西长2米、南北长1米、厚约10厘米的墙基，其下存在路土迹象。从出土位置和特征来看，可能为明清荐福寺的院墙遗存，其下的路土应为第七横街遗迹。为验证这段墙址与荐福寺院墙的关系，我们又对小雁塔北门西侧地面尚存的一段夯土墙进行勘察。围墙残长约30米，残高1.2—3米，勘探师傅起初误将路土当成墙基，认为除了北侧的现代砖砌院墙和南侧的办公房地基无法勘探，其间地下皆为墙基，残宽5米。但当师傅来到一墙之隔的考古工地，考察了第七横街遗迹后，又重新对小雁塔院内的夯土墙基进行勘探，给出的结果是墙基宽1—1.5米。经过测量，工地残存的墙基与小雁塔院内的夯土墙大致在同一线上，应为明清荐福寺的北墙。

实际上，明清荐福寺的院墙并非建于隋唐安仁坊的坊墙之上，而是建于隋唐第七横街上。通过解剖，发现荐福寺西北角的墙基外还有宽约6米、深约2.5米的壕沟。查阅档案资料后发现，荐福寺外原有一条壕沟，宽约6米、深约3米，人称荐福寺"护城河"。直至20世纪80年代初,四周"护城河"尚有残存。查阅1932年测绘的西安老地图后,并未发现此沟。推测此沟可能是20世纪三四十年代胡宗南驻扎西安时,以荐福寺为指挥部期间所开挖。

尾声

悠悠千年,小雁塔"三裂三合",如今荣登世界遗产名录。隋唐显赫安仁坊,蜚声远扬荐福寺,如今建成西安博物院,融古代建筑群、历史文化公园、博物馆为一体,焕发出勃勃生机,成为中外游客的观光胜地。

我们呼吁这些出土的重要古遗址能够早日得到有效保护并得以充分展示,实证中国古代都城营建的历史,再现隋唐长安城中轴线五桥并列的恢宏建制,续写朱雀大道贯九天的灿烂篇章。

(作者系西安市文物保护考古研究院研究一室研究馆员)

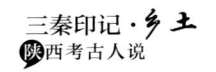

祭之有源

——2002—2005 年西安半坡遗址考古新发现

○郝 娟

70 年前,西安坊间流传的最时髦的一句话是"到半坡去看考古"。开始于 1954 年的半坡遗址发掘,是中国最早的公众考古活动。考古学家将史籍中点滴记载的那个"刀耕火种""钻木取火"的遥远时代的生活图景渐次揭露,围观的人们目睹了遗迹一点点呈现,陶器、石器等文物一件件出土的过程。西安半坡遗址的发现和发掘在当时是一件大事,引发的震撼和轰动可想而知,许许多多的中国人就是从半坡才开始知道"史前时代",了解史前中国。

半坡遗址,位于西安城东浐河东岸,发现于 1953 年,是一座新石器时代仰韶文化聚落遗址,距今 6920—6020 年,总面积约 5 万平方米。1954 年秋,由中国科学院考古研究所石兴邦同志主持,第三届全国考古人员训练班 100 多名学员参与的半坡遗址第一次发掘工作正式开始。到 1957 年夏，先后对半坡遗址进行了 5 次较大规模的发掘，总计发掘面积 1 万平方米，发现房屋遗迹 45 座、圈栏 2 座、窖穴 200 多个、陶窑遗址 6 座、墓葬 250 多座，以及生产工具和生活用具约 1 万件。半坡遗址的发掘，还揭示了整个聚落的布局：一条环状壕沟圈定了半坡人的居住区；在壕沟之外，北部是墓葬区，东部是制陶区，规划有度，井然有序。

半坡遗址发掘现场

半坡遗址丰富的史前文化内涵不仅吸引了普通民众，也引起了国家领导人的重视。1956 年 3 月，陈毅副总理参观了正在发掘中的半坡遗址后，和文化部（现为文化和旅游部）副部长郑振铎、国家文物局局长王冶秋以及陕西省委书记张德生等同志达成"建立博物馆，

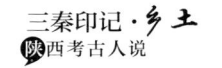

保护遗址，向群众宣传教育"的共识。不久，文化部拨款 30 万元用于半坡博物馆筹建。1958 年 4 月 1 日，西安半坡博物馆建成开放。作为博物馆主体的半坡遗址保护大厅，矗立在层层台阶之上，面积近 3000 平方米，是一座砖木结构的圆拱形建筑，外观庄重典雅。它不仅是西安半坡博物馆的地标，也是无数公众对于"半坡"最深刻的记忆。

2000 年"五一"黄金周期间，已经经历了 40 多年风霜雨雪的半坡遗址保护大厅耐不住高温灼烤，屋顶局部朽木自燃，引发数次火情火险。由于扑救及时，未酿成大祸。上级管理部门对此极为重视，组织了多次专家论证会，得出了"必须全部拆除，重建半坡遗址保护大厅"的结论。2001 年 11 月，国家文物局批复了关于修建新的半坡遗址保护大厅的报告，并明确要求"施工前，应做好西安半坡遗址保护大厅周边扩建区的考古清理工作，确保保护棚的地基不对遗址造成新的破坏"。

为了配合半坡遗址保护大厅改造工程，西安半坡博物馆专门组建了由业务副馆长任队长的考古队，完成了对遗址大厅周边的地质勘探。2002 年 8 月 16 日，考古队对拟建的遗址保护大厅地基开始了第一阶段的随工清理工作。

清理工作的地点位于原遗址保护大厅前厅的东侧、后厅的南侧，工作人员开挖了 3 条探沟。在历时 71 天的发掘清理中，发现了一些重要的遗物和遗迹。遗物以陶器、石器和骨器为主，完整的器物主要出于墓葬或陶器坑，地层和灰坑中也出土了少量完整的小件器物。

所有遗物中最重要的是1件石砚。质地为砂岩，呈不规则长方形，长51厘米、宽26厘米、厚4.5—5厘米。石砚正面经过打磨，非常光滑，中部略低，有一个横向的椭圆形砚池，在其一侧还有一个竖向的椭圆形砚池。刚出土时，这两个砚池内及周边还附着有少量红色颜料。这块石砚背面也有人为精心处理的痕迹，中部明显低于周边。与20世纪50年代半坡遗址出土的石研磨器比较，这件石砚造型别致而合理，与后世的砚台形制接近。

彩陶是半坡遗址最具特色和代表性的遗物。在墓葬出土的完整器物中，有2件陶钵的外口沿施有黑彩宽带纹，1件陶钵口沿有黑彩倒三角纹饰图案。另外，在陶器残片上还发现了鱼纹及刻划符号，2件残片上的鱼纹，最小的个体只有5厘米左右，以写实手法表现，生动逼真。

这次随工清理发现了此前从未发现的遗迹现象，包括石柱、陶器坑、墓葬、红烧土硬面以及红烧土块堆积。

石柱被发现时就直立在地面之上，暴露于地面的高度为62厘米。柱身表面有明显的肌理纹，横截面为椭圆形，顶部则呈斜平面，非常光滑，明显经过人为加工。

陶器坑共5组，全部位于石柱北面，每组坑内的陶器器形、大小和数量不尽相同。1号陶器坑呈圆形，口小底大，坑内有49件夹砂质带盖小陶罐，排列有序，大小不等。2号陶器坑内堆积有数十件体量极小的泥质红陶罐，口径为1.5厘米，高约5厘米，均为人工捏塑而成，略经烧烤。3号陶器坑中共有8件陶器，器形较大，6件陶罐均匀排列成圆形，上面叠放 1 件残陶钵和 1 件陶罐底。

石柱南面有 4 座墓葬，其中 3 座为成人一次葬，长方形土坑墓穴；另 1 座是未成年人二次葬，圆形土坑墓穴。这几座墓葬均有二层台和随葬品。

石柱遗迹 　　　　　　　　　　　陶器坑遗迹

2003 年 12 月和 2004 年 11 月，考古队围绕拟建的遗址保护大厅桩基进行了第二、第三阶段的随工清理，分别开挖 2×2 米探方 5 个和 2×2 米探方 9 个。三个阶段共发掘了 160 余天，发掘面积约 300 平方米，出土陶器近百件，这次发掘是继 20 世纪 50 年代第一次大规模发掘半坡遗址以来又一次较为重要的工作。听闻半坡遗址开展了考古工作，著名考古学家石兴邦先生不顾自己年事已高，几次专程前来，与考古队员和业务人员探讨相关遗物、遗迹现象。

2004 年，著名考古学家张忠培先生来陕西考察，在半坡，他看到清理出来的石柱、陶器坑和墓葬等遗迹后，激动地说："太重要

石兴邦先生指导发掘工作

了！希望你们仔细研究……这些应该与祭祀有关啊！"

　　石兴邦先生、张忠培先生以及陕西省考古研究院、西安市文物保护考古研究院、西北大学的专家们都对2002—2005年西安半坡遗址随工清理考古中发现的祭祀遗迹予以认可，这不仅是此次考古中最重要的新发现，也是半坡遗址首次发现的祭祀遗迹，为探讨和研究史前文化尤其是新石器时代仰韶文化的祭祀活动提供了极有价值的第一手资料。

　　《左传·成公·成公十三年》云："国之大事，在祀与戎。"《礼记·祭统》载："礼有五经，莫重于祭。"考古资料清楚地表明，在没有文字记载的史前时代，人类已产生原始的宗教信仰，开始了祭祀活动。例如距今5000年左右的辽宁喀左东山嘴祭祀遗址，修筑了目前所知我国较早的大型祭坛。祭坛为石筑，分为中心、两翼和前后端等部分，坛内有大型石堆，并出土了陶塑人像；祭坛南部出土了一具完整的人骨架，应与祭坛的建造有关。浙江瑶山祭坛距今 5000—4000 年，是一座用红土、灰土和黄褐色土筑成的三重土台，面积 400 平方米。在土台南部分布着两列墓葬，墓葬中所出的随葬品以玉器为主。

半坡遗址祭祀遗迹全景

石柱和陶器坑等遗迹，位于面积为160平方米的半坡遗址1号大房屋东北十多米的地方，在这里没有发现其他房屋，更多的是路土硬面，很可能是大广场的一部分。对于史前聚落里大广场的用途，学术界的认识比较统一，即认为广场就是一处公共场所，多用以举行庆祝和宗教活动。新石器时代，随着农业活动的出现，人们的生活变得相对安定，属于精神文化范畴的原始宗教崇拜迅速丰富起来，除了原有的对日月、水火、山石等的自然崇拜外，还出现了祖先崇拜和图腾崇拜。同时，遇到与人类生产生活息息相关的事情，如祈求农业和渔猎丰收、搭房建屋甚至生老病死时都要举行祭祀活动。《礼记·祭法》中记载："燔柴于泰坛，祭天也；瘗埋于泰折，祭地也。"半坡人安置于广场的石柱，立于地，上通天；埋藏于地下的陶器，应该都是为宗教、祭祀活动专门制作的特殊器物。在石柱、陶器坑周边发现的墓葬也不同寻常：不仅位于居住区，还在中心广场，并且是这一时期少有的二层台墓葬，带有明显的祭祀特征。

2002—2005年配合新建遗址保护大厅进行的半坡遗址考古发掘，因为发掘面积有限，所以暂时未使祭祀遗迹的全貌完全明晰，但这些新发现，与我国同时期或不同时期文化的祭祀遗迹均不相同，具有显著的地域文化特征，为我们全面了解6000多年前半坡先民的精神文化、原始宗教信仰提供了真实的第一手资料，也填补了仰韶文化半坡类型祭祀遗迹方面的信息空白，在学术研究方面具有重要意义。

（作者系西安半坡博物馆信息资料部副研究馆员）

知识链接

　　半坡博物馆位于西安市东郊浐河东岸，是国家一级博物馆、全国重点文物保护单位。馆内陈列展览面积约4500平方米，展出内容分出土文物陈列、遗址大厅和辅助陈列三部分。出土文物陈列由第一展室和第二展室组成，两个陈列室中陈列的是从遗址中发掘出来的生产工具和生活用品。

八云塔地宫探秘

○王自力

有人曾问我:从事考古工作这么多年,你对考古的感受是什么?十多年前出版的《三秦60年重大考古亲历记》收录了我写的《宝马雕车香满路——唐金乡县主墓清理记》①,开篇就谈到这个问题,我认为从一开始,也就是从报考大学选择这个专业时起,考古的"神秘"就一直吸引着我。我相信好奇与探秘是每个小孩子的天性,可我至今仍然痴迷于考古的这份神秘,也许是童心未泯吧。

考古之所以神秘,是因为一些重要的发现往往源于偶然,可偶然的发现却常常能石破天惊、改写历史。如秦兵马俑是村民打井时发现的;西汉"皇后之玺"是小学生放学后无意间在水渠边的淤泥中抠出来的;被誉为"丝绸之路第一桥"的秦汉中渭桥遗址则是工人在渭河

---

① 陕西省政协文史和学习委员会、陕西省文物局编:《三秦60年重大考古亲历记》,西安:三秦出版社,2010年版。

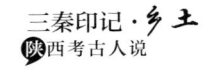

古道挖沙时发现的；等等。

而另有一些重大发现却是因为被盗而现世的。比如：重达27吨的唐玄宗武惠妃（死后被追赠为贞顺皇后）之敬陵彩绘石椁竟然被盗掘卖到了美国，所幸通过国家文物、外交、公安多部门联合跨国追索，经6年之久方得回归，然而当考古人员对其陵墓进行抢救性发掘时，却发现墓内原有壁画等已被破坏殆尽，一片狼藉；韩城梁带村芮国贵族墓地曾遭数年的疯狂盗掘，最终经抢救性考古发掘而有重大发现；唐宰相韩休墓壁画的发现也是因为其被盗掘，虽然抢救时发掘出土了唐代山水画、乐舞图等珍贵壁画，却仍有数幅壁画被盗走和破坏，留下了永久的遗憾。

回想多年的经历，除了"神秘"，考古工作让我又有另一种感受，那就是"遗憾"！而且随着时间的推移，经历的事情更多，这种感受也会更深。其实这一感受是和我同年分配到单位，又在同一战壕里共事30多年，现仍奋战在西安考古一线的张全民研究员早年就提出来的，当时他一语中的，我很有同感，印象极深。至少是在20多年以前吧，记得有次我们谈论工作的感受，他有点失落地对我说："咱干的考古这一行，真是一份令人遗憾的工作！"也确实如此，因为当我们满怀希望、辛辛苦苦地发掘古墓时，往往十墓九空，早就被盗墓贼洗劫了；有些遗迹需要被保护，可是因为要搞建设，或资金、技术等条件达不到而无法保护；有些遗址、墓葬会因我们工作不够细致、前瞻性不够强而没有对其予以足够重视，往往挖完之后才回想起来，可是这些遗迹已被挖掉了；有些信息、资料等到重新整理，提笔写作时才发现当时的记录不详、提取的信息不全……这些往往都无可补救，空留遗憾。

在从业以来经历的众多项目中，八云塔地宫的发现就是一次让我既神往又略带遗憾的经历。八云塔地宫的发现也是因为其被盗掘，那我们就从地宫被盗说起吧。

塔身点亮要装灯，方知地宫被盗掘

八云塔位于今陕西省西安市周至县县城二曲街道中心街南的云塔广场，原名"瑞光寺塔"。据《陕西通志》及民国刘昆玉的《广两曲志》①记载，唐中宗景龙二年（708），敕建瑞光寺。另一说法是该寺建于唐元和十四年（819）。据《长安志》记载，瑞光寺原名崇明寺，"崇明寺，在县西一百步，唐元和中置为瑞光寺"②。北宋太平兴国三年（978）又改建为崇明寺，后因兵患寺毁。明代初年复建瑞光寺，明永乐六年（1408）修葺并改名为善胜寺。清代又复名为瑞光寺，清末焚毁，唯塔存③。瑞光寺塔为唐宋时期方形十三级密檐式空

---

① 张永禄主编：《明清西安词典》，西安：陕西人民出版社，1999年版，第847页。《广两曲志》：刘昆玉纂修，该志修于民国十年（1921），民国十七年（1928）铅印。周至原名"盩厔"，《长安志》云"山曲曰盩，水曲曰厔"，故盩厔亦称两曲。

② 〔宋〕宋敏求、〔元〕李好文撰，辛德勇等点校：《长安志·长安志图》长安志卷第十八《县八·盩厔》，西安：三秦出版社，2013年版，第557页。

③ 徐进主编：《陕西古塔全编（上、下册）》，西安：西北大学出版社，2019年版。

心砖塔，明代嘉靖年间关中大地震，塔顶塌落，塔身向东北倾斜。现存十一级，高 36.7 米。塔身第一层高为 8.06 米，边长约 9 米，塔门朝北，门洞高 2.96 米、宽 1.52 米，第一层在东、西、南三面各有一假券洞。二层以上逐层变小，第二层南北两面各有一券门，三层东西两面各有一券门，四层以上各层券门依次错开，如第六层在南北两面劈门，第七层则在东西两面劈门。塔身二至五层，每层四面皆有用砖砌出的略凸出的四根方形倚柱（隐柱），柱头有斗拱结构。这些倚柱使塔身二层至五层的各面分为三开间，六层以上均无开间。塔体全部为砖砌。塔基为方形，现高 1.01 米、边长 21.2 米。塔内原有木构楼梯，毁于民国兵燹。因塔的第一层四面各有两块显著的洇湿痕迹，虽大旱亦不干，形似浮云，故俗称"八云塔"。据周至县文史资料所记，"八云塔"之名最早见于清代周至乡贤、道光年间（1821—1850）进士王禹堂诗歌体地方志《土风草》。

新中国成立后，周至县人民政府对八云塔进行了加固维修，并加强了管理。1957 年，八云塔被列为陕西省重点文物保护单位；1986 年，成立了八云塔文管所；2001 年，八云塔被国务院公布为第五批全国重点文物保护单位。1987—1992 年，陕西省、西安市文物部门对八云塔进行了全面观测，发现塔身向北、向东倾斜，遂拨专款，对塔基、塔体进行了加固维修，在塔基四周打入 1008 个梅花桩，对塔基内进行掏补并加以钢筋水泥柱以加强支撑，使塔恢复了原貌。在修葺过程中，发现第一层的每面有两块洇湿的"云朵"，原来是嵌镶在四面夹墙之中，每面两根 2 米长、20 厘米见方的柏木枕所致。柏木

八云塔

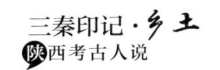

渗油浸润外包砖，故而呈现出"浮云"之景观，至此，也解开了塔名"八云"之谜。八云塔于 1998 年 10 月安装了避雷针。2008 年 5 月 12 日，汶川大地震波及陕西，使塔体受损，并向东北倾斜，塔身四周出现数条裂隙，并有砖块散落，之后予以修葺。

2000 年 9 月 20 日，周至县在八云塔广场实施灯光景观工程，给塔身装灯饰时发现地宫被盗。八云塔地宫被盗，堪称迄今发现的古塔地宫被盗案件中最不可思议、最令人震惊的一桩！也再一次用惨痛的教训告诉人们什么叫"灯下黑"！因为八云塔是被从塔心盗挖下去的，而这座塔就位于周至县城最为繁华的广场中心，塔的北侧、西侧均为大街，塔的东侧为县变压器厂，南侧几十米外就是县文物保管所。20 世纪 90 年代末政府实施景观亮化工程，要求包括古塔、古楼等在内的高大的地标性建筑上都要安装灯带以点亮城市，八云塔作为周至县城的地标性建筑，成了安装灯饰的首选对象。由于八云塔的第一层北门洞以及另三面的假券门在几年前均已封死，无法从一层进入塔内，要在塔檐上装灯带，就需在塔身周边搭建悬梯。9 月 20 日下午 5 点，爬上梯子的工作人员在装灯时不小心将工具从券洞中掉落塔内当工人为寻找工具而从二层券洞钻进塔内时，惊讶地发现塔的第一层中间有一个高高竖起的木架子，且周边堆满了土，木架下有个深坑，这才猛地意识到地宫被盗了！

9 月 22 日，接到这一重大案件后，西安市文物园林局（下文简称"市文物局"）、西安市公安局、周至县公安局等联合勘查了现场，并研究决定：（1）由周至县公安局负责侦查破案；（2）加强现场管理，派人每天 24 小时值守；（3）市文物局安排对被盗地宫进行考古清理。①

八云塔地宫为何会被盗贼盯上呢？大概是因为 1987 年宝鸡法门寺唐代地宫七重宝函佛指舍利以及大量金银、瓷器珠宝的惊天发现，1998 年周至仙游寺法王塔天宫、地宫、鎏金铜棺舍利子等的现世，极大地刺激了盗贼。特别是在仙游寺法王塔地宫被发现后，八云塔地宫更是引起了盗贼的特别关注。后据公安部门在盗洞地宫中发现的方便面袋、矿泉水瓶等物证上的出厂日期推断，地宫被盗的开始时间大约在 1998 年 10 月以后（因安装避雷针时并未发现异常），应是在 1999 年被盗的。从盗洞看，在如此狭小的空间，全凭简单的工具和人力，挖到 6 米以下的地宫，可能要用数月或许更长的时间。因八云塔的第一层已封闭，盗贼应是在塔外搭梯子从二层的券洞进入的，然后顺着 1998 年 10 月安装避雷针时留在塔内的木架子下来。据说公安机关后来找到了盗贼丢弃的被人捡走的竹梯子。遗憾的是，这个案件迄今尚未侦破。

考古竟从盗洞入，清理地宫迷雾重

按照市文物局的安排，经陕西省文物局同意，由西安市文物保护考古所（2011 年更名为"西安市文物保护考古研究院"，下文简称

---

① 西安市地方志办公室：《西安年鉴（2001）》，西安：西安出版社，2001 年版，第 281 页。

市考古所）负责八云塔地宫的抢救性清理发掘工作。

八云塔地宫的考古清理工作从 2000 年 11 月 29 日开始至 12 月 7 日结束。当时，对地宫进行考古清理的主要目的有两个：一是彻底搞清楚被盗后地宫残存文物及遭到破坏的情况；二是希望通过清理被盗现场的堆土，在其中发现一些盗贼遗留的物品或其他蛛丝马迹，为侦破案情提供物证。

最早进入现场的是县文管所、县公安局的同志和市考古所的王磊等人。王磊时任市考古所办公室主任，也兼顾单位的摄影工作。从周至回来后，王磊汇报了有关情况，单位便安排由我带队对地宫进行考古清理。为什么派我，可能有两个原因：一是在 1997—1998 年，我一直配合西安黑河引水枢纽工程黑河水库建设进行前期考古工作，是周至仙游寺遗址考古发掘的负责人之一，对人地等情况较熟。二是我身体素质好，体形瘦小。因为王磊回来说，他是被绳索吊着从盗洞下到地宫的，盗洞很小，身胖一点的人很难下去。就这样，我们着手准备对八云塔地宫进行抢救性清理发掘，主要的考古人员有王磊、后小荣、王志宏等，另有周至县文管所的几名工作人员配合，全程协作。

首先，我们要清理塔内第一层的堆土，这些都是盗墓贼从盗洞和地宫中挖出来的。塔的第一层北面的门洞和另三面的假券门是几年以前用砖和水泥封死的，这次被盗后，为了便于工作，文管所重新打开了北面的门洞，封砖被打掉后露出了两扇红色木门。据文管所的同志讲，木门是 1988 年维修时安装的。 打开木门便进入了塔的第一层。一进去，我们就几乎被眼前的景象惊呆了：本应高大肃穆的楼阁空间中，满眼所见全是高高的堆土、砖块和散落的铁钱、铜钱，且散发着一股霉臭味，真可谓惨不忍睹！堆土几乎填满了塔内一层的地面，最高处近一人高。勘测完现状，我们就进行了照相、做记录，然后便开始清理。我们并非胡乱地翻土寻宝，而是小心翼翼地用手铲、毛刷、簸箕、镢头、铁锹等从上往下一小层一小层地清理。因为我们知道，虽然这些土是被挖出来后胡乱堆在盗洞周边的，但是，从堆土的基本规律看，最上层的土无疑是从地宫底层挖出来后堆上去的，土堆越往下的部分，越是从靠上的地层中挖出来的，而土堆的底层应该就是从这第一层的地面挖的土了。基于此种判断，我们一方面从上向下逐层清理，一方面仔细辨认土质、土色的不同，尽量将土质、土色一致的放在一小堆；由于塔内一层已无空间，遂将清理出来的砖石土块等用竹筐、小推车统一运到了塔南约 40 米的文管所门前的空场地上，按层位和土质、土色堆成了若干小土堆，然后再逐一过筛，将清理出来的砖块、铜钱、铁钱等遗物归类放置。

在清理过程中，我们就感觉"钱多"，只要一动土，几乎每一铲子都会碰到钱，土堆表面也随处可见铜钱或铁钱，还有好多铜铁锈块，那都是铜、铁钱掺杂在一起锈结而成的，有的上面还能看出原来包裹物的织物纹痕。对于这些钱币和织物痕迹等，用毛刷去掉浮土，再用密封袋单独装起来，写上编号作为标本，以备检测。清理出来的大部分铁钱、铜钱已锈不可辨，但仅可辨的钱数量已达 1000 枚。除了钱，在堆土中清理出来的数量最大的物品就是碎砖了。 砖块有多种形制，其中还有许多刻花砖，我们都一一加以收集。除此之外，还有许多碎石子、鹅卵石等，另有一个两面都粘满了厚厚的好几层锈钱的石磨盘，甚为特别，已碎为几块，从其断茬看为新茬口，应是被盗掘者打碎，经拼对可复原。

将塔内第一层的堆土彻底清理完以后，我们就要从盗洞下去清理地宫了，这也是我考古生涯中第一次从盗洞进去进行发掘。按现代田野考古的方法，无论遗址被盗与否，发掘时都要对其进行大开挖，直到挖个底朝天。下去前，我们仔细地观测了这个盗洞，其位于塔内一层的正中心，洞口呈长方形，尺寸为 0.5×0.7 米，洞壁还留有几处清晰的探铲痕迹，看来作案的是老手，先用洛阳铲进行钻探以确认地宫的位置和深度，再于上方挖盗洞。

要从盗洞下去，就需先在洞口搭一个支架，这个主要由县保管所的同志负责。他们找来几根木椽，将四根当作柱子斜立在盗洞四角，做成了两组人字形支架，再在顶上的两处交叉点上装一横木，以粗麻绳缠绕固定，横木中间装上滑轮，这样一个架子就搭起来了，可以用来吊人吊物。虽然那时还年轻气盛，但看到这简易的架子和下面狭小的盗洞，我的心里还是有些发怵。每次在人下去之前，都要提前半小时打开鼓风机向地宫送风，以确保里面有足够的空气流通。沿盗洞伸下去的有鼓风软管以及用于照明的电缆线，人下去时还要注意避开这些管线。

因为要从狭小的盗洞下去，虽时值隆冬，也不能穿得太厚。当时也没有什么防护服，只是套了一件蓝大褂，戴了一顶安全帽，额头顶一只矿灯就准备下去了。为了保险，要先在腰间和腿部打上绳结固定一下，当时我们没有攀岩运动员用的那种专业的保险绳，用的都是"自造牌"装备。我第一次下去时没经验，将腰腿上固定的绳结绑得不合适，所以往下吊的时候，腿上的带子其实了不起作用。如果是坐姿还行，可洞口很小，我几乎是垂直下行，腰腹部固定的绳结一吃力就滑到了胸部。所以下去的时候，为防被绳勒得太紧，我几乎全靠双手死命地抓紧绳子。但这样一来，我在下行过程中就腾不出手来遮护周边了，而上面拉绳索的人并不知道，仍在一点一点地把我往下放，我感觉自己的身体在四壁上摩擦、乱撞，头顶还有土块不停砸到安全帽上，四壁飞起的土也呛得人说不出话来。好在没几分钟，我的两只脚就贴着边踩到了地宫的顶部，到这里就可以解开绳索，双手扶着被砸开的洞口凸出来的砖边跳到地宫里了。经测量，0.5×0.7米的盗洞深至5.5米处时便到达了地宫的顶部。地宫顶为砖砌，被撬开后形成一个0.42×0.4米的更小一点的洞口，盗贼便是从此进入地宫的。

我们被绳索吊下来后，先要贴边站在地宫顶被砸开的洞边上，但这个边棱很窄，仅能放半只脚，然后双手扶好，才能从这个更小的洞口跳进去。与其说是跳下去（感觉是跳了一下），还不如说是溜下去的，因为地宫的高度只有1.35米，下去后若想站直身子，就只有站到地宫中间，将头部露出洞口，否则就得猫着腰或蹲着才行。进入地宫后可看到石函、石棺皆已移位，盖子均被撬开，石函内空无一物，石棺内唯见黑灰。地宫中间还有不少积土与碎砖，有的应是从盗洞掉落下来的，显然地宫中的堆土已经过多次翻动（也包括公安取证时翻土搜寻等）。

地宫的考古工作也是从清理扰土开始的。由于空间狭小，况且这里还有鼓风机、电灯、缆线等要占空间，所以每次只能下来三个人。但我们依然按程序仔细清理，将碎砖块和地面堆土一点一点地装到从盗洞吊下来的铁桶里，再由上面的人吊上去后单独堆放，因为只有这些才是地宫内的原土（当然要排除从盗洞落下来的扰土了）。吊上去的土也要过筛，发现最多的还是钱币。清理过程中，一旦发现遗物就登记编号、照相、绘图、测量坐标点（虽然有的已经移位，但也只能这样如实记录现状了）。清理完了地宫内的所有扰土碎砖，将其打扫干净后，便开始测绘地宫的结构。

经仔细观察发现，除地宫顶被破坏外，铺地方砖也被揭掉4块，甬道的第一道封门砖也被揭掉几块，不过地宫的基本结构保存尚好。其底部呈方形，南北长1.48米、东西宽1.32米、四壁高0.85米。顶为四角攒尖顶，高1.35米。地宫底距塔的第一层地表7.2米。石棺置于地宫东侧，石函已被翻倒，侧靠于地宫北壁，盖子则靠于西南角。石函为青石质，方形，长59厘米、宽44厘米、高37厘米。外表被打磨光滑，四面分别以阴线刻出青龙、白虎、朱雀、玄武四神图案。

石棺一头大一头小，长53厘米、宽30厘米、高24厘米，未经磨光，较粗糙，外表雕出由半圆形凸棱纵横交错形成的方格纹。甬道位于地宫南壁正中，为券洞式，长0.8米、宽0.62米、东西两壁高

带盖石函　　　　　　　　　石棺

0.6 米、顶高 0.8 米。甬道内用条砖纵横砌了三道封门。第二道封砖的东侧下方放置了一尊汉白玉佛教造像，高 42 厘米、宽 20 厘米、厚 13 厘米。造像主体呈长方体，顶为四阿式屋形顶，底部正中凸出一榫头，显然原本是安插在底座上的，四面有佛、菩萨、弟子、力士等成组的浮雕。

我们发现甬道南端还有两道砖封门，亦为顺长侧立而砌，厚 37 厘米。因从甬道向外（南）再打砖极其不易，再说甬道外上部全为土层，缺少支撑，考虑到安全因素我们便没有继续向南再挖。因此，只能说甬道外至少还有两道封门砖。甬道及甬道口外的几道封门砖之间有许多铜钱和铁钱，有的撒在地面上，有的插在砖缝之间，主要有五铢、货泉、开元通宝、乾元重宝、宋元通宝、太平通宝、淳化元宝、至道元宝、咸平元宝、景德元宝、祥符元宝、祥符通宝、天禧通宝、天圣元宝、景祐元宝、庆历重宝等。[①] 至此，地宫内的发掘便告

---

① 西安市文物保护考古研究院王自力等：《陕西周至县八云塔地宫的发掘》，《考古》，2012 年第 6 期。

八云塔地宫出土的佛教造像

一段落。

为了搞清甬道以南地宫漫道的情况，我们顺着甬道向南延伸的方向，紧贴塔基南缘，在东西宽 10 米、向南 20 米的范围内进行了仔细地钻探，深度达 7 米，仍未见漫道痕迹。也许历史上在塔的南面有过动土工程，漫道已被破坏。

经过好几天这样紧张的"地下"奋战，终于完成了地宫的清理工作。谈一下工作感受吧，先说钻盗洞。开始几天，晚上到住处后脱下衣服才发现，胳膊、腿、腰背部都有擦伤，好在只是一道道的血印，冬天衣服厚，皮没有破，简单涂点药就处理了。我知道，凡是下去的几个人都有擦伤，但大家都默不作声，没一句怨言，因为都知道第二天还要继续工作。再说下在地宫里的感受吧。一开始想着大冷天的，我只穿了件厚毛衣，外罩一件蓝大褂，会不会很冷，可下到了7米深的地宫后，觉得还好，里面没有自然风，又有1500W的大灯泡照着，还要不停地干活，过了一会儿反倒热得出汗了。只是感觉很闷，虽然上面有鼓风机在源源不断地送风，但仍然很憋闷，气味当然也不好。再有一点就是里面很潮湿，都能明显看见从地下冒出来的缕缕青烟，有时甚至形成了一片雾气。在给石函四面图像打拓片时，蒙上去的宣纸，用吹风机吹半天都不干。

如同地宫里雾气弥漫一样，我脑海里也是迷雾重重：大量的铜钱有汉代的、隋唐的、北宋的，那么地宫到底是何时修建的？塔又是在什么时候建成的？地宫开启过几次？为什么要把北朝的汉白玉造像藏到封门砖里？石函和石棺是同时代的吗？那个石磨盘又是干什么的？那么多的雕花砖是用在什么地方呢？我感觉一连串的问题扑面而来。

可是，还没来得及细想，我们就要撤了，因为清理完地宫，我们的任务就算完成了，也没有找到更有价值的线索可以提供给公安部门。从周至县回到西安后，我立即将清理发掘情况书面报告给单位，也向省、市文物局做了报告。之后还写了一篇地宫清理简讯，拟投给《中国文物报》，可是经请示后被上级部门压了下来，说是因为地宫被盗案正在侦办，相关情况还要保密，所有资料不能对外发表，更不能向媒体提供信息，便只好作罢。

这次清理工作，首先让我们搞清了八云塔地宫的形制结构以及被盗后文物残存情况。其次,我们对地宫的建造年代有了初步认识。从地宫的结构、出土的石函、钱币等文物综合研判,地宫为唐代所建;从出土的钱币及封门的保护现状来看,现存封门砖为后代所砌,地宫在建成以后直至本次被盗之前,基本结构未被破坏过,后代是通过甬道拆除封门后进入地宫的,地宫的最后一次封闭时间当在北宋庆历年之后。

最后,通过这项工作,我们初步认为,现存八云塔当是唐塔遭毁后,宋代在唐代地宫和塔基上仿原塔复建的。

为解谜团"二进宫",十年疑惑一朝明

因为项目多、工作忙等,八云塔项目被搁置了下来,一晃10年过去了。到了2011年,八云塔的谜团还萦绕在我的脑海中。于是,便有了这次考古"二进宫"的经历,来弥补之前的遗憾。

按道理来说,一般的考古发掘基本都会"一锤定音",不可能有再次发掘的机会,但该地宫的发掘前后进行了两次,我也经历了"二进宫"。2000年12月第一次发掘结束,10年后我翻开尘封的资料,发现了一些新问题,觉得迷雾更重了,有必要再探地宫,遂把这一想法汇报给了时任西安市文物保护考古研究院院长的尚民杰老师。他是我的老学长,也是我一直敬仰却望尘莫及的学术师表。对我的这一迟到的计划,尚院长表示同意,并给予了大力支持,还安排得力的技术人员一同前往。就这样,2011年11月21日至27日,我们再探八

云塔地宫，重点对盗洞内的地层进行观察测绘，这次的重要收获是发现了地宫顶之上还有一方形砖室。

上文说到，第一次发掘进入地宫时，都是上边几个人拉着绳索用滑轮把我们吊下去的，当时的目的是清理地宫，把盗洞当作过道，呼啦啦就下去了，没有仔细查看。后来整理资料时发现，当时觉得好奇的那个巨大的石磨盘的作用还没找到，为什么它会出现在盗洞四周的堆土中？显然这个东西是位于盗洞与地宫顶之间的，因为如果它原本就在地宫中，盗贼没必要费那么大的劲把它打碎再拉上来，把它留在地宫里就行了。盗贼连地宫中的石函、石棺都没有要，何况一只石磨盘？那么石磨盘究竟原在何处？是作为一个构件镶嵌在地宫顶部的吗？也不可能，因为无论从内还是从外观察，地宫顶部都没有圆形石磨盘的痕迹，而且地宫基本没有淤土，为中空状态，从顶部砸下来的构件会直接落下来掉到地宫里，用不着再吊上去。再者，石磨盘两面密密麻麻地粘满了几层锈迹斑斑的铁钱，可是地宫顶上的砖上却不见有一点铁锈痕迹。另外，我们将砸落下来的砖块拼对后，找到了地宫顶端原来被砸下来的砖块，基本可以拼接起来，表明原来顶部并没有什么缺口需要盖住。那么这个石磨盘就只可能是处在盗洞中间的某个部位了，推测其应处在正中，因为石磨盘挡住了下挖盗洞的路，所以必须砸掉，由于还要继续下挖，盗贼就只能把它吊上来了。石磨盘基本可复原，复原后的直径为 78 厘米，大于盗洞，这也是为什么它会被砸碎的原因。在它原本所处位置的盗洞四壁上定会留有痕迹。这是我"二进宫"的原因之一。

另外，用清理出来的砖块能拼对出来几块较大的方砖，其中还有砖雕的直棂窗。这几块方砖规格大小相配，会不会合围成一个方形的空间呢？这些砖与墓室地砖、顶砖在材质与颜色上显然不同，并非墓室结构中的砖。同样的道理，它们也不会是摆设在地宫中间的设施（如果是，就不会被吊上去了）。基于此疑惑，我怀疑盗洞中另有蹊跷，必须一探究竟。这是我"二进宫"的另一个原因。

2011年11月，相隔11年后，我再次来到八云塔，同样得到县文管所的热情欢迎和大力协助，虽然领导已改换了几次，可是业务人员还都是老熟人。这次，我提出要重点考察盗洞，需要悬停在盗洞中的任意位置。保管所的同志说，那就不能用滑轮将人吊下去了，建议用倒链，上下很慢，稳定性好，符合要求。上次我们清理完地宫后，为了安全，文管所就一直用盖子将盗洞口封闭着，所有出土的标本、砖石、钱币等也都照原样封存。打开封盖，装备好倒链后，我们开始二度探地宫。

这次不需要更多的人下去了，主要是我想通过盗洞四壁观察地宫之上的地层结构。这次的装备也比上次好多了，有半机械化的倒链，也叫"手拉葫芦"，是一种使用简便的手动起重工具。他们还找来了一套电工高空作业时用的保护设备，可以在腿部腰部整体固定，将双手解放出来。其他仍是老一套，安全帽、蓝大褂、矿灯。上次只是对盗洞四壁的地层、夯土等结构做了大略的剖面测绘，对好多问题尚不清楚。

这次就是带着问题来的，所以我们打开原来的资料，重新审视所有出土的砖块、碎石，以求弄清楚它们原来所处的位置、起什么作用。一边对资料进行整理研究，对标本进行拍照、绘图、打拓片，一边下到盗洞仔细观察。在一周时间内，我四进四出探地宫。有了倒链，就可让人慢慢地把我放下去，我对盗洞四壁的每一面、每一层由上到下仔细观察，用手铲刨打、刮面，用毛刷除去浮土，有时还要用手去摸一摸、抠一抠，感觉一下各层的密度、硬度等变化。只是要拍照就十分不易了，空间狭小距离不够，专业的大镜头相机施展不开，有时反而不如手机灵活。对上次的地宫顶之上还有 20 层砖，其上为夯土等记录进一步加以考察，结果发现并确认了地宫顶上有"上室"，也搞清了地宫底部的夯土与河卵石等结构。

通过盗洞四壁可清楚地看到：上室被盗贼挖穿了。盗洞穿过了上室的北部和中部，所以在盗洞南壁残留了上室完整的南壁以及连接的东西两壁残部，还可看到与南壁相连接的上室地面和顶部开始收分的残砖。上室的整个北壁以及东壁和西壁的大部分砖已被揭掉，方形砖在壁面的印痕清晰可见，且与在堆土中清理出来而复原后的方砖吻合。东、西壁只存有南端的一排或半排残砖。在上室的东南角地面发现很多钱币，且与白灰夹杂在一起。从残存的南壁看：上室的砌砖较粗糙，没有磨砖对缝，砖缝较大，而且使用白灰勾填，与地宫里磨砖对缝、黄泥勾填的砌砖不同。上室地面以下的砖中还杂有铜钱和铁钱。

从盗洞四壁残留痕迹的测绘资料可知：上室为方形，边长 68 厘米，南北两壁用单砖顺长侧卧错缝而砌，东西两壁各嵌进一块宽

30—32厘米（带边框）、高30厘米的涂为红色的砖雕直棂窗，其中一块带有边框。直壁部分高为32厘米，从南壁看，其上还有4层砖，距最顶端约20厘米。上室四壁没有甬道等任何出入口，只能从最顶端出入。

通过盗洞四壁可清楚地看到上室是在地宫直壁砖之上第20层开始建造的。如从地宫顶以上算，应为地宫顶之上第7或第8层，因地宫顶已被打穿，不能确认哪一层位于最顶上；从收分规律看当在地宫直壁砖之上第12或第13层。因为从地宫内直壁以上叠涩收分的砖层，一直到地宫封顶后再往上的7层、8层砖，其砖缝间皆使用的是黄泥，而从地宫直壁以上的第20层砖开始则使用了白灰。而且在这层之上遍撒了很多唐宋钱币，用灰土填缝后再于其上铺一层砖，这层砖当是上室的地面砖。因为从盗洞南壁可清楚地看到，这层砖之上再无直接叠压的砖，而是向外扩出了一个空间，向东、南、西可见上室的三个直壁。上室的砖为方形单砖，砖的表面为浅灰色，壁面粗糙不平，砖层间以白灰和土勾填，砖缝间还插有唐宋钱币，与地宫截然不同（地宫绝无插杂钱币之现象），而与地宫封门完全一致，从所见钱币看无疑也是同时期所为。

石磨盘发现于盗洞口四周堆土中，两面粘满唐宋钱币，尤以宋代铁钱为主，也应是宋代封地宫建上室时用于封顶的。从复原情况看，石磨盘直径78厘米，勉强能从甬道进入地宫。如果是后来宋代人封地宫时放入地宫中的，那这次发掘时其就应在地宫，而不会出现在地面上。盗贼之所以砸破笨重的石磨盘，又将其一块块吊上来，就是因

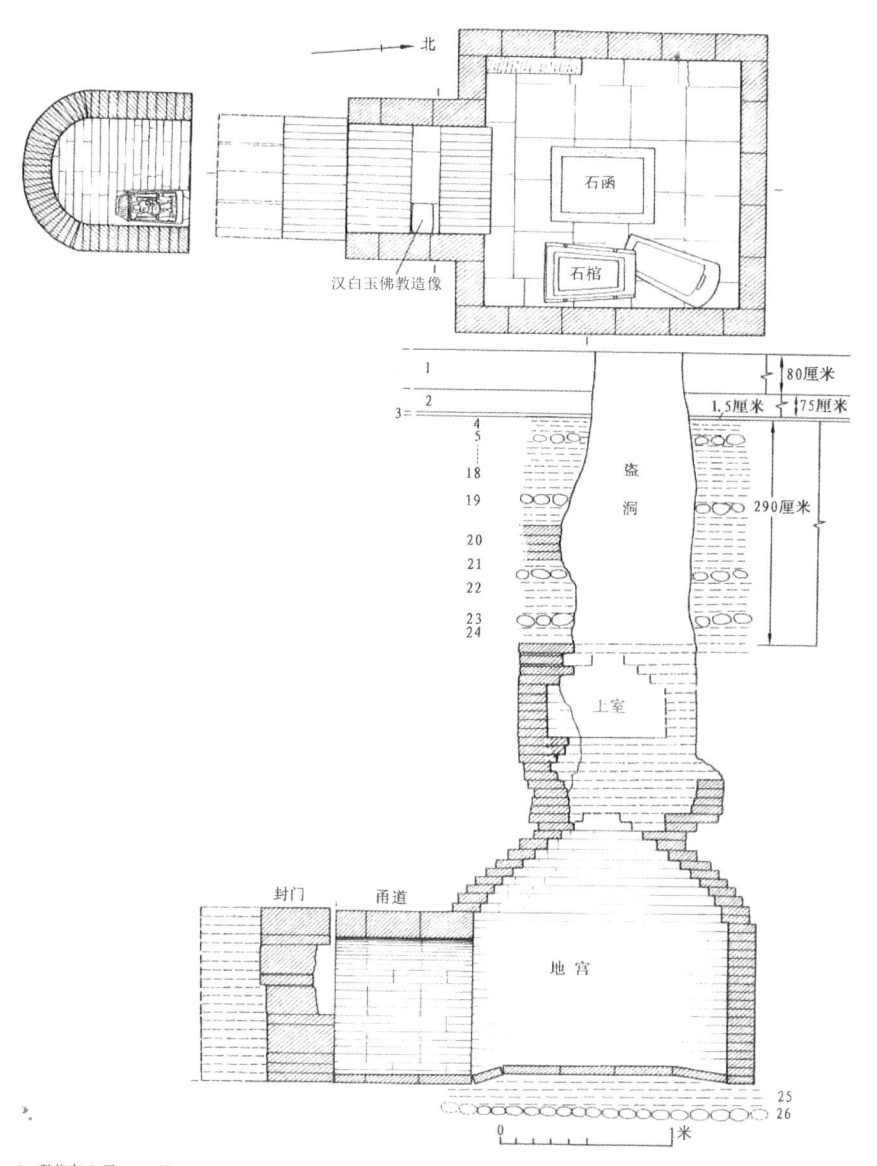

1. 现代灰土层　2. 扰土层　3. 原始地面　4、6、8、10、12、14、16、18、20、22、24、25. 夯土层　5、7、9、11、13、15、17、19、21、23、26. 河卵石层　（盗洞中所见第20层夯土层的南壁有4层砖）

八云塔地宫平剖面图

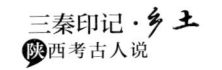

为石磨盘挡住了下挖盗洞的必经之路。那么它是在地宫顶上，还是在上室顶上呢？从盗洞四壁痕迹看，地宫顶之上四周层层叠压之砖很密实，没有封盖石磨盘的迹象。再说如果是用石磨盘直接封顶，盗贼就会砸碎磨盘让其直接掉进地宫中了。况且以往发现的用圆石封堵地宫顶的情况，往往是因为地宫为竖穴式，四周没有甬道之类的出入口，而该地宫有甬道，要封闭的是甬道口，而非地宫顶。在上室直壁以上还有4层砖，应为叠涩收顶的部分，但因这一部分已被挖穿，所以难以判断4层砖收口的情况，再说上室四壁没有任何出入口，只能从顶部封口。盗洞在这一段也较大。从盗洞四壁的痕迹看，基本可断定石磨盘就是封闭上室顶的圆石。

地宫结构新发现，唐宫宋塔有新论

综上所述，经过两次进地宫探秘，基本可以推断：八云塔始建于唐，现存八云塔当为唐塔毁废后，宋代仿唐塔而建，具体年代当不早于北宋庆历年间。

前述文献有载，唐建瑞光寺被毁，宋人又改建，瑞光寺塔亦有可能如此。从发掘清理的情况看，地宫之上有"上室"，上室顶压石磨盘，其上用夯土与卵石交错夯实，必须经过大开挖之后才能如此建设施工。如果当时塔还在，就不可能建造出"上室"。我们根据考古发掘以及出土文物的情况，得出如下的初步结论：

八云塔和地宫均为唐代始建（据文献载约在景龙二年，即公元

708年），后来塔毁，地宫也被打开，其中的石函流落到寺外，甚至被当作流水槽（可能在武宗灭佛的会昌年间）。北宋庆历年间在原址重建塔身，修建者挖开唐代塔基后，发现了地下5米处的唐代地宫，但并没有从顶部打开，而是从南部的漫道下去，打开了地宫封门，从甬道进入地宫，重新瘗埋了搜集到的原地宫石函。石函盖已失，便为其重新配了一个。之后放入宋人供奉的石棺舍利及珍宝财物，撒满各时期的钱币。使用塌落的唐塔上的砖填堵了甬道，并将搜集到的北朝时期的一尊汉白玉佛教造像封于甬道中，之后从甬道外的漫道用青砖和白灰填封了地宫，封砖时也撒了好多钱币。

地宫封好后，在其周围填以夯土、卵石，并在唐代的地宫顶上用砖和白灰建造了一个边长68厘米的方形"上室"，东西两壁嵌以砖雕窗棂，四壁不设入口。放入供奉物，撒满钱币后，在顶口上盖一石磨盘，之后又撒上钱币，然后用夯土和卵石层层填实，至上层与塔基合为一体。夯实后使用唐塔倒塌下来的砖等材料，仿照唐塔（原瑞光寺塔）重新建造了如今的八云塔。

（作者系西安博物院副院长、研究馆员）

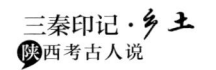

考古发掘从凌晨开始

——姚家沟遗址考古发掘记

○胡望林

姚家沟遗址的发现,原本并不在计划之内。这片被称作"宝钛6T厂房建设项目考古发掘"的地方,位于宝钛集团老厂区。厂区里机械轰鸣,尘土飞扬,谁也没想到在这个现代化的钢筋水泥森林中,竟然埋藏着一段古老的历史。而"姚家沟"这个命名,也是因为考古学上以最小地名命名的原则,才给了这片古老的遗址一个更具归属感的名字。

确切地说,这个遗址的考古发掘是一次抢救性的考古发掘。宝钛老厂区为了扩大生产规模,拆除了老厂房,后在新建厂房的过程中发现了一座墓葬。为什么说考古发掘从凌晨开始呢? 因为他们在凌晨施工的过程中发现了一座墓葬,然后拨打了市长热线,市长热线很快将情况反馈到市文物局。由于发现的是一座墓葬,市文物局立即指派市考古研究所的人员赶往事发现场,进行现场勘察。辛怡华所长、宝鸡市文物局张启云科长坐的车子在夜色中疾驰,夜幕笼罩下的城市寂静无声,只有偶尔掠过的车辆灯光和路边昏黄的路灯,照亮着前行的路。

到了厂区大门口,考古队的车却被保安拦住了。宝钛厂因其军工性质安保工作一向极为严格,陌生人进入更是困难。安保人员不信任地打量着这群深夜到来的考古人员,显然对他们的来意心存疑惑。队员们反复出示工作证件,说明事情的紧急性,还强调了墓葬的发现对于文化保护的重要性。几通电话之后,安保人员的态度才终于有所缓和,开放大门,考古队这才得以顺利进入。

穿过施工现场,走到墓葬时,已是凌晨一点多。昏暗的灯光下,

考古人员查看工地现场

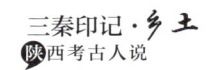

是四周布满的刚刚打好的基桩。墓葬位于整个工地的西南角。几束手电筒的光聚集到同一个点上，静默的夜色里，墓室砖壁的轮廓渐渐清晰起来——它是一座完整的砖室墓，埋藏在现代厂区的地下，早已与周围的钢筋水泥融为一体，但又别具一格，仿佛在等待着被发现。

真正的考古发掘工作开始于第二天上午，在对施工断面进行一番观察后，考古人员发现这处工地上除已暴露的墓葬外，还遗留有大量的陶片。于是相关工作人员先对施工区域进行考古勘探，勘探结果显示，此处又是一处新石器时代遗址。于是考古人员决定在发掘墓葬

刚被发现时的墓室状况

的同时对遗址展开考古发掘。

这座墓葬虽已安卧地下数百年，但它的结构依然坚固，宛如一位安然不动的长眠者，静静地等待着被唤醒。为了最大限度地保护墓葬，考古队决定采取"二分法"——一边发掘，一边分层次清理，确保每一层的细节都不会被遗漏。

发掘工作的每一个细节，都需要小心而精准。入口处的青砖排列紧密，似乎每一块砖都经过了精确的铺设——是考古队所见过的古墓中少有的精致做工，队员们暗自揣测着这座墓葬主人的身份，心中充满了敬意。

当墓道的轮廓完全显现出来后，考古队员们的工作重点也逐步转移到了墓室内的发掘上。由于之前桩基的挤压，墓室已稍有变形，部分砖雕被震落于墓室内，但是仍有保存完整的砖雕壁画，展示着一个个昔日的场景。这些图案就像是刚刚刻上去的一样。砖雕的每一条线条都经过岁月的洗礼，虽然有些地方已经模糊不清，但这些装饰图案给考古队提供了更详细的信息，显示出墓主人可能拥有不凡的社会地位和文化品位。

随着发掘的深入，墓葬内逐渐显现出更多的细节。一层土被小心翼翼地铲去，墓室内的一具木棺露出一角。木棺早已腐朽。轻轻地将腐朽的木块剥离出来，发现木棺内不仅有骨骸，还留有一些随葬的器物。几枚锈迹斑斑的铜钱、一只精致的瓷盏，甚至还有一块刻有古老铭文的买地券，静静地躺在泥土中，仿佛在诉说着墓主人生前的故事。

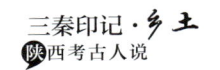

买地券在宋代墓葬中十分重要，通常是墓主人生前购买墓地的凭证，也可以理解为"通往来世的通行证"。队员们小心地将买地券取出，轻轻拂去表面的泥土，露出上面用朱砂写着的繁复文字。"宣和四年……"这些字眼让人们激动不已，因为它不仅能准确地标记墓葬的年代，还能为考古工作提供宝贵的历史背景。随着发掘工作的逐步深入，墓葬内部的结构和细节逐渐显露在考古队员面前。这些砖雕在墓壁上呈现出各种形态，有的雕刻着花卉图案，有的雕刻着"二十四孝"人物故事，还有一些简单的纹饰。雕工不算奢华，但非常细腻，显得古朴而端庄，是宋代墓葬的常见特征。

在姚家沟遗址的发掘中，最让考古队员们感到震撼的，莫过于那些保存完好的仰韶文化晚期的房屋遗址。这些房屋在地底下静默了

清理后的墓室内部情况

数千年，等待着被发现和重现。考古队员们一层层地清理土壤，逐步揭示了这些房屋的轮廓。随着泥土被一点点铲去，一幅古代聚落的生活图景渐渐呈现在我们眼前。

这些房屋遗址大多分布在遗址的东部、南部和北部，地面式建筑和半地穴式建筑在这里共存。地面式房屋主要由平整的长方形构筑，墙体根基十分清晰，有的墙面甚至还残留有白灰粉刷的痕迹，几层白灰面平整光滑，显示出建造时的用心。这些房屋整体布局整齐，似乎按照着某种逻辑规则排布，构成一个有秩序的居住区，说明这片土地曾经是一处热闹的村落。

其中的一组联排房屋尤为突出。编号为 F1—F5 的房屋呈长方形排列，每间房屋之间建有隔墙，结构十分紧密，房间布局也相互关联。在一些房屋之间的墙面上发现了门道的痕迹，这些门道将每一间

地面上的联排房址

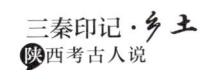

房屋连接在一起，形成一个完整的建筑单元。F1—F5 的房屋显然为同一时期的建筑风格，保存下来的白灰面显示出其建造质量之高，甚至在一些部位可以看到多层白灰涂抹的痕迹，显示当时的居住者曾多次对其进行修补。

在房屋内部还发现了灶址，这是古人日常生活的中心。在 F1 和 F2 房屋正对门道的位置，各有一个圆形地面灶址，灶坑壁面光滑平整，底部残留有草木灰和少量烧结痕迹。这些灶址无声地叙述着古人曾经居住于此，日出而作、日落而息的生活点滴。

除了地面式房屋，遗址中还发现了几座半地穴式建筑，编号为 F7—F9。半地穴式建筑是仰韶文化晚期常见的房屋形式，这些房屋多为圆形或不规则形状，地面以下部分为深坑，壁面粗糙，底部则较

半地穴式房址

为平整。F7 建筑的四周分布有柱洞，柱洞大小不一。F8 建筑的壁面较为规整，房屋内部堆积了一层黑褐色的填土，填土中混有少量草木灰和石块。

这些房屋遗址的发现，向考古队员们展示了仰韶文化晚期人们的日常生活和建筑智慧。他们建造的房屋布局有序，结构合理，既有地面式房屋的联排设计，也有半地穴式房屋的独立性。地面式房屋的白灰墙面、精心设计的隔墙和门道，仿佛在讲述一个个古代家庭的日常琐事；而那些半地穴式房屋则展现了古人因地制宜地利用自然资源的智慧。

姚家沟遗址的发掘，让人们意识到，现代生活的每一个细节，其实都与历史相连。墓葬中的瓷器和装饰品表明墓主人对"安居"的重视，甚至是对饰物的讲究，这些物品无不在传达历史和现代的传承。仰韶文化晚期的房屋，既是晚期聚落生活的缩影，也映射出那个时代人们对生活环境的理解和处理。千年后，当考古队员们重新发现这些遗址，看到那些井然有序的房屋、精心设计的灶址和沟渠设施，内心深处不禁对古人产生了深深的敬意。古人的智慧、劳动与创造力在这里熠熠生辉，跨越时光，让考古队员们在这片土地上看到了人类历史悠久与厚重。

发掘工作圆满完成，考古队员们心中充满了成就感。这次发掘让他们深刻意识到，自己不仅仅是在保护文物，更是在与过去对话、为未来留下线索。这段发掘经历，不仅是他们作为考古工作者难得的职业收获，更是一次与历史的邂逅的机会，让他们在回望过去的同时，重新审视现代生活的意义。正是因为这场历史与现代的对话，让他们明白了，在这片土地上，千年时光流转，生活在延续，文化在传承，历史与现代终将交会成我们共同的记忆。

（作者系宝鸡市考古研究所副研究馆员）

初窥考古喜欲宣

——在魏家崖考古工地的四个月

○李　昱

2023 年 9 月初,非科班出身的我第一次踏足考古工地。出于对考古新人的关心,辛怡华所长带着我们办公室的同事们一起送我到魏家崖考古工地。立秋后炎气未消,工地上众人的后背都沁着汗,执行领队赵兆带着我们了解了布方点位和各方勘探情况,随后梁云老师便安排了我在工地要做的具体工作——负责发掘一个 5×5 米的探方。

刮面

随后几天,一把手铲就是我的全部工具,而我的工作,就是在探方里反复刮面。所谓"刮面",简单来说就是为了判断地下遗迹单位

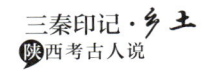

在探方内的层位、大小等信息而做的基础工作。此时的我还不理解这项工作的意义。于是急于求成的我时常跑到别的探方向梁老师的学生们请教,见到赵兆或者技工刘喜林老师就缠着他们问东问西。技工老师告诉我:"要先画出单位,然后再刮面。"当时我并不理解这句话的真正意义。

我在考古现场工作

于是第二天一大早,我就用手铲在探方中间画出一个大大的长方形,然后开始反复刮面,幸而技工老师也总是早到,他站在探方外不解地问我在做什么,我手下不停,抬头看他:"我画了一个单位,然后刮面。"他继续问我,画出这个单位的依据是什么。我告诉他,我就是想"挖"这里,所以画了一个"单位"。于是技工老师随手拿了把铲子，把我的"单位"抹掉了。

看着我疑惑的表情，技工老师有些无奈地说："你先给整个探方刮面吧。"我指着旁边的一个探方问："我什么时候才能把我的探方也'挖'得那么漂亮呢?"技工老师顿了一顿，和我说："迟早会'挖'成那样的，到时你别喊累。"我看了看手里的手铲，重新从探方的一角开始，对整个探方进行刮面。

记不清是从哪天开始，我就能画出地层了。好像是突然之间，我在原本看起来"就是土"的探方里，突然分出了灰褐色、红褐色、淡黄色……不同土层之间就是一个个遗迹单位。作为考古新手，我甚至还有幸获得了一个小小的灰坑，老师们非常信任地把这个小灰坑的清理工作交给了我。而我也完成了从画出单位到完成清理的全过程。我的探方最终也变"漂亮"了。

宝鸡好人

我的探方能变得"漂亮"离不开在探方内工作的一位民工叔叔——王新平，工地上的人都叫他新平叔。我没问过新平叔多大年纪，但他头发花白，皮肤粗糙，皱纹很深，因为要在探方里干重活，所以总是穿着破旧的衣服，这一切都让他看起来更加苍老。叔叔干活很卖力，但同时又细心认真。

一开始，我对他是有些轻视的，尽管我没有表现出来，但内心的偏见让我对他既看不见也听不见。直到有一次，无意间得知新平叔竟

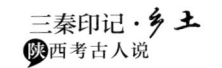

然两次舍身救人,被评为"宝鸡好人",我才注意到新平叔所具备的坚韧、谦逊的美好品格。也让我意识到,我所引以为傲的东西,或许本不过是敝帚自珍。

学习技能

刚到工地时,对什么都感到新鲜的我,总缠着老师们教我使用无人机拍照。然而,当我第一次启动无人机时,却差点儿让它撞上围栏,此后我便总是要麻烦赵兆或者梁老师的学生帮我拍摄。然而随着我对工地越来越熟悉,发掘速度提高,使用无人机拍摄的频率也在增加,总是需要别人的协助毕竟不是长久之计。于是在同寝室女孩儿的带动下,我开始在空闲时间练习使用无人机。

在此之前我还有一些别的收获,比如,从刚进单位时偷偷百度什么叫作RTK到独立操作RTK对发掘的遗迹单位进行打点定位;再比如,在梁老师的学生小段同学的帮助下,用电脑软件绘制遗迹单位平剖面图等。

但是说起让我记忆最深刻的事情,那就是现场绘制遗迹单位图。技工老师从如何使用米格纸、如何确定比例、怎样扎钉子、看水平开始,手把手地教我绘图,尤其是教我怎样绘制人骨细节等。刘老师待人宽和,但在专业技术上要求非常严格,他会细心教我怎样绘图、怎样修改,也会在我画了一下午的图还不过关的情况下,冷酷地说一句:"擦掉重画。"

第一次听到"擦掉重画"四个字时，我觉得委屈愤懑，然后据理力争，因为我觉得自己绘制得很好。直到刘老师有理有据地把不合比例的地方都帮我圈出来后，我才发现，部分数据在测量时出了错！当我第二次听到"擦掉重画"时，就知道一定是我在测量时的哪个环节出了错，于是自查自纠，一步一步推演，终于找到问题所在。随着我工作能力的不断提升，我的心态逐渐平稳，人也自信、从容起来。

我在考古现场绘图

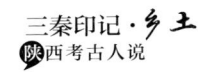

我不想挖"空方"

在魏家崖工地上,梁老师交给我的第二个探方让我美美地哭了一场。我不理解,为什么要挖一个"什么也没有"的空方。为此我非常失落。我认为的探方一定要有很多个存在叠压、打破关系的遗迹单位,如果往下探索,每一层都没有遗迹单位的话,那它就是一个没有用的、浪费时间和机会的"废方"。

这让我感到十分难受。尽管小段同学安慰我说,这样的探方就是相邻几个探方的标准方,可以通过这个标准方来厘定其他探方的地层,配合其他探方的考古队员更好地完成发掘任务。可我依然希望我可以发掘一个遗迹单位众多的探方,以帮助我快快成长起来。

急于在工地上长知识、学本领的我,难以接受一个空空如也的"废方"。于是逐渐失去耐心。在没有进一步确认,也没有与老师们研判的情况下,擅自让民工叔叔们帮我发掘刮面时认为是遗迹单位的探方某处。结果可想而知:下挖了大概20厘米便已经见"底"。

此后,我的探方只能配合周围几个探方一层层下土、刮面。就在我以为这个探方只能作为配合周围各方发掘的标准方时,"奇迹"出现了——一种全新类型的遗迹单位出现了。这不仅仅让我,也让其他老师们欣喜不已。

这时我才明白:原来大家都不希望空方出现,但是,只要还在发掘,就要保持耐心与细心。所以我仍感谢那时虽然失望但依然细心工作的自己，如果操之过急，不愿意再像对待前一个探方一样细细地全方位反复刮面，或许就会导致不可挽回的错误与遗憾。

责任

考古是一项朴实又浪漫的工作。说它朴实，是因为我们每天作息规律、工作内容单一，探方内若无遗迹单位出现，那么探方内的工作主题就是下土、刮面、画地层；如果有新的遗迹单位出现，就按照工作流程完成从发掘到绘制、拍照、RTK定位再到清理的整个流程。工作环境就是小小的探方，四周是广阔的土地。每天完成发掘工作后，写好不带感情色彩的工作日志，剩余的时间，便是自己的了。

说它浪漫，是因为你简直无法想象，在每天走过的道路下面、在种着麦子的土地下面有着怎样的奇迹在等着考古工作者一层层地揭露。或许是上千年前人们在制作陶器时在陶片上留下的一枚指纹，或许是刮面时出现的一枚足印，或许是古人为自己已故的亲人放置在胸前的小小钱袋……翻开典籍，一页一页是古人的生平；而刮开泥土，一层一层是古人切实生活过的痕迹：他们会用陶鬲烧煮食物，会把动物的骨头磨成发簪，会使用泥条盘筑法制作陶器。而我们这些考古工作者，在第一现场真切地感受着、触摸着这一切，真实又恍惚，怎会不心生感动！

正是基于这份感动，让我更加深刻地意识到肩上的责任重大：考古发掘必须慎之又慎，地下的环境不会再生，一旦发掘，势必会造成破坏。发掘墓葬时，一不留神，薄薄的板灰就会被破坏而与泥土融为一体，再没有清楚地去辨认其形制的可能；发掘灰坑时，如果判断失误，可能致使其边界不明，甚至挖过了，就再也找不到底，以致对底层判断失误。而这些失误，有些是不可弥补的。

这就对考古工作者提出了更高的要求：必须谨慎，必须细心，必须热爱，处处要留心。同时，也需要理论知识武装，要有专业的头脑。而专业性正是我所缺乏的。因此，在4个月的时间里，我一手握手铲，一手捧着书，从最基础的考古学理论学起，在理论基础上去实践，在实践中验证理论。

遗憾

因为非专业出身，所以一到工地上便一头扎进探方里：小小的探方足够令我"大开眼界"。但当我逐渐具备了独立发掘遗迹单位的能力之后，我也开始思考一些别的问题。比如，梁老师或者其他老师是以怎样的思路或者思维方式阅读典籍文献的？如何将典籍文献记载与现代地理概念相结合，继而确定考古发掘工地的具体位置？

再比如，我只负责众多探方中的一个，而这一个探方与周围其他探方之间的关系是怎样的？除了地层上彼此关联，偶尔有些遗迹单位会贯穿两个甚至几个方之外，它们还有没有其他的联系与区别？该以怎样的视角去观察或者分析这种联系与区别？当发掘过的探方的数据糅合在一起时，或者当几个发掘区的数据堆砌在一起时，该怎样去分析它们，能从其中获得怎样的结论呢？

短短4个月，还不足以满足我对考古学的好奇，我对考古学想要有更深刻的认识。我感激并怀念这4个月的美好体验，感激魏家崖这片土地带给我的新奇与震撼，感谢每个遗迹单位促成我的成长，感谢老师们、同学们、民工师傅们所给予的帮助与鼓励。我相信，拥有了这4个月的发掘经历，今后，我将以更加平实的心态、更加坚定的步伐，一步一个脚印地继续走在考古这条朴实又浪漫的道路上。

（作者系宝鸡市考古研究所助理馆员）

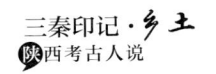

先秦岁月回声

——雍城考古记

○王 含

2023年11月22日,我坐着单位的柴油车,来到了位于宝鸡市凤翔区南指挥镇的雍城考古工作队驻地。当时我的心情可谓既兴奋又忐忑。

11月23日,在领队杨武站老师的带领下,我来到了凤翔六营遗址考古工地。早上八点钟,当第一缕阳光洒在雍城古老的土地上时,沉睡千年的历史记忆仿佛也被唤醒。

雍城是先秦时期秦国的重要都城,赫赫有名的秦公一号大墓就在这里。它承载着无数的荣耀与传奇,宛如一颗被时光掩埋的明珠,静静地等待着后人的发现与探索。六营遗址位于雍城的东部,当时的我怀着崇敬与期待走进这片土地,开启了一场惊心动魄的考古之旅。远处,连绵起伏的山峦仿佛是历史的守护者,见证着雍城的兴衰变迁；近处，整齐的探方里频频出土的陶器残片，似乎在诉说着往昔的繁华。

我分到的第一个探方在遗址东北部，10×10 米的探方，不大不小，第一天就是用手铲和刮铲刮面。这活儿看着很简单，实则很精细，刮得好不好直接影响对遗迹现象的判断。最难的是天气越来越冷，凤翔大地上开始结冰了。因为刮面前要洒水，动作慢一点儿地就冻上了，所以很多时候需争分夺秒。我小心翼翼地清理着每一寸土地，生怕错过任何一个线索，手中的手铲仿佛变成了时光的钥匙。

探方里出土最多的当属陶器残片，这些古朴的陶器残片，虽然没有青铜器、玉器那样华丽，却有着一种质朴的美。它们展现了先秦时期百姓们的日常生活，反映了当时的社会风貌。有的陶器上还刻有简单的图案和符号，或许是当时人们的审美或信仰标记。

2023 年年底，探方发掘进入尾声，我们开始发掘遗址西部的墓葬区。随着发掘的深入，一件件珍贵的文物逐渐展现在我眼前。尤其是那些精美的青铜器，散发着神秘的光泽，仿佛每一道纹饰都在诉说着古老的故事。这些青铜器造型庄重，有的形制巨大，有的则小巧玲珑，每一件都承载着先秦时期的工艺之美和文化内涵。

除了青铜器和陶器，让我印象深刻的还有一些迷惑人的小东西，它们形状圆润，质地轻巧，似木似炭，当你拿着它向其他人展示时，你将获得对方意味深长的神秘笑容。它是大自然的馈赠，是屎壳郎辛勤劳动的成果——粪球。我们不舍得丢，将它们扔进了工地的炉子里，也算是没有浪费能源。

在工地上有时候会有点纠结，我是个以物喜以己悲的人，喜欢太阳，晴天心情好，但是下雨时，又可以在室内整理资料。算是变相休息。所以在工地的日子里，我既盼着下雨，又盼着晴天。不过，也不是所有下雨的日子都在室内整理资料，我在雍城考古队时，正值秦公一号大墓车马坑发掘时期，有时雨天，领队杨老师会带着我们去清理秦公一号大墓车马坑。

说到秦公一号大墓车马坑，就必须提一提墓主秦景公，他是秦国第14代国君，去世时秦国为之举行了隆重葬礼。而作为秦国一号工程，经工匠们数十年如一日的劳作，足够秦景公在地下享受如生前一样奢侈生活的巨大陵墓早已建好。

蹲坐在车马旁边时，我经常会想，几千年前的古人是如何挖掘如此深的坑道的呢？是如何将这些车马放进来的呢？葬礼的过程是什么样的呢？

可以想象，葬礼举行那天，文武百官丧服素缟，三军列队，官方组织万民相送。灵车自雍城出发，缓缓前行，到达陵墓。壮士们用绳索将秦景公的棺木缓缓下放至墓底早已建好的豪华椁室，工匠们将秦景公生前所用的生活用品、礼器等在墓屋中一一布置好。秦景公的爱犬也随葬其墓内，可见秦景公也是爱狗人士。

在六营遗址发掘的过程中，我们还发现了道路和车马坑，整个遗址规模宏大，可以想象当年这里是多么的繁华。尤其是站在车马坑前时，仿佛可以看到当年这位君王的威仪和他站在战车上指挥军队时的风采和英姿。这里曾经是权力的中心，是国家的象征。如今，虽然只剩下一片废墟，但此处依然能让人感受到它当年的辉煌。

随着秦雍城考古工作的不断深入，越来越多的历史谜团被解开。我们逐渐了解到先秦时期秦国的政治制度、经济发展、文化艺术等方面的情况。这些发现不仅丰富了我们对先秦历史的认识，也为我们研究中国古代文明提供了重要的资料。

然而，考古工作并非一帆风顺。在挖掘过程中我们也遇到了许多困难和挑战。有时候，恶劣的天气会影响挖掘工作的进度；有时候，文物的保护和修复也是一个难题。但是，考古队的成员们并没有被这些困难吓倒，他们始终怀着对历史的敬畏和对考古事业的热爱，坚持不懈地进行着挖掘和研究工作。

先秦时期是一个思想活跃的时期，各种不同的学派和思潮纷纷涌现，被称为"百家争鸣"。这其中包括了儒家、道家、法家、墨家等多种学派。他们之间通过辩论和交流，提出不同的主张和观点，对中国古代的思想文化产生了深远的影响。在雍城考古的过程中，我不仅看到了历史的辉煌，也感受到了人类的智慧和创造力。先秦时期的人们，用他们的双手和智慧创造了如此灿烂的文明。他们的建筑技艺、冶金技术、制造艺术，都让我们后人赞叹不已。

然而，随着时间的推移，雍城的辉煌逐渐被掩埋。战争的破坏、自然的侵蚀，让这座古城变得残破不堪。但是，历史的车轮从未停止转动，雍城的故事也从未被人们遗忘。如今，通过考古，雍城的神秘面纱再次被揭开，展现在世人面前。

在雍城的岁月里，每一处遗址、每一件文物都仿佛在诉说着一个故事。这些故事交织在一起，构成了一幅波澜壮阔的先秦历史画卷。站在这片古老的土地上，我仿佛能听到那来自先秦岁月的回声，那是历史的呼唤，也是我对未来的期许。随着夕阳西下，余晖洒在雍城的遗址上，仿佛给这片古老的土地披上了一层金色的外衣。在这一刻，时间仿佛凝固了，我静静地站在那里，心中充满了对历史的敬畏和对未来的憧憬。

（作者系宝鸡市考古研究所助理馆员）

东崖考古记

○王 颢

宝鸡法士特项目建设前期，考古人员在勘探中发现了古墓葬和灰坑等遗迹，需要开展考古发掘。考古人的神经对于两个要素"在哪里"与"啥时代"格外敏感，拿起勘探报告后，也是先看这两样：东崖村和春秋时期。东崖村有春秋墓葬，而且数量较多。工作未开始，我们内心已笃定这次发掘应该有大收获。报请国家文物局批准同意后，宝鸡市考古研究所承担起该项目地下文物的考古发掘工作，由我担任本次考古发掘项目负责人。我是兴致勃勃、信心百倍的，对这次发掘充满了期待。

考古发掘开始后，工作有条不紊地进行着。我与单位同事对发掘地点进行高空摄影，借此对东崖村有了进一步的认识。我们的发掘地点位于宝鸡伊顿轻型变速器有限责任公司厂区内南部，与东崖村相隔一条马路。东崖村东邻通峪河，南临西宝高铁路桥，西为通村公

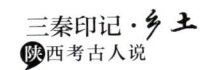

东崖村远景

路,北为310国道。地处秦岭北麓缓坡地带渭河川道区,位于渭河南岸二级台地上,山前缓坡地形地势大范围是西南高、东北低,小范围内则应是东高西低,现今土地经过平整,整体地势较平坦,土层深厚,土地肥沃,位置与环境优良。

东崖村名的由来,肯定是因为有高崖在旁,村北的渭河一级台地与二级台地之间就是高崖,这是渭河发大水时冲刷切割形成的;村东通峪河上游的秦岭山谷中常年水流不息,也冲刷切割形成深深的小河谷地带。站在高处向下望,也是高高的崖。因此,东崖之崖也许有两方面意思,即村北高崖、村东高崖。有崖在上,地势高耸,成为防护保卫的天然屏障,再匹配上旁边渭河和通峪河的丰富水源,使之成为人类理想的居住场所。天然的地理环境优势,为创造和孕育文明提供了优良的基础。

综合以往调查资料和本次发掘资料，我们对东崖村所处位置的古代文化或者历史沿革有了更深刻的认识。

早在新石器时代，就有人类在现在的东崖村村北高崖处繁衍生息。调查发现，此处为新石器时代仰韶文化中晚期遗址，这一点从此处古聚落遗址的文化堆积以及遗迹遗物上可得到实证。有研究分析表明，6000—5000年前，当时的人们依托优越的自然条件，继承了半坡文化深厚的底蕴和农业生产传统，积极发展旱作农业，种植粟的比例已经超过了黍，应该是完全解决了饿肚子的问题。当然，居住在秦岭北麓、渭水河畔，渔猎也是生活物资的一大来源。

在距今约3000年的西周遗址中，考古人员清理出灰坑、灰沟等遗迹21处，出土了一批西周早期的三足瓮、陶鬲、陶罐、陶尊等器物残片，说明西周时期已有人居住于此。这样的结论丰富了关中西部西周早期聚落遗址分布范围的研究资料，对于了解其文化面貌，进一步研究和阐释周文化提供了考古资料。

在此次考古中发掘墓葬212座，出土随葬品740余件（组）。发现的墓葬所处时代自春秋中期到清代，具有时代跨度大、内涵丰富、保存完整的特点，为研究关中西部春秋中期和汉、隋、唐、明、清等各时期的丧葬制度、社会生活等提供了新的考古资料。特别是春秋时期士级贵族以下墓葬的发现，对秦文化中低等级社会阶层的研究具有重要意义。

春秋中期秦人墓葬的发现，再一次丰富了东崖村原来的历史文化内容。墓葬中有春秋墓葬65座，车马坑4座，随葬品590余件

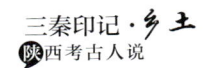

M72 器物出土照片

（组）。墓葬形制为长方形土圹式，葬具多为一椁一棺，棺内有人骨骸一具，有直肢和屈肢葬式，屈肢居多。其中 4 座墓葬有附属车马坑，坑内为真车真马，有五马一车、四马一车、两马一车等规格，木车腐朽，仅余少量迹象，马骨保存一般。个别墓葬还存在人殉现象。出土器物中陶器最多，有陶鼎、陶鬲、陶簋、陶壶、陶盘、陶甗、陶盂、陶匜、陶豆等；铜器次之，有铜鼎、铜壶、铜盂、铜盘、铜匜、铜甗、铜戈、铜剑、铜矛以及铜车马器等。另外还有少量玉、石、骨器。这批青铜礼器是墓葬断代的主要依据，也将对春秋时期青铜器断代与研究、保护和利用产生重要作用。陶礼器组合中大多为彩绘陶礼器。在烧制成功的陶器上用红色、白色颜料涂画纹饰，纹饰有弦纹、回纹、三角几何纹、勾连云纹等。既保留了陶器的功能性，又增加了其艺术性。对于研究当时人们的审美情趣和丧葬观念，以及制陶工艺水平和美学成就等具有重要意义。将墓葬形制和随葬器物的组合特征，与关中地区其他墓葬中曾出土的随葬器物对比，可初步判断这批春秋墓葬的时代具体为春秋中期，墓主身份最高为士级。

这里的士，是古代介于大夫和庶民之间的阶层。古代贵族集团分为天子、诸侯、卿大夫、士四个等级，士以下就是庶民、奴隶了。我们发掘的士级墓墓主是最低级的士级贵族，是封建社会中最基础的贵族，也可以说是最高级的百姓。"士为知己者死"中的士与贵族士略有区别，前者是指以知识分子为代表的士族阶级。因古代只有士族以上的贵胄子弟才有获取文化知识的途径，故士又成了有一定知识和技能之人的代称。

汉代墓葬数量少，墓葬形制较大，埋藏较深。由于汉墓早期被盗，出土随葬品只有陶瓶、陶公鸡、钱币等。隋代墓葬为斜坡墓道单室土洞墓，出土随葬品有陶罐、陶碗、陶瓶、陶盏、瓷盅、铜刀、铜饰、带扣、钱币、铁鼎、铁镜、铁刀等。唐代墓葬呈刀形，均有斜坡墓道，为单室土洞墓室，出土随葬品有铜镜、陶罐、陶盏、发簪、铜带扣、铜钱等。明清时期墓葬数量最多，分布密集，出土随葬品有陶罐、陶盏、铜簪、耳环、指环、纽扣、瓷杯、瓷瓶等。该时段墓葬形制单一，多为长方形竖穴墓道及洞室，规模不大，随葬品少。其中土洞墓室居多，少数为砖室。

东崖村东发现的春秋中期到清代的墓葬，时间跨度约2500年。任时间飞逝，岁月穿梭，不变的是这块热土，它滋养着人们的成长，

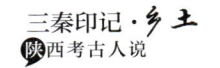

M121 墓葬中出土的铜礼器

使居于此地的人们运用聪明才智创造着文明。回望过去，这古老而肥沃的土地孕育了厚重的文化；展望未来，东崖村一定会在新时代乡村振兴的道路上再创辉煌。

（作者系宝鸡市考古研究所所长）

宝地生辉

——2013年宝鸡石鼓山商周青铜重器发掘侧记

○丁　岩

石鼓山位于陕西省宝鸡市渭滨区石鼓镇，处于秦岭北麓山前地带，南依秦岭、北临渭河，塬面高敞，位置优越，数千年以来世代住有人群，也就留下了各个时代人群的遗存，2013年发现的商周墓葬及大量青铜重器就是其中代表。

自1983年以来石鼓山多次出土过商周青铜器，2012年出土了30多件青铜器，2013年又出土了数量可观的青铜器，且多属重器，可谓宝鸡宝地多生辉。基于这些重要发现，石鼓山考古项目入选"2013年度全国十大考古新发现"，并入选中国考古学会2011—2015年"田野考古奖"。本文将简要记述2013年商周青铜器发掘过程中的一些故事，分享给大众。

一

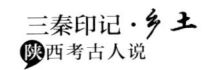

前期准备工作基本妥当后,陕西省考古研究院、宝鸡市考古研究所与宝鸡市渭滨区博物馆三家联合组成的石鼓山考古队,于2013年8月23日正式进驻石鼓山上的石嘴头村,石鼓山商周墓地发掘工作正式开始。

世间之事总是出乎意料,考古工作也往往如此。2012年石鼓山在无经意间被发现之后,还会有新的惊喜吗?当时石鼓山考古队同志们的心里还真没底。

作为考古队领队的陕西省考古研究院王占奎研究员长期从事商周田野考古,闻名于全国考古学界,却似乎与青铜器没有缘分,此前带过的考古队很少发掘到青铜器礼器。一次王老师参观隔壁省份的发掘现场时看到一件器物,根据其露出的局部特征,大家一致认为其是青铜器。谁知参观结束返回途中王老师就接到电话,说那件器物是陶器。面对这种情况,王老师对工作进行了布署。很快,工作按部就班地展开。2013年10月24日,一切步入正轨,M4大墓的发掘工作正式开始。

二

M4大墓是本次发掘中最大的墓葬,被格外关注。考古队很快就确定了 M4 墓口范围，在确认铲刮不见盗洞后，就请王老师来到现场。在王老师的带领下，大家继续下挖墓圹填土，逐层清理填土堆积，仔细观察，直到二层台露头，填土与四周墓壁都未见盗洞。谢天谢地，一切安好。

时间到了 11 月底 12 月初，在初步清理到椁室顶部位置后，还没有随葬品出现。2012 年发掘的 M3 墓的二层台及棚木之上的位置有很多的车马兵器随葬品，甚至有一件跌落下的青铜鼎，而 M4 的二层台位置上却什么也没有。更令人揪心的是，M3 二层台之上约 1 米的墓壁三面设有壁龛，而 M4 发掘至今，其壁面仍然不见有壁龛迹象。见此情况，大家高涨的心情几乎凉了下来，有点儿不知所措。

费了九牛二虎之力，贯彻精细考古理念，搞清楚了墓室填土的层次和下陷过程，也确认了没有盗洞、没有后期扰动，但应该有随葬品出现的位置、有壁龛出现的位置，却什么也没有。到底出了什么问题？

三

窘况摆在眼前，王老师也不知如何解释。这会不会是个"空墓"？

M4 的发掘工作即时放缓，大家只是有条不紊地推动绘图、记录、扫描等常态工序。是继续下挖清理墓室，还是再等待意外惊喜？真是艰难的抉择。

考古队员们的心都还挂在 M4 上，无论在忙什么，大家路过时都要看它几眼，绕着深深的墓坑走走停停。两三天后一个中午的下班之际，参加过 M3 发掘清理工作的刘军户同志在墓口边悄悄告诉丁岩说："你看，二层台上，东壁靠南端中部的土与周边有点不一样，你再看看。"丁岩仔细地左看、右看，发现的确有点不一样，心跳不禁加快了，心里想，有了，很可能有了。两人随后交换了一下严肃而又意味深长的眼神，在对望中默默地达成了一个共识：M4 很可能有壁龛。

午饭后，丁岩与杨久明没有休息就来到现场查看，而且下到墓室二层台位置近处观察，光线变化后，该处"壁龛"位置的土与周围明显不同。于是对此前的判断更有了信心。丁岩赶紧将可能有壁龛的重大发现汇报给队长王老师。王老师尽量压住嘴角的微笑，平静地问询："能确定？"随即马上到现场查看。之后，他也认为的确如此，但要求再落实、再确定。

如果将有壁龛的消息汇报到单位，到最后却没有找到，那又会造成新的尴尬。根据土质、土色这些蛛丝马迹做出的初步判定，目前还不足以成为用开挖的方式查看确切情形的理由。如何进一步落实，是考古队面临的棘手之事。

四

整整一个下午，几位知道"壁龛秘密"的同志一边工作一边考虑如何解决问题，但一直没有头绪。晚饭时大家悄悄地再次合计，不知谁提出用细的钢钎横向扎进壁龛位置,如有青铜类器物就能感觉到。

几人将这个想法向王老师汇报后得到了肯定。晚饭后,几人悄悄地下到墓室,在白天确定的墓室东壁的南端范围,用自制的细钢钎轻轻扎进去试探,感觉里面的确有硬物。不会是料礓石吧?为了再次确认,又在东壁北端中部试探,还是感觉有硬物,而且面积较大。后来的发掘结果表明东壁北端2号壁龛里密密麻麻地满是青铜礼器,多达15件,也解答了该处当时硬质面积较大的困惑。

按照之前的经验,那些被扎到的硬硬的器物大概率就是青铜器。为了再次放心,几位工作人员还用钢钎扎铁锹进行比较:两者感觉较为一致。几人很快将验证结果报告给王老师。虽然这个消息还未最后被确定,但小范围内的知情人心里都很高兴,喜悦洋溢,对接下来的工作充满了信心。

考古队马上外松内紧,行动起来。比照M3三个壁面有壁龛的情形,M4大概率不止有目前在东壁发现的两座壁龛。于是,在反复观察二层台之上四个壁面的土质特色之后,再次发现北壁、西壁各有2座壁龛。后来确定东壁有3座、北壁有3座、西壁有2座壁龛。至于最早几天发现不了墓室的原因,后来也给弄清楚了。这是后话,暂且不提。

五

确定墓室中是否有青铜器存在是大事项,不能心存一丁点儿侥幸。于是，考古队邀请院文物保护部主任赵西晨研究员支援，随即安排袁鸿等协助专业技术人员使用雷达两次扫描壁龛区域，确认东壁的南、北两端壁龛，西壁的南端壁龛有信号反应；而北壁的西端壁龛、西壁的北端壁龛均无信号反应。虽然这与后来的发掘实况存在一定差异，当时却给考古队吃了很大一颗定心丸，据此汇报就不会出现偏差。让"高科技"手段介入，也是本次考古工作中的亮点。

随着有青铜器的信息越来越确定，墓地的保卫工作也逐步升级。院保卫科派员在 12 月 19 日接管工地安全工作。次日，考古队开始清理 M4 壁龛。

采取的是先清理壁龛的一半或者三分之一的解剖方式，以了解壁龛结构、填土堆积过程和器物保存状态。最先清理 1 号壁龛的过程波折不断，我们的心情也如坐过山车般跌宕起伏。

此前用细钢钎微探与用雷达测试的结果都表明 1 号龛内有器物，但是将壁龛南半部的填土解剖清理后竟然不见器物，难道是勘探有误？直到将龛内填土全部清理后才出现 1 甗、1 壶和 1 簋。原来它们位于壁龛的近北部，而且器身向龛内倾斜，所以南端不见器物身影，平白让我们感到焦急，虚惊一场。

考古过程就是这样，都是在未知中探索，有失望、疑惑，也会有欣喜。

六

至 12 月 20 日下午，在 2 号壁龛左半部发现青铜器 7 件，3 号壁龛右边三分之一区域发现青铜器 4 件，而且都是青铜礼器中的精品。

省文物局局长赵荣得到汇报后很快来到发掘现场，并在考古队驻地召开动员会，强调省考古院的队伍是敢打硬仗、能打硬仗的。这很鼓舞人心，大家铆足劲儿，立志一定要把这项工作做好。

青铜重器已在眼前，考古队再次整理墓室、优化环境，在二层台之上全部搭建木板，使之成为工作平台，为后续清理更多的壁龛做准备。由于这些发现太重要了，我们对墓地的监控设备进行了提升改造。

对前面 3 座壁龛局部的清理算是预演。接着我们继续清理其他壁龛，发现也不断增多。在这期间，工作人员还需完成各种汇报材料，加班至凌晨是常事。

在确定墓壁东、北、西三面的壁龛位置、数量的过程中，曾出现过一次失误；后来，当王老师要求重新对各壁面进行观察以确定有无新的壁龛时，刘军户同志在东壁区域发现 1 号与 2 号龛之间还有一座此前没有发现的龛的迹象。

在确认了壁龛数目和其内必有青铜器之后，考古队立即向宝鸡市文物局做了汇报，并请求安排武警战士负责保卫工作。上级单位在很短的时间内便召开了相关会议，不到天黑，武警战士便携军犬进驻现场。工作效率之高，令人感动、佩服。

武警战士接管发掘现场的保卫工作后，着制式军装，戴军帽，佩枪械，威风凛凛，确保了现场安全。

石鼓山出土大量青铜器的消息很快在社会上和业界传开，很多专家、学者、领导和社会贤达前来参观或指导工作。天下考古人是一家，来者都是贵客，千万不能怠慢，所以后勤压力陡然增大。很快，单位安排专人前来支援后勤，使考古队能一心一意地负责发掘事宜。

七

向公众宣传考古的高效方式之一就是通过电视台现场直播。经过多时的准备，央视新闻频道遂于12月25日开始现场直播考古发掘过程。连续多天、多频次的直播连线，获得了极佳的宣传效果。其间有一件事让大家感到非常遗憾，就是在直播结束复盘时大家才发现早有线索，可惜此前没有留意。

当天上午11时，在发掘现场举行了简短的新闻发布会后，直播工作便正式开始。对已经初步清理的1号龛、2号龛、3号龛的再次清理、绘图、照相、内窥镜检查等工作有序展开，央视新闻频道团队即时跟进，镜头给力，配合默契，直播顺利。央视团队带着电视机前和现场的观众，着实享受了一次考古发掘大餐、文化传播大餐。

这是对石鼓山石嘴头村青铜器发掘盛况的第二次直播，现场人山人海、大咖云集，气氛几近沸腾。整个上午，大家都沉浸在喜悦中。

按照预定计划，下午要全程直播一座壁龛的清理过程。此前直播的都是对已局部清理或者全部清理过的壁龛的发掘清理过程，龛内青铜器已一览无余。而这次将要直播的壁龛清理就像是开盲盒，有着不确定性。

当时尚余 7 号、8 号两个壁龛没有清理，对考古队而言清理哪个都一样，央视主持人便选择了 7 号壁龛，认为该龛处于墓室内的西北部位置，更利于直播工作。然而，至壁龛全部清理完成时，只在龛底发现了若干贝币等，青铜器则是一件也没有，镜头前人们的失落无以言表。由于直播预定的结束时间已到，下午的直播就在大家期待青铜器而不得的情形下匆匆结束。而那个未被选中的 8 号龛，最后出土了 8 件青铜礼器，件件精美，而且有 2 件是在考古发掘中首次所见的最早的青铜簠，1 件球腹簋更是精美绝伦。见此，直播主持人与发掘人员都是一声叹息，深感遗憾。

事后，经过复盘，发现 M3 西壁的北龛内也只有贝币等小件器物，所以 M4 同样位置的壁龛中没有青铜器，应该不算意外。此前用雷达探测 7 号龛时没有信号反应的情况也没有引起我们的注意。对 7 号龛没有青铜器的情况，我们应该早有察觉。这样一出小插曲，也给此次直播留下了一点遗憾。

八

关于墓壁清理初期为何没有很快发现壁龛迹象的原因，大家在清理壁龛填土过程中才意识到。墓室填土清理后的前几天，大墓的壁面生土与龛内回填土的含水量几乎相同，这时两者的土质、土色差别较小，加之墓室填土在沉降过程中对墓壁进行过摩擦，使得壁龛迹象极其模糊以致很难辨别。而经过几天的暴露晾晒后，因壁面生土与壁龛回填土水分含量不同，壁龛原来模糊的迹象就变得稍微清楚些，一旦用心观察就可以辨别出。刘军户同志参与过 M3 的发掘，积累的经验在此次 M4 的发掘中起到了关键作用。至于 M4 二层台之上没有随葬车马兵器等与 M3 不同的情形，是缘于两墓墓主的性别或者身份不同。

第二、第三天，现场文物出土检测、遗迹遗物的三维扫描、壁龛的精细清理等工作分头推进。尽管墓室区域狭窄，工作内容繁多，但大家竭力协调，最终还是圆满完成了预定任务。

第四天是 28 日，现场直播从龛内提取青铜器，再从墓室提升到地面的工作过程，这是本次电视直播的又一次高潮。青铜器的提取、升坑、讲解等环节，都有既定方案。由 1 号龛开始，止于 8 号龛。每提取 1 件文物，会即时给出编号、标在图上，标签也随器物走。接着将该器放在一个特制运转箱内，人工起吊，最后安全地将其送达地面。尽管这些工作头绪多、所用人员多，但幸运的是整个过程没有出差错，很是顺利。

青铜器被运送到地面时，在场同仁、学者嘉宾、媒体朋友大饱眼福，电视屏幕前的观众也在第一时间享用了这次文化大餐。两件青铜牺尊形态惹人喜爱，引人注目，瞬间成为重器中的重器。大型青铜鼎，形体厚重，让人耳目一新。球腹簋造型别致，纹饰精美，令人叹为观止。几乎每件器物的亮相，都使人眼前一亮，感叹连连。领队王老师把握大局，安排多位同事现场讲解提升到地面的青铜器，他自己也在百忙之中接受了采访，可谓青铜器件件精美、专业讲解句句精彩。

随着文物提取工作在 28 日基本结束，发掘过程的现场直播也顺利完成。近 50 件青铜器装了十几箱，由武警战士搬运、护送着离开现场，场面真是壮观。这样的青铜器也配得上如此重视。

九

石鼓山 M4 的主要发掘工作收获满满，且告一段落。支援工作的各路人马撤离后，考古队驻地的庭院也回归于此前的平静。椁室的清理、保护以及相关遗迹的发掘等工作，一直延续到 2014 年春节之后的春天。

记得清理 M4 附近桃园内的商周时期灰坑时，桃花已经盛开，王老师多有感慨，遂作诗一首。我引用过来作为本文的结尾，以感念埋藏 3000 多年的商周青铜重器得以重现人间，感念石鼓山宝地再次生辉。

春风缕缕白云闲,

下看灰坑上看天。

自古神仙谁得遇?

桃花深处我抽烟。

(作者系陕西省考古研究院夏商周考古研究部研究员)

关中地区前秦纪年墓发掘记

○谢高文

咸阳位于八百里秦川中部，这里泾渭纵横，物产丰富，历史悠久，人杰地灵。咸阳是秦王朝的都城和西周、西汉、隋、唐等王朝的京畿要地，长期处于中国政治、经济、文化和交通的中心区域，古迹遍地，文物荟萃，各个历史时期的文化积淀十分丰厚，这也塑造了咸阳文物鲜明的特点。咸阳原分布着西汉九座帝王陵，有五陵原之称；北周武帝孝陵、北周孝闵帝静陵也在咸阳原上；唐陵分布于北部的桥山山脉及九嵕山上；西安咸阳机场建设过程中发掘了汉至唐代墓葬上万座，其中有不少高等级皇亲贵族达官墓葬。

1999年，中铁二十局文林小区安居工程新征地内经文物钻探发现古墓葬134座。该项目位于文林路北侧，西临陕西能源职业技术学院，东临西延铁路咸阳小区。文林路及北侧的陕西财经职业技术学院、陕西邮电职业技术学院、咸阳师范学院和南侧的铁一局三处均在基建中发现过古墓葬，这一片区域应是墓葬集中区。

刚过完春节，我们就接到了该项目的发掘任务。当时咸阳基本建设项目多，每年的发掘任务都很繁重。1998 年我们就在中铁二十局文林小区紧东侧的西延铁路咸阳小区发掘出墓葬 117 座，主要为唐墓，有少量的晋墓和宋墓。这两个项目地块紧邻，应为一处规模较大的唐代平民墓地。

一

1999 年 3 月 5 日，考古队正式进驻发掘地，在马路对面的新疆干休所租住房屋，以便队部开展工作。考古队分为发掘组、保管组、修复组、后勤组等，根据有关制度和要求，制定了考古工作发掘方案、安全工作制度。发掘组由我负责，人员有已有五六年工作经验的西北大学 1990 级毕业生刘卫鹏、陈秋歌，还有西北大学 1993 级的刚入职一年的新人赵旭阳。发掘组人员配备齐整，都是西北大学考古专业毕业生，这让我对做好这次发掘充满了信心。我在 3 月 5 日的发掘日志中写道："这次钻探发现的墓葬以唐墓为主，有少量的汉墓。墓葬中有 11 米深的大墓，规模比西延铁路公司项目中发掘的墓葬大。从钻探图纸上看，北部、西部墓葬比较密集。"钻探结果显示北部有一排列整齐的墓葬，这也是我关注的重点。

发掘工作开始前，我对发掘记录和图纸绘制、出土器物登记、出土文物安全等工作做了要求，必须按照国家文物局颁布的《田野考古工作规程》进行发掘和记录，确保取得科学的发掘资料。

当日上午举行了简单的开工仪式后，发掘工作于下午正式开始。发掘负责人在领到各自负责的墓葬发掘任务后，便按部就班地展开了工作。和先前的预期一样，所发掘的墓葬是平民墓葬，形制多为刀把式，出土了陶罐和开元通宝钱，时代为唐代。因基建单位要先在南部开工，我们便按照"既要保护文物，又要配合基建"的两利方针，全力发掘南部的墓葬。南部墓葬大多是唐墓，以平民墓为主，也有带两个天井，出土了天王俑、武士俑和镇墓兽的等级较高的墓，还有部分迁葬墓。

到了4月底，南部的墓葬发掘基本结束，我们开始发掘北部的墓葬。我特别关注北部排列整齐的墓葬的发掘。5月5日开始发掘M6，5月7日开始发掘M44、M49。这几座墓葬坐北朝南，墓道两侧及后壁留有两级台阶，南部较缓，靠近甬道时墓道突然变陡，这种情况非常特殊。这种墓道形制和坡度变化现象我从前没有见到过，感到非常纳闷，认为其从形制看像魏晋时期的墓葬。5月20日清理M44，我在发掘日志中写道："M44系魏晋墓葬。由空心砖平砌封门，墓室由主室、后室、侧室组成，出土物有罐、盆、灶、井、仓、俑、狗、陶磨等。"5月27日写道："清理M6，该墓出土了陶俑、牛拉车、陶磨、灶等，系魏晋南北朝墓葬。这批墓群中已出现几座魏晋南北朝时期墓葬，墓道均口小底大，呈斜坡漫道，有小砖封门或空心砖封门。由单室或多室构成墓室，未被盗掘，出土物均较丰富，是一批不可多得的好资料。"5月28日，咸阳的天气非常炎热，M49的发掘也进入清理阶段。我到10米深的墓室底部开始清理。该墓为单室墓，出土有陶罐、女侍俑、陶磨、铜镯、五铢钱、柿蒂形铜饰和铁镜。墓室北侧有三排东西向排列的砖，每排2块，这三排砖间有骨粉，应为垫棺所用。又在西侧一排砖的南侧发现一块横铺砖，我过去瞅瞅这几块砖，果然在横铺的砖上发现了"建元十四年二月十二日张氏女朱圯妇"的铭文。这个发现太重要了。当时我要回驻地查资料，确定其时代，便安排工地做好安全工作，发掘现场24小时不能离人。

历史上以"建元"为年号的皇帝共有5位，即西汉刘彻、东晋司马岳、前秦苻坚、南朝齐萧道成和前赵刘聪，从墓葬形制和出土器物判断，其为西汉墓葬的可能性可以排除。另外，前赵刘聪、东晋司马岳和南朝齐萧道成以"建元"为年号的时间均不超过4年，唯有前秦苻坚以"建元"为年号的时间长达20年，与此砖年号相符。这样看来，墓砖上所刻的建元十四年应为公元378年。这一发现解决了学术界十六国墓葬研究方面的一大难题，具有非常重要的价值。

该墓地共发掘出9座相似的墓葬，在相邻的M49、M20、M35、M44等4座墓中出土6块墓砖，以M49发现的纪年砖最为重要。原来在发掘过程中认为其是魏晋墓葬的观点也得以纠正。考古发掘工作就是这样，既要有"大胆设想"的精神，还要有"小心求证"的科学态度，以获得科学的认识。

二

到 5 月 24 日，我们已发掘完成 78 座墓葬。因单位还有其他事务，考古队队部先行撤离，由我和陈秋歌带领技工魏兵、邓攀继续发掘剩余墓葬。队部住所也由新疆干休所搬到工地南侧新建的一排简陋的平房里。针对新发现的前秦墓，我们当时的想法就是及时开展文物修复和资料整理工作，使这一批重要的资料尽早和学术界见面。考古工作者的任务不光是挖到什么，还要及时公布发掘资料让学界研究和使用。5 月 24 日，我们立即对已发掘的 3 座前秦墓器物展开清洗、修复和绘图工作，做器物卡片。当时咸阳的天气非常炎热，简易的平房被太阳晒透了，电风扇也不起作用，大家都光着膀子工作。实在热得不行，我就给大家买点西瓜、冰镇啤酒解暑。有时候，我们也到工地停放的大型机械阴影下避暑。那一段日子很艰难，但是坚定的信念使我们坚持了下来。随后发掘了 6 座墓，即 M140、M113、M69、M61、M35、M20。文物出土后，我们立即在工地简陋的平房里开展资料整理工作，到 10 月份，就把这批前秦墓的基本资料整理完成了。这也是我从事考古工作以来第一次在现场把发掘资料整理完，心里非常高兴。

1999 年前发掘和公布的十六国墓的资料较少。重要的发现有西安草场坡一号墓，当时发掘者把其时代定为北朝时期。1995 年，咸阳师院发掘出 10 座墓葬，其时代被定为西晋十六国时期。学者张小

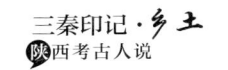

舟推测草场坡墓可能属前、后秦时期。咸阳十六国墓被发现后，学者苏哲认为出土丰货钱的师院 M5 属后赵墓，以之为线索，判定草场坡墓年代为后赵或前秦，这对于当时关中十六国墓的辨识具有重要意义。

同时，我们及时向社会公布考古发掘信息。在《陕西日报》1999 年 11 月 2 日头版以"咸阳又发掘一批重要墓葬"为题的报道中说："前秦墓的发掘是这次发掘中的重要收获。前秦时期遗物及古墓葬全国发现的较少，西安地区未有这类墓的报道，这批前秦墓是关中地区发现年代明确的前秦墓葬。它的发掘，对西安地区汉魏、西晋、十六国、北朝墓葬年代明确的前秦墓葬年代序列的建立及十六国时期墓葬形制、埋葬习俗的研究及十六国历史的研究提供了重要资料。"考古发掘工作能登上《陕西日报》头版，可见当时的报社编辑对这个发掘项目重要性的认识。当然，当时网络还没有现在这么发达，报道没有引起更多的社会关注。

10 月，工地发掘结束后，我就抓紧时间写关于这批墓葬的发掘报告，以全面报道的方式，对 9 座墓逐墓报道，工作量大，任务繁重。我用两个月时间完成了简报的撰写，并把简报投给了《考古》杂志。这是自 1990 年咸阳市文物考古研究所成立以来，第一次给《考古》杂志投稿。稿件在《考古》2005 年 4 期调查与发掘栏目以"陕西咸阳市文林小区前秦朱氏家族墓的发掘"为名被刊发，封底图版还刊发了器物照片。后来才知，《考古》杂志每年只刊发 3—5 篇全国各地的调查和发掘简报，所以作为地市级考古所，我们的这篇简报能被

《考古》刊发也真不容易。我还就前秦墓出土的6块有铭砖撰写了《陕西咸阳文林小区前秦墓出土的有铭砖小考》，刊发在《碑林集刊》上。文章根据有铭砖的内容将其分为纪年记名、买地券、记名类，依据砖铭反映的情况分析了墓地西早东晚的排列顺序，还就墓砖人名进行了分析判定。

咸阳考古所自1995年在咸阳师院发掘10座十六国墓以后，又在1998年7—8月在铁一局三处16号家属楼发现1座十六国墓葬，1999年在铁二十局文林小区发掘9座前秦墓，1999年12月至2000年1月在铁一局三处17号家属楼建设中发掘3座十六国墓，2001年在平陵附近修路时发现1座十六国墓。总共发掘十六国墓葬24座。关于这些墓葬的资料情况，我们均已在《文物》《考古》《文博》《考古与文物》《碑林集刊》等杂志上刊发简报和研究文章。资料发布后引起了学术界的极大关注，中国社科院考古研究所杨鸿研究员、《文物》杂志社李力编审亲自来咸阳市考古所考察这批文物，并对这批重要的发现给予肯定和高度评价，高度赞扬我所及时公布资料的做法，他们建议我们把这批墓葬资料做成考古报告，及时向社会公布。在他们的鼓励和支持下，我们编写了名为《咸阳十六国墓》的考古报告，由文物出版社于2006年出版，这是关中地区第一部关于十六国墓葬的考古报告，对关中地区十六国墓的研究有重要意义。

近年来，关中地区发掘的十六国墓葬有46处200余座，也有许多重要的发现和对墓葬形制、等级、乐俑等方面的研究，但纪年墓葬还是极为罕见。文林小区前秦纪年墓为十六国墓葬的断代提供了重要依据,对关中十六国墓葬序列的建立具有不可或缺的作用。

（作者系咸阳市考古所所长、陕西省考古学会副会长、秦文化研究会副会长）

寻陵之 2014 年秦始皇帝陵考古调查

○付　建

对我来说，寻陵之旅并不是刻意而为，而是水到渠成的事情。自 2011 年进入秦始皇帝陵博物院工作以来，时常有两个想法萦绕在我的脑海，一个是做早期秦文化考古，另一个是做历代帝王陵考古。从事考古工作，唯有选择好方向，才能更好地去追求自己以后的发展，才能成为一个脚踏实地的考古一线工作者。从 2011 年到 2015 年，我行走在秦陵的树林里，丈量着秦始皇帝陵的周长，每走一遍，心里都会默默地数着脚下的步数：外城垣周长 10680 步，内城垣周长 7020 步，秦陵封土 4800 步。

起因篇

走着，走着，就慢慢对历代帝王陵有了深刻的认知。一直很喜欢辛弃疾"众里寻他千百度，蓦然回首，那人却在，灯火阑珊处"中的"寻"字——刻意时不见所寻找事物的踪迹，蓦然回望，却发现其就在那里，这就是"有心而做无为事，悄然飘过水留痕"。对秦始皇帝陵的探寻，始于2014年的"秦始皇帝陵的山形水系调查"。

2月，我爬上骊山的主峰，从"人族庙"开始进行野外调查。骊山为秦岭支脉，位于临潼区以南、蓝田山以北，东西绵延25千米，由于山形似黑马，故名骊山（秦汉时又名丽山）。其最高峰上的仁宗庙，海拔1302米，山脉底部基本是由第三、第四纪的砾石堆积而成，上层覆盖黄土。本次调查发现，骊山以仁宗庙为中心，山间河流、沟道将骊山分割成三个层面的山、原、沟线状脉络，这些沟状脉络逐渐外扩，形成了骊山山系。

以骊山仁宗庙至大水沟为中心，向两边统计，骊山的第一和第二道线状脉络总共有山头、黄土原头24处。从大水沟向东16座到戏水上游河沟地带，向西8座到三里河河沟上游地带。在调查中，我依据当地的村名或者俗称，给每一个山谷、沟道命名。第一道线状脉络仁宗庙—大水沟，向东到玉川河的上游，向西到临河的上游。这道线状脉络共有山头15座，东边12座，西边3座。第二道线状脉络也以仁宗庙为中心，东边从玉川河到戏水河上游，西边从临河到三里河，共有山头、原头9座，东边4座，西边5座。第三层向外扩张得更大，从戏水河向东至零河上游地带，西边从三里河到灞河上游地带。这些山头海拔均在500—800米，海拔高程形成的水流冲积对骊山下的冲积扇走向、大小和厚度有所影响，也基本形成了各冲积河流谷地低、各冲积扇中心区高的地理地貌。各冲积扇中心区多为原生黄土堆积，其中夹杂着数层石沙堆积，这类堆积厚度不等，距地表深度也不一致。这类地貌符合秦始皇帝陵修建的环境因素，不容易塌方，修建者既可依赖黄土的可塑性，也可控制地下水。

骊山山谷、沟道中形成的渭河支流较多，有的常年流淌，有的季节性流淌。而于骊山三层线状脉络上形成的河流，其发源地基本都在临潼区的仁宗庙附近，零河、韩峪河和灞河除外。河流是调查的重点：以主流河道为中心，寻找上游的对应山头，划出河流具体的流经区域，结合现代的村落分布，确定这些河道现在的位置。

此外，我们还以仁宗庙—大水沟为中心，分成东西两个区域，分别调查这些河流与山头的对应关系；了解各河流上游河道、山谷、原头与主河道的关系。东区有沙河、玉川河、戏水河和零河；西区有五里沟河、临河、三里河、韩峪河和灞河。对零河、临河进行的基本都是点状调查；由于对三里河、韩峪河和灞河进行的也是简单调查，所以没有形成系统的调查结果；对以秦陵为核心的沙河、玉川河、戏水河、五里沟河都做了线状调查。唯有这样才能了解秦始皇帝陵的营建大环境，通过对环境的分析，来辨别秦始皇帝陵的礼制功能分布情况。

进行篇

在生产力不发达的古代社会，人们日常生活中最关键的资源是水。水源是古人生存的第一要素,而人类也就有两种取水途径,一种是人为修筑利用地下水或水池的水的设施;另一种就是生活在河流旁边的台地上。通过寻找早期人类遗存就可以确定河流是否为常年河流,同时也可以确定这些河流的相对年代。有河流的地方未必有早期人类遗存,但有人类遗存的地方,必定有相对较早的河流。

2014年的调查将河流作为连接遗址的有利线索,围绕骊山山系和渭河的南岸支流,重点调查河流的两岸,利用对称关系,寻找相关时期遗址的范围。在骊山北麓至渭河南岸,利用现代河流基本从南向北的河道,把调查区域划分为沙河—玉川河区域,玉川河—戏水河区域,戏水河—零河区域,沙河—五里沟河区域,五里沟河—临河区域,临河—三里河区域,三里河—韩峪河区域,韩峪河—灞河区域。

调查从山系开始,目的是摸清骊山山系的山势、谷口、原头等基本情况;利用山间河流把该区域划分为独立的调查范围,在调查范围内寻找遗迹、遗址;确定遗迹、遗址与山系、河流及现代村庄的关系。在调查中共发现遗迹、遗址73处,基本都分布在河流两岸和新丰原头上。

(一)了解了秦始皇帝陵陵园的范围

通过山系、河道、各时期遗址的分布范围,可以确定秦始皇帝陵陵园的外部范围。骊山仁宗庙—大水沟流出的河流在陈家窑被东、西两座防洪大堤分开,东侧的五岭大堤把大水沟、韩家沟、上杜沟、上张西沟、上张东沟中的常年和季节河流疏导到山任沟中,在胡家寨附近进入玉川河，玉川河经过鸿门流下新丰原；西侧的刘堡大堤把大水沟西侧、刘坡、坡房东侧（临河东侧）的常年及季节河流通过姚池头北侧的人工沟疏导到五里沟中，在砖方村南侧汇入董家沟及岳沟的季节性水流，向北经过陈家沟流下新丰原；沿着东西向的新丰原原头，从东向东西张家村二级建筑、黄南一级建筑、胡家寨二级建筑、炮团东侧一级建筑、吴中一级建筑、炮团西侧一级建筑、李坡一级建筑、至王一级建筑、变电站二级建筑、宋台村二级建筑构成封闭式的陵园范围。

（二）了解了秦始皇帝陵陵园的格局

秦陵依靠自然的、人工的大堤和沟道、原头形成封闭式的陵园范围。在自然河流的内侧、人工沟的内侧、两河交汇处、原头与河道交汇的地方均有建筑遗址，而建筑遗址以内出现了秦汉时期的墓葬、陪葬坑。五岭与玉川河交界的河道内侧，有东晏、小任二级建筑；姚池头人工沟与五里沟河交界的内侧有姚池头西侧二级建筑；在五里沟河汇入董家沟的水流东侧，有秦陵派出所后的秦汉二级建筑；五里沟河与新丰原交界的内侧有宋台村二级建筑；新丰原与玉川河交界的内侧有炮团东侧一级建筑和张寨村二级建筑。从而形成自然（人工）河、沟，一、二级建筑，外城墙至建筑的刑徒墓地、陪墓葬、陪葬坑，外城墙至内城之间的陪葬墓、陪葬坑、寝殿建筑，内城墙至主陵之间的陪葬坑和主陵之间的六层陵园格局。

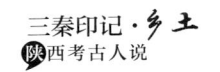

（三）了解了各代遗址的分布范围

新石器时代遗址的分布确定了早期遗址与早期河流的关系，从而确定了秦汉早期秦陵地区的地理地貌；秦汉时期的遗址确定了秦陵的范围，而通过之后唐宋、明清遗址的分布点，可以了解秦陵后期被破坏的情况。通过遗址点的分布情况，可以确定，在明清以前秦陵地表几乎没有受到人为居住的地面破坏；但从清末以后，大量的汉新丰、东汉阴盘等居民开始在新丰原头的墓葬对秦陵从地表进行破坏，这些破坏最先是从秦陵的西边和北边开始的。北侧毛家北边的后期墓葬打破了至王、岳芊、郑庄、吴西之间的夯层，且后期有一部分西汉、东汉、唐代墓葬进入了内外城之间的区域；西侧的砖房墓葬进入五里沟东侧，赵背户、董家、姚池头的刑徒墓地也位于姚池头北侧人工沟的内侧；而东侧的后期墓葬较少，多为近现代的墓葬。

后记

考古调查者要基于专业的知识，用专业的眼光去发掘常人容易忽视的东西，这是一种辛苦但又十分珍贵的体验。对秦始皇帝陵的调查也是如此。

记得当我一个人走在泾河流域，尤其是东线的马莲河流域时，想到了春秋时期的石家墓地，想到了秦修直道，甚至想到了西周时期申侯与犬戎灭了西周，但无法具体设想他们是怎么走的，是怎么从泾河流域到渭河流域的。我就是这样带着很多奇思妙想进行调查的。从秦始皇帝陵周围的山山水水开始，思考陪葬坑、陪葬墓的位置，就是为了宏观地考察秦始皇帝陵。

调查的时光过得很快，在不知不觉中跑了6个月，几乎跑遍了半个临潼，走完了240平方千米的土地。加上其后10年的其他调查，从我开始寻陵起，一共走过了270个帝王陵、43条河流、100多座名山寺观。希望有时间再写"紫柏留仙""青城问道""宝马寻城""武山追佛"等访山经历，更想写"郑白找渠""成国踏渠""龙首探仓"等踏水经历，只有把这些调查札记写完，才能真真切切地明白时空下的历史是更有趣的历史。

通过寻陵思考历史，是从喜欢三个读书人开始的。明代大才子解缙是第一位，他编书而不写书。《永乐大典》是资料的汇集，能这么看书也是美事一件。第二位是清代的纪晓岚，他虽编写了《四库全书》，但也没有考证训诂，甚至没有立命之言，而是写了《阅微草堂笔记》这样的故事汇编。第三位是民国时期的黄季，他生前不写书，去世后，其学生把他的讲义编订成书，足可流芳百世。

通过寻陵思考历史，还缘于喜欢的三本书。第一本是北魏郦道元的《水经注》，《水经》自古有之，而能以河流为框架，用人文历史做注，才是保留地名与人物故事的写法。我本人很欣赏这种写作方式，可自己才疏学浅，并不能把这件事做到精益求精。第二本是清代孙诒让的《周礼正义》，对礼乐之乡、人物掌故，以仪式职能为框架，构建起时空的线索，让后世承经问道，传播华夏文化的精髓。第三本是现代人黄仁宇的《万历十五年》，以小见大，推演时局，用人性去解读历史的大事件，让帝王家谱变成历史文化。

最后用一首诗来结束本文吧！

人间美境始皇陵，雾气缭绕显仙意。
散步其中闻鸟声，心旷神怡好神奇。

（作者系秦始皇帝陵博物院考古工作部副研究馆员）

西汉帝陵考古纪略

○曹　龙

20 世纪 20 年代，现代考古学传入中国，在经历殷墟、城子崖等田野考古实践，并吸收中国传统金石学、考据学中的有益理论及经验之后，不断发展完善，最终成为具有中国特色的现代考古学，也被称为考古学的中国学派。西汉帝陵的考古，也是具有中国特色的现代考古学发展过程的重要事件之一。在西汉帝陵的考古历程中，从 20 世纪 90 年代到 21 世纪初进行的汉景帝阳陵的考古发现与研究，对后续西汉帝陵宏观、系统、全面的考古学研究提供了范式。而最近十年来，汉文帝霸陵的考古，确定了霸陵的准确位置，纠正了霸陵名位的误传，为对西汉帝陵进行更为深入的研究奠定了基础，也推动了对过去西汉帝陵相关研究结论或学术观点的进一步探讨和纠正。

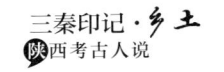

西汉帝陵考古历程

西汉以长安为都城，自高祖刘邦于公元前202年立国到公元8年王莽篡汉，先后有高帝刘邦、惠帝刘盈、文帝刘恒、景帝刘启、武帝刘彻、昭帝刘弗陵、宣帝刘询、元帝刘奭、成帝刘骜、哀帝刘欣、平帝刘衎11位皇帝。他们逝后均葬于营建在长安周边的陵园，共11处。此外，当时还依制营建了高祖父刘太公太上皇万年陵、文帝母薄姬南陵、武帝钩弋夫人云陵、宣帝许皇后少陵、成帝废陵昌陵等5座陵墓。这16座西汉陵墓就是西汉帝陵考古调查勘探与发掘研究的主体对象和主要内容。

20世纪初，日本学者伊东忠太、足立喜六、水野清一，法国汉学家沙畹、谢阁兰及美国学者毕安祺等先后对包括西汉帝陵在内的西安附近的古代建筑、陵墓进行了初步的调查。到了20世纪30—40年代，我国学者陆续开始对西汉帝陵进行考古调查，其中以"西京筹委会""陕西考古会""西北史地考察团"和"教育部西京艺术文物考察团"开展工作较多，取得了一定的成果。①此阶段的田野工作只是现场踏查和简易测量，其研究则大多是调查资料与历史文献的对应

---

① 阎文儒：《西京胜迹考》，西安新中国文化出版社，1943年版。徐炳昶、常惠：《陕西古迹调查报告》，《北平研究院院务汇报》，4/6：1—17，1933年版。王子云：《汉代陵墓图考》，太白文艺出版社，2007年版。罗宏才：《陕西考古会史》，陕西师范大学出版社，2017年版。

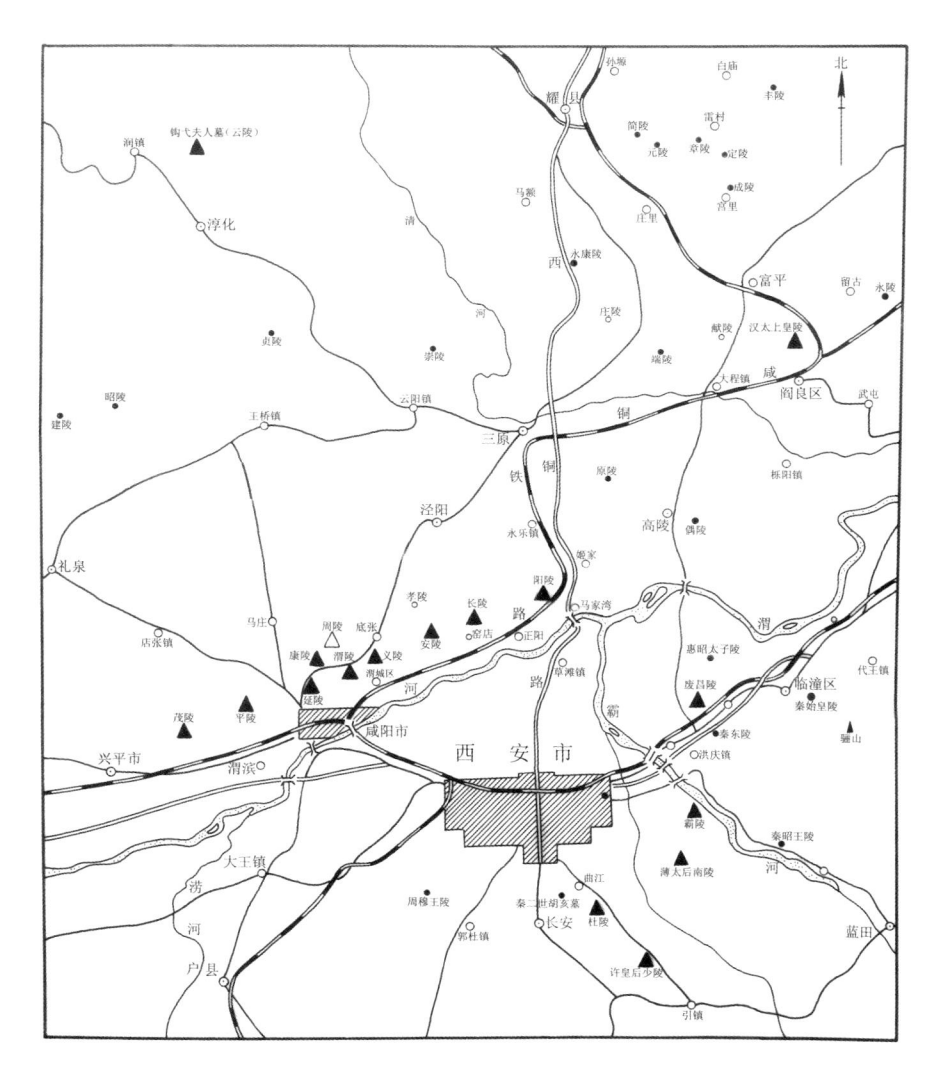

西汉帝陵分布图

推测。

20世纪50—70年代的近30年间，随着新中国成立后农田水利基本建设的兴起，西汉帝陵考古工作主要是实地调查和抢救性发掘，包括1965年何汉南等对咸阳市红旗公社杨家湾附近的11个随葬坑的清理发掘；1966年王学理、吴镇烽在姜村发掘小型从葬坑47座；1970—1976年，石兴邦、马建熙等发掘杨家湾汉墓；1972年杜葆仁抢救清理阳陵钳徒墓；1975年王学理清理发掘薄太后南陵小型从葬坑等。通过这些工作，除抢救发掘了一部分与西汉帝陵相关的文物遗址外，还确定了部分帝陵的名位，初步了解了西汉帝陵的某些形制特点。

20世纪80年代至21世纪初，西汉帝陵的考古工作主要以主动性的课题研究为目标而展开。70年代末到80年代初，中国社科院考古所人员和陕西的考古工作者先后对西汉帝陵进行了较为全面的考古调查和勘测，特别是中国社科院考古所的刘庆柱、李毓芳先生系统调查、勘测了包括太上皇陵、南陵、云陵在内的所有西汉帝陵，并对汉宣帝杜陵进行了较大规模的考古钻探和从葬坑、门阙、寝园遗址的科学发掘。1990—1994年，以配合机场专用公路建设为契机，陕西省考古研究所的王学理先生率队对公路建设涉及的汉景帝阳陵的南区从葬坑以及陵园内的礼制建筑遗址、陪葬墓（M9）的外藏坑等进行了考古发掘工作。1995—2006年，以西安泾河工业园区建设为契机，陕西省考古研究所的焦南峰先生率队对汉景帝阳陵进行了全面的考古勘探及重点区域的详探，并对帝陵南门阙、外藏坑、陵庙、陪葬墓区、陵邑等进行了考古发掘工作。与此同时，咸阳市文物考古研究所的岳起率队对西汉 11 座帝陵进行了系统的考古调查与重点区域的勘探。

西汉帝陵考古工作在这一阶段由对单座陵墓的随机调查深化为对整个西汉帝陵的系统调查，由抢救性局部发掘转化为有计划、科学性、整体性的大规模发掘，由单纯的考古发掘研究升华为考古研究、遗址保护、展示利用并重的大遗址考古，充分显示出主动性课题研究的特点。

2006 年 9 月至今，根据国家文物局《关于〈西汉帝陵考古工作方案〉的批复》，陕西省考古研究院与社科院考古所、咸阳市文物考古研究所、西安市文物保护考古研究院联合组成汉陵考古队，采取"全方位调查、大面积普探、重点地区详探、关键部位试掘、高精度测绘及资料数字化"的工作思路，先后对位于汉长安城以北的咸阳原、汉长安城东南的白鹿原、少陵原等地的 16 座西汉陵墓进行了长达 10 多年全面、系统的调查、勘探和试掘。

此阶段的主要收获是基本探明了除汉成帝刘骜半途而废的昌陵之外 15 座西汉陵墓的位置、规模、布局、结构和内涵[①]；尤为重要的是对汉文帝霸陵及薄太后南陵部分外藏坑的抢救性发掘、对霸陵陵区重点区域的调查与勘探，明确了新发现的"江村大墓"即为汉文帝霸陵，否定了汉文帝霸陵在"凤凰嘴"的传统说法；验证、补充了

---

① 西汉帝陵大遗址工作展开以来，汉陵考古团队已经发表汉陵简报、报告、论文等 50 余篇（部）。此不赘述。

咸阳周陵镇、咸阳严家沟两座战国晚期秦王陵构成的形制要素，发现了咸阳司家庄战国晚期秦王陵①；为西汉帝陵制度的深入研究提供重要资料，为西周王陵的探索排除了疑点，为秦人陵墓系列链条弥补了缺环，为18座秦汉帝王陵墓的研究、保护、展示奠定了基础②。

回顾西汉帝陵考古的历程，在四个阶段中各有特点，不仅显示出考古学科自身发展的趋势，同时也显示出随着国家经济实力及综合国力的增强，西汉帝陵考古也逐步发展至视角全面系统、技术手段多元、研究论述深入的更高的层级。

作为一名考古专业人员，我是非常幸运的，因为我参加了汉景帝阳陵、西汉帝陵大遗址保护考古以及汉文帝霸陵的考古项目，见证了西汉帝陵研究深度及广度的发展过程，也深入理解了西汉帝陵制度的发展演变规律。

---

① 陕西省考古研究院、咸阳市文物考古研究所：《咸阳"周王陵"考古调查、勘探简报》，《考古与文物》，2011年第1期；焦南峰、杨武站、曹龙、王东：《"周王陵"为战国秦陵补证》，《考古与文物》，2011年第1期。焦南峰等：《咸阳严家沟陵园时代及墓主考辨》，《庆贺徐光冀先生八十华诞论文集》，科学出版社，2015年版。陕西省考古研究院、咸阳市文物考古研究所：《咸阳严家沟战国秦陵园考古调查勘探简报》，《考古与文物》，待刊。陕西省考古研究院、咸阳市文物考古研究所：《咸阳司家庄战国秦陵园考古调查勘探简报》，《考古与文物》，待刊。

② 截至目前，根据上述秦汉帝王陵的最新考古资料，已经编写制定文物保护规划、遗址展示利用规划、国家考古遗址公园规划、申报世界文化遗产规划等多部规划。

阳陵的发掘及阳陵模式的提出

1998年下半年，我大学刚毕业就来到阳陵参加考古工作。当时的阳陵考古队组建于1995年，焦南峰任队长，先后参加阳陵考古工作的业务人员有王保平、尚志儒、段清波、马永嬴、李岗、赵西晨、杨武站、曹龙、李库、石宁等。我到阳陵的时候，考古队已经对阳陵帝后陵园内的外藏坑进行了全面的考古勘探工作，并开始了对帝陵南门阙、南区外藏坑、陪葬墓园、帝陵封土东侧的11座外藏坑（编号K11—K21）的考古发掘工作。到达阳陵的第二天，我就到帝陵外藏坑发掘现场参加清理工作，看着成排分布的外藏坑以及K13内整齐排列的陶塑动物俑，感到非常震惊，着实感受到了汉家帝陵的恢宏气象。

此后，阳陵考古队陆续对"罗经石"遗址（2000—2004）、阳陵外陵园南司马门遗址（2001）、阳陵邑遗址（2002—2004）进行了全面的考古勘探及重点区域的发掘工作。发掘显示：帝陵南阙门遗址由一组两座三出阙连接起来构成，三出阙的平面由大小依次递减的三个长方形组成。阙门的中间为中央门道，门道的两侧为东、西及内、外四塾，塾外侧是主、副阙台。塾、主阙台、副阙台周围环以砖铺回廊。回廊之外砌有鹅卵石散水，内高外低，呈鱼脊形[1]；帝陵封土东

---

[1] 陕西省考古研究院阳陵考古队：《汉阳陵帝陵陵园南门遗址发掘简报》，《考古与文物》，2011年第3期。

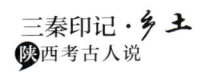

阳陵帝陵 K13 发掘现场

侧的 11 座外藏坑均为竖穴式长条形土圹，"坑内由棚木、立柱、侧枋木、挡板、封门、铺地板、地栿等构成一木箱式空间"，空间内放置大量陪葬品，主要有着衣式男、女、宦者立式或骑姿陶俑，猪、羊、犬等各类陶塑家畜，木车、木马，铜、铁、陶、石等类器物及各类动物骨骼和各类谷物。尤为重要的是，出土有"宗正之印""大官之印""太官令印""大官丞印""内官丞印""宦者丞印""长乐宫车""永巷丞印""永巷厨印""东织寝官""大泽津印""甘泉仓印""别藏官印"及封泥"东织令印"等①，为确认外藏坑的性质找到了坚实的证据②。罗经石遗址平面呈正方形，边长 230 米。由围墙、门址、水井、曲尺形配房、通道、中心建筑等组成。中心夯土台基的中心放置的罗经石，用整块黑云母花岗岩雕琢而成，石板上部加工成圆盘，表面刻有十字凹槽，经测定为正南北方向③。遗址中发掘出土数量最多的为各种建筑材料，有砖、瓦、瓦当等，此外有用于祭祀的礼器玉璧、玉圭等，还有少量的封泥及其他器物，最有指向性意义的是时代可以分为两期的两组"四神空心砖"④；陪葬墓区发掘汉墓近千座，共出土陶器、铜器、铁器、玉器等各类文物万余件。这些墓园可划分

---

① 陕西省考古研究院阳陵考古队：《汉阳陵帝陵 DK11-21 从葬坑发掘简报》，《考古与文物》，2008 年第 3 期。

② 焦南峰、马永赢：《汉阳陵帝陵 DK11-21 从葬坑性质推定》，《汉长安城与汉文化——纪念汉长安发掘五十周年论文集》，科学出版社，2008 年版。

③ 董鸿闻等：《阳陵罗经石的实测和研究》，《测绘通报》，1995 年第 6 期。宋宏：《陕西咸阳汉阳陵罗经石的探讨》，《测绘技术装备》，2005 年第 1 期。

④ 陕西省考古研究院阳陵考古队发掘资料，待刊。

为早、中、晚三期。早期墓园的时代大致相当于汉景帝始建阳陵到汉武帝年间，中期墓园的年代应在西汉中、晚期，晚期墓园的年代应从西汉晚期到东汉中期。早期的墓园应为阳陵陪葬墓园无疑，西汉中、晚期的部分墓园应是不以陪葬阳陵为目的的家族墓地，到了西汉晚期以后，陪葬阳陵已无必要，独立的家族墓地可能成为墓园的主体①。阳陵邑遗址发现了大量的房屋、陶窑、水井、输水管道、灰坑等建筑遗址、遗迹，出土遗物有铜、铁、陶、石器等生活用品，筒瓦、板瓦、瓦当、铺地砖等建筑材料以及封泥近600枚。其中发掘出土的"阳陵泾乡""阳陵泾置"等文字瓦当，"阳陵令印""阳陵丞印""南乡""渭乡"等封泥弥足珍贵。发掘结果还表明，靠近北部泾河北岸的建筑规模较大且内涵丰富，可能为官署区；南部的建筑规模较小且遗存简单，或为民居区。②

1995—2006年，我们对汉景帝阳陵有了一个更为清晰的全面认识。阳陵陵区由陵园、陪葬墓区、阳陵邑、刑徒墓地和修陵人居址等部分组成，东西长7千米，南北宽1—2千米。阳陵陵园位于陵区中部偏西处，陪葬墓区位于陵区中部偏东和偏北处，阳陵邑位于陵区东端，刑徒墓地和修陵人居址位于陵区西端。阳陵陵园平面为东西向长方形，长1820米、宽1380米，陵园内分布有帝陵陵园、后陵陵园、

---

① 陕西省考古研究所阳陵考古队：《汉景帝阳陵考古新发现》，《文博》，1999年第6期。焦南峰等：《汉景帝阳陵的陪葬墓园》，《1999中国重要考古发现》，文物出版社，2000年版。曹龙：《西汉帝陵陪葬制度初探》，《考古与文物》，2012年第5期。又：陕西省考古研究院阳陵考古队发掘资料，待刊。

② 陕西省考古研究院阳陵考古队发掘资料，待刊。

南区外藏坑、北区外藏坑及礼制性建筑遗址3处。帝陵陵园、后陵陵园均有园墙围绕，每面园墙中部设置有门，"覆斗形"封土位于陵园中部，墓葬形制均为"亚"字形，东西向，墓葬周围有外藏坑86座、28座。陵园北侧有陪葬墓2座，东侧陪葬墓区东西长2350米、南北宽1500米，中部有东西向道路1条，道路两侧人工壕沟纵横，将墓区分割成排列整齐的墓园16排130余座，每个墓园内至少有一座甲字形大墓。①阳陵邑遗址东西长4.3千米、南北宽1千米，整个遗址以1条东西向道路为轴线，两侧有东西向道路11条，南北向道路23条，将遗址分割成边长、面积不等的里坊数十座。②刑徒墓地在陵园西北，面积约80000平方米，其墓葬排列无序，坑形不一，骨殖凌乱，有的还带有刑具。③

阳陵是当时西汉帝陵中考古工作涉及类型最为全面、陵园形制布局最为清楚的一座帝陵，对我们后来进行的西汉帝陵大遗址保护考古工作起到了非常关键的指导和借鉴作用。加之从历史学研究的角度看，景帝时期正处于西汉王朝各种制度从发生到发展定型的转折时期，有着承上启下的重要意义。因此，王建新根据阳陵田野考古成果，强调汉阳陵陵区分为帝后陵、寝庙、陪葬坑、陪葬墓园、陵邑、刑徒墓地等9个部分，并指出阳陵所形成的埋葬制度由惠帝安

---

① 陕西省考古研究院阳陵考古队：《西汉长陵、阳陵GPS测量简报》，《考古与文物》，2006年第6期。陕西省考古研究院阳陵考古队：《汉景帝阳陵考古新发现》，《文博》，1999年第6期。
② 陕西省考古研究院阳陵考古队资料，待刊。
③ 秦中行：《汉阳陵附近钳徒墓的发现》，《考古》，1976年第12期。

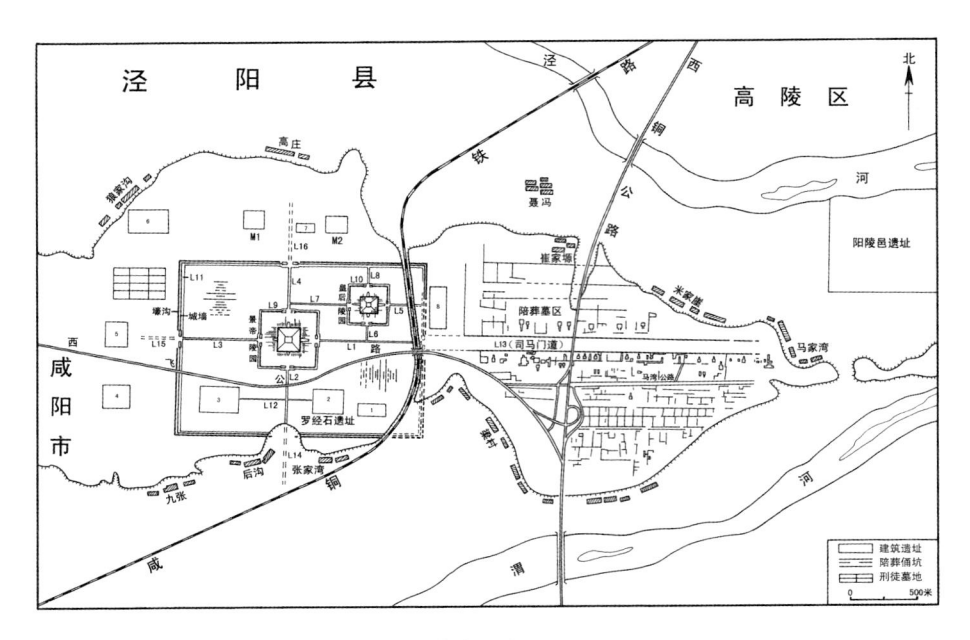

阳陵陵区布局图

陵、文帝霸陵发展而来，并被此后武帝茂陵、昭帝平陵、宣帝杜陵所承袭，这也与景帝一朝在西汉历史上承上启下的作用相吻合，故提出"阳陵模式"的概念，并进一步以阳陵为参照厘清了西汉后四陵的名位。①

随着考古研究的不断深入，"阳陵模式"的概念已不只限于指导田野考古工作、认识汉代帝陵构成要素等宏观问题方面，同时也为铜印、封泥、陶俑、汉代帝陵设计思想等微观层面的研究提供了新的方式与视角。如：闫华军根据汉阳陵陪葬墓园分为早、中、晚三期的状况，解决了汉阳陵馆藏"熊相胜胡"铜印的主人身份信息及所处时代

---

① 王建新：《西汉后四陵名位考察》，《古代文明》，2003，2(00)：304—327。

问题。①雷依群认为汉阳陵墓园形制与汉长安城相仿,因此西汉兵马俑从葬坑的分布也有类似之处。②吴若明根据汉景帝时期的历史特点,将汉阳陵出土的女俑与江苏徐州驮篮山、北洞山楚王墓中的陶俑进行对比研究,认为由于受楚文化影响程度和生活方式的不同造成了两地女陶俑造型特点等方面的差异。③石宁据汉景帝阳陵陵园周围分布的放射状外藏坑,再结合南阙门和东阙门的发掘,认为阴阳五行思想在汉代帝陵设计中发挥了重要作用。④

在阳陵的田野考古工作中,考古队一开始就注意到了后续展示利用的需求,因此在发掘方案的编制和实际工作中,采用最为优化的方案,确保发掘研究与展示利用有效结合。在对南区外藏坑 K8 的发掘中,与斯洛文尼亚文物保护机构合作,搭建恒温恒湿空间,观测出土遗迹、遗物的变化,积累了丰富的观测数据。可以说,K8 的这种保护展示形式,直接启发了帝陵外藏坑、罗经石遗址的对外展示模式。

---

① 闫华军:《汉阳陵馆藏"熊相胜胡"铜印印文的姓名学探析》,《文博》,21—23.
② 雷依群:《秦汉兵马俑文化比较研究——以秦始皇陵与汉景帝阳陵为中心》,《咸阳师范学院学报》,2002 年第 1 期。
③ 吴若明:《西汉女俑的比较研究——汉阳陵和西汉楚王墓的对比分析》,《文博》,2012(3):14—22.
④ 石宁:《西汉五行思想与汉阳陵帝陵陵园设计》,《文博》,2013 年第 5 期。

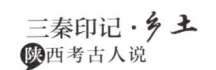

汉阳陵帝陵外藏坑保护展示厅内景

西汉帝陵大遗址考古工作

2006年，阳陵的考古工作基本接近尾声。同年，国家文物局启动了包括西汉帝陵在内的"十一五"期间100处大遗址保护考古勘探测绘工作。

汉陵考古队为阳陵考古队的扩充版，队长先后为焦南峰（2006—2013）、马永嬴（2014—2023）、曹龙（2024年起），主要业务骨干有刘振东、岳起、张翔宇、杨武站、曹龙、赵旭阳、王东、朱晨露、朱连华等。考古队原计划首先从长陵开始勘探，但是工作前期在与镇村商谈勘探用地的事情时遇到了阻碍，因当年拨付的项目经费连青苗补偿费用都不够，考古队铩羽而归。在9月的时候，考古队与茂陵所在地的镇村商谈妥当,大遗址考古调查勘探工作才算正式开始。就这样,我们采取逐个击破的办法,借助与地方文物部门和镇村沟通的成果,依次完成了茂陵(2006年9月至2008年2月)、康陵(2008年3月至2008年11月)、渭陵(2008年12月至2009年9月)、安陵(2009年7月至2010年3月)、义陵(2009年8月至2010年3月)、长陵(2010年3月至2011年12月)、云陵(2010年11月至2011年1月)、延陵(2011年3月至2012年7月)、杜陵(2011年2月至2013年5月)、霸陵(2011年3月至2013年4月)、少陵(2012年8月至2013年5月)、平陵(2012年3月—2014年5月)的考古调查勘探及测绘工作。在此期间,对司家庄秦陵、严家沟秦陵及周陵镇秦陵按照大遗址考古的技术要求进行了考古工作,整个外业工作持续了9个年头。

通过西汉帝陵大遗址考古调查勘探工作,我们基本探明了全部16座西汉陵墓的位置、规模、布局、结构和内涵,对西汉帝陵制度有了更为深入的认识。根据历史文献和现有考古研究成果,可以断定:咸阳原来的西汉9座帝陵由东向西依次为阳陵、长陵、安陵、义陵、渭陵、康陵、延陵、平陵和茂陵。加上经考古确认,白鹿原上新发现的"江村大墓"为汉文帝霸陵,再加上少陵原上汉宣帝杜陵的发掘研究成果,西汉帝陵的名位问题得以彻底解决。

虽然大遗址考古工作取得了重要的收获,但是在勘探过程中仍有来自各方面的阻力和困难,比如有些地块为村民所用,无法展开工作,需要耐心沟通;有的地块地面有现代建筑或已开办了农家乐、苗

长陵大遗址考古勘探现场

2013年4月霸陵大遗址保护考古工作成果验收现场

囿、果园等，不能开展工作。因此，对于一些遗存详尽的形制布局及性质、内涵，不能依据现有的勘探资料得出准确的解读，尚需对部分遗存进行一些重点区域的发掘，才能彻底搞明白其性质、内涵，促进西汉帝陵制度研究从微观方面不断深入。

在大遗址考古工作期间，西安市文物保护考古研究院于2006年在灞桥区狄寨街办江村东的白鹿原上勘探发现了一座带4条墓道的超大规模的竖穴土圹墓，墓葬东西通长约252米，墓室平面略呈正方形，边长约72米。按照考古学遗存命名规则，称其为"江村大墓"。该墓以东约800米处，即为汉文帝窦皇后的陵墓；以西600米处的白鹿原西坡地带，为1966年考古工作者发掘清理的47座动物殉葬坑的所在地。从其形制规模、所处位置来看，该墓应为帝王级别的陵墓。2011—2013年，在霸陵大遗址考古工作中，按照工作方案及要求，我们对文献所载的霸陵所在地"凤凰嘴"进行了全面的考古勘探，均未发现有任何陵墓类遗存。由此，霸陵到底在何处以及"江村大墓"的墓主是谁，就成为我们面临的一个急需解决的学术问题。

汉文帝霸陵的考古工作

2010年，在汉文帝霸陵所在的白鹿原上，不法分子屡屡进行盗掘活动，田野文物安全形势极为紧迫。为了确保田野文物安全，进一步深入开展霸陵遗址考古工作，汉陵考古队在整理西汉帝陵大遗址

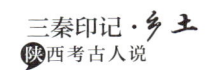

考古调查勘探资料的同时，报请国家文物局批准，开始对"江村大墓"、薄太后南陵被盗外藏坑进行抢救性考古发掘工作。本阶段田野考古工作由汉陵考古队与西安市文物保护考古研究院联合进行，于2017年正式开始，项目负责人先后为马永嬴（2017—2023）、曹龙（2024年起），主要参加的业务人员有张翔宇、杨武站、朱晨露、朱连华、张婉婉、朱瑛培、张丹青等。同时，本项目还增设了以焦南峰为组长，张天恩、王占奎为成员的驻场专家组，为考古工作的高效推进及学术研究的深入提供智力支持。

史书记载，文帝逝后葬霸陵，不起封土。后世学者认为霸陵在今西安市东郊白鹿原东北的"凤凰嘴"。自20世纪60年代以来，考古工作者在汉文帝霸陵、薄太后南陵陵区进行过多次考古，对该区域的

项目驻场专家现场指导

遗存分布有了一个基本的了解。在 2006 年"江村大墓"被发现、2011—2013 年"凤凰嘴"考古勘探未发现任何遗存后，使得我们意识到对汉文帝霸陵的认识需要重新梳理。

自 2017 年开始，我们对"江村大墓"东北角 3 座外藏坑、西南角 5 座外藏坑以及薄太后南陵封土西 3 座外藏坑进行了抢救性考古发掘。在"江村大墓"外藏坑内发掘出土有明器官印，表明其同阳陵帝陵周围外藏坑的性质一样，象征着地下的官署机构。同时，我们还以"江村大墓"和窦皇后陵为中心，对其周边进行了大面积的考古调查和勘探，发现并试掘了将"江村大墓"和窦皇后陵围合在一起的陵园夯土墙基。至此，"江村大墓"的形制规模、"凤凰嘴"没有任何古代遗存、外藏坑出土明器官印以及围合江村大墓与窦皇后陵的陵园的发现，使得"江村大墓"就是汉文帝的霸陵这一结论得到了学术界的一致认可。这是西汉帝陵考古历程中最具意义的发现之一，从此西汉帝陵的名位问题得以全部解决。①

在此阶段的工作中，我们还对薄太后南陵的动物殉葬坑、霸陵帝陵的动物殉葬坑以及陵园内的祔葬墓进行了考古发掘；在配合周边基本建设项目的考古工作中，还对部分陪葬墓及陶窑遗址进行了发掘。目前，除了霸陵和南陵陵邑尚不明确之外，霸陵陵区的遗存分布及形制布局均被进一步认识和了解。

---

① 陕西省考古研究院、西安市文物保护考古研究院：《汉文帝霸陵考古调查勘探简报》，《考古与文物》，2022 年第 3 期；陕西省考古研究院、西安市文物保护考古研究院：《西汉薄太后南陵调查勘探简报》，《考古与文物》，2024 年第 7 期。

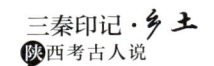

霸陵外藏坑 K15 发掘现场讨论

  霸陵的考古成果不仅引起了学术界的重视，还得到了社会民众的广泛关注。由此，霸陵考古项目先后入选 2021 年度陕西六大考古新发现、2021 年度全国十大考古新发现以及美国《考古》杂志评选的 2023 年度世界十大考古发现。

  霸陵的考古工作之所以能够顺利推进并取得丰硕成果，与新时代下文化遗产保护工作日益得到重视密不可分。在考古工作一开始的时候，"省市文物局指导、省市考古院联合组队、区县镇村联动保障"的工作模式就被明确。陕西省考古研究院负责业务技术、项目申报、经费申请、田野发掘及资料整理等；市考古院派遣业务骨干参加，承担发掘现场防护大棚搭建，负责发掘现场安全保卫；灞桥区委

霸陵 K20 出土着衣陶俑

及政府历任领导及分管领导，高度重视并大力支持考古工作，承担了考古发掘临时用地手续的办理以及发掘用地内经济作物的赔偿任务和土地租金，为考古工作的顺利开始及稳步推进奠定了良好的基础；区文旅局、财政局等相关机关及发掘用地所在的街道办、派出所等，均在发掘工作中给予了大力的支持和配合。这种各级联动、高效配合的工作模式，不仅确保了项目的顺利进展，同时也彰显了各级政府对文化遗产的保护力度及政治站位的不断增强和提升，为今后的同类工作提供了可资借鉴的模板。

值得一提的还有社会力量对霸陵考古工作的支持。2020 年 7 月，陕西白鹿仓投资控股集团有限公司与陕西省考古研究院协商，由该公司在位于白鹿原上的白鹿仓景区划定一小块地方，投资建设包

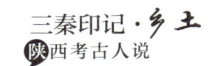

2019年5月霸陵K15发掘工作照

括住宿、餐厅、值班房、办公室、会议室、文物标本陈列室、文物库房、文物修复整理室等在内的霸陵遗址文物保护工作平台（白鹿原考古基地），供考古队无偿使用。白鹿原考古基地的建设，为霸陵考古工作提供了坚实的后勤保障。白鹿原考古基地的建设，也是积极响应2010年国务院下发的《国务院关于鼓励和引导民间投资健康发展的若干意见》、2012年文化部下发的《关于鼓励和引导民间资本进入文化领域的实施意见》以及2014年文化部、中国人民银行、财政部联合下发的《关于深入推进文化金融合作的意见》中对指导社会资本投入文化遗产保护的相关倡议和要求。近两年来，白鹿原考古基地完成观摩调研接待任务多次。其中，2023年，接待狄寨街办观摩调研42场412人次；市、区观摩调研26场253人次；省级机构、文博机构、大中小学、媒体外事等观摩调研152场1058人次。2024年，截至11月，共接待观摩调研175场1669人次，其中狄寨街办观摩调研44场467人次；市、区观摩调研45场537人次。这对于提升区域知名度，提升当地民众文化遗产保护意识，具有非常好的宣传效果。

2019年10月，陕西师范大学附中博通社考古社团学生走进霸陵遗址考古工地

西汉帝陵考古工作及研究由点到面、由浅到深、由个例分析到系统研究的发展轨迹，由小众学科到成为服务社会的大众知识，不仅是考古学科自身发展的必然趋势，同时也是几代考古人筚路蓝缕、持续接力的结果，折射出国家经济实力和综合国力的不断提升以及对文化遗产保护的重视程度。

近百年的考古工作成果，为西汉帝陵的保护利用及展示提供了科学翔实的基础资料，阳陵、杜陵的保护规划及国家考古遗址公园规划已获批并稳步实施，取得了良好的保护展示效果，得到了文博文物及博物馆界以及社会公众的普遍认可。其余帝陵的保护规划目前也正在抓紧编制中，为下一步遗址本体保护、文旅经济发展及城乡发展规划提供了良好的保障。

（作者系陕西省考古研究院研究馆员，汉陵考古队队长）

知识链接

汉景帝阳陵博物院位于西安市北郊的渭河之畔，依托全国重点文物保护单位汉阳陵而建立。1999年建成开放，现为国家一级博物馆、国家考古遗址公园、国家AAAA级旅游景区。依托汉阳陵丰富的历史文化内涵和多年来考古发掘研究成果，汉景帝阳陵博物院目前设有考古陈列馆、帝陵外藏坑遗址保护展示厅、南阙门遗址保护展示厅、宗庙遗址四个基本陈列板块，展示文物一万余件。

西安西汉宜春侯夫妇墓发掘记

○朱连华

西汉宜春侯夫妇墓位于西安市长安区韦曲街办北里王村北侧的千林郡小区内。2018年4月，千林郡小区在管道施工过程中发现了两座积沙墓，为避免墓葬受到再次破坏，经国家文物局批准，西安市文物保护考古研究院对这两座汉墓进行了抢救性考古发掘。自2018年6月起，至当年12月，考古队完成了两座墓葬的田野考古发掘工作。出于对墓葬进行原址保护的考虑，本次发掘工作并未对墓葬砖椁进行拆除，仅对墓圹中砖椁以下部分进行了解剖式发掘。发掘完成后，相关部门对砖椁内部进行了支撑处理，对封门进行了复原。至2019年6月，完成了两座墓葬的保护性回填工作。回填之后的宜春侯夫妇墓已成为小区景观的一部分。

宜春侯夫妇墓地处凤栖原北麓，西北距汉长安城遗址14.1千米、东距汉宣帝杜陵6.3千米。墓葬所在区域为汉宣帝杜陵周边西汉高等级墓葬分布区，附近经发掘的有张安世家族墓、财经干校西汉墓、翠竹园西汉壁画墓、曲江池汉墓、羊头镇汉代积沙积碳墓等大型汉墓近20座。可能是巧合，宜春侯夫妇墓恰好位于《西安历史地图集》中西汉皇家园林"宜春苑"的范围内，但宜春侯之"宜春"是指列侯封邑在"宜春"，与宜春苑之"宜春"寓意不同。宜春侯夫妇墓包括并列分布的"甲"字形墓葬两座，坐西朝东。两座墓葬虽然经多次盗掘，砖椁内几成空室，但仍在椁室、甬道、耳室和盗洞内出土有釉陶器、铜器、铁器、玉石器、大小五铢钱等文物200余件组。

宜春侯墓位于北侧，由墓道、甬道、墓圹和砖砌椁室4部分组成。墓道位于墓葬的东部，斜坡底，分为明挖墓道和砖券墓道两部分。明挖墓道大部分已被破坏，残留部分仅长4米，东窄西宽、上宽下窄，墓道壁的中部有一级二层台，墓道壁经过加工处理，比较整齐，墓道内填五花夯土，底部有土坯，应该是砖券墓道的封门。砖券墓道是长18米有余的土洞砖拱结构，建筑方式为先斜向掏挖狭长土洞结构，再在土洞内砌筑砖券，砖券内高1.6米有余，可轻松通过普通成年人。砖券墓道内部填积沙，墓道顶部有狭小空隙，给盗墓贼留下了可乘之机。砖券墓道东端有一盗洞，横穿整个砖券墓道。盗墓贼打穿墓道和甬道之间的4层砖封门之后进入甬道，对甬道内随葬器物造成一定的扰乱。砖券墓道西侧与墓圹之间有平底砖券结构的甬道，砖券甬道长4米，东与墓道有4层砖封门相隔，西与墓圹相连。

墓圹开口于地面，是竖穴土圹结构，口大底小，形似一斗，开口近正方形，东西长13余米、南北宽近12米。墓圹的四壁有两级二层台，第二级二层台以上壁面坡度较大，经过认真修整，光滑似镜面。第二级二层台以下壁面笔直，未经过修整，上面有比较多或宽或窄的开挖工具痕迹。墓圹正中6米深处有长方形砖椁，砖椁由6层磨制砖砌成，可分为内外两层，外层椁有4层，内层椁有2层。椁室西侧有3层砖封底，东侧仅有单层砖封门，砖椁东西长达5.3米。砖椁之下有一台形基础，基础由12层砖砌成，基础之下到墓底之间还有2.5米积沙，椁室直接建于积沙之上。砖椁东部与甬道之间有木构件搭建的椁箱，以及由立柱、侧板和上横板构成的"门"字形结构，木结构内壁遍涂朱砂。与砖券甬道相连形成一个独立的空间结构，这一空间背靠砖椁，面向墓道和椁室，后部遍涂朱砂，内置随葬品，布局与作用可能与东汉时期墓葬的前堂相似，应为前堂的初期形态。

宜春侯墓曾遭多次盗掘，其中两个盗洞进入砖椁内部，砖椁内仅存陶罐残片、铁棺钉和大、小铜钱等。随葬品主要出土于椁室东侧木椁箱和甬道内，有釉陶壶、樽、罐、鼎和铜熏炉、铜盆、原始瓷壶、铜车马器、陶砖雕灯等30余件。砖椁封门东侧椁箱底部出土有墨书砖1件，铭曰"此五十二宜春侯椁馀□"，为墓主人身份的判定提供了重要依据。

宜春侯夫人墓在南侧，墓圹北壁距离宜春侯墓圹南壁仅1.5米。由斜坡墓道、墓圹、砖椁和墓道两侧4个耳室组成。梯形长斜坡墓道，东西残长近24米，两壁各有两级二层台。墓道内填土为平头小圆夯平层夯筑，在墓道西端有夹板夯筑痕迹。墓圹结构与宜春侯墓相

宜春侯墓砖椁局部（西—东俯拍）

"宜春侯"墨书砖出土时的情况

似，开口近方形，边长12余米。砖椁位于墓圹中部，砖椁埋藏深度与宜春侯墓相同，亦为长方形砖券结构，但封门结构与宜春侯墓砖椁稍有差异，东、西两侧各有3层砖封门。砖券亦分为内外2层，外券4层，由楔形砖、条砖混砌；内层2层，由磨制楔形砖砌成。内椁内壁遍涂朱砂，砖椁之下亦有12层砖砌成的长方形台基做基础，基础之下还有1米厚的积沙。椁室内经多次盗掘，盗洞内出土有铁剑、铜镜等，砖椁内出土有玉鼻塞、肛塞、铜钱、剑格、铁棺钉等文物。4个耳室位于墓道南、北两侧，开口于墓道壁上，底与墓道底近齐，均为长方形土洞结构，砖封门、砖铺地。其中一号耳室位于墓道北侧东部，出土有铁质、铜质模型车马器、兵器等200余件。出土器物被扰动已失去原位，但从部分车马器上还残存的木轴等构件观察，该室内所葬原应为模型马车，马车上配备有弩机类兵器。有趣的是该耳室铺地砖下有一方坑，坑内堆满了经过肢解的牛、羊、猪、狗等动物骨骼，似为丧葬过程中进行祭祀活动的残留。二号耳室较小，位于墓道北侧中部，进深不足1米，除了少量黑色漆片外未见其他随葬品。该耳室原随葬品应该是漆木箱一类，内或有衣物一类有机质物品，已腐朽不存了。三号耳室位于墓道南侧东部，出土随葬品最多，有近100件，以釉陶器为主，器类有壶、罐、鼎、盆，另外还有少量灰陶盆、铁釜等。四号耳室位于墓道南侧中部，耳室底部有3处木箱痕迹，木质已朽坏，仅余铁环等构件。在该耳室中部有铜格铁剑、铜戟等模型兵器，少量模型车马器、骨签等，耳室东北角有一釉陶壶。宜春侯夫人墓4个耳室中有3个随葬品类型均较明确，应该象征了汉代列侯家用的"厨""库""厩"三类设施，表达了墓主人在地下世界仍能享受列侯级别相关配套生活设施的愿望。

根据两座墓葬出土的釉陶器、大小五铢钱、铜镜等随葬品，我们推断两座墓葬年代为西汉晚期。根据北侧墓葬出土的墨书砖，两座墓葬应该为西汉晚期宜春侯夫妇的同茔异穴合葬墓。据史料，西汉时期

宜春侯夫人墓出土的铜车马器

受封为"宜春侯"的有卫青长子卫伉、长沙定王刘发之子刘成、汉昭帝时期丞相王䜣共 3 人。其中宜春侯王䜣于昭帝元凤四年（前 77）受封，传康侯王谭、孝侯王咸、釐侯王章、末代侯王强 5 代，传国至更始元年（23），末代侯王强为兵所杀，国绝。王氏宜春侯延续时代与墓葬时代相符，推测本次发掘的两座墓葬应为王䜣一支。王氏"宜春侯"始封时封邑仅有 808 户，后受益于参与废黜刘贺拥立宣帝的政治事件，加封了 300 户，后又坐法被削 500 户，最后封邑仅存 608 户，是个不足千户的小侯。至孝侯王咸时期，因其女为王莽妻，王莽篡位以后，"宜春氏以外戚宠"。结合墓葬的出土器物等方面推测，这两座墓或许是宜春孝侯王咸夫妇或釐侯王章夫妇合葬墓。

宜春侯夫妇墓墓葬规模大、等级高，建造精良，墓主信息明确，代表了西汉晚期较高的建筑工艺与水平，反映了墓主人较高的政治地位和经济实力，蕴含西汉晚期长安地区政治、经济、丧葬文化等多方面信息，是研究西汉晚期高等级墓葬葬制葬俗的重要材料，具有重要的历史、科学和艺术价值。虽然墓葬经过多次盗掘，随葬品遭严重扰乱，但在两座墓葬的发掘过程中，考古队发现诸多与墓葬建设、回填及丧葬过程相关的痕迹，为我们还原汉代墓葬建设过程和丧葬活动提供了依据，这些痕迹与出土文物一样具有重要学术价值。

（作者系西安市文物保护考古研究院秦汉研究室主任）

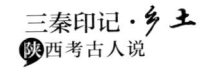

静陵现世

——北周宇文觉墓发掘记

○赵占锐　李　明

北周,是中国历史上的一个短命割据王朝,在历史上的时间坐标是——南北朝分裂时代的末期至隋唐大一统帝国的前夜。北周定都长安,虽然只有24岁的寿命,但创造了许多可歌可泣的历史故事,再次实现了中国北方的统一、加速了民族融合,为隋代统一中国奠定了基础。隋唐两代的开国皇帝都出身于北周的关陇贵族。1994年,在古长安以北的咸阳洪渎原上发现了北周武帝宇文邕与阿史那氏皇后合葬的孝陵,出土了陵志、天元皇太后金玺、金铜腰带等精美文物,引发了人们思古之幽情,以及对这个并没有多少存在感的小王朝的关注。

发现墓葬

咸阳洪渎原，是泾河与渭河之间的平原地带的古称。这里地势平坦开阔，南隔渭河与汉、唐长安城相望，完全符合古人选择葬地的条件。北朝以前，人们出了汉长安城城北的厨城门和洛城门，渡过渭河桥，即达原下。隋唐时期，虽然都城南移，但洪渎原的地位依旧不降。20世纪50年代至今70多年的考古发掘工作证明，洪渎原是汉唐长安城周边等级最高的墓地，这里发现的汉、十六国、北周、隋、唐高等级墓葬，时代明确且无缺环，出土文物丰富，是研究中古时代墓葬制度的极佳标本。洪渎原墓葬已发掘总数量之大、等级之高、延续性之强，在全国同时代墓葬的考古发掘中最为突出。

自2020年6月起，为了配合西安咸阳国际机场三期扩建工程建设，陕西省考古研究院组建了一支包含业务干部8人、技术人员78人的庞大考古队，在8平方千米的机场扩建征地范围内连续开展了30个月的考古发掘和资料整理工作，共发掘墓葬、陶窑、灰坑等古代文化遗迹6000余处，出土文物近2万件，取得了重要的考古收获。发掘的古代墓葬中，大型墓葬比比皆是，既有战国秦王陵，还有十六国时期高等级大墓，以及北周至隋唐时期大型家族墓园及名人墓葬等，北周宇文觉墓就是其中一项重要考古发现。

西安咸阳国际机场坐落于洪渎古原的核心地带。在此次发掘之前，我们整理了洪渎原所有的考古发现和研究成果，并梳理了相关的文献资料，尤其是关注到了北周陵墓的分布情况。20世纪50年代初，在修建军用机场时发掘了独孤信墓、叱娄欢夫妇墓等一批大型北周墓，使大众第一次了解了北周墓葬的特征。20世纪80年代末，在改建咸阳机场时发掘了叱罗协墓、独孤藏墓、若干云墓等大型北周墓，使人们认识到这里可能是北周墓葬区。20世纪90年代至21世纪初，随着咸阳机场的历次改扩建，我们又发现了宇文俭墓、宇文通墓等北周皇室成员墓葬，加之孝陵的发现，证实了北周帝陵应该就在咸阳洪渎原。此次发掘虽不出意外地发现了数座北周纪年墓，但未发现帝陵。大家心里虽有遗憾，但仍满怀期待，希望在最后一刻能有惊喜出现。

2022年7月，在进行机场建设项目最后一个地块的考古发掘过程中，出现一座5个天井的墓葬。地表形制暴露出来的时候，我们根据长斜坡墓道、天井开口平面近方形、"甲"字形平面形制的特点，初步判断墓葬时代为北周至初唐时期。由于这座墓葬位于已拆迁的北贺村村址之下，数百年来不可能被扰动，只是墓道南部被小规模基建稍稍破坏。经过全面揭露，发现该墓的墓道比较长，原来的第一过洞和第一天井实际上是不存在的。我们快速组织勘探队伍对墓葬进行复探，发现该墓是一座长斜坡墓道带4个天井的单室土洞墓。在后期清理过程中，依据墓道南、北宽度接近，过洞顶部较平，天井南、北壁下部斜收明显等形制特征，推测墓葬时代为北周时期。在清理至墓室底部的时候，出土墓志证实了墓主为北周孝闵帝宇文觉——终于发现帝陵了！

寻找围沟

前期考古发掘的大量墓例证明,洪渎原的北周隋唐时期高等级墓葬在地表带普遍有围沟,兆域内分布一座或数座墓葬。在复探过程中,我们扩大勘探区域,寻找围沟及家族成员的墓葬。当时现场地表环境破坏严重,西北部因取土已完全破坏,南部和东部堆放大量建筑垃圾,只有北部具备勘探条件。如果北部存在围沟,那么我们后面的工作就会顺利很多。

我们从墓室北部开始勘探,以2米为间距向北推进,最终在墓室以北43米的位置发现了一条东西向的长沟,并发现了它的东北角。沟底东深西浅,最浅处仅有40厘米,西部一段已经消失。我们是幸运的,围沟一旦出现,墓葬的地表范围也将逐渐被确定。东南角是我们发现的第二个拐角,东沟的形制保存较好,南沟的形制较为特殊。在此之前我们发掘的围沟,多为南北向长方形,东、西、北三面一般都是贯通沟状,只有南沟形制较为复杂。有贯通的直沟,有呈"凸"字形的通沟,还有一种是中间一段不打通的断沟。无论是"凸"字形通沟还是断沟,都是位于南沟中间的一段,以模拟墓园的出口。因此,我们在发掘南沟的时候,从东向西清理,以保证形制的完整。最终确定南沟中间一段向南凸出,这一段基本正对墓道南端。在向西清理过程中,南沟被一个圆形的现代垃圾坑打破,导致一段缺失。此时我们一下子紧张起来,如果南沟就此中断,很有可能就找不到西南角,那么我们就无法复原围沟的整体形制。顺着南沟的走势,我们继续向西,南沟终于再次出现。值得高兴的是,西南角也出现了!南沟向北拐了不到 20 米后,西沟剩余部分被完全破坏掉了。但是这一小段已经足够了,它给我们提供了围沟西南角的确切位置,至此墓园完整形制得以重现。

这座墓葬的围沟呈南北向长方形,长 149.5 米、宽 109.1 米。南沟中间一段长 33.9 米,向南凸出 2 米,模拟墓园出入口。沟横剖面呈口宽底窄的倒梯形,口宽不足 1.5 米,深约 2.5 米。以围沟围合的

墓葬围沟平面图

封闭区域叫"兆域",也就是墓主的阴宅范围,我们也叫它"墓园"。很显然,墓园面积越大,说明墓主的身份越高。唐代专门制定制度,规定了各级贵族和官员墓园的面积,不得僭越。这座墓园的面积约16300平方米,与洪渎原发现的其他北周墓园相比,规模只能算作中上。墓园内只有居中的唯一一座墓葬,说明它不是家族墓园。

帝陵重现

墓葬位于墓园内居中略偏北的位置,是围沟内唯一的墓葬。地表无封土——即便原本有封土,也因为数百年的村舍建设而荡然无存了。墓葬总长56.84米,深10米。由墓道、4个过洞、4个天井、甬道、砖封门和墓室组成。

该墓的墓道南北水平总长29.84米,占据了墓葬总长度的一半多,在整个墓葬结构中是极为突出的。这一点在其他北周墓葬中也有体现,而且墓葬级别越高,墓道规模越大,说明在北周时期墓道是作为墓葬等级区分的一个重要依据。墓道东西两壁壁面平直且规整,在西壁南部可以明显看到整平后留下的工具痕迹。从墓道进入墓葬的过程中,缓长的坡道、逐渐消失的光线和纵深加大的侧壁,让人不由得感到压迫和肃穆。

墓中过洞和天井各4个,天井呈口大底小状,南北两壁向内斜收,是北周时期常见的天井形制。每个天井上皆有盗洞,盗洞对天井下部形制造成了破坏。在发掘第三过洞、第三天井的过程中,我们在

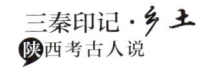

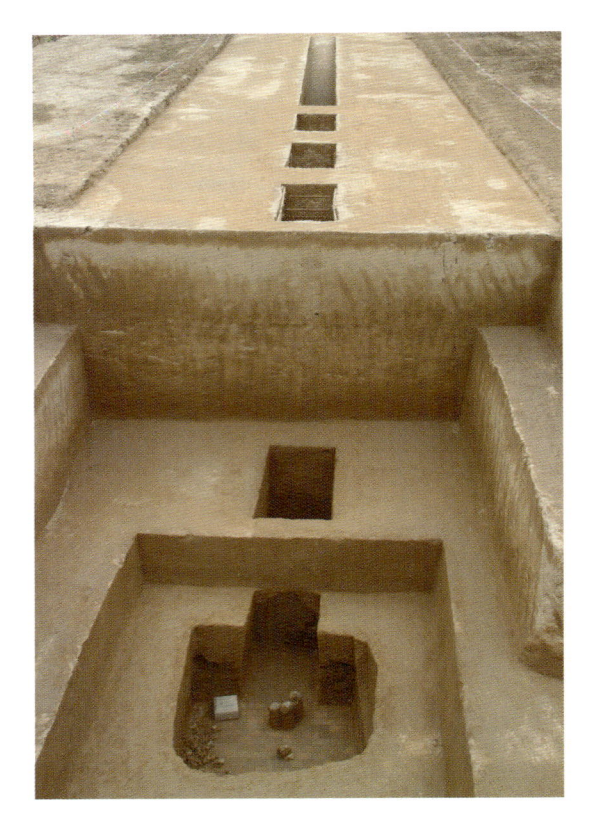

墓葬发掘现场

底部发现了一条东西向的地道，这条地道导致这一部分呈悬空状态。为了现场安全，我们在提取完相关数据和图像资料后，从第三过洞向北整体下挖至墓室顶部的深度，然后才进行清理工作。甬道中部留有砖封门，封门东部被破坏。在第四天井的四壁和甬道两侧壁的下部皆刷有白灰面，白灰面上、下涂以红色边栏装饰。在第四天井的南壁有一比较大的盗洞，盗墓者从第四天井的南壁西侧纵向进入墓葬内，然后沿第四天井西壁下部横向进入甬道，破坏砖封门东部，最后进入墓室。从开口层位及填土分析，该盗洞属早期盗扰行为。

墓室为土洞结构，呈方形，3.5米见方，顶部坍塌。四壁涂有高1.36米的白灰面，直壁顶部及底部涂有宽0.2米的红色边栏装饰。在四角的两侧，同样涂有纵向的红色边框，以示角柱。四壁的白灰面及边栏随填土大部分脱落。墓室地面为条砖错缝平铺，保存完整。与墓道相比，墓室在修建上略显仓促，如不规整的平面形制、凹凸不平的壁面等。

墓室北部发现有少量人骨、朽木渣痕迹，判断葬具为木棺，横置于北壁下。在墓室西北部靠近北壁下的填土中发现组玉佩部件，有玉璜残块、玛瑙珠等，在东北部发现有鎏金铜班剑首、铜銙带。组玉佩、班剑、銙带的出土说明在北周初年朝服葬就已经成为高等级墓葬的制度之一，同时也说明墓主是按照当时的制度下葬的。

墓室清理后场景

由于盗扰破坏，遗物已偏离最初摆放位置，现集中在墓室东南角，杂乱地叠压堆积在一起。共出土各类遗物158件（组），以各类陶俑为主，体型矮小，是西魏北周时期常见的半模俑，实心平背，烧成后施以彩绘。包括武士俑、骑马俑、立俑。另有陶动物、模型明器、陶器、金器、组玉佩、班剑首等。墓志放置在墓室入口东侧，是在墓室中最早发现的遗物。墓志出现后，大家都很开心，终于可以明确墓主身份了。墓志46厘米见方，志盖无字无纹饰。从墓志尺寸来看，我们初步推测墓主是北周时期的普通官员，根本没想到会是大周

武士俑 　　　　　　　甲骑具装俑 　　　　　　笼冠俑

鎏金铜班剑首 　　　　墓志志盖 　　　　　　　墓志志石

天王。提取完现场资料后，我们移开志盖，志石内容暴露出来，仅有涂红楷书 15 字，很容易就识读出来了，"周故略阳公宇文觉墓，二年十月壬申"。墓主人是北周开国皇帝宇文觉！传统思维中对帝陵的认识，让我们一时难以接受这是一座帝陵，因为它的整个形制、出土遗物太常见、太普通了。以致很多来现场参观的业内同行不禁发出感慨：帝陵怎么可以如此简陋！

少年天王

确认墓志内容后，我们迅速查阅文献史料，召开专家讨论会，最终认定该墓为北周孝闵帝静陵。根据其下葬的制度和时代背景，确认为北周二年（558）十月至建德元年（572）四月，宇文觉墓被称为"略阳公墓"；建德元年四月十九日之后，宇文觉墓被称为"静陵"。宇文觉墓虽经后世追号为陵，但未进行迁葬和改葬，墓葬保持着下葬时的原状，并不具备北周帝陵的制度，因此我们仍称其为"北周宇文觉墓"。但从法理意义上来说，宇文觉墓就是北周 6 座帝陵之一的孝闵帝静陵。

宇文觉（542—557），即北周开国皇帝孝闵帝，《周书》卷三《孝闵帝纪》、《北史》卷九《孝闵帝纪》皆有载。文献记载，孝闵帝讳觉，字陀罗尼，西魏大丞相宇文泰嫡长子。大统八年（542）生于同州官舍。9 岁继承其父原先的略阳郡公封爵，西魏恭帝三年（556）三月命为安定公世子，成为宇文泰的指定继承人，当年十二月封周公——北周的国号就源自他的封爵。北周元年（557）正月即天王位。宇文泰去世时委托侄子宇文护辅助宇文觉，但宇文护专权跋扈，宇文觉不愿当傀儡，于即位9个月后反对宇文护失败被囚禁，次月被杀，随即其庶长兄宇文毓即位。建德元年三月，周武帝诛杀宇文护，四月庚寅追尊略阳公为孝闵皇帝，遣太师蜀国公尉迟迥于南郊上谥曰孝闵皇帝，陵曰静陵。可知宇文觉政治斗争失败后即被降为"略阳公"，并以此身份埋葬，直至14年后才被追谥为孝闵皇帝。《周书》载其皇后为西魏文帝女元胡摩，以平民身份亡于隋大业年间。从墓葬发现情况来看，皇后并未与之合葬。

宇文觉因宇文泰嫡长子的身份幸而得以少年为君，本应志得意满，成就一番大业，然而当时北周朝廷统治实权掌握在其堂兄宇文护手中，宇文觉因不懂韬光养晦、等待时机而轻易发动政变夺权，失败被害。一代少年天王本应实现开国伟业，但最终昙花一现，委身于郡公墓葬，不禁令人唏嘘！

按照墓葬形制和规模来看，宇文觉是以略阳郡公的身份下葬的，而不是以天王或周公身份下葬，这与他政治斗争失败被褫夺身份相关。宇文觉的葬礼在他被杀一年后方举行，必定是出于当时当权的宇文护所安排，因此其墓葬规模略小于同时期的开国郡公，并且当时不可能举行大规模的葬礼也是可以理解的。墓室中有遗骨和墓志，说明周武帝并未改葬孝闵帝；在长安南郊而不是墓址所在地举行追谥仪式，有可能是因当年葬礼信息隐秘而无法找到宇文觉墓原址，也就不存在按照帝陵规制重新安葬宇文觉的可能性。从宇文觉只有谥号而没有加庙号的情况看，周武帝并不准备让这位生前并未称帝的嫡长兄进入北周皇室的祭祀系统，因此更加没有必要举行迁葬葬礼。综上，宇文觉只有一座墓，追号"静陵"也是北周政府承认的帝陵，宇文觉墓就是北周静陵，但该墓不具备北周帝陵的规模和制度。按照文献记载，北周第一座按照皇帝级别所建的帝陵应该是还未发现的明帝昭陵。

北周宇文觉墓，是考古发掘的第二座北周帝陵。结合北周武帝孝陵、宇文泰诸子及媵妾墓葬在咸阳洪渎原的考古发现，可以推测北周的其他3座帝陵——明帝昭陵、宣帝定陵和静帝恭陵亦应在咸阳洪渎原。北周帝陵还有很多秘密等待考古人发掘。

（作者赵占锐系陕西省考古研究院副研究馆员；李明系汉景帝阳陵博物院副院长）

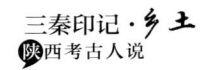

特殊的葬礼

——长安杜回北宋孟氏家族墓的发现

○苗轶飞

宣和五年（1123），北宋朝廷以一种特殊的方式收复了燕云十六州，深居开封的徽宗极尽欢喜，作为皇帝，他实现了祖宗几代人未能实现的愿望。此时的他一定想不到，3年后，他将以亡国之君的身份被掳往北地。同年九月二十三日，在距开封不远的关内京兆府长安县，阌乡县主簿孟铍之弟孟轨，无暇顾及国家的走向，他在这一天为5位早逝的至亲重新操持了葬礼，并一一撰写了墓志。孟氏家族成员早逝的事件，或许与辽衰金盛共同成为当时大家热议的话题。

潏河北岸，高阳南缘

孟氏家族墓被发现于西安市长安区郭杜街道杜回村南，该村自

2020年6月开始配合南雷、北雷、赤兰桥3村的安置建设考古工作。这一地区属于长安城南郊的高阳原，东部是埋葬秦始皇祖母和唐初名将李靖孙子的神禾原，西部则是埋葬唐代隐太子李建成夫妇的细柳原。高阳原在汉唐时期是一处非常重要的墓地，墓葬分布密集，墓主身份等级较高，唐代五天井墓葬频频出现。高阳原核心区基本位于西北大学、陕西师范大学、西北政法大学、西安邮电大学等几所大学的南校区地块上。2000年前后，西安市政府决定在此建设大学城，此后前后由文物部门发掘的各个时代的墓葬有千余座，出土了大量的文物，获得了丰富的资料，其中重要的有汉张汤墓及唐戴至德墓、李承嘉墓等。经过十数年的建设，高阳原的核心区域已经基本被开发完毕。

由于项目位置已经到了高阳原的南缘，靠近潏河北岸，地下3米多处就是沙层，所以在工作前我们判断这个地方已经基本不存在有唐代五天井大墓的可能性了，只会有不能葬入核心区的有一两个天井的小型唐墓。随后的考古勘探和发掘也验证了这个判断。

考古勘探报告中说，这一区域只有13座古墓葬，除了4座带一两个天井的唐墓之外，其余的都是小型竖穴土洞墓，时代应该都是北宋以后，甚至可能是明清时期的，基本上都被盗了，盗洞被盗墓贼用编织袋装土后卡在洞口堵住，防止被发现。在清表后，所有的盗洞都露了出来，有的甚至有2个盗洞，盗洞全部位于墓室上方，从盗洞口可以直接看到墓室。盗洞直径大概在40厘米，仅容一个瘦人上下。盗洞形制全部一样，应该是一次被盗的，据说是用大套铲打的，在盗

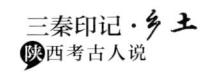

洞壁上确实也能看到圆形工具的痕迹。所以在发掘前我们对这个墓地的预期并不高。

杜回新茔，厚葬至亲

按照考古程序，我们先把墓道开口都揭露出来，然后开始发掘墓道。在这一区域，当我们发掘到斜坡墓道的时候，长一点、没有天井的，一般是汉晋墓；短一点，尤其是带窄长天井的，基本上是唐墓。即使不发掘墓室，我们对于墓葬时代的判断也不会差太多。但是遇到竖穴墓道的话，我们则不能完全确定其时代。因为在西安周边，从北宋至明清，甚至今天，竖穴土洞墓都是最主要的墓葬形制。若往前溯，"安史之乱"结束后，唐代墓葬规模均缩小了很多，那种盛唐时采用长斜坡墓道、多天井的砖砌墓葬越来越少，开启了关中千年采用土洞墓的时代，晚唐时期竖穴土洞墓就在西安周边的墓葬形制中成为主流。宋金元时期，晋冀鲁豫各地盛行砖石墓，但是关中依然坚持使用土洞墓，即使高等级墓葬亦然。比如北宋吕氏家族墓，比如元代刘黑马家族墓，这也再次表明土洞墓室是基于关中地区文化和传统的选择。进一步说，晚唐时期的竖穴墓道还是比较宽的，并且有的带有低矮的台阶，但是宋元明清时候的墓道，基本上没有太大的差别。所以，在发掘中，如果只是发掘了竖穴墓道，就很难准确判断墓葬的时代，一般都会笼统地将其定为唐以后的墓，准确时代只能等待发掘墓室时再做判断。

北宋孟氏家族墓一共发掘出 5 座墓葬，分别为 M11—M13、M31、M32，都是竖穴洞室墓。正如前文所述，起初我们并未将它们的年代定为北宋。而且在大多数这种竖穴洞室墓中都不会有什么特别惊人的发现，所以确实也没有对其特别期待。

5 座墓葬里最先发掘的是 M13，该墓葬虽然没有被盗，但是鉴于以上原因，我们对它并没有特别关注。在把 M13 墓道发掘完之后，汤超锋先拍了张照片，从土坯封门向里，能隐隐约约看到墓志和器物，但当时也没多想，之后张锦阳提议用不揭顶的方式清理墓室。一般情况下，为了保证安全以及资料提取的方便，发掘洞室墓时，都要揭顶发掘。考虑到 M13 墓葬并不深，墓葬结构也稳定，在确保安全的前提下，我同意了张锦阳的提议。随着墓室清理的不断推进，一件件精美的青釉瓷器被揭露出来，我们惊讶于在这么小的墓葬中竟然有如此多且美的随葬品。我当即把情况汇报给了王小蒙副院长。她是耀州窑瓷器专家，看了照片之后也很激动，立即回复说第二天要来现场。在她来之前，我们还没有意识到这批器物的重要性，只是沉浸在挖到有纪年的完整器物组合的喜悦中，对于瓷器的认识，也只限于看得出其精美程度而已。第二天，王副院长来现场指导，她显得更加激动，也十分惊讶，连说好几件器物在以往不曾见过，至此我们才真正认识到，原来这批器物竟然如此珍贵！M13 墓志立在墓室后部，根据墓志所记，我们得知墓主为孟琮，葬于北宋宣和五年九月二十三日。鉴于墓葬的重要性，为保护文物安全，大家加班加点地把 M13 发掘完毕了。

在随后发掘 M11 时，我们就更加注意了。M11 形制更小，不过也出土了 10 余件青瓷器，可惜没有出墓志。根据在墓道和墓主头部发现的簪子，推测墓主应该是一位女性。

整个墓地中，只有 M12 是土洞砖室墓，相对于土洞墓而言修建得更为考究。按正常逻辑推测，M12 应该是墓地中最特殊、最重要的，那么随葬品肯定也是最丰富的。所以我们对 M12 期望非常大，也更加重视。另外，在发掘 M12 墓道时，发现墓道内填有沙子，开始时大家都很激动，在想它会不会是北宋的积沙墓，如果是的话，那么这座墓的修建者防盗意识则很强，可见它绝对是最重要的墓葬了。随后在发掘 M12 墓室砖室上部的生土时，发现竟然也有沙子，经过仔细观察，发现原来墓室的沙子和墓道的沙子其实是同一土层，可能之前这里有河道经过。后来通过查资料和现场调查，确实在 M12 东侧发现一条古河道，M12 的墓道和墓室刚好建在古河道的西岸，所以在发掘其西边不远处的 M13 时未见到沙子。再加上在发掘 M12 墓道时，发现其虽然是砖室墓，但是竟然没有砖封墓门。通过分析，我们推测，M12 的砖室墓其实不是显示墓主与众不同的身份的，仅仅是起到防止墓室坍塌的作用。后来在发掘完 M12 墓室后，出土的随葬品和墓志也佐证了这一点。M12 出土了数十件器物，其中的耀州窑青瓷与 M13 基本相同。墓志记载墓主名为孟珪，与 M13 墓主孟琮为亲兄弟，所以出土遗物和墓志并不能体现 M12 的特殊之处。奇怪的是，M12 和 M13 墓主一样，也是埋葬于宣和五年九月二十三日。

此时，考古队仅仅对之前勘探出来的 M11—M13 进行了发掘，将以上情况对孙周勇院长汇报过后，院长非常重视，指示要对墓地进行重新勘探，完整揭露孟氏家族墓地。

于是考古队立即展开了对于孟氏家族墓的全面勘探和揭露工作。经过最后的努力，终于在这三座墓北边，又发现两座同样形制的墓葬，编号为 M31、M32。很可惜，两座墓都被盗得一干二净，幸而墓志都还在。在发掘这两座墓时，有个特殊的情况引起了我们的注意，即虽然与南边的墓葬一样都是竖穴土洞墓，但奇怪的是，此二者墓室地面铺有石板，感觉比土地面要讲究一些。读完墓志后，才了解，原来此二墓墓主为孟轼的妻张九娘与子孟琏，南边的孟珪和孟琮则为孟轼的侄子，而孟轼正是这场葬礼的主持者。或许，虽然都是亲人，但是孟轼对于自己的妻与子还是更加体恤一点吧。M31、M32 虽然几乎被盗掘一空，但是残存的鎏金银钗还是显示出当时随葬品的精美程度绝不亚于南边三墓，甚至可能超过后者。

器日复古，人悲早亡

考古队最后一共发掘了 5 座孟氏家族墓葬，五墓分南北两排修建。关于这批墓葬的埋葬时间和随葬品等方面有一些值得注意的地方。

从社会地位和官员品级来说，孟氏家族应该是比较低的。墓志中仅仅提到了孟轼当过阌乡县主簿。据《宋史》记载，主簿为县令下属官员，阌乡县为中下县，所以阌乡县主簿为从九品，主要负责出纳官物、销注簿书。另外，墓志中虽然提到了孟轵长子先后在同州冯翊县和耀州为官，但是并没有明说具体官职，应该是官位不显，否则应该会提到。除此之外，墓志中再未记载家族中其他人是否做官，包括这场葬礼的主持者孟轵，即使他有官职，也同样应该不高。这从孟轵为其妻子张九娘撰写的墓志中，也能找到相应的佐证。张九娘为左藏库副使舜臣之女，左藏库副使为七品官，与孟氏家族联姻应是门当户对，甚至是"下嫁"。孟氏家族墓与陕西发现的另一处重要的北宋家族墓——蓝田吕氏家族墓的等级无法相比，但是出土了大量的精美瓷器，尤其是耀州窑青瓷器可以与吕氏墓出土的青瓷相媲美，甚至部分器物精美程度更甚。如何解释这种矛盾呢？通过细读墓志，我们发现，孟轵长子于宣和四年（1122）在耀州为官，耀州当然是耀州窑生产的中心了，而且这批墓葬封于宣和五年，时隔一年，孟轵长子应该还在耀州任官，所以才有机会为其亲人置办这一批耀州窑精品用来随葬。墓葬中出土的砚台、铜镜等其他随葬品均为墓主生前使用过的，这批耀州窑青瓷则不同，看不到任何使用痕迹。因此，应该是孟轵长子专门向窑厂定制的产品，也可见其孝心。

另外，令人十分诧异的是，当我们将孟琮墓志反转后，发现其背面并非像通常所见的墓志一样平整，而是中间有明显的一列列凸棱，外围有细细的线刻纹饰。经过仔细辨认，我们确定这应该是用唐墓中的石椁窗改刻的墓志。这对于经常发掘唐墓的人来说，实在是太有意思了。我们又立即仔细观察了其他三方墓志，同样有着惊人的发现。张九娘墓志虽然没有纹饰，但是厚度和孟琮墓志接近，都在9厘米左右；孟珪和孟琏墓志在相邻侧面有典型的唐代线刻卷云纹，而且厚度在12厘米左右。那么前二者很有可能来自同一块石椁壁板，后二者来自同一块石棺床。除利用石葬具改刻墓志之外，多见的是，宋元时期用唐代墓志改刻自己墓志的情况，如吕氏家族墓地中的吕大雅墓志就是如此，在其墓志上还能看到"大唐故定州刺史上柱国李君墓志之铭"的刻字。另外，北宋大唐李氏后裔的三座墓葬墓志全部采用唐代形制，尤其李保枢墓志更是用唐人墓志改刻的。北宋淳于广墓志用唐代旧碑石改刻而成，上下侧面还残留有缠枝蔓草纹饰。元朝时期，汉人世侯刘黑马墓志也用唐代墓志改刻而成，刹面唐代四神没有被磨灭。可见在北宋时期，利用、改刻唐代墓志的情形虽然未必达到流行的程度，但亦非个例。这种现象，应该体现了北宋对于唐代文化的热爱和追慕。尤其是北宋晚期，金石之学盛行，相关著述丰富，关注类型多样。出现了以吕大临为代表的专业人士，今天吕大临被尊为"中国考古祖师爷"，可见北宋古物研究影响之大。

　　北宋时盛行收藏古物、研究古物，但是古物从何而来？最大可能是来自盗墓者。需求催生了供应链的发展，在古物收藏风潮的影响下，盗墓应该也十分猖獗。正因为这样，盗墓者才会把深埋于地下10米左右的唐代大墓中重达数吨的石椁和石棺床砸碎，搬运到地面，再改刻成墓志；才会将大量的唐代墓志盗出来，改刻成当时人的墓志；也才会有前朝文物被《宣和博古图》和《考古图》所著录的情况。另一件十分有趣的事是，作为考古祖师爷的吕大临的墓葬，上部竟然设了两层室，真正的墓室深达15米。吕大圭、吕大忠墓上部有一个假室。吕氏家族墓的这种设置假室防盗的行为，充分说明当时盗墓情况十分严重，而且吕氏一族了解当时盗墓贼盗墓的方式，就有针对性地进行了防备。正因为先期发现北宋墓葬有防盗设施，所以我们在孟珪墓墓道内发现沙子时，会联想到专门用于防盗的积沙墓。讽刺的是，即使做了防盗措施，吕大临墓还是被盗了，而且根据考古结果看，属于早盗。孟珪墓虽然没有做防盗措施，却完整地保留了下来。

孟氏5座墓葬，出土4方墓志。根据墓志得知，张九娘卒于元符二年（1099）二月初二；孟琏卒于政和八年（1118）三月初七；孟琮卒于政和八年三月十一日；孟珪卒于宣和四年二月十八日。张九娘21岁时嫁孟轨为妻，来年就生了儿子孟琏，孟轨一定非常开心。其兄孟輗也连生三子。想必在张九娘去世的1099年以前，孟家虽然没有大富大贵，但是作为小康之家，应该是非常开心的一大家子。1099年，张九娘去世了，此时她与孟轨成亲才8年，儿子孟琏才7岁，在刚懂事的年纪，就失去了母爱。让孟轨没想到的是，更大的打击还在后面，9年之后，儿子孟琏也去世了，年仅16岁。4天之后，侄子孟琮也去世了，年仅24岁。更惨的是，4年之后，侄子孟珪也去世了，年仅22岁。M11虽然没有出土墓志，但是根据鉴定，墓主是一位30岁左右的女性，应该也是孟家一位早亡的成员。亲人的连续早逝，对于孟氏一族而言肯定是非常沉痛的打击。我们不难想象孟轨的痛苦，也很难不与孟轨共情。按照推测，北边一排是孟轨的妻与子，南边一排应该是孟轨的直系亲属。不知墓主的M11，埋葬的可能是孟轨的女儿或者其他亲人。宣和四年，北宋与金、辽关系复杂，但是沉陷于亲人亡故痛苦中的孟轵兄弟应该顾不上考虑国家的走向。我们不知道孟轵怀着怎样的心情，在宣和五年九月二十三日操持了这样一场葬礼，为5位至亲新买了一块墓地，将他们重新安葬。墓志中没有记载孟辄的情况，我们不知道他是否在葬礼中出现，或许他也早早去世了吧，所以孟珪、孟琮才会跟着叔叔生活。

经过对5座墓葬出土人骨进行科学检测发现，几位墓主很可能死于肺结核，也就是痨病，属于慢性传染病。《济生方》谓："夫痨瘵一症，为人之大患，凡受此病者，传变不一，积年痊易，甚至灭门……感此疾而获安者，十无一二。"《医学入门》谓："传尸，蛊瘵之症，父子兄弟，互相传染，甚至绝户。"

人死不能复生，唯有好好安葬。但是流言无法阻止，孟氏族人连续早亡这样的事件，具备了成为街头巷尾热议话题的一切条件，和大宋的国运一样。

（作者系陕西省考古研究院隋唐考古研究部副研究馆员）

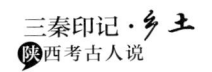

妙手再现文物神韵

○刘江卫

进入知非之年的我,是今天秦始皇帝陵博物院文物保护部中入门最早、资历最老的修复师。自1987年进入秦始皇帝陵博物院(原秦始皇兵马俑博物馆)从事文物修复保护工作以来,时间如梭,如今已30余载。经过多年的历练,我从一个对文物修复保护知之甚少的懵懂少年逐渐成长为一名能够独当一面的专业人员,这其中既有辛酸也有欢喜,离不开自己的努力与所有人的支持帮助。

在我上初中的时候,刚好遇到铜车马考古发掘这件考古届的大事,父亲带着我们兄弟几人去过考古工地,这也让我与秦俑结下了不解之缘。大学毕业之后,我进入了秦始皇帝陵博物院工作。当时的保护部人员少,许多人都是一专多能,尤其是文物修复保护人员,可以说什么都做。我也从包装文物,到加固一、三隔梁,再到给老技工们打下手，进行文物的保护修复、翻模复制等，把几乎所有工作都干过了，汗没少流，亏也吃过。比如，现在大件文物都用机械吊，那会儿可都是靠人工抬——想把一匹陶马搬上架子得七八个人一起手抬肩扛。有一次为增加修复成型后的陶马躯体强度，我们钻进陶马腔里给它加里衬，差点儿被酒精熏晕；翻模时被石膏烧得手褪了一层皮……那时候虽然很苦，但也学到了许多东西，帮助自己迅速成长起来。我的师傅方国伟是个巧手人，车工、钳工样样行，活儿好，做事认真，工作决不凑合，出现了小瑕疵就必须纠正、重做。跟着这样一位好师傅，我也打下了扎实的基本功。

1994年，我作为兵马俑一号坑的修复保护负责人，带着一队人马修复了几十件秦俑。我们参加了1996年由新组建的西安市文物保护中心（陕西省文物保护

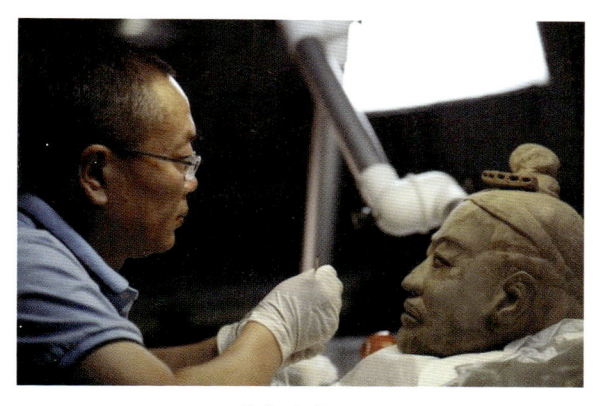

修复人俑

研究院前身）举办的一个中意修复班。为期两年的进修，令我学到不少过去没有接触到的理论与知识，这些知识后来都成为修复工作中的利器。

1998—2000年，我参加了由兵马俑博物馆和陕西省考古研究院组成的秦陵联合考古队，参与K9801铠甲坑、K9901百戏俑坑、K0007水禽坑的发掘现场保护与提取工作，负责并主持了第一件甲

胄、第一件百戏俑、第一件青铜水禽的修复保护工作。

由于此前没有修复甲胄的经验，且这些甲胄又被大火焚烧过，损毁严重，有的分了许多层，有的表皮都脱落了，所以很难判定其在文物上原本的位置。经过4个多月的摸索，终于让第一件石质胄呈现在人们眼前。这项工作对我们了解秦代甲胄的形制与装备，尤其是对胄的修复保护有很大帮助，也改变了人们对"秦人无胄"的认识。

1999年，秦陵又给了大家新惊喜——陵园东南角的百戏俑坑被揭开神秘面纱，出土了11件陶俑。这些陶俑姿态各异，风格、服饰、装束等都与兵马俑截然不同，多数上身赤裸、肌肉发达，有的像持竿人，有的像角力者。研究人员经过考证和研究，认为它们是象征着秦代宫廷娱乐活动的百戏俑。在百戏俑的修复中，我们逐渐建立了科学、规范的文物信息资料获取与整理归档制度。每个秦俑都有一份厚厚的"个人档案"，从出土时的图文资料，到病变图、每个残片的修复记录、清理前后的对比照片等，甚为详细。

2000年，又一处"前所未见"的陪葬坑K0007被发现。这里出土的不是陶俑，而是青铜水禽——20只雁、20只天鹅、6只仙鹤。它们非常规律地分布在水池两边的台地上，有的在水中觅食，有的伏卧小憩，有的曲颈汲水，栩栩如生，姿态各异。经过粘接、补全、做旧，2000多年前的青铜水禽终于"复活"。

经修复的陶俑、水禽

作为陶质彩绘文物保护国家文物局重点科研基地的专家，现在的我主要负责对外援助工作，帮全国各地的考古单位进行文物修复，给他们提供相关技术指导。

2008年，秦始皇帝陵博物院作为国家文物局首批重点科研基地，接到了第一个外援项目——山东青州市博物馆馆藏的香山汉墓出土彩绘陶器的保护修复。截至目前，我院已为河南焦作、四川三星堆、安徽六安等地的10余家文博单位修复保护文物3000余件，造福大江南北越来越多的文物。2023年，由我主持的"青州香山汉墓出土文物保护修复工程"项目获"2022全国十佳文物藏品修复项目"。

多年的学习与磨炼使我在各个方面均有所收获。现在的我任西北大学文化遗产学院兼职导师,丝绸之路文化遗产保护工匠联盟陕西文物保护修复专业委员会委员;负责或参与十余项保护修复方案的编写,参与了多项省部级课题,参与国家文物局的陶质文物三个标准与一部手册的编写;作为主要发明人参与了多项文物修复发明专利与实用新型专利的申请;在专业期刊上发表专业学术论文30余篇,完成《中国陶质彩绘文物保护修复案例报告——青州香山汉墓》专著一部。我将持续在考古、文物保护领域贡献自己的一份力量。

(作者系秦始皇帝陵博物院文物保护部副研究馆员)

重现历史色彩

——揭秘蒲城洞耳村壁画保护与展示的幕后技术

○严　静

2018年4月一个阳光明媚的午后,正在富平对唐李道坚壁画墓开展现场揭取工作的我,应同事苗轶飞之邀踏上了探寻陕西省内少有的元代壁画墓——蒲城洞耳村壁画墓之旅。壁画墓处在一大片梨园中心,走在乡间的小路上,我的心中充满了对历史的敬畏与期待。这处位于城市边缘的文化遗产,如同一颗璀璨的明珠,静静地承载着岁月的痕迹与古老的故事。

当我来到壁画墓现场后,映入眼帘的是那座八边形穹隆顶的砖砌墓葬。墓葬由墓道、砖封墓门、甬道和墓室4部分组成,墓室和甬道均满绘壁画,保存完整、内容丰富、色彩艳丽,对元朝时期的服饰和生活器具描绘得细致入微,再现了墓主夫妇日常生活的真实场景,为研究宋元对峙时期蒙古统治区的物质文化和社会面貌提供了珍贵的图像资料，具有极高的历史价值和艺术价值。走入墓室，我的心被那满墙的壁画深深吸引了，那些色彩艳丽、绘制细致的画面，不仅让我了解了当时人们的服饰与日常生活，还让我感受到一种跨越时空的连接，更惊叹于壁画保存之完好，基本无残缺，遭受的病害也较轻微。

苗轶飞介绍该壁画墓在1998年曾经历过一次考古发掘，由于当时文物保护技术不过关，考古人员仅对墓葬做了保护性考古清理，便进行了原址封存保护。随着城市化进程的加快和新农村建设的全面推进，地处城市建设边缘地带的洞耳村元代壁画墓周边居民为获取高额拆迁补偿，违规使用土地进行生产活动的情况日益严重，文物安全工作面临严峻挑战，其原址已不再适应对这一珍贵文化遗产进行可持续保护的需求。同时，国家对文化遗产保护工作的高度重视和科技的进步与文物保护技术的日臻完善，也为该壁画墓的可持续保护创造了新的历史条件和技术支持。2018年3月，陕西省考古研究院经慎重研究决定，报请国家文物局批准同意，再启对该墓的考古发掘和壁画保护工作。

由于洞耳壁画墓的珍贵性，加之院里决定将壁画墓放入建好后的考古博物馆进行展示，洞耳壁画墓的保护与修复工作得以顺利重新启动。为了能更好地保护壁画墓的完整性，也为了能够让观众见到完整的墓葬壁画，赵西晨院长提出了对壁画墓进行整体搬迁保护，并要求在考古现场对壁画墓进行减重以达到博物馆建筑物的承重需求。通过专家讨论，决定在考古现场对壁画墓进行拆砖作业，更换新型环氧蜂窝铝芯支撑体,这种新型保护方法在全国首次被使用,面临极大的挑战。此外,壁画属于脆弱质文物,对展陈环境要求较高,而墓葬内部环境狭小,如何能在满足对壁画进行科学保护的前提下,使观众欣赏到这一完整的墓葬壁画,并充分展示壁画价值,活化文物,是在本项工作中遇到的另一个难题。

为了解决上述难题,在陕西蒲城洞耳壁画的保护过程中,我们采取了多学科、多技术协同运用,不断实验和用足够多的数据谨慎设计保护预案,通过基础数据采集、壁画本体稳定性处理、墓葬整体迁移、博物馆修复与展示设计等一体化文物保护、展示与利用的设计与实践,取得了良好效果。

多学科联合攻关是蒲城洞耳壁画墓取得成果的重要法宝。壁画墓在搬迁时,需确认墓葬所处区域的地质环境、土壤特征,确保墓葬搬迁时地质环境安全,可以扩方开挖;此外,壁画搬迁时,要先对墓室内壁画采用化学保护材料稳定病害,加固画面,但这样做会对壁画的后续研究带来一定的干扰,需在考古发掘结束后,第一时间对壁画现状进行全面记录。故而,在保护壁画墓本体之前,我们委托了多家单位对壁画墓葬进行了联合调查研究。地质调查结果显示壁画墓所处区域黄土较稳定,可以深挖;环境监测结果表明墓葬内湿度很高,墓室内温湿度随外界环境变化而缓慢变化;对墓葬水盐运移规律和微生物情况进行了研究;同时利用便携 XRF、色度计、三维扫描仪、多光谱照相、显微照相、红外热波等设备对壁画的现状进行了全面记录,确认了壁画病害情况和壁画制作工艺。

我们在工作开展之初即考虑了壁画墓葬的整体展览与展示效果，并有针对性地设计了保护修复方案和工作计划。为了尽可能地挖掘文物价值，全面展示墓葬壁画信息，在工作过程中利用三维扫描技术、照相技术、各种分析检测技术记录、调查了墓葬壁画的各类信息，同时有计划地记录了对墓葬壁画进行现场保护的各个步骤，这些资料成为博物馆展览文字、图示、多媒体互动以及3D动画的主要参考数据。本工作的开展使蒲城洞耳元代壁画墓能够在博物馆完整呈现，在确保文物安全稳定的前提下，最大化地揭示文物价值，满足观众参观需求。

蒲城洞耳元代壁画的保护修复工作分为两大部分，第一部分为考古发掘现场的保护与搬迁，第二部分为搬至考古博物馆后的修复与展示。第一部分工作包括墓室内壁画的稳定与支护，墓室外部砖墙拆除，更换环氧蜂窝铝芯支撑体，墓室底部分离与整体固型。第二部分工作包括去除墓室内部支撑材料，去除表面贴布材料，壁画画面保护；更换底部钢构架，整体抬高壁画墓，设计展览展示的图像、视频、动画等。

墓室内部保护。首先用剪刀、镊子小心地去除壁画表面附着的植物根系，然后用竹刀、牙签、棉签等缓慢去除壁画表面泥土，在此过程中如发现壁画有疏松、开裂、空鼓等病害，要进行稳定处理。考古现场由于条件有限，为了尽量保留画面信息，仅对壁画表面泥土进行初步清理，防止过度清理损害画面信息。之后，对画面进行整体渗透加固和贴布保护，由于壁画白灰层较薄，又要从外部拆除壁画支撑体，我们选择了加固强度较高的非水溶性加固材料 B72 喷涂加固画面。待画面干燥后，采用 10% 的 B72 在壁画表面粘贴纱布以提高画面整体强度，纱布要粘贴两层。其次，先用聚乙烯薄膜作为隔离层，再用石膏加麻布对整个墓室内部进行固型和支撑。最后，用木龙骨对墓室进行整体支撑。支撑墓室时要先在中心设立中心柱，再支撑顶部穹隆顶，从内往外逐次支撑，直到甬道。

壁画墓的外部保护是考古现场保护工作的重要部分。我们首次尝试在考古现场拆除砖墙支撑体。考古现场保护工作共历时一年多，对壁画外墙进行拆砖、更换支撑体时间占现场保护时间的五分之四。主要工作包括拆除外部砖墙支撑体、壁画背面加固保护、粘贴轻型蜂窝铝芯支撑体。为了在拆除砖墙时使墓葬保持稳定，并未全部去除墓葬外部的土，而是在去除砖墙时逐层去除墓葬四周填土；去除外部砖块时，从上往下逐层去除砖体后立即对壁画进行加固保护。

外部拆砖时需要十分小心地操作，确保不会损坏壁画，根据每一块砖与壁面的贴合情况，采取相应的办法。用手铲轻轻试探撬取砖块，观察砖块与壁面接触位置的情况，如果壁面与砖面之间有缝隙，衔接部位已经分离，则可以直接轻轻撬取砖块。如果砖面与壁面衔接部位似离未离，则可以一边轻轻震动砖块，一边观察砖面和壁面是否能够脱离，若能够脱离则可以慢慢撬取下砖块，若不能则可以用 2A 溶液浸润衔接面，用手术刀慢慢分割衔接面，再慢慢撬取砖块。若发现砖面与壁面接触十分紧密，则不能贸然直接拆除砖块，此时需要采用机械法将砖块慢慢切割开，切割速度不能太快，切割过程中要实时观察壁画状况，尤其是靠近接触面时要极为小心，稍留下一部分砖块，然后用打磨机慢慢磨平壁面上残留的砖块，使其和壁画背面基本持平。拆砖工作从墓室开始，从墓室顶部向下逐层拆除，拆至底部后，再从上往下拆除甬道砖体。

我们在外部拆砖的过程中及时对壁画进行渗透加固以增强壁画强度，同时以 AC33 原液为主料、石粉为填料制作背部过渡材料涂抹过渡层，并用上述混合材料粘接化纤网格布于壁画背部，形成复合过渡体系。粘贴化纤网格布的工作也是随着拆除砖体工作进行的。待砖墙拆除完成后，对壁画背面也进行了完全的渗透加固和贴布加固，使壁画强度得到了极大的提高。在壁画本体得到完全加固后，需要为其制作新的支撑体。目前壁画的支撑体主要为蜂窝铝板，质量轻，承重能力强，不易变形。但该墓葬顶部为穹窿形，墓壁也不完全平整，无法使用蜂窝铝板，于是我们购置了蜂窝铝板的内芯，即蜂窝铝芯，这种材料质量轻，又能够随形贴敷于壁面，可在其上下分别粘贴随形材料，以替代上下铝板的功能。同时又筛选出了环氧树脂和玻璃纤维材料。先在过渡层上用环氧树脂粘贴一层玻璃纤维布，待干燥后在其上粘贴蜂窝铝芯，为了粘贴牢固，外面用木龙骨辅助固型直至环氧树脂完全固化。当蜂窝铝芯完全粘贴牢固后，再在其上粘贴一层玻璃纤维布。为了增加壁画强度，我们在墓室顶部和甬道这样有弧度的地方粘贴、锚固铝条，在墓室直壁上安装铝方管作为增强支撑材料。

完成了对壁画墓外部支撑体的更换后，即可对墓葬底部进行分离和吊装。首先，在原有基础上对墓室外围进行扩方，以满足底部穿插槽钢的作业需求；然后，用洛阳铲在底部掏土，掏出能够插入一根槽钢的宽度之后，即刻插入槽钢，依据此法从中间向两边依次插入槽钢；最后，从左右两边纵向插入两个长的工字钢，将横向槽钢焊接其上。为了吊装方便，在墓室四周的工字钢上焊接纵向槽钢，并在顶部焊接交叉槽钢，交叉处作为吊装的起吊点。墓葬壁画起吊时的最终重量为3.5吨，比预估的重量30吨轻了很多，可以满足博物馆建筑物的承重要求。

由于壁画墓体积较大，待考古博物馆主体建筑建设完成后，墓葬会直接从墙体处被吊装至展馆三楼。然后搭建临时保护房，配置抽风系统，开始保护修复和展览。壁画墓的再保护工作主要涉及墓室内部保护与修饰。首先，去除壁画内部木龙骨支撑体和石膏麻布层，再去除塑料薄膜。最为耗时和精细的操作即为去除表面贴布，由于在贴布上用的B72浓度较高，去除时需要将其软化后慢慢去除。经过局部试验，我们决定先用脱脂棉蘸取乙酸乙酯贴敷于壁画表面进行缓慢清理。工作进行时是夏天，温度高，乙酸乙酯挥发快，为了确保人身安全，我们都戴着防毒面具进行工作。工作半个小时就要休息，一般两组人员轮流工作。表面贴布去除工作从墓室顶部开始，然后逐个清理壁画壁面，最后清理甬道壁画。壁画墓室的原棺位置没有壁画，壁面留有不平整的泥土层，待整个壁画墓表面贴布被去除后，再开始对棺床位置细处进行修饰。壁画清理保护与展示工作交叉进行，待壁画表面的贴布被基本清理掉后，壁画墓外面的临时吊装钢构架和底部支撑钢构架就可以被去除了，同时将壁画抬高到搭建好的钢梁上，按照图纸一边继续完善新的钢构架，一边继续修复壁画。钢构架完全搭建好后，在墓室底部换上低反玻璃，我们工作时就站在玻璃上进行壁画修复。先用侧光观察壁画，对表面泛光的部位进行再清理，然后用1%的AC33调和矿物颜料，结合壁画早期照片和现场三维扫描图片对部分区域进行补色，补色部位比画面颜色略淡，以满足"远观看不出，近观有区别"的文物保护原则。在壁画下方留有20厘米的挡板，里面放置了环境控制管网、照明设备电缆等。将壁画内部修复完成后，为配合展陈，我们开始修饰壁画甬道拱形门洞，制作了门洞边框并安装了低反玻璃门，将墓室内部和外部完全隔离。

壁画属于脆弱质文物，对环境较敏感，不适宜裸展。以往展出的壁画大多是被揭取下来，逐块放入展柜进行展览的；或者拼接一部分放入展柜，或将体量较小的墓葬从中间分开，让观众通过中间走道观看，从未有将整座壁画墓移至博物馆进行展览的先例。为了保持画面的完整性，也为了满足观众的参观需求，对壁画墓进行再修复时去掉了内部支撑材料和外部的吊装钢材，使其重量又有所减轻，于是考虑将壁画抬高，让观众从底部观看。将壁画墓抬高后，在周边随墓葬形制安装了钢质支撑框架，框架高度为3米，两边安装楼梯，方便观众近距离从甬道观看壁画。为了能使观众更为清楚地观看壁画，在壁画底部和甬道封闭口安装了低反玻璃，以减少光线影响。

为了充分展示墓葬壁画的价值，普及壁画保护知识，我们采用了多种手段展现该墓葬壁画的考古、文物保护信息。通过图版文字概述了该墓葬的考古学信息，文物保护过程；利用图示展示了墓葬壁画考古现场的保护技术和保护思路，以图片直观展示了科技研究的部分成果；以模型形象地展示了各个阶段的壁画墓状况；运用三维展示技术，使观众可以沉浸式漫游，观察壁画细节，同时对壁画内容及壁画中器物、服饰等进行了科普。为了复原壁画外部砖墙样式，也为了活化壁画内容，在壁画外部整体安装了可以投屏的外罩，在墓室四周的墙壁上安装了投屏设备，以播放投屏动画。投屏动画分为两部分，第一部分展示了墓葬壁画现场保护的过程，第二部分活化了墓葬内三幅画面，让人物和动物动起来，并配上合适的音乐，使展示内容更加生动，便于观众理解壁画。

自陕西考古博物馆开馆以来，蒲城洞耳壁画墓吸引了大量观众驻足参观、学习，以及多家媒体的关注与报道，成为陕西考古博物馆的网红展品，实现了文物资源的社会教育功能，助力提高民众文化自信。

（作者系陕西省考古研究院文物保护科技研究中心副研究馆员）

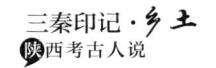

咸阳窦家村唐墓出土文物修复记

○宋俊荣

空港新城窦家村位于万联大道与熙平大街的交会处,沉睡的唐墓在此处进行基本建设时被轻轻唤醒。2018年5月,带着对历史的敬畏和对文化的热爱,我院考古人开始了对这片神秘土地的探索。我们如同时光的旅人,穿梭在古代丝绸之路的繁华与现代都市的喧嚣之间。

当接到现场保护提取工作任务、看到队长发来的现场照片时,我感到非常震惊和感慨。这么多精美的彩绘陶器出土于一个墓葬里,实属罕事。但我也清楚地知道,彩绘陶器一旦出土,环境的骤变会对其造成不可逆的破坏,色彩很可能会粉化脱落、褪色。为了最大限度地减少这种不良后果,按照以往的经验,我迅速准备好了现场提取彩绘陶器的各种应急保护和包装运输材料,带着周珊珊和贺丽娜马不停蹄地赶到了窦家村。

时值酷暑，到达工地时，我们仨的衣服已被汗水浸湿，但大家都急着一睹文物风采，也没停歇就准备下墓，结果超陡的墓道先给了我们个下马威。墓道坡度大，路面滑，我们只能踩在垫砖上，缓慢下行。大家鱼贯而行，终于进了墓室。一进墓室，我们就被眼前的场景震撼到了，壁龛里躺着体量很大的彩绘陶马、陶骆驼，旁边立着牵马俑、牵驼俑。走近一看，马怒目圆睁，鼻子仿佛还在出着气，几个胡人俑深目高鼻，极具异域风情。墓室里横七竖八地散落着大量五颜六色的彩绘陶片，从个别残片的标志性特征判断，原物应是天王俑和镇墓兽。可以说，这是我上班几十年以来见过的最精美的出土彩绘陶马、陶骆驼、天王俑和镇墓兽了！然而，几乎所有的彩绘陶器都处于破损的状态，有的只是腿部、脚部、耳部等力学薄弱处断裂，有的已经成为很小的碎片。

保护修复前的文物碎片

详细勘察完这些彩绘陶器的出土现状后，为最大限度地保护文物，结合现场情况，我迅速制订了提取方案。即先全面拍摄现场照片，保存文物出土时的客观信息，然后按照位置分布情况，分别提取壁龛内和墓室内的彩绘陶器。壁龛十分狭小，只能容纳一个人，而且进去的人需要全程蜷着腰，跪着或扎马步开展工作，只工作十几分钟，就开始腰酸背疼腿抽筋。我们几个人轮换着进去清理陶器周围的土、覆保鲜膜、将脆弱位置用石膏绷带固定，忙活了两个多小时，终于将一匹黄色的骆驼提取了出来。大家相互配合，每个人小心地抱着骆驼的一个部位，轻轻放到垫有塑料泡沫的集装箱内。同时，为防止运输途中颠簸，我们在箱子四周和空处也垫上泡沫等缓冲材料，贴好标签，至此，第一件文物算是成功被取出。虽然大家脑门上的汗已经像豆粒般滚下，但是都没有休息的意思，而是一鼓作气，又成功提取出胡人牵马俑和牵驼俑。壁龛里的文物清理工作进度过半时，大家才松了一口气。出墓时发现，已经夕阳西下。大家用毛巾擦擦汗，互相拍拍身上的土，坐在墓口一边休息喝水，一边欣赏天边的落日，突然就体会到了那种"复得返自然"的畅快感和舒适感。

让人印象深刻的是，第二天出发时，东方朝霞万里，天气很好，大家心情也不错，到了工地，继续提取壁龛内的剩余文物。剩余的一件马俑斜躺着，半个身子和腿还埋在土里，所以清理工作量较大。我们匍匐着清理了近两个小时，一匹超大体量的黄马才出现在眼前。但可惜的是，四条马腿已经断掉，马踏板也已经破碎，只能将它们分别提出。提取过程中需要把周围属于它的碎片收集完全一起打包，以最大限度地保证文物材料的完整性。壁龛内的工作结束后，我们便开始提取墓室的彩绘陶片。散落一地的陶片着实让人无从下手，只能按部就班，先仔细地进行现场拍照记录工作，然后从北到南挨个清理陶片。这个工作非常耗时，要蹲着完成，我们一人负责一个区域，想站起来拍个工作照，却发现头顶有一层灰色的东西，还有声音。仔细一看，是成群结队的蚊子。我们还是第一次见到这么多只蚊子！正在驱赶蚊子时，上面传来队长的声音："快出墓，大雨要来了！"大家迅速把手头儿的活儿收尾，把现场盖好，鱼贯而出。外面已经黄土漫天，黑云压城了，真应了"朝霞不出门，晚霞行万里"这句俗话。

后面的几天里，我们按顺序提取完了位于墓室的彩绘陶片，整整6大箱，推测应该可拼成两个天王俑和两个镇墓兽。可惜的是，其中一个天王俑的头部已被盗墓者盗走，身体部分看起来也有很多缺失。就这样，经过一周多的鏖战，这个墓室的彩绘陶器被全部提取出来。看着驻地摆放的十几箱战果，我们内心沉甸甸的，后期的室内修复任务还是非常艰巨的。但也十分期待，不知道这些精美的文物修复好后会是何等风采。

岁月无情，让彩绘陶器患上一身"疾病"，而"病人"被抢救回来后，需要马上进行"治疗"。夏天高温高湿的气候特点极易导致密封彩绘陶器霉变，因此要及时打开包裹通风。同时，陶器表面的泥土也会迅速干燥，需要马上进行清理，以保证珍贵色彩得以重现。彩绘陶器需要及时修复，修复室里的人人手一件，大家按照室内保护修复程序开始了表面清理、色彩加固、残块拼对、残块粘接、修补塑型打磨、随色的规范操作。每个步骤各存难点，且环环相扣，只有精准做到清理完全、加固到位、拼对准确、粘接有效、塑型完美、随色恰当，才能顺利完成保护修复工作。

彩绘陶天王俑残片（拼对粘接阶段）

和这批彩绘陶器近距离接触时，才发现它们的制作工艺如此精湛！陶马的眼睛炯炯有神，马和骆驼眼周竟然还绘制有根根分明的睫毛。牵马俑和牵驼俑的细部工艺更加精美，每一根眉毛都是用心之作，连人物鬓角的碎头发也被精准地刻画了出来。他们身着少见的棕色、紫色、黄色服饰，黑色靴子，衣襟和衣袖上描绘有绿色、紫色、红色、黑色组成的卷云纹，腰上则挂着钱袋子。

在这批文物中，两组天王俑、镇墓兽的修复最具挑战性。上千片的碎片堆在修复室的地面上等待被修复。那段时间，修复室内掀起了拼图热潮，两人赛、三人赛，大家打得热火朝天。开始时容易，时不时就传来胜利的号角，过了两天，竞赛就陷入僵局，成了单人长时间的修炼。科室的其他老师也饶有兴致地加入了竞赛活动，纷纷开始较劲，拼不出几片就不走。就这样，在日复一日地清理、加固、拼对、补全、随色工作中，这批彩绘陶器被修复完成了。

彩绘陶镇墓兽（补塑阶段）

看着重新站起来的大红马、骆驼、天王俑和镇墓兽，大家的内心充满了自豪感和满足感。它们仿佛重新焕发了生命力，在灯光下重新闪耀起来。陶马膘肥体壮，骆驼张嘴嘶鸣，牵马俑、牵驼俑形体高大、造型精美，双拳紧握缰绳，眼神坚定又认真，仿佛在仔细打量盛世长安，在纷繁世界中寻觅属于自己的商机。我们看到了他们不顾旅途劳顿，刚进长安城时的兴奋；看到了长安城繁华的街道和热闹的集市；他们是历史的使者，穿越千年的风霜，向我们诉说着丝绸之路上的故事，展现着中西文化交流的丰硕成果。

两只镇墓兽金刚怒目、高大威猛、栩栩如生。一为兽面，一为人面，胸部和四肢有艳丽的彩绘花纹，昂首挺胸，两足前伸，利爪抓地。兽面者头部右向，七支鬃毛呈火焰状竖起，浓眉怒目，狮鼻阔口,颌下须毛弯卷,面相凶狠无比。人面者头部左向,眉弯如弓,双目圆睁,鼻翼扩张,眉目涂黑,嘴唇血红,似人似兽。天王俑整体造型刚健有力,表现了威猛不可侵犯的形象,反映出墓主人身份与地位的显贵。其中一个天王俑保存部分较多,因其体形硕大,为保证其在粘接和修补塑型过程中的稳定性,还为它量身定做了支架。其怒目圆睁,一只手叉腰,另一只手握拳高举,身穿甲胄,脚踩牛背,显得十分神气。遗憾的是,另外一个天王俑由于缺失了关键部分,且残缺过多,无法补全,只能躺平,但依旧能感受到它的威严气势。

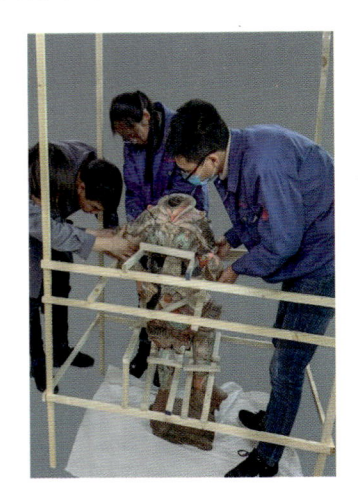

彩绘陶天王俑(随色阶段)　　工作人员粘接天王俑碎片

2021—2022年,在陕西考古博物馆布展之际,该批彩绘陶器被选入展线。其中,彩绘陶牵马俑及马、彩绘陶牵驼俑及骆驼被陈列于考古发现(三展厅)唐代陈列区,主要为展现我国唐代丝路文明之盛。胡人驭马、胡人驭驼的形象为丝绸之路及中西文化交流研究提供了重要实物资料。彩绘陶天王俑残片、彩绘陶镇墓兽、彩绘陶天王俑被陈列于文保科技（五展厅）陶瓷器陈列区，主要展示彩绘陶器在拼对粘接、补塑和随色阶段的状态，直观地为观众科普彩绘陶器的关键保护步骤。

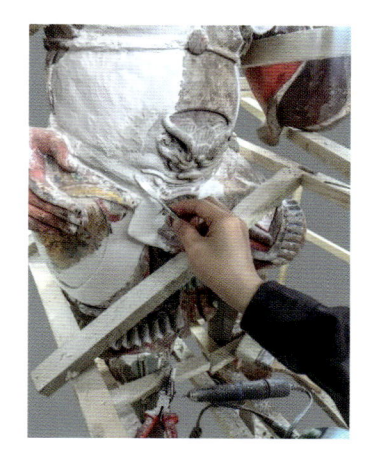

对天王俑进行补塑　　　　　　　天王俑随色阶段

一千多年前，这批彩绘陶器被唐代的能工巧匠制作好，然后陪伴了墓主千年。一千多年后，这批彩绘陶器被文物保护工作者修复好，从此在展厅里永生。它们历经在发掘现场重新面世时的支离破碎，实验室抢救保护时的科学重塑，博物馆最终陈列时的涅槃重生，像是完成了一世的轮回。从地下世界到地上世界，它们是历史中的真正穿越者，而考古工作者就像时光摆渡人。

而我，一个打入文物保护领域的乒乓球运动员，经过初期的职业转型和30年的工作，已深深爱上了文物保护修复这件事。这次的修复工作，让我意识到每修复一件文物，都不仅是在保护文物实体，更是在与历史对话、与文化共鸣。每一次清理、每一次加固，都是对文物的深情呵护,也是对历史的深情致敬。每当我站在展厅中看到这几件展品时,内心既自豪又宁静。这些重焕新颜的彩绘陶器是岁月的见证者,是历史的讲述者。每当看到观众惊叹于这些陶器精美的色彩和精湛的制作工艺时,我就会更加热爱自己的行业,也更坚定了要做好本职工作的决心,以让更多的观众通过修复好的文物看到历史,触摸文化,感受我们伟大民族文明的魅力,而这也将成为我永久的使命和追求。

彩绘陶牵马牵驼俑组修复前和修复后的样貌

[作者系陕西省考古研究院(陕西考古博物馆)文物保护科技研究中心、陶瓷文物保护修复实验室副研究馆员]

府谷寨山遗址考古发掘纪事

○裴学松

府谷寨山石城遗址位于陕西省府谷县田家寨镇王沙峁行政村寨山自然村,地处陕西、山西、内蒙古三省交界之处。遗址处在黄河一级支流石马川中游南岸,东南距黄河约25千米,西南距石峁遗址约60千米,地表支离破碎、沟壑纵横。

寨山遗址于20世纪80年代开展第二次全国文物普查时被首次发现,并被登记于《中国文物地图集·陕西分册(上)》的第249页。但当时并未搞清寨山遗址的面积、年代、文化内涵等问题,也未全面认识其学术价值。此后,考古发掘工作也一直未能开展,留下了太多的谜题。

发掘缘由

神木石峁遗址因大量流失海外的玉器而被世人所熟知。2011

年，陕西省考古研究院对石峁遗址进行了区域系统考古调查，确定了石峁遗址由皇城台、内城、外城三重城垣组成，总面积超过400万平方米，是中国新石器时代晚期至夏代早期规模最大的城址。在2012—2013年正式考古发掘期间，考古工作人员在外城东北部揭露出一座规模宏大、结构复杂的城门，并将其命名为外城东门。外城东门由门道、墩台、外瓮城、内瓮城、门塾等部分组成，城门周围还发现了马面、角台等城防设施。另外，在发掘过程中，发现了"藏玉于墙""人头奠基"等现象。

2014年，考古队将发掘地点选择在了内城的韩家圪旦。韩家圪旦地点与石峁遗址的核心区——皇城台隔沟相望，考古队在这里共清理房址31组（座）、墓葬41座、灰坑27座、灰沟4条。墓葬多为竖穴土坑墓，大型墓葬墓主位于墓室中央的木棺内，棺外有1—2个殉人，墓壁上有壁龛，用于放置陶器等随葬品。遗憾的是，韩家圪旦墓地惨遭盗掘，随葬品流失严重，墓葬的葬仪、葬俗不甚清晰，严重影响了相关学术研究的深入开展。

2015年10月，据府谷当地文物部门提供的消息，在距石峁遗址直线距离约60千米的府谷寨山遗址发现了石城。石峁考古队的邵晶等5人随即对寨山遗址进行了全面的考古调查，发现了一座面积约60万平方米的石城聚落，其年代与石峁城址相当，可能为石峁城址下的次级聚落。寨山石城为单圈，平面略呈南北向椭圆形，石墙以砂岩石块砌筑，依山就势，断续分布。另外，在城内北部庙墕地点中心位置发现一座"高台基址"，夯土台基外侧包砌石墙，略呈南北向长方形，长约 60 米、宽约 40 米，与石峁遗址皇城台"大台基"遗迹性质类似，可能为寨山石城的核心区域。在石城内发现了丰富的石峁文化时期房址、灰坑等遗迹和陶器、石器、骨器等遗物，并且还发现有仰韶文化晚期的尖底瓶、彩陶钵等陶器，说明寨山遗址中还存在着仰韶文化晚期遗存。最为重要的是，寨山石城保存较好，盗掘现象并不严重，可能存在保存较好的墓葬，这对于研究石峁文化聚落形态、丧葬习俗等是至关重要的。

寨山遗址全景（北—南）

2016 年 7 月，陕西省考古研究院的马明志带队进驻寨山遗址，开启了对府谷寨山遗址的首次考古发掘工作。考古队将发掘地点选择在寨山石城的南墙和城内北部的庙塔地点西南坡。在寨山石城南

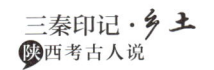

墙地点揭露出石墙60余米，残高1—2米，宽约1.5米。石城南墙为堑山石墙，外立面由经过加工的规整石块砌筑，内部平砌不规则石块，石块之间以草拌泥黏合。南墙上还发现有2座保存较好的马面，马面之间距离约30米。这次试掘初步探察了寨山石城的年代、结构和砌筑方式等问题。另外，在试掘城内北部的庙墕地点西南坡时发现了多座石峁文化时期墓葬，其中以2016M5规模最大，虽被盗掘，但壁龛内随葬品保存完好，出土了一组带石器盖的陶器、1件打制石刃，以及若干动物骨骼。随葬器物组合完整、器类典型，证明了庙墕地点可能存在一处高等级墓地，为找寻寨山石峁文化墓地提供了重要线索。由于诸多原因，此后寨山遗址的考古工作再度陷于停滞。

寨山石城南墙

2016M5 壁龛内的随葬品组合

寒冬中的探索

2019年9月底，刚刚入职陕西省考古研究院的我被派往神木石峁遗址，参加石峁遗址的发掘工作。此时正在发掘石峁遗址皇城台地点。皇城台地点被确定为石峁遗址的核心区域，可能已经具备宫城的性质。时间很快来到10月底，此时正值"考古中国——河套地区聚落与社会研究"项目获准立项，有鉴于寨山石城与石峁石城在文化内涵上的紧密关系，寨山石城遗址被列入重点遗址，并成为2020年度陕西片区的主要发掘项目。为了确保来年的考古工作顺利开展，并确定2020年正式发掘的地点，院领导决定派我去寨山遗址开展试掘工作。

10月23日，我与石峁考古队的技师杨国旗从石峁遗址出发。上午来到府谷县文物管理委员会办公室，与当地文物部门对接发掘工作。下午采购发掘工具与生活物资。到达寨山遗址时，已是当天夜里。府谷县文管办的王明清主任已为我们在寨山村里租好民房，免去了我们寻找驻地的烦恼。第二天，我们立即联系村干部，商讨发掘用地与工人工资等相关事宜。各项工作准备就绪时，已经是10月26日。此时的陕北，已寒风凛冽。这一天的早上8点，发掘工作准时开始。

我们选择的发掘点依旧是寨山石城遗址北部的庙墕地点西南坡，布设的发掘探方紧邻2016年的发掘探方。由于2016年已在此处发现了一座高等级墓葬，我们期望能在此处找寻到一处石峁文化时期的墓地，以弥补石峁遗址因墓葬被严重盗掘而影响相关研究深入开展的遗憾。

第一个探方（2019T1）布设于2016年发掘区的东侧。我们顺藤摸瓜，很快，第一座墓葬于10月29日在2019T1的西南角暴露出来。2019M1为一座竖穴土坑墓，墓主被葬于长方形木棺内，已被盗掘，墓主尸骨散乱于棺内，未见随葬品。但这并不影响我们的士气，反而使我们更加坚信该区域肯定存在一片石峁文化时期的墓地。10月30日，我们又在2016年发掘区北侧布设了第二、第三个探方（2019T2、2019T3）。

11月4日下午，振奋人心的时刻到来。2019T3的西北角表土层被揭取后，暴露出一座大型墓葬（编号2019M2），开口长约4米，宽约2.5米。为了保证墓葬内的文物安全，我们当天立即对其进行发掘。好在墓葬不是很深，临近下班时，墓室中部的木棺痕迹已暴露出来，保存完整，没有盗扰痕迹。根据以往经验，此类大型墓葬棺内必有随葬品。我们干劲十足，对棺内进行清理。工人下班后，我与杨国旗继续加班清理，很快将棺内的一具男性尸骨清理出来。尸骨为仰身直肢，上有纺织物和朱砂痕迹。在墓主的腰部、左臂处发现了3件玉器，其中腰部出土的1件由玉琮改制而成的玉牌饰尤为完整、精美。由于天色已晚，棺外留待次日清理。

当晚，我们将重要发现汇报给了领队邵晶，领队当即决定增派人手，抽调石峁考古队的王阳阳、赵轲二人前来支援。根据2016年的考古发现，以及神木神圪垯梁遗址、石峁遗址韩家圪旦地点先前的考古发现，我们已经知道这种大型墓葬的棺外一般还存在殉人，墓壁上有壁龛。由于2019M2埋藏较浅，20世纪平田整地运动时已将墓壁上的壁龛破坏。第二天上午的发掘证实了2019M2的墓主左侧棺外存在一具殉人，女性，侧身面向墓主，身上同样有纺织物与朱砂痕迹。值得一提的是，在2020年发掘工作结束后，提取2019M2墓主人骨时，在墓主左髋骨下又发现了2件玉器，整个2019M2共出土了5件玉器。

11月9日，在2019T4的西侧又发现了一座大型墓葬（编号2019M3），南北向，平面呈圆角长方形，长3.3米，宽约2米，深3—3.3米。由于墓葬较深，出土困难，将整个墓葬清理完已是11月

2019M2 木棺痕迹

2019M2 墓主身上出土的玉器

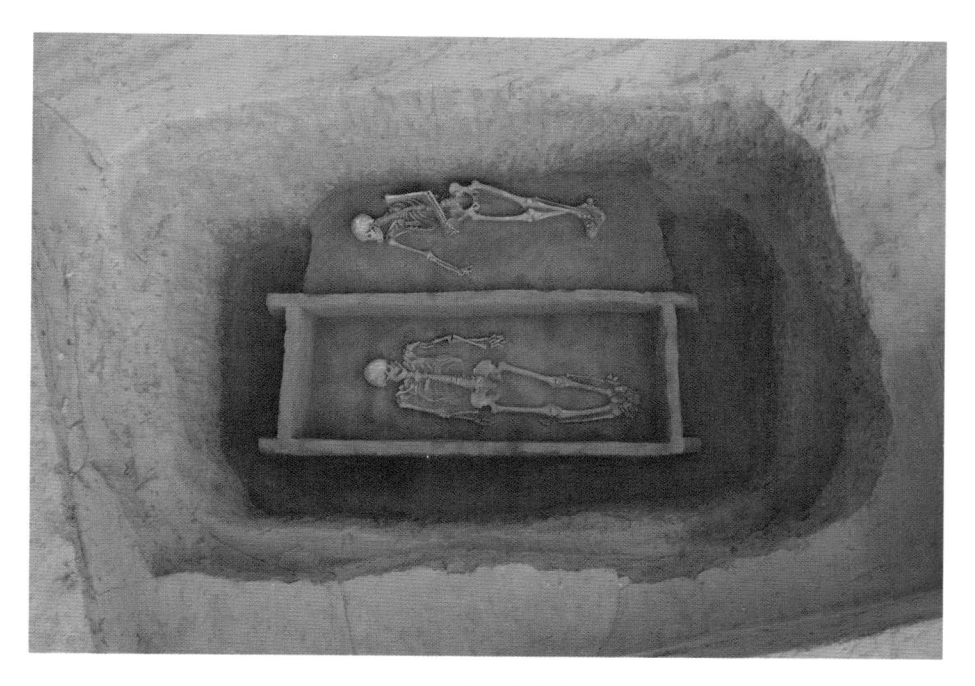

2019M2 清理后的状况

16 日。遗憾的是，2019M3 曾被盗掘，盗洞位于东北角。发掘过程中在盗洞内发现两具人骨，一男一女，清理结束后确定盗洞内的人骨即为木棺内的墓主与棺外的殉人。庆幸的是，2019M3 的壁龛未被盗掘。壁龛位于西壁中部距墓底 96 厘米处，拱顶、直壁、平底，口部长 90 厘米、高 62 厘米、进深 36 厘米，龛内南部紧密摆放 5 件带石盖陶器与 1 件打制石刃。

至 11 月 21 日，在不到一个月的时间内，我们共清理了石峁文化时期的墓葬 5 座、灰坑 5 座、灰沟 2 条。其中未经盗掘的墓葬 3 座，被盗掘的 2019M1 与 2019M3 结构也较为完整，且 2019M3 的壁龛内出土了一套完整的随葬品组合，为认识石峁文化墓葬等级、丧葬习俗

2019M3 壁龛内的随葬品组合

等提供了重要的资料。5 座灰坑内也出土了大量的文物标本，仅 2019H4 就出土了陶器、石器、骨器等各类标本 140 多件，其中包括修复完整的鬲、斝、盉、三足瓮、大口尊、盆、碗等陶器 10 余件，是陕北地区新石器时代遗迹中出土文物最为丰富的一座。

11 月底，寒冬来临，冰冻三尺，我们身裹军大衣也无法继续进行发掘工作。11 月 23 日，晾晒在屋外的衣物滴下的水结成的冰锥达到了二三十厘米长。在冰冷的水中清洗完所有陶片后，当年的发掘工作在北风的不断侵袭中结束。皮卡载着无限不舍的我们和满满的陶片驶回石峁驻地。我们开始进行室内整理，并期待来年有更好的收获。

拨云见日

2020年1月,春节即将到来,一场新冠疫情席卷全球,一切都按下了暂停键。直到3月,疫情才稍微稳定下来,各行各业陆续复工复产。府谷寨山遗址2020年的发掘工作也开始启动。

4月20日,发掘队伍组建完成,到达寨山遗址。由陕西省考古研究院的邵晶担任领队,参与发掘的除了我还有陕西省考古研究院的袁媛、杨国旗、王阳阳、赵轲,榆林市文物保护研究所的乔建军、雷庆庆,府谷县文管办的王明清、赵世伟。第二天,考古队立即开展工作,在紧邻2019年发掘区的地方布设探方,很快于4月24日发现了这一年的第一座墓葬,编号2020M1。此墓为一座小型竖穴土坑墓,墓主仰身直肢位于墓室中部,尸骨有包裹痕迹,未出土随葬品。随后又发掘了2020M2与2020M3两座小型墓葬,均未发现随葬品。

转机出现于5月12日,在2020T6的中南部发现了一座大型墓葬(编号2020M4),平面呈圆角长方形,长4米,宽约2.5米,深3米。2020M4保存完整,墓坑西壁中部距墓底1.66米处有一壁龛,直壁,拱顶,平底,口部长70厘米、高45厘米、进深50厘米。壁龛内横向排列5件带石盖陶器、一组3件打制石刃。墓室底部有一木棺,已腐朽,长292厘米、宽104厘米、残高30厘米,棺板厚约12厘米。墓主葬于木棺内,男性,仰身直肢,头向西北,面部微侧向西,上半身经过二次扰乱,部分骨骼缺失,下半身骨骼处于原位。墓主身上涂抹朱砂，身下有白色有机质铺垫物。在墓主身上及身下共出土玉器5件。墓主左侧棺外殉葬一名女性，侧身直肢，上半身侧向墓主，面向棺内，双臂微曲置于身前。殉人身上遗留多处劈砍痕迹，上颌骨、耻骨被砍下放于上腹部，左肱骨上有密集劈砍痕迹。殉人身上亦涂抹朱砂，身下有铺垫物。

6月14日，在庙塌地点西南坡下的一处村民打谷场上发现墓葬3座，编号2020M11—2020M13。这3座墓葬是我们发掘寨山遗址以来新发现的一类墓葬，与此前发现的墓葬风格迥异。此类墓葬的特征是有木棺、有壁龛、无殉人。墓主仰身直肢葬于木棺内，身上未见随葬品。壁龛内未见陶器等随葬品，而全部是猪下颌骨。其中2020M11壁龛内随葬2件猪下颌骨，2020M12壁龛内随葬10件猪下颌骨，2020M13内随葬1件猪下颌骨。

至9月22日，短短5个月的时间内，在交通闭塞、人烟稀少的寨山村，考古队克服种种困难，持续开展发掘工作。在庙塌地点共发掘墓葬19座（包括竖穴土坑墓16座、石棺葬1座、瓮棺葬2座）、灰坑30座、房址3座。其中3座灰坑、1座房址属于仰韶文化晚期遗存，其余均为石峁文化时期遗迹。另外，还在庙塌地点西侧的场圪垯地点清理了石峁文化墓葬1座。

陕北地区仰韶时代晚期的发展历程要较中原地区滞后数百年，年代上相当于中原地区"庙底沟二期"阶段。此处的遗存更多地延续了内蒙古中南部的海生不浪文化传统，寨山遗址仰韶文化晚期遗存中出土的尖底瓶、鼓腹罐、器盖等陶器在文化面貌与器物特征上仍然

2020M12 壁龛内随葬的猪下颌骨

庙墕地点发掘区航拍图(西南—东北)

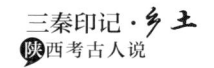

属于海生不浪文化的范畴。此类遗存在榆林地区的靖边五庄果墚、庙梁及横山杨界沙等遗址大量出土。寨山遗址出土的仰韶文化晚期遗存数量虽少,但器类较为丰富,特征典型,为陕北地区仰韶文化晚期遗存的研究提供了新的资料。

2020H5 内出土的仰韶文化晚期尖底瓶

庙墕地点的石峁文化居址遗存比较丰富,发现的房址有"凸"字形、圆形两类,居住面与墙壁加工考究,涂抹洁白光滑的白灰,室内有圆形灶址,门道均朝向西南,可能与采光或避风有关。

此次发掘的石峁文化灰坑形态多样,有长方形竖穴坑、圆形袋状坑、圆形筒状坑等;出土遗物丰富,以 2019H4 出土器物最多、器类最为典型。2019H4 出土的双鋬鬲、三足瓮、大口尊、盉、斝等是石峁文化的典型器类,在神木寨峁第二期、新华早期、兴县碧村 H24

等遗存中可找到形制相近的同类器。根据已有的文化分期成果，寨山2019H4遗存的年代相当于寨峁文化第3段、新华文化第4段（寨峁期）或石峁遗址B段，属于石峁文化中期阶段，绝对年代在公元前2100—公元前1900年。

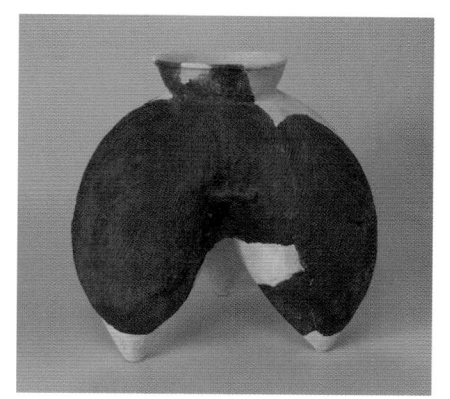

2019H4出土的双鋬鬲、大口尊

连同2019年冬季的发掘成果，考古队在庙墕地点共清理墓葬24座，其中竖穴土坑墓21座、瓮棺葬2座、石棺葬1座。这些墓葬多数打破居址遗迹，不存在居址遗迹打破墓葬的情况，且墓葬之间的打破关系极少，仅发现2组。石峁文化墓地打破居址类遗存，说明墓地年代不早于石峁文化中期。

21座竖穴土坑墓等级区分明显。我们摈弃了考古学上常用的按照墓室面积区分墓葬的分类方法，而是以墓葬内的要素为标准，根据葬具、壁龛、殉人的情况将庙墕墓地的石峁文化竖穴土坑墓分为4类：

一类墓：有木棺、有壁龛、有殉人，共3座。墓主为男性，仰身直肢葬于木棺内。墓主身上一般随葬 5 件玉器，玉器多为小块残玉或改制玉器，器类有玉琮、玉锛、玉环等。殉人位于墓主左侧棺外，女性，侧身面向墓主，身上可见多处劈砍痕迹。墓主与殉人身上均涂有朱砂，身下有有机质铺垫物。墓主右侧墓壁上有一半月形壁龛，壁龛内一般放置 5 件带石盖陶器，圆形石盖由砂岩打制而成，陶器均为明器，组合常见喇叭口瓶、斝、深腹盆、小罐或壶，部分陶器器表涂抹红彩，经鉴定部分陶器内放有粮食。另外，壁龛内还放置 1 件或 1 组打制石刀。此类墓规模最大，结构最复杂，随葬品最为丰富，组合稳定，面积约 10 平方米。

二类墓：有木棺、有壁龛、无殉人，共 4 座。墓主均为单人仰身直肢葬，葬于长方形木棺内。壁龛均位于墓主左侧墓壁上，壁龛内放置猪下颌骨，多者 10 件，少者 1 件，初步鉴定为家猪下颌骨。此类墓规模次之，随葬品均为猪下颌骨，面积 6—7 平方米。

三类墓：有木棺、无壁龛、无殉人，共 7 座。墓主均为单人仰身直肢葬，部分墓葬填土经夯打，棺木朽灰痕迹清晰，在少量墓主身上发现纺织物痕迹。此类墓规模较小，随葬品少，仅 2019M4 出土 1 件小玉刀、2020M15 出土 1 件骨镞，面积 2—6 平方米。

四类墓：无木棺、无壁龛、无殉人，共 7 座。均为单人葬，葬式有仰身直肢和侧身屈肢两类，以仰身直肢为主，侧身屈肢葬仅 1 座。此类墓规模最小，随葬品罕见，仅 2019M5 出土 1 件玉锛，面积 2 平方米左右。

4 类墓葬形制特征鲜明、器物组合典型，更为重要的是，4 类墓葬数量由少到多、规模由大到小、随葬品数量由多到寡，体现了明显的等级，当分别代表了不同身份等级的人群。

收获的季节

2020年国庆期间，我们撤出了寨山遗址，结束了两年的考古发掘工作。回首两年的考古发掘工作，离不开各方单位支持，以及专家学者们的指导。2020年7月5日，"河套地区聚落与社会研究"项目组数十名成员在召开年度项目会议的间隙考察了寨山遗址的发掘现场。这是寨山遗址发掘工作开始后，首次迎来如此多的专家学者。寨山遗址考古是"河套地区聚落与社会研究"项目的子课题，是2020

"河套地区聚落与社会研究"项目组成员考察寨山遗址

年陕西片区的重要发掘项目，发掘成果对于项目的深入研究起到了重要的作用。

2020年8月24日，"聚落与社会——新实践与新思考"暨石峁遗址系统考古十周年学术研讨会在神木市高家堡镇隆重召开，与会专家达上百人。我在研讨会上汇报了府谷寨山遗址的考古新收获。25日下午，研讨会结束后，参会人员集体前往寨山遗址考察。两辆大巴车、数辆小轿车，载着与会专家从高家堡出发，历时一个多小时到达寨山遗址。平日里只有十几位留守老人的山顶小村庄，瞬间人头攒动，人声鼎沸，热闹非凡。与会专家们先在驻地观摩了出土文物，包括墓葬随葬品、灰坑里出土的陶器等；后来到寨山石城南墙，考察了寨山石城南墙的结构、砌筑工艺等；最后来到遗址北部的庙塬地点。

2020年8月25日与会专家莅临寨山遗址指导工作

专家们在发掘现场久久驻足，针对发掘出的墓葬提出了众多建设性的意见。自此，寨山遗址的考古收获逐渐被学术界所熟知。

寨山遗址考古的重大价值在于寨山遗址庙墕墓地是首次全面揭露的石峁文化大型墓地，也是河套地区首次发掘的等级区分明显的龙山时代墓地，弥补了石峁遗址内墓地被严重盗掘的重大缺憾，为石峁文化墓葬研究提供了丰富、系统的资料。

随着寨山遗址的考古成果逐渐被学术界所熟知，各类奖项也随之而来。2021年1月22日，由陕西省考古学会举办的"首届陕西六大考古新发现奖"揭晓，陕西府谷寨山遗址成功入选。之后寨山遗址又成功入选国家文物局主编的《2020中国重要考古发现》。同时，还入选了国家文物局主编的《考古中国重大项目成果（2018—2020）》。

虽然获得了众多的荣誉，但我们深知尽快发布考古发掘简报才是我们最该做的事情。于是，从2020年10月结束发掘工作后，我们就投入了紧张的资料整理与简报撰写工作当中。拼陶片，挑标本，绘图，照相，写器物描述，每一项工作都在紧锣密鼓地进行。至2020年底，《陕西府谷寨山遗址庙墕地点居址发掘简报》与《陕西府谷寨山遗址庙墕地点墓地发掘简报》陆续出炉，同时还写成了《石峁文化墓葬初探》一文。《陕西府谷寨山遗址庙墕地点居址发掘简报》发表于《文博》2021年第5期，《陕西府谷寨山遗址庙墕地点墓地发掘简报》与《石峁文化墓葬初探》发表于《考古与文物》2022年第2期。自此，府谷寨山遗址的考古工作暂告一段落。

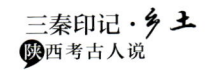

寨山遗址获"陕西六大考古新发现奖"证书

至2024年，寨山遗址的考古工作已过去了4年。现在看来，当时对寨山遗址庙墕墓地的认识是正确的。2022—2024年，石峁遗址皇城台墓地被正式发掘，皇城台墓地的墓葬数量、等级、随葬品丰富程度都要比寨山遗址庙墕墓地高。寨山庙墕墓地的发掘，为我们发掘皇城台墓地提供了众多的经验。同时，皇城台墓地的发掘也并未推翻之前的认识，而是进一步深化了我们对于石峁文化墓葬的研究与探索。

（作者系陕西省考古研究院馆员）

后记

今年是中华人民共和国成立75周年。为了讲述陕西重大考古发现的故事,展现陕西丰厚的考古资源和历史文化底蕴,弘扬中国精神,省政协文化文史和学习委员会与省文物局合作,征集整理、编辑出版《三秦印记·乡土:陕西考古人说》。

陕西作为中华民族和中华文明的发祥地之一,是历史文化资源大省,也是考古工作强省,考古工作实证了陕西文物资源至高性、丰富性、完整性的特点,体现了陕西省在中华文明发展历程中不可替代的重要地位。省委、省政府对考古工作高度重视,在全省牢固树立保护文物也是政绩的观念,持续加强考古研究及相关文物保护工作,新时代考古事业不断助力陕西高质量发展。

今年,省政协文化文史和学习委员会发出征稿通知,省文物局密切配合,组织广大考古工作者撰写稿件。11月底完成编辑工作,书稿字数约34.5万字。在征编中,我们得到西安市文物局、宝鸡市文物局、咸阳市文物局、陕西省考古研究院、西安市文物保护考古研究院、宝鸡市考古研究所、西安博物院、秦始皇帝陵博物院、汉阳陵博物院、半坡博物馆、宝鸡青铜器博物院等单位的大力协助。在征集、

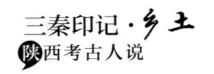

编辑、整理稿件过程中得到辛怡华、崔钧平、庄袁俊琦、曹晓宁、董琦、杨嘉明等同志的热情帮助，在此一并深表谢意！由于时间仓促，加之我们的工作水平和编辑能力有限，不足之处再所难免，敬请广大读者和专家、学者批评指正。

省政协文化文史和学习委员会办公室

2024年12月16日